国家出版基金项目
NATIONAL PUBLICATION FOUNDATION

新中国经济制度演进研究

Research *on*
the Evolution of the Economic System in
New China

张道根 权衡 ◎ 主编

格致出版社 上海人民出版社

序　言

　　《新中国政治经济学思想演进研究》《新中国经济制度演进研究》是
上海社会科学院承担的上海哲学社会科学重大课题的研究成果，主要从
新中国社会主义政治经济学思想史变迁和经济制度结构演进两条主线，
研究分析中国特色社会主义政治经济学理论体系的发展变化，旨在揭示
新中国政治经济学理论思想发展变化的历史过程，分析新中国社会主义
生产关系或经济制度结构演进的历史逻辑，为新时代中国政治经济学提
供学术研究支撑和实践创新依托。

　　毋庸讳言，无论是新中国政治经济学思想史，还是新中国经济发展
变化的历史，在新中国各个历史时期和阶段，都有许许多多专家学者做
了很多深入系统的分析研究。我们知道，理论研究总要有创新超越，但
要想超越这么多研究成果，真的很难很难。我们坚信，在学习借鉴汗牛
充栋的已有政治经济学研究成果的基础上，立足新时代，把握新变化，
不断把学术理论研究推向前进，不仅必要，而且完全可能。

　　上海社会科学院经济研究所，是我国政治经济学理论研究的重镇之
一，曾有沈志远、雍文远、王惟中、张仲礼、马伯煌、丁日初等诸多政
治经济学和经济史研究名家大家。我们要继续发扬老一辈专家学者的治
学研究传统。我们的初衷，是非常想编写一本中国特色社会主义政治经
济学的书。然而，我们又深感自身理论学术功底和研究水平不足，加之

中国特色社会主义制度还在不断成熟、定型、完善之中，现在要编写好一本理论学术体系完善、历史和实践逻辑清晰深刻、符合客观实际和发展演进规律的中国特色社会主义政治经济学，实在太难。因此，我们的目的，就是要做一些更加基础性的研究工作，认真梳理一下社会主义新中国政治经济学学术思想史变迁的路径、内涵与阶段，概括分析研究新中国社会主义经济制度结构演进的历史与实践逻辑，为中国特色社会主义政治经济学研究添砖加瓦，从而奠定更加厚实的理论研究基础。

此书的主要特点，实质上而言是要回归马克思主义政治经济学研究的本源，聚焦于研究一定的生产力基础上社会经济活动中人与人之间生产关系或经济关系的结构及其发展变化，分析规范和决定人们之间分工合作、生产与交易交往方式安排的规则、秩序的演进，揭示物与物和人与物关系背后的人与人之间生产关系的特征，把握其形成、发展、变化的规律。因此，我们的理论学术史研究，不是无所不包的经济思想史研究，不可能过多涉及生产力、经济发展史、技术变迁史等研究。虽然，任何理论研究都不可能把政治经济学理论变迁同广义的经济思想史变化完全割裂开来，也不可能完全脱离经济发展、生产力发展、技术革命来研究政治经济学理论变迁；但是，政治经济学研究的内涵、实质和本意，我们要牢牢把握。同样，我们对新中国社会主义经济关系或制度结构演进的研究，也是紧扣政治经济学关于生产关系或经济制度结构的本源，核心是客观分析和科学解释一定的生产力水平上的经济制度为何这样演进而不那样演进，以及如何和怎样演进至今，其演进的方向、逻辑和内在规律是什么。当然，研究分析新中国社会主义经济制度演进，离不开对宏观经济、微观经济运行的分析，离不开对生产力发展、产业结构变动等的研究，离不开对财政、金融、投资、贸易等的研究。但是，政治经济学研究的对象、主题和主线，是研究生产关系或制度结构。我们努力回归本源，重点研究分析新中国社会主义经济制度演进路径、方向及其内在规律。

《新中国政治经济学思想演进研究》《新中国经济制度演进研究》由张道根研究员和权衡研究员牵头提出并确定写作大纲和要点，组织研究团队开展研究与写作。《新中国政治经济学思想演进研究》一书由权衡、张道根领衔撰著，权衡研究员为第一主编。《新中国经济制度演进研究》一书由张道根、权衡领衔撰著，张道根研究员为第一主编。

研究起草过程中，上海社会科学院许多专家参与讨论并提出了有价值的建议，上海一些高校的专家学者也参加专题讨论并提出了不少好的意见，中共上海市委宣传部领导和上海市哲学社会科学规划办给予了大力支持和指导帮助。在此，一并表示感谢！本书定有不少疏漏，甚至错误，恳请大家批评指正。

张道根　权　衡

目　录

第三篇　改革开放与中国特色
社会主义生产关系和经济制度的发展

第四篇　新时代中国特色社会主义
生产关系和经济制度的完善

第一篇

总论：新中国经济制度演进的理论逻辑

第一章
绪论：中国特色社会主义经济制度变迁

　　中华人民共和国的成立，结束了中国近代以来逐渐沦为半殖民地半封建社会的历史，实现了中国从几千年封建专制政治向人民民主的伟大飞跃，为当代中国一切发展进步奠定了根本政治前提，中国人民从此站起来了。中国共产党领导人民取得了新民主主义革命的伟大胜利，为中国构建社会主义经济制度奠定了基础。然而，打碎一个旧世界的革命成功很不容易，建立一个新世界推进创新发展更不容易。尤其是在几千年封建专制制度的历史和一百多年半殖民地半封建社会统治的基础上，在一个历经战乱动荡、国民经济长期停滞不前的"一穷二白"的大国，建立现代政治、经济、社会制度，走出一条前无古人后无来者、没有现成方案和管用理论可资运用的独特发展道路，这是个空前的巨大考验，必然会遇到诸多难以预料的风险挑战，注定要有波动振荡、曲折反复的艰辛探索。

　　经济制度作为规范协调人们经济决策和行为选择的规则，是人们在长期经济活动和相互交往中达成的共识性的契约、规制，是一个内生于经济发展过程而逐步形成、持续累积、不断完善的经济规则体系。每一个国家的经济制度，都不是凭空想出来的，不以某一个人、某一代人的意志为转移。经济制度的产生、形成、发展，是历史的、客观的、变化的。在不同国家、不同民族，以及在这些国家或民族发展的不同阶段，经济制度是有很大不同的，同时也往往有许多基础原则、基本理念等方面的相似之处和共同点。只有深刻认识一个国家经济制度变迁的历史，弄明白其现有的经济制度从何而来、如何变化、为何如此，方能知其然又知其所以然。尤其是一个有五千年文明发展历史的国家，一个人口约占世界五分之一的发展中大国，一个跨越资本主义发展阶段直接进入社会主义的农业国家，其经济制度变迁过程更为复杂、更为艰难。因此，分析研究中国经济制度的变迁，更不能为极其复杂、不断变化的表象所左右，不能被多种多样、形形色色的个体视角与个人感受所迷惑，要透过现象看本质，深刻把握其走向和规律，揭示制度变迁的历史逻辑、实践逻辑和理论逻辑。

中国特色社会主义经济制度创新之路，是1949年新中国成立后，在中国960多万平方公里的土地上，在中国共产党坚强领导下，依靠各族人民坚忍不拔、不懈奋斗、跋山涉水，一步一步闯出来的。本书旨在系统分析新中国成立以来经济制度变迁的历史，揭示中国特色社会主义经济制度从何而来，如何形成、发展和变化，并探究其原因和内在演进逻辑。研究新中国经济制度变迁，离不开研究新中国70多年经济发展史，必定涉及中国宏观经济、产业结构、微观经济等发展变化。但是，中国宏观经济、部门经济、微观经济的发展历史，中国经济的发展环境、条件及外部形势变化等，只是铺垫和服务于对经济制度变迁的研究分析，不是我们要研究的主要内容。新中国成立后，生产关系体系或经济制度结构的形成、发展、变化，乃是本书紧紧围绕的主题主线和主要任务。

综观新中国成立以来70多年的历史，中国特色社会主义经济制度变迁，大体经历了三个相互联系又各有不同的历史时期。第一个时期是1949年到1977年，真正站起来的中国人民在中国共产党领导下，进行了中国历史上最为广泛而深刻的社会变革，探索推进了社会主义经济制度革命性创新。置身一个经受长期战乱的严重破坏、经济贫穷落后、民不聊生的人口大国，面对美帝国主义为首的西方发达资本主义国家的经济技术和贸易投资的全面封锁和种种遏制，围绕恢复国民经济发展、改善民生，努力实现从落后的农业大国向现代工业化国家的伟大转变，没有可以照抄照搬的制度革新捷径可走。我们必须不忘初心，坚持马克思主义理论，学习借鉴苏联等社会主义国家经验，根据中国国情实际，特别是作为一个农业农民农村为主体，并经受百年半殖民地半封建历史的发展中大国的客观实际，进行社会主义建设道路的勇敢探索。

面对美国为首的西方资本主义国家对中国的经济技术等封锁，加强与苏联经济技术合作与寻求支持援助，加快国民经济恢复和推进重工业为基础的工业化是重中之重的任务。通过社会主义"一化三改造"，中国初步建立和发展了社会主义经济制度，形成了以社会主义公有制即全民所有制和集体所有制为标志的所有制结构，以中央集中统一和中央与地方适度行政分权的指令性计划为主导的计划经济管理体制，以城镇等级工资制和农村工分制为主体形式的按劳分配制度。推进新中国经济制度创新，不可能一帆风顺，我们走过弯路，几经坎坷，但毕竟实现了经济制度根本性变革，为社会主义中国发展奠定了基本经济制度，保证了

"一穷二白"的农业大国在较短的时间内，得以建立和形成比较完整的重工业体系和国民经济体系。

第二个时期是 1978 年党的十一届三中全会召开到 2012 年党的十八大召开前夕，渴望富起来的中国人民在中国共产党领导下，发动了面向未来、面向世界、面向现代化的意义重大而深远的思想解放运动，开启了改革开放和社会主义现代化建设的新时期。不断扩大对外开放，融入经济全球化；大力推进经济体制改革，坚持市场取向，中国特色社会主义经济制度体系逐渐产生、形成和发展，取代了传统的社会主义经济制度体系。

"文化大革命"结束时，中国国民经济百业待兴，人民群众收入水平、生活水平长时间处于停滞状态。开始打开国门、拥抱世界的中国，突然发现美国、西欧等发达资本主义国家的生产力、科技教育、经济发展、人民收入和生活水平等状况，都远远超过我们，也远超当时的苏联和东欧等社会主义国家。我们周边的日本、韩国、新加坡，以及中国的香港、台湾等，也在经济发展、人民生活改善等方面远远超过中国内地。这种反差触发了深刻反思，尤其是对我们建立起来并长期实践的传统社会主义经济制度的反思。

实践与理论的反思启迪我们，要实事求是，解放思想，拨乱反正，勇于改正错误；要善于学习发达国家经济发展的经验，借鉴有效管用的经济体制、运行机制和管理制度；要摒弃传统社会主义经济指令性计划管理体系和经济制度的弊端与痼疾，推进市场取向的制度改革。中国否定了以阶级斗争为纲，明确强调以经济建设为中心，按照"是否有利于发展社会主义社会的生产力、是否有利于增强社会主义国家的综合国力、是否有利于提高人民的生活水平"的判断标准，坚决推进经济制度变革，确定了构建有中国特色的社会主义经济制度的改革开放方略。通过渐进式经济改革，从传统体制最薄弱的环节突破，在农村集体经济所有制不动的基础上，采取家庭联产承包责任制重构产权关系与合约关系，实现了农村产权制度的重大改革。在此基础上逐步扩大以企业为中心的城市管理体制改革，鼓励国有企业搞承包经营试点，推进所有权与经营权分离，允许非公有制经济适度发展，逐步形成公有制为主体多种所有制共同发展的格局；同时，打破了单一按劳分配的分配制度，逐步形成按劳分配与按各种生产要素贡献率分配并存的分配制度。通过放调结合的宏观管理机制转换，从实施价格双轨制开始，逐步减少指令性计划，持续放开放活市场定价，实现了从集中计划经济管理体制向政府宏观调控的市场经济体制的根本转变。通过不断扩大对外开放，逐步融入世界经济大循环，用开放倒逼改革，深入推进开放型经济体系建设，基本形成与国际惯例和通行规则相衔接的市场经济制度结构。

改革开放是决定当代中国命运的关键一招。走向社会主义市场经济的制度创新，找到了符合世界发展趋势、契合中国国情的发展道路，促进了中国经济史无前例地持续保持两位数以上年均增速，经济结构快速优化升级，人民群众生活水平前所未有地得到极大的提高。

第三个时期是 2012 年党的十八大召开以后，期盼强起来的中国人民在中国共产党领导下，面对世界百年未有之大变局，适应中国特色社会主义进入新时代的历史要求，按照完善和发展中国特色社会主义制度，推进国家治理体系和治理能力现代化的总目标，全面深化改革开放，中国特色社会主义经济制度创新进入加快完善制度体系、协同深化制度创新、着力推动制度成熟定型的重要时期。

适应中国经济发展进入新常态，把握国民经济正从高速增长阶段转向高质量发展阶段的历史性变化，中国确立了创新、协调、绿色、开放、共享的新发展理念并以此指引全面深化改革开放和现代化建设。围绕处理好政府与市场的关系这个核心问题，按照使市场在资源配置中起决定性作用和更好发挥政府作用的要求，全面协同深入推进经济体制改革，培育发展公平竞争的高效率的市场体系、市场规则和制度，着力打造公正有为、法治规范的政府宏观管理体制机制。围绕推动人类命运共同体建设的发展方向，坚定不移扩大全方位对外开放，对标国际最高标准、最好水平，以自由贸易试验区建设为抓手，不断完善以基于准入前国民待遇和负面清单的贸易、投资、资金、人员往来自由及信息便捷等为导向的开放型经济体系。2013 年中国成为世界第一大货物贸易国，货物进出口总额达 4.16 万亿美元，并持续保持第一大货物贸易国的地位。引进外资和对外投资跃居世界前两位，中国也是全球最具吸引力和影响力的外资吸收国和对外投资国。围绕供给侧结构性改革这条主线，聚焦创新驱动发展、提升产业链价值链能级，把握"宏观政策要稳、产业政策要准、微观政策要活、改革政策要实、社会政策要托底"的总体思路，深入推动宏观管理体制、中观管理体制和微观经济制度创新，进一步释放制度创新的红利。围绕增强市场主体的活力、动力和创新能力，坚持公有制经济和非公有制经济共同发展，努力营造各种所有制企业平等竞争的市场环境，构建"亲""清"新型政商关系，着力完善各类产权保护的规则、制度和法律法规，激励各类生产性投资和创新创业，为经济高质量发展不断注入强劲动力。

70余年弹指一挥间，在中国五千年文明历史进程中非常短暂，但其间的制度变革与创新前所未有，意义重大且影响深远。从秦始皇统一中国，建立大一统封建政治经济制度开始的2 000余年间，汉袭秦制，历经多少改朝换代，秦汉的大一统封建制度基本不变。直到近代，外部冲击和外力渗入，中国沦为半殖民地半封建社会，形成了独特的半殖民地半封建的官僚资本与封建地主统治的经济制度。新中国成立以来的70余年间，我们从根本上消灭了封建政治经济制度，打碎了半殖民地半封建经济制度，建立了社会主义基本经济制度，开创了中国特色社会主义经济制度体系的建设发展之路。也正是在这70余年间，中国经济由长周期持续下降状态，在"一穷二白"极其落后的基础上反转向上，中国迅速建立了世界上最为完整的工业体系，实现了长时间快速经济增长。特别是改革开放40多年来，中国经济保持年均近两位数增速的超长时间持续增长，创造了世界上史无前例的经济长期高速增长和社会长期稳定的奇迹，掀起了前所未有的持续大规模基本建设和经济、科技、社会等工程建设高潮，使7亿人口摆脱绝对贫困，这是中国历史上从没有过的，也是世界历史上罕见的。

新中国成立以来的制度变革与新中国成立以来的经济发展奇迹如此耦合，不可能是偶然的，而是有着历史客观必然性的，讲到底是新中国70多年来孜孜以求推进经济制度变革创新使然，是新制度激发了亿万人民的积极性、主动性和创造性，从而创造了中国经济超常规发展和长期稳定的奇迹。

第二章
艰辛探索社会主义经济制度的历史性革命

中国在相当长的历史时期，曾是一个世界上最大的经济体。按照安格斯·麦迪森的研究，在公元 10—15 世纪，中国的人均收入要高于欧洲。在技术水平上，在对自然资源的开发利用上，以及在对辽阔疆域的管理能力上，中国都超过欧洲。在随后的几个世纪中，直到 19 世纪初衰落之前，中国一直是全球最大的经济体。[①]1840 年以后，随着西方帝国主义列强入侵，中国大一统封建政治经济制度解体，逐渐沦为半殖民地半封建社会。由于帝国主义的侵略、掠夺、剥削，长时间的战争和动乱，中国陷入长期的政治社会不稳定以及经济发展的大幅波动与增长缓慢态势。1820—1952 年间，世界生产率提高 8 倍以上，美国人均收入提高近 9 倍，欧洲提高 4 倍，日本提高 3 倍以上，中国的人均收入却下降了。中

---

① 安格斯·麦迪森：《中国经济的长期表现——公元 960—2030 年（修订版）》，上海人民出版社 2016 年版，第 1—6 页。

国 GDP 占世界 GDP 的份额从 1800 年的三分之一下降到 1950 年的 1/20，实际人均收入从世界平均水平的 90％降到 25％。

1949 年中华人民共和国成立后，中国经济从根本上摆脱了传统的经济制度框架，转向全新方向。但是，新中国建立在"一穷二白"的国民经济基础上，面对的是百业待兴的经济社会环境，立足的是农民占全国人口 90％的农业经济，还时刻受到以美国为首的西方资本主义国家武装干涉和经济技术与贸易投资的严重封锁。中国人口占世界人口的近五分之一，中国的各种人均自然资源都低于世界平均水平。制度创新受自身发展环境、发展条件、发展基础的影响、制约和决定，新中国成立后建立什么样的经济制度，几乎不可能脱开历史发展阶段、发展基础和发展环境。几千年延续的封建制度已被废除，国民党建立起来的中华民国制度已被打碎，半殖民地半封建的经济制度被实践证明无法为经济社会发展广泛有效地调动各种资源。想让以小农经济为基础的如此庞大的人口走出贫困、加快发展，中国共产党领导的新中国，必须开辟新天地，创建崭新的有效管用的经济社会制度。

第一节　新中国经济制度创新的主要约束条件

制度具有内生性，由一个国家历史发展和客观实际决定，也极大地受到外部环境状况的影响。1949 年 10 月 1 日中华人民共和国成立，中国共产党领导人民掌握了政权之后，建立一个什么样的经济制度，如何建立这个经济制度？答案不可能从天上掉下来，只能根据当时的历史发展进程、发展基础、发展条件以及国际国内大环境，进行思考抉择并探索实践。

一是马克思主义的理论指导。中国共产党领导人民推翻压在身上的三座大山，靠的就是以马克思主义为指导思想。中国共产党是马克思主义政党同中国革命具体实践相结合的产物。新中国成立后，我们必须坚持以马克思主义为指导，走不同于资本主义的社会主义发展道路，构建社会主义经济制度体系。虽然马克思、恩格斯没有任何社会主义经济实践，也没有对未来社会主义或共产主义经济制度作过系统详尽的构想和描述，但是他们深刻揭示了资本主义制度的内在矛盾和必然灭亡的规律，有对未来社会制度趋势的前瞻和对基本原则的一些把握，尤其有对公有制取代私有制、按劳分配取代按资分配等的理论阐述和预见。早在党的七届二中全会上，毛泽东就强调要分清社会主义经济和资本主义经济两条战线，坚持社会主义方向。这些是决定新中国成立后，经济制度具体走向的思想理论基础。

二是历史发展的时代选择。1949 年建立的新中国，是在清王朝瓦解、西方列强入侵和国民党政权失败的过程中胜利崛起的。封建社会时代的经济制度已经支离破碎；西方主要资本主义国家几乎都参与过对中国的殖民入侵，资本主义制度文明神话不再可信，不可能被绝大多数中国人接受；国民党政府统治既不能有力恢复和保护中国领土完整、安定和国家利益，也因恶性通货膨胀、大规模腐败和经济发展缓慢，而失去制度的合法性和合理性。模仿资本主义那套制度在中国近代的发展实践中，实际走不通。"十月革命"一声炮响，社会主义从理论走向实际，第一个社会主义国家在帝国主义阵营最薄弱环节一跃而出，并茁壮成长。在第二次世界大战中苏联击败德国法西斯，战后建立起以苏联为首的世界社会主义阵营，标志着社会主义政治经济制度具有强大的生命力和影响力，这为中国建立新经济制度提供了可资学习的实践典范。在当时的历史背景下，除了看得见摸得着的苏联社会主义经济制度，中国还能找到其他可学习借鉴的制度吗？答案是否定的。

三是解放区建设的实践经验。中国共产党领导的工农革命，从一开始就同经济制度变革紧密相联。打土豪、分田地，推进土地革命，是动员亿万群众投身革命的内在动力，从没有停歇。特别是解放战争时期，中共中央于 1947 年 7 月至 9 月在河北平山县西柏坡召开全国土地工作会议，制定并通过了《中国土地法大纲》：明确废除封建半封建性剥削的土地制度，实行耕者有其田的土地制度；乡村一切土地，按全部人口、不分男女老幼，统一平均分配，归各人所有；废除土改前乡村中一切债务，征收富农多余的土地和财产；对于分配给人民的土地，由政府发放土地所有证。随着解放区不断扩大，新生政权没收的国民党政府国家垄断资本和大官僚资本迅速增加。特别是在东北，新生政权较早完整接管了大量工业企业。到 1949 年底，新生政权共没收国家垄断资本工业企业 2 858 家，没收银行 2 400 家，没收大型工矿企业（包括鞍山、本溪、重庆等钢铁公司）19 个以及许多大煤矿等，还没收了几十家垄断性贸易公司。1949 年新中国成立时，社会主义性质的国营工业占到全国工业企业固定资产的 80.7%；全国大型工业产值中，国营工业占比为 41.3%；铁路和交通运输以及银行和国内外贸易都由国家控制，新生政权掌握了国家的经济命脉。[①]在中国共产党领导的革命斗争中逐渐形成和发展的经济

---

① 章开沅主编：《中国经济史》，高等教育出版社 2002 年版，第 340—445 页。

基础和经济制度，奠定了新中国经济制度构建的基础。1949—1952 年，新中国的经济恢复和重建获得成功，初步证明中国共产党领导和管理国民经济的能力、经验和水平。好的开头，不会自动停止，除非遇到重大挫折失败，才会反思修正。

四是传统文化的深刻影响。制度变迁受文化意识形态深刻影响，制度本身也是文化产品，没有一个国家能超越历史传统和文化约束，构建一个天下掉下来或外部移植过来的全新制度。历史越悠久、文化越是未曾中断的国家，其制度变迁受传统文化的影响越大。中国是具有五千年文明历史的国家，数千年以小农经济为基础的封建王权统治制度的影响是全方位的、深入持久的。任何伟大的制度创新都不可能摆脱传统、超越历史和发展阶段。中国自秦汉以降就是长期中央集权的国家，有着儒家思想的社会认同，最早采用唯才是举、荐贤举能的用人选官制度，有着完善的官僚体制管理国家事务，也有小农经济制度长期稳定的坚实支撑。

中国同欧洲几乎有着完全不同的历史文化传统和制度特征：中国长期是大一统中央集权的国家，而欧洲长期是由众多分散而独立的国家组成的；中国是采用官僚行政体制管理国家的先驱者之一，历史上中国是最有能力管理好疆域广大、区域发展差异很大的国家的典范，而欧洲则是依靠许多主权国家管理各自疆域并寻求一致原则处理协调国家与国家关系的代表；中国儒家文化从未被割断，上至皇帝、中至官僚、下至乡绅百姓都受其约束，且中国总体上没有阶级绝对割裂，官位不能世袭，科举制度让任何人都可以做官，而欧洲各国没有共同一致的文化意识形态传承，历史上王侯贵族皆为世袭，农奴基本上没有人身自由。因此，中国长期的历史文化传统和制度特征，决定了新中国成立后，经济制度更习惯也更适合采取大一统集中管理的体制，这种集中统一的举国体制有利于后发赶超，加快推进国家工业化。

第二节 1949—1957 年建立新的社会主义经济制度

新中国成立时，中国人均国民收入 27 美元，仅为印度的 50％，80％以上的人口是文盲，儿童入学率不到 20％。我们面临的最大问题是：如何巩固新生政权，保障社会安宁，恢复百业待兴、满目疮痍的国民经济；建立什么样的以及如何建立能加快经济发展和人民生活改善的新的经济制度。这些问题至关重要，刻不容缓。

一、 稳定新民主主义经济制度，恢复和发展国民经济

新中国成立后，中国共产党初步建立了新的政治制度和上层建筑。在经济基础方面，我们仍要稳定和完善新民主主义的经济制度，加快恢复和发展国民经济，为构建社会主义经济制度奠定良好基础。

一是继续推进全国范围的土地改革，废除封建土地所有制，实行耕者有其田。土地改革使广大农民成为土地的主人，各个家庭的土地所有权非常平均，农民生产积极性空前提高，极大地促进了农业恢复和发展。同时，国家还通过增加农业信贷扶持、制定合理农产品收购价格、采取税收优惠政策、加大农业生产技术支援、增加财政支农资金，以及发展城乡交流、活跃农村市场等措施，促进农业生产发展。农村土地制度改

革和经济体制创新，大大解放了农村生产力。1949—1952 年间农业总产值逐年提高，1952 年比 1949 年增长 48.5％；1952 年粮食产量比 1949 年增长 44.8％，与历史最高水平相比，粮食总产量增加了 9.3％。①

二是鼓励多种经济成分共同发展，促进工业生产恢复和发展。首先，没收以前帝国主义的工厂和国民党政府的工厂以及 1949 年后逃离的资本家的工厂，利用旧政府的经济管理和企业管理人才，建立国有国营企业制度，加强国家集中统一计划管理，恢复城市工业生产尤其是关系国计民生的重要工业生产。1949 年底，社会主义性质的国营工业占全国工业产值比重为 26.2％，固定资产占全部工业的 80.7％。1949—1952 年，国营工业产值由 36.75 亿元增长到 144.97 亿元，增长了 2.9 倍。②

其次，利用、限制、改造民族资本主义企业，推动工业发展。面对当时极其困难的经济环境和市场环境，国家一方面运用经济、行政和政治手段打击囤积居奇、投机炒作的资本主义企业，一方面扶植合规守法的资本主义私营工商业经营发展。同时，对个体手工业采取"重点扶持、合理引导"的措施，加强对手工业生产的组织和领导，引导发展合作经济。经过三年左右恢复调整，资本主义工业的总产值增长了 54％，私营商业零售额增长了 20％，国营经济和合作经济占国民经济的比重在经济恢复发展中不断上升，两类经济稳居主导地位。

三是加强国家对国民经济统一集中管理，营造稳定有序的经济环境。为解决旧中国留下的经济衰退、市场混乱、物价暴涨、民生凋敝等问题，

---

① 邹东涛、欧阳日辉等：《新中国经济发展 60 年》，人民出版社 2009 年版，第 66—67 页。

② 同上书，第 77 页。

新生政权必须加强国家对经济、贸易、投资、财政等统一集中管理，稳定经济社会秩序，恢复工农业生产和贸易流通，统筹调控宏观经济运行尤其是关系国计民生的基础产业、重要行业、主要产品的生产、供应和分配。

首先，收回对外贸易主权，在平等互利基础上恢复和发展与外国的通商贸易关系。实行国家对对外贸易的统治，对进出口贸易、外贸资金流入流出，以及许可证、配额、外汇和关税等实行集中统一管理，并建立以国营对外贸易为主导，多种贸易方式并存的国际贸易经营管理体系。

其次，恢复正常市场秩序，促进商品流通，建立以国营商业为核心的统一的国内商品物资流通体系。与1950年比，1952年国营商业的零售总额增长了360%，占商品批发总额比重达到60.5%。①

再次，强化国家对财经工作的统一领导，确保财政金融平衡稳定。财政是国家经济社会稳定和发展的关键，金融是国民经济的命脉，集中统一的国家财政金融体制，对中国这样一个发展很不平衡的大国极为重要。新中国成立伊始，党中央就依靠解放区已有的制度措施，根据新中国成立时打击投机、稳定物价、恢复生产、争取财政经济状况根本好转的工作经验，有序有力加强全国财政工作的统一管理，初步建立了集中统一、适当分层分级的规范明确的财政税收体制，加强金融市场管理和金融机构体系建设，建立国有金融机构为主体的金融体系。新中国成立后，用了近一年时间就统一了全国财政经济工作，结束了长时间物价飞

---

① 邹东涛、欧阳日辉等：《新中国经济发展60年》，人民出版社2009年版，第83—84页。

涨、投机盛行、市场动荡的局面，逐步建立了国家集中统一、管控有力的财政金融管理体制。

二、 进行社会主义改造，基本建立社会主义生产资料所有制结构

经过三年多时间的国民经济恢复和发展，1953年党中央决定要在相当长的时期内，逐步实现国家的社会主义工业化，并逐步实现国家对农业、对手工业和对资本主义工商业的社会主义改造，即"一化三改造"的社会主义过渡时期的总路线。"一化三改造"的根本，是要解决所有制的问题，改变生产关系，建立社会主义公有制。同时，中国经济发展水平很低，尤其是工业化水平很低，严重制约了经济发展、国防力量增强和人民生活改善。经过抗美援朝战争，加之当时复杂严峻的国际局势影响，改变中国工业落后特别是重工业十分落后状况非常紧迫，必须把推进社会主义工业化放在优先位置。社会主义经济制度建设，自然要服从服务工业化大推进的战略需要。

一是对农业的社会主义改造。这是在废除封建地主土地所有制，实行农民平均地权和耕者有其田的基础上，对中国农村生产资料个人所有制的革命，由此建立社会主义农村集体所有制。新中国大范围土改完成后，关于要不要立即开始向社会主义过渡，有过讨论和研究。中央最后决定分三步走对农业实行社会主义改造。第一步把分散的农民组织起来，成立互助组，实行小规模的生产合作，农民之间自愿互利合作。第二步是在互助组的基础上，引导建立农业合作社。到1955年底，全国农户总数的63.3％加入合作社；1956年春，入社农户达10 668万户，占全国农

户总数的90％。①第三步是在初级社的基础上发展高级农业生产合作社。农户的土地无代价转为集体所有，不再有土地分红，统一规划、集体劳动、统一经营，收入根据劳动量分配。到1956年12月，全国入社农户达96.3％，其中有87.8％的农户加入了高级社。高级社的建立，标志中国农业社会主义改造基本完成。在对农业实行社会主义改造的过程中，存在不同的意见，从上到下有分歧有争论，也有过反复。但总体上还是以加快实现改造为主基调，仅用了四年时间就完成了对农业的社会主义改造，比原计划大大提前了十多年。

二是对资本主义工商业的社会主义改造。半殖民地半封建社会中出现的民族资本家，是中国共产党团结和争取的力量；国民经济恢复时期，要鼓励、支持、帮助民族资本主义工商业发展生产、促进流通。但是，社会主义制度的实质是要改变资本家所有制，建立生产资料公有制的基础性制度。国民经济恢复时期，资本逐利的本性诱使一些资本主义工商业企业偷税漏税、行贿、盗骗国家财产、偷工减料、投机扰乱市场。对资本主义工商业的社会主义改造势在必行，这也是农业经济大国加快实现工业化的制度基础。国家对资本主义工商业的社会主义改造，采取两步走的办法。先是从私人资本主义转向国家资本主义，总体按照"利用、限制、改造"六字方针，分初级形式和高级形式，是循序渐进的，后来越来越快。初级形式的国家资本主义，主要是国家通过收购、加工、订货、统购、包销五种形式，促进资本主义商业企业恢复生产、扩大生产流通，把私人资本主义工商业逐步纳入国家统一集中管理的经济体系。

---

① 邹东涛、欧阳日辉等：《新中国经济发展60年》，人民出版社2009年版，第104页。

通过国家政策措施，改变私营企业利润分配方式，降低企业利润分成比例。发挥国营工商业企业的主体作用，特别是有计划地用国营商业替代私营批发商业，对粮、油等实行统购统销，不断提高国营和合作社工商企业的比重。高级形式的国家资本主义，主要是实行公私合营，改变单一私人资本企业形式。公私合营从 1955 年开始，从个别企业公私合营逐步转为全行业公私合营；从北京、上海、天津等重要工商业城市开始，逐步向全国发展。在当时的历史背景、国内国际环境下，公私合营一旦开始就难以阻挡并走得非常快。1956 年，社会主义国营工业产值占工业总产值的 67.5%，公私合营工业产值占 32.5%，工业领域私人企业没有了。①通过改造，以社会主义公有制为主体的生产资料所有制基本形成，成为中国经济制度的所有制基础。

　　三是对个体手工业的社会主义改造。新中国在成立时，是工业十分落后的农业国。个体手工业作为私有制和个体劳动为基础的经济形式，量大而面广，在各种经济成分中比例很大，占国民收入比重七成以上，有重要的地位。对个体手工业的社会主义改造，是通过合作化形式分三阶段实施的。1950 年，全国共有手工业生产合作社 1 300 多个，社员 26 万人，股金 151 亿元。②1951 年按"先整顿、再发展"方针，提升手工业生产合作社质量。第二阶段，扩大生产合作规模，加强生产合作社建设，提升组织制度水平。1955 年底，全国手工业合作组织发展到 64 591 个，社员达 220.6 万人。第三阶段，手工业合作化运动进入高潮。1956 年，

---

①　薛暮桥：《中国社会主义经济问题研究》，人民出版社 1979 年版，第 38 页。

②　邹东涛、欧阳日辉等：《新中国经济发展 60 年》，人民出版社 2009 年版，第 119 页。

从全国大城市开始，仅用两个月基本实现了全国手工业合作化。1956 年底，全国手工业合作社组织发展到 104 430 个，社（组）成员达到 603.9 万人。①推进个体手工业社会主义改造，是建立社会主义所有制的内在要求。过急过快齐步走实行个体手工业合并集中，某种程度上超越了生产力发展和当时实际。

三、 大力推动工业化，建立社会主义集中计划经济体制

在一个农业和手工业占国民经济 90％的大国抓发展、搞经济，必须大力推进工业化。半殖民地半封建社会的经济制度和经济管理体制，不可能支持和促进工业化和现代化。社会主义公有制为主体的所有制结构，奠定了集中计划经济的制度基础。解放初期，面对混乱衰退的经济状况，加强国家对国民经济集中统一调控管理，有力促进了新中国经济稳定和迅速恢复。苏联中央集中的计划经济体制，极大地促进了苏联快速工业化，并为战胜德国法西斯侵略提供了坚实的经济与国防支撑。新中国经济建设和经济管理，一开始就得到苏联的支持帮助，学习的就是苏联计划经济的管理模式和体制机制。新中国成立后，确定建立社会主义集中计划经济体制，符合当时中国发展实际和国际国内环境形势。因此，别无选择。

一是加强国家计划管理机构建设。新中国成立后，国家就着力加强计划管理建设，建立中央政府管理国民经济的机构。先是成立中央

---

① 邹东涛、欧阳日辉等：《新中国经济发展 60 年》，人民出版社 2009 年版，第 120 页。

财政经济委员会，并在此基础上成立政务院财政经济委员会，统一领导经济工作。中财委内设财经计划局、技术管理局、财经统计局等部门。下设财政部、贸易部、重工业部、燃料部、铁道部等各部。1952年11月，又成立了国家计划委员会，全面负责经济计划工作，包括编制五年计划和中长期各类发展计划。国家集中计划与财政经济机构，统筹负责国民经济计划编制、运行和管理，推动经济有计划按比例发展。

二是加强计划层级体系建设。适应中国地域广阔、区域发展差异很大、行政层级多等特点，中央计划机关主要通过三个层级协调管理经济计划。第一层级是全国21个省、5个自治区和3个直辖市，中央计划机关统一管理协调各省、自治区和直辖市经济计划。第二层级是省、自治区负责并统筹管理城市和专区经济计划，各省、自治区的省会城市、重要工商业城市和地区或专区按中央和省与自治区计划安排，管理协调城市和专区经济计划。关系国计民生的重要原材料、重要物资、重要工业品的生产、流通和分配，要纳入国家统一计划体系，由中央统筹协调管理。第三层级是各省、自治区的大城市以下设区、街道和县与乡（公社），行署（专区）以下设县、县以下设立公社，具体负责本区域的经济计划协调管理。

三是强化中央直属国营企业力量。集中计划体系的建立，没有强大的国营企业不行。国家通过直接管理中央直属的国营大中型工商企业和国营农垦集团等，决定重要原材料、重要物资、重要工业品的生产、流通和分配。外贸由国家垄断经营和集中管理，粮食等由国家计划统购统销，国内商业贸易一级批发和二级批发由国家计划机关集中统筹管理。

四是编制实施中长期发展计划。在国民经济恢复和稳定基础上，国家在 1953 年开始执行国民经济第一个五年计划，确定了实施 156 项重点工程，开始在年度计划实施的同时，探索推进中长期国民经济与社会发展计划，在实践中检验、巩固和完善新中国逐渐建立起来的社会主义计划经济体制。第一个五年计划聚焦严重制约中国工业化发展和国计民生最急迫最需要的薄弱环节进行重点攻坚，目标清晰、任务明确、重点突出、组织有力，最终超额完成了历史性任务，也为实践社会主义计划经济体制开了个好头。在推进第一个五年计划时期，1956 年底顺利完成了生产资料所有制的社会主义改造。生产资料所有制社会主义改造胜利完成、"一五"计划超额完成后，中国社会主义经济制度基本建立，计划经济体制基本形成。因此，党的八大明确指出，我国国内主要矛盾已经发生重大变化，党和人民当前的主要任务，就是集中力量解决人民对经济文化迅速发展的需要同经济文化不能满足人民需要的状况之间的矛盾，把我国尽快从落后的农业国变为先进的工业国。

第三节　1958—1977 年社会主义经济实践中的制度变化

顺利完成生产资料所有制社会主义改造，成功实施"一五"计划并超额完成目标任务，极大地振奋了全党、全国各族人民加快社会主义建设的精神。苏联十月革命胜利 40 周年，全世界社会主义国家共产党、工人党代表齐聚莫斯科参加庆典、召开盛会，做出"社会主义在向上发展，而帝国主义却在衰退"的重大判断。①对社会主义发展的国际形势过于乐观和对社会主义制度建设成效过于自信，导致自上而下尤其是领导层开始出现盲目乐观、骄傲自满、急于求成的"左"的错误思想。1957 年反右斗争扩大化，1958 年党的八届二中全会通过了"鼓足干劲、力争上游、多快好省地建设社会主义"的总路线。全国迅速发动了"大跃进"和"人民公社化"运动，不顾客观条件和经济规律，盲目追求高速度赶英超美，导致经济大幅波动振荡，经济制度体系呈现无序紊乱状态。

一、"大跃进"和"人民公社化"运动时期的经济制度变动

社会主义改造基本完成后，中国开始转入全面的大规模的社会主义建设时期。从根本上说，社会主义制度就是要比资本主义制度创造更高的社会生产力，更快更好地改善人民生活。从国内看，顺利实施并超额完成"一五"计划目标任务，大大增强了加快经济发展的自信心。从国际看，以苏联为首的社会主义阵营经济发展相对较快，纷纷提出加快超越西方资本主义的经济发展目标。1958 年党中央明确确立"多、快、好、省"的社会主义建设总路线，又提出争取在十五年或者更短的时间内，在主要的工业品产量方面赶上和超过英国。很快又要求三年基本超过英国、十年超过美国，也就是"赶英超美"战略。为适应实施高指标、高速度经济赶超，国家经济制度尤其是经济管理体制必须相应改革调整。

一是确立超越客观实际的现代化发展战略。1957 年底，中央提出用

① 洪银兴、杨德才等：《新中国经济史论》，经济科学出版社 2019 年版，第 69 页。

十到十五年实现工业"赶英超美"的战略思想。1958 年《人民日报》"元旦社论"明确,"鼓足干劲,力争上游,充分发挥革命的积极性创造性"。1958 年 3 月,中央成都会议上,毛泽东强调"鼓足干劲、力争上游、多快好省"地建设社会主义的总路线,尽快把我国建设成为一个具有现代工业、现代农业和现代科学文化的伟大的社会主义国家。这个总路线虽然强调既要多、快,又要好、省,但首要的根本的是要多和快,用最高的速度发展社会生产力是核心思想和灵魂。要推动高速度赶超发展战略,必然要调整生产关系,最大限度调动 6 亿多人的积极性和主动性,进一步改革初步建立的经济制度和经济管理体制。

二是推动城镇所有制"一大二公"和农村大办人民公社。为实现快速赶超战略,中央发起"大跃进"运动,制定了不切实际的工业和农业增长的高指标,尤其是钢铁生产和粮食生产的高指标。推进"大跃进",实现高指标,需要更有力更广泛地集中全国的人力、物力、财力,必须加快改变多种经济形式并存的工业生产制度结构,用更高的社会主义公有制特别是国有制一统天下。全国量大面广的手工业合作社大规模"转厂过渡",成为合作工厂或直接转入地方国营工厂,实现集体所有制向全民所有制过渡。到 1958 年 5 月,全国约 10 万个手工业合作社(500 多万社员)中,过渡为地方国营工厂的占 37.8%,转为合作工厂的占 13.6%,转为人民公社工厂的占 35.3%。[①]1958 年北戴河会议后,全国农村兴起大办人民公社热潮。到 1958 年 10 月底,全国参加人民公社的农民达到99.1%,组成了 26 500 个人民公社。人民公社规模一般在 4 000 户以上,

---

① 邹东涛、欧阳日辉等:《新中国经济发展 60 年》,人民出版社 2009 年版,第 165 页。

有的在 10 000 户以上。"人民公社化"前，全国有高级社 79.8 万个，平均每社 151 户。人民公社在财产关系方面实现主要生产资料归全民所有，产品统一调拨使用，上缴利润、生产开支和社员消费均由国家统一规定。办公共食堂、托儿所，实行供给制加工分或工资制。1958 年全国大范围出现"共产风""浮夸风"，随后又发生自然灾害，中国进入三年严重困难时期，粮食和各种农副产品严重供不应求。其间，许多地方的农村搞起了包产到户的责任田。以安徽农村为最，许多省的农村搞起各种形式的包产到户，重在解决吃饭问题。

三是为调动各级积极性主动性实现高指标而实行行政性分权体制改革。追求高指标快发展，各地层层加码超指标，中央只能适应地方要求给地方更多权力，发挥地方积极性。1958 年开始，中央陆续向地方各级政府下放了企业管辖权、计划决策权、基本建设项目审批权、物资分配权、财政税收权、劳动管理权、商业管理权、信贷管理权，扩大了企业管理权等。①各级地方经济权力扩大后，相互比学赶超提更高指标，搞大建设、抓大项目，全国大炼钢铁，到处大放农业"高产卫星"，导致国民经济比例严重失调和人力、物力、财力等严重浪费，国民经济陷入严重困境。实行行政性分权体制改革，既是"大跃进"中调动地方各级积极性主动性的要求，也是中国经济发展实践中对学习运用苏联集中计划经济体制模式反思的结果，希望找到更符合中国农业农村经济为主、地区发展不平衡的大国具体实际的社会主义经济制度。这次对集中计划经济体制的行政性分权改革探索，看到了高度集中的计划体制的僵化呆板不

---

① 洪银兴、杨德才等：《新中国经济史论》，经济科学出版社 2019 年版，第 70—78 页。

适应的问题，也反映了简单的行政性分权尤其是分权太快、太多，导致"一放就乱"。说到底，集中计划经济体制不变，行政性分权不可能真正做到权责对称和激励约束相容。但这在当时阶段和历史条件下不可能被真正认识到，直到 1978 年改革开放相当长时间后才被真正认识到。

二、 国民经济调整时期的经济制度完善

"以钢为纲"的经济赶超"大跃进"战略，必然要求所有制"越大越公"越好，同时要求给地方更大经济决策权，鼓励地方大干快上。在社会生产力总体水平不高，城乡、地区、农轻重比例很不平衡的基础上，实行所有制结构大升级和给地方行政性过度放权，导致国民经济比例严重失调，特别是农业生产大幅下降，轻工业产品产量大幅下降，人民生活水平和质量明显下降。1961 年 1 月，中共八届五中全会决定批准实行"调整、巩固、充实、提高"八字方针，国民经济从"大跃进"阶段转入调整阶段。

从生产关系或经济制度方面看，进入国民经济调整阶段主要有几个变化。首先，调整改革农村集体所有制制度。针对"一大二公"的人民公社制度存在严重的平均主义问题，促进农村经济制度变革。一是调整所有制形式，改变人民公社的基本核算单位。决定人民公社以生产队为基本核算单位，平均每队二三十户，30 年不变。二是回归以家庭为基础的财产所有权制度，保障按劳分配。比如，纠正大办人民公社公共食堂的错误，解散所有食堂。清理"一平二调"，对违背等价交换和按劳分配原则从农户无偿抽调的生产资料、生活资料、劳动力都清算退赔。恢复

自留地，将耕地的5％—10％划分为社员的自留地，不征农业税，不列入统购对象。开放农村集市贸易，允许农民买卖剩余农副产品。三是加大国家政策对农业的支持，包括提高农副产品收购价格，降低农业税税率，对农村购买农业生产资料，包括农机、农具、化肥等给予贷款和利息减免扶持等。经过一系列调整，从1963年开始，农业生产较快恢复，到1965年大体恢复到1958年的水平。

其次，加强和改善企业经营管理制度。从1962年始，国家对工业企业进行调整整顿，关、停、并、转一些中小企业，保留充实骨干企业。压缩重化工业，发展轻纺等消费品工业。精简劝返"大跃进"期间从农村招进城的新职工和自发流入城市的人口。对各类企业实行"五定"（定产品方向和生产规模，定人员和机构，定主要原材料、燃料动力消耗和供应来源，定固定资产和流动资金，定协作关系）和"五保"（保证产品品种、质量、数量，保证不超工资总额，保证完成成本计划，保证完成上缴利润，保证主要设备使用期限），一定三年不变。1964年8月，中共中央、国务院批转国家经济委员会党组《关于试办工业、交通托拉斯的意见的报告》，同意在全国试办12个托拉斯。①

再次，调整国民经济管理体制。重新加强对国民经济的集中统一管理，上收"大跃进"以来下放地方和企业的人、财、物和用人权力，强化中央各部委和中央局对所属企业的行政管理、生产指挥、物资调度和干部人事安排的权力，全国范围重要物资由中央统一管理和分配。

---

① 邹东涛、欧阳日辉等：《新中国经济发展60年》，人民出版社2009年版，第202—203页。

适度放开放活消费品工业市场，对基本生活消费品实行凭票凭证，定量低价供应；对部分非生活必需品实行有计划的高价政策，平抑需求，加快货币回笼，增加财政收入。同时，增加商品流通渠道，活跃城乡贸易。

经过 1961—1965 年的经济调整和制度改变，全国工农业生产全面回升，工农业总产值达到历史最高水平，国民经济整体状况向好，各方面比例关系较为协调，国民经济调整任务全面完成。但是，在国民经济恢复向好的过程中，国际政治形势更加复杂严峻，党内对主要矛盾的认识出现大的分歧。中共八届十中全会，把社会主义社会一定范围内存在的阶级斗争，进一步扩大化和绝对化。

三、"文化大革命"时期的经济制度动荡

1966 年 5 月 16 日，中共中央政治局扩大会议通过《中国共产党中央委员会通知》（简称"五一六通知"）；8 月，中共八届十一中全会召开，作出《中国共产党中央委员会关于无产阶级文化大革命的决定》。中国经历十年"文化大革命"时期，这是新中国无产阶级专政下继续革命的失败探索，是一场严重的政治动乱，给中国发展造成了重大损失。"文化大革命"时期超越社会生产力和国情实际，盲目推进更高水平"一大二公"社会主义经济制度，进一步揭示传统社会主义经济制度失灵失效，必须彻底改革。

"文化大革命"时期，中国经济制度运行和变化总体处于无序和混乱状态，有创造性破坏，没有创造性建设。一是以阶级斗争和路线斗争为

纲，放弃以经济建设为中心，强调政治挂帅，忽视经济制度建设和制度功能作用，长期形成的经济制度体系和经济管理体制被冲得百孔千疮。二是盲目搞所有制越大越公的"穷过渡"。否定以农村生产队为基础的人民公社集体所有制，急于向生产大队以及公社为基本核算单位过渡。片面强调城镇所有制结构向全民所有制过渡，小集体变成大集体，大集体变为全民所有制，同时严格限制和排斥个体经济发展，到处"割资本主义尾巴"。三是强调破除资产阶级法权，搞分配平均主义的"大锅饭"和用工制度的"铁饭碗"。认为八级工资制同新中国成立前差不多，基本取消多样化多层次的工资制度。四是扩大行政性分权，下放全民所有制企业生产管理权。同时，调整国家经济管理部门和机构：1970 年，将国务院部委等 90 个部门合并调整为 27 个，缩减编制 82%；对各省、市、自治区经济管理机构也相应进行合并调整。

"文化大革命"期间，全国出现严重混乱局面，经济发展受到很大冲击，工农业生产大幅波动震荡，国民经济比例关系严重失调，隐性和显性失业快速增长，人民群众收入水平和生活质量陷入停滞，科技、教育、文化等社会事业遭到破坏，国民经济几乎处于崩溃边缘，中国与世界上发达国家在很多方面差距显著扩大。

第三章
奋力开创中国特色社会主义经济制度创新之路

　　1976 年 10 月，中国共产党粉碎"四人帮"。1977 年 8 月，中共十一大举行，宣告"文化大革命"已经结束，重申要建设社会主义现代化强国。1978 年 12 月，中共十一届三中全会举行，强调解放思想、实事求是，把党和国家工作重点转移到社会主义现代化建设上来，做出了实行改革开放的历史性决策，开启了改革开放和社会主义现代化的伟大征程。改革开放是中国走向现代化的第二次革命，首要和关键是社会主义经济制度的系统性创新。作为一个有着五千年文明历史的古老国家，一个占世界人口近五分之一的发展中大国，一个经历新民主主义革命、建立社会主义基本经济政治制度的国家，一个经过"十年动乱"、国民经济几乎处于崩溃边缘的国家，中国迈向现代化的改革开放和制度创新没有可资借鉴的模式，更没有拿来可用的经验，必须立足中国国情实际，把握客观规律，开辟中国特色社会主义发展道路，建立中国特色的现代经济制度。

第一节　影响和决定经济制度变迁方向的主要因素

改革开放，新中国的第二次革命，不是在一片废墟上重构制度体系，而是在新中国成立后艰辛探索形成的社会主义制度基础上，推进制度创新、制度完善。制度变革的方向和路径选择，必须受历史传统、发展状况、实际情况和现实环境制约，不可能照抄照搬别国的道路和模式，要闯出中国特色的改革开放之路。

一、　新中国成立以来建立的制度体系基础

改革开放是新中国的第二次革命，是中国经济制度的自我革新。改革开放是我们长期以来在探索实践中形成的社会主义经济政治制度体系内的变革，是在社会主义基本制度基础上的开拓创新。因此，社会主义公有制、国民经济计划管理体制、按劳分配制度等，不是也不可能被根本摒弃，而是要在继续坚持基本制度性质的基础上变革创新。既要充分发挥中国社会主义制度的优势特长，又要学习借鉴世界各国被实践证明的有利于经济发展、民生改善的一切制度。在所有制上坚持公有制为主体，多种所有制并存；在经济管理体制上处理好政府与市场的关系，把握好市场与计划的结合；在分配制度上坚持按劳分配为主和多种分配方式并存。

二、　中国的集中计划经济远未达到苏联和东欧国家的水平

新中国主要学习借鉴了苏联集中计划经济体制，受苏联模式影响很

大。但中国的生产力发展水平、农业农民大国的特点，以及工业化、城镇化程度不高且区域发展很不平衡，决定了中国的中央集中的计划经济体制的集中程度、控制力度、覆盖广度等，都远远不及苏联。新中国成立后，虽经历了社会主义"一化三改造"，也有过"大跃进"式工业化赶超，但始终没有形成像苏联那样强有力的、定型的集中计划体制，而是常常进行中央与地方周期性行政性集权与分权、收权与放权，到"文化大革命"时期，集中计划经济体制已经被冲得体无完肤。因此，中国没有必要像苏联改革那样搞"休克疗法"式推倒重构，而是充分调动地方、企业、个人和各方面积极性、主动性，走分权化、市场化渐进式改革。这种改革起步更容易，阻力更小，震荡也小，改革成本低、见效快。

三、 改革开放是中国共产党领导下的制度自我革命

改革开放的制度变迁，是中国共产党发动并统一领导下的自我革命，是强制性制度变迁驱动下的诱致性制度变迁。中国共产党的领导是中国特色社会主义最本质的特征，中国共产党为领导核心的政治制度是中国改革开放的根本特征。改革开放伊始，中国共产党就牢牢把握中国改革开放的方向，坚持马克思主义与中国实际相结合，坚持社会主义制度，开创适应世界发展趋势、人类社会发展规律，符合中国国情实际的中国特色社会主义制度创新之路。无论是 20 世纪 70 年代末的思想解放运动，还是推进农村家庭联产承包责任制改革，搞经济特区，或是 20 世纪 90 年代初下决心更大力度地进行对外开放和市场化改革，都是党中央和党的核心领导人拍板决定、奋力推进的。

四、 外部环境的深刻变化

20世纪70年代末80年代初，世界形势和国际格局发生了重大变化。二战后形成的美国和苏联为首的两大阵营的冷战形势有所缓和，社会主义阵营逐渐松动，西方发达资本主义国家的经济、科技、文化竞争力、影响力持续上升，苏联和东欧等社会主义国家的经济问题和人民群众生活改善缓慢等问题更趋凸显，市场经济国家的活力、动力、效率明显大于计划经济国家。特别是中美关系明显改善，世界希望看到一个改革开放的中国，取代集权体制和闭关锁国的中国。中国打开国门后，更多国人看到西方国家经济、科技发达，人民生活质量和民生福祉好，更多人深刻反思"一大二公"的计划经济体制弊端严重和"文化大革命"重大灾难发生的制度性原因。广大中国人民期盼改革传统体制，渴望对外开放、学习世界先进制度。世界各国发展的实践结果和中国发展严重落后的事实，启迪中国人民必须拥抱开放、大胆改革，融入世界经济、发起市场取向的改革是审时度势、顺势而为的战略选择。中国逐渐明确了建立社会主义市场经济体制的改革开放目标。

第二节　开创中国特色现代经济制度创新的战略思路

改革传统社会主义经济制度和传统管理体制，开拓创造新的社会主义经济制度和经济管理体制，必须深刻反思中国长期探索实践的传统社会经济制度和经济管理体制的弊端问题，搞清楚什么是符合世界潮流、中国国情实际的社会主义制度，建设什么样的社会主义经济制度，以及怎样推进经济制度创新。

一、 解放思想引领体制改革

理论清醒是最大的清醒，思想解放是最大的觉醒。改革经济体制首先要破除对传统社会主义的教条式僵化理解认识，解放思想、实事求是，坚持实践是检验真理的唯一标准，重新认识什么是社会主义经济制度，怎样改革经济管理体制。1978 年 5 月，《实践是检验真理的唯一标准》一文的发表和陆续转载引发了关于真理标准问题的大讨论，全党全国各族人民踊跃参与，各抒己见，畅所欲言，形成史无前例的百花齐放、百家争鸣的思想解放潮流，一举突破"两个凡是"的僵化理论的思想禁锢，摒弃了思想迷信，激发了亿万人民群众敢想敢干的主动性、积极性、创造性。"不管白猫黑猫，抓住老鼠就是好猫"，不唯上、不唯书、只唯实，为改革开放这一第二次革命奠定了新的思想理论基础。

二、 聚焦解决问题的制度变革

制度变革不是为了理论逻辑设计的完美，不是为了符合某些高尚而不切实际的理想，而是要解决存在的影响人与人之间有效分工合作、影响交易成本降低、影响更好地生产生活的问题。经过"文化大革命"十年的冲击，国民经济接近崩溃边缘，传统社会主义经济制度下长期积累的商品和要素普遍短缺，显性和隐性失业持续上升，人民生活改善缓慢，社会生产力发展落后等情况更加严重。经济体制改革与制度创新必须直面问题，围绕解决问题去推进。因此，改革开放从一开始就是要解决一个个的具体实际问题，重视改革的实践绩效，注重民生福祉的改善，注重发挥基层和人民群众的首创性。

比如，经济制度创新从农村开始，就是要解决粮食和农副产品普遍严重短缺问题，是老百姓吃不饱饭逼出来的。首先改的是分配方式，让农民承包土地，集体所有制不变，生产成果交足国家的、留够集体的，剩下全是自己的。农村家庭联产承包责任制改革后短短三年时间，中国粮食产量创下历史新高。又如，放权让利给城镇国营与集体所有制企业，鼓励发展农村乡镇企业，允许个体私营经济发展，就是因为日用工业消费品和生产资料普遍短缺，必须搞活企业、搞活流通，发展生产、扩大供给，从而推动了微观经济制度的改革。再如，搞沿海经济开发区和特区，就是因为当时资本短缺，生产技术和工艺落后，企业家人才极其缺乏，必须吸引境外华人华侨资本和外国资本及外国企业投资办厂，发展"三来一补"加工贸易和进口替代商品生产。正是这些能解决实际问题的看似不起眼的"小改""小革"，拉开了中国改革开放的大幕，驱动市场取向的改革稳步持续深入展开，让我们仅用 30 年时间基本建成社会主义市场经济体制框架。

三、上层统领的基层创新

传统社会主义全民所有制为基础的计划经济体制，是学习借鉴苏联模式的中央集权的命令型经济制度。经济制度、规则、政策和法律法规的设计和变动，都是由中央集中统一研究、设计、制定并自上而下组织实践的。各地方、各单位、各企业等，往往只能被动遵守、认真贯彻落实自上而下的制度设计、制度要求，不能自主创新、自行其是。中国经济制度变革从来都离不开党中央集中统一决策领导。改革开放伊始，党中央更多是把握改革大方向和基本原则，注重鼓励基层创新，推动各地方、各部门、各方面从实际出发大胆闯、大胆试、大胆干。对于什么是社会主义经济制度、怎样改革传统经济体制，党中央领导核心强调不争论、不乱划线，只要有利于生产力发展、有利于综合国力增强、有利于人民群众生活改善，就符合社会主义制度改革方向。中国农村集体所有制改革、乡镇企业产权制度创新、地方专业市场发展、个体私营经济兴起、投融资制度创新等，都是基层闯出来、试出来、干出来的。

正是靠"摸着石头过河"、干中学的基层制度创新，中国通过渐进改革和边际制度创新，凝聚起亿万人民的智慧和创造力。"草鞋没样，越打越像"，走出了社会主义市场经济体制的创新之路，创造了世界经济长时期高速增长和社会长期稳定的奇迹。历史再一次证明，人民群众是改革创新发展的巨大力量，基层最有创造活力和创新动力，任何时候都要发挥好人民群众的首创性，这是中国开创社会主义市场经济改革道路的基本经验。

四、 开放倒逼的制度演进

1949年新中国成立后逐步建立起来的社会主义经济制度和管理体制，是在中国几千年自给自足小农经济的发展基础上形成的，是根据马克思主义对未来社会的某些理论设想，学习借鉴第一个社会主义国家即苏联的模式，在西方资本主义发达国家对我实行各方面封锁和打压下，一步步搞起来的。我们只能适应国内外环境，采取自力更生工业化赶超战略和内生性自我制度变革。这虽然促进了中国经济总体较快增长，初步建立了较为完整的工业体系，但经济增长波动震荡较大，经济效益不高，人民群众生活水平提高不快，存在普遍的商品和服务短缺等。

1978 年打开国门的中国，看到自己和世界上许多国家特别是西方发达国家的差距，看到了社会主义计划经济与资本主义市场经济的差距。我们深刻认识到，必须善于学习借鉴世界上的好制度、好科技、好企业、好办法，加强同世界各国的经济、科技、生产要素的流通交往和竞争合作，逐步走上以开放促改革的经济制度创新之路。内地的改革开放最早就是从毗邻的港澳台地区开始的，通过搞经济特区，开放沿海港口城市并建立经济开发区，以及开辟沿海经济开放区等，引进外资和海外华人华侨资本，发展出口加工劳动密集型产业，推动社会主义计划经济体制转型。

同时，在改革开放深入推进的重要关头，我们都是以更大程度扩大开放、与国际通行的经贸规则和惯例接轨，倒逼市场取向的改革取得更大突破。20 世纪末国际形势和环境发生巨大变化，苏联解体、东欧剧变，中国发生政治风波，改革开放面对进退维谷的艰难抉择，党中央宣布以上海浦东开发开放为龙头，带动长江流域和全国更大力度对外开放，明确了建立社会主义市场经济体制的改革目标。进入新世纪，中国以加入世界贸易组织，扩大全方位、多层次、宽领域对外开放为契机，进一步推动对标国际规则和标准的经济制度和经济管理体制创新。

五、 确保大局稳定的体制改革

在中国这样一个人口占世界近五分之一，各方面发展很不平衡，历史文化传统影响悠久深重的大国进行重大改革，最怕的是改不好引起政治、经济、社会不稳定，甚至导致大规模内乱或动乱。中国历史上许多重大改革无疾而终、中途夭折，往往都是因为难以有力有效应对重大阻力、重大挑战，导致社会矛盾严重冲突，引起朝野上下纷争迭起，引发社会动荡不稳。因此，从一开始，党中央就特别强调，要正确把握好发展、改革、稳定三者关系，坚持发展是第一要务，坚持推进改革开放，坚持维护社会稳定这个压倒一切的底线。

为确保大局稳定这个底线，持续推动改革开放，党中央明确必须以经济建设为中心，强调发展尤其是经济发展是硬道理，经济体制改革始终聚焦促进经济发展。为确保大局稳定这个底线，持续深入推进改革开放，党中央强调把准改革方向，抓住机遇，坚定有力稳步推动渐进制度创新，遇到困难不退缩，走两步、停一步，坚决不走回头路。为确保大局稳定这个底线，不断把改革推向前进，党中央支持基层改革创新突破，鼓励先试点、后推广、再展开，加强重大改革社会风险评估，前瞻把握和综合防范系统性风险。

1978年以来的改革开放，虽然不可能完全避免一些较大风险和危机，但在党中央正确领导下都有惊无险度过。比如，1988年价格"双轨制"的改革闯关，虽然引起了第一次两位数通胀率的物价上涨，但国家采取了治理整顿的应对措施，没有导致持续恶性通胀，商品市场价格体系基本理顺了。1991年，中国第一次从商品短缺转向相对过剩的新格局，结束了长期以来凭票定量供应商品的历史。再如，对于中国加入世界贸易组织，很多人担心"狼来了"、中国企业竞争力不行会被打垮，在深入研究分析的基础上，党中央审时度势，做出加入世贸组织的决策。2001 年中国"入世"后，抓住开放倒逼的机遇，中国经济取得了改革开放以来更快更好更稳定的增长，中国经济体制向符合国际通行规则和惯例大大迈进了。

第三节　1978—2011 年基本形成
社会主义市场经济体制

社会主义也可以搞市场经济，通过改革建立社会主义市场经济体制，开创了中国特色社会主义发展道路，是中国特色社会主义制度最具创新性的突出特征。把握以经济建设为中心，围绕解放社会生产力、增强综合国力、改善人民生活，中国通过渐进的市场取向改革，分三个阶段、用 25 年左右时间，基本形成了社会主义市场经济体制。

一、 1978—1991 年，突破传统计划经济体制，探索制度改革新路

第一阶段是 1978—1991 年。这一阶段主要是突破传统计划经济体制，探索符合国情实际的社会主义经济制度改革新路。进行经济制度创新和经济体制改革，必须从中国实际出发，针对原有制度和体制的突出弊端、重大问题，用改革创新的办法突破旧制度。在不触动传统

体制基本制度的基础上，找准突破口，"摸着石头过河"，边干边学，实实在在地破除旧制度束缚，是复杂困难的历史环境中发动并推进改革的正确选择。集中计划经济体制最突出的问题，是国家对社会生产和再生产管得过多过细过死，自上而下指令性计划配置要素和商品，个人和经济组织普遍缺乏积极性、主动性和创造性，经济效益低下，资源错配严重，供不应求的普遍短缺长期存在，人民生活改善缓慢。因此，中国经济体制改革不能从头脑中理想的模式开始，不能简单地把别国的经济制度拿来，必须咬住传统体制的突出问题，在务实解决问题中启动并推进改革。

（一）解决吃不饱饭问题，从制度最薄弱的农村改起

改革是制度变革，制度变革必然涉及意识形态、主义和道路问题。理想化设计和讨论意识形态、主义和道路问题，总有争论分歧。实践上找不到经得起历史和群众检验认可的路，最后只能是阶级斗争、路线斗争的循环往复。1978年改革伊始，党中央就把讨论意识形态问题和主义与道路论争搁置一边，一切从实际出发，着眼于解决大多数人最关心最急迫的生产生活问题。咬住传统体制最薄弱环节，在不根本触动现存制度的基础上，默许甚至鼓励基层创新、大胆探索，通过改变农村集体生产组织方式，实施农户为主体的家庭联产承包责任制，突破人民公社体制和"大呼隆"集体生产方式。农村改革从中国最穷的安徽北方农村凤阳县小岗村开始，实施分田到户、联产承包的农户"大包干"责任制，得到安徽省领导以及中央领导层支持，取得实际成效后逐渐在全国各地推开。

农村家庭联产承包责任制改革，在不改变农村土地集体所有制性质

的基础上，彻底改变了农村生产经营主体，农户成为相对独立的生产经营者，在交够国家公粮、留足集体提留后，剩下的都是自己的。农民再一次拥有了生产经营自主权、剩余支配权，尤其是自由安排使用自身劳动力的权利。农民生产经营积极性大大提高，完成承包任务后扩大农业生产、搞多种经营、创办乡镇企业以及外出自由打工等，日渐成为中国农村极为普遍的新气象，占全国人口 80％的农村居民带头冲破了传统"一大二公"的经济体制，启迪了中国城市改革的目标方向和路径，推动了改革沿着市场取向的经济体制迈出艰难而重大的一步。

（二）针对普遍短缺问题，逐步放开搞活城市企业，重构经济体制微观基础

现代经济是以企业为主体和基础的经济，无论是资本主义市场经济还是社会主义计划经济，都以企业组织为主体和基础。但是，资本主义市场经济体制下的企业，是独立的市场主体；社会主义集中计划经济体制下的企业，只是国家集中统一管理下的生产车间或工厂。市场经济是供给充裕的买方经济，计划经济却是普遍短缺的卖方经济。根源是社会主义计划经济中，企业几乎都是全民所有制或集体所有制，是国家经济机器的螺丝钉，没有权力、没有能力也无内在动力独立自主地生产经营，无法满足人们生产生活的多样化多层次需求。

改革之初，我们不敢也不可能改革所有制，不能触动国营或集体企业的产权制度，只能在所有制性质不变的基础上放权让利，扩大企业经营自主权，激励企业发展生产积极性、主动性。通过逐步扩大国营企业产品生产、原材料采购、计划外销售、劳动用工、奖金分配、利润留成等方面的自主权，增强企业活力和动力。逐渐推动国有企业所有权与经

营权分离，再推进公有制企业产权多元化股份制改造，传统全民所有制企业的微观基础得到了重构。在公有制企业的改革过程中，国家允许、鼓励、引导非公有制企业发展，以公有制为基础的多种所有制结构逐渐成为基本经济制度。经过十年左右时间，通过搞活国有企业和允许非公有制企业设立与发展，各类企业生产经营主动性、积极性、创造性得到极大发挥。到 20 世纪 80 年代末 90 年代初，基本走出了凭票供应的短缺经济，城乡居民收入、生活状况极大改善。

（三）面对内需、资本、技术"三不足"，发展外向型经济

面对内需不足、资本不足、技术不足三个制约，中国以沿海经济特区建设为突破口，通过引进外资、外企发展外向型经济。中国是发展中社会主义大国，人口多、底子薄，人均收入水平低，国际经济竞争合作少，地区、城乡、部门之间发展很不平衡。改革就是要发展生产力，提高增长速度和劳动生产率。长期形成的传统社会主义集中计划经济体制，最缺持续增长的有支付能力的市场需求，缺资本，缺实用有效的技术，缺企业家和现代管理人才。但我们有巨大的人口红利，剩余劳动力无限供给，劳动力价格、资源价格、服务价格都很便宜，又恰逢全球制造业继续往亚太尤其是东亚地区转移。外资、外企包括大批华侨企业和资本，看好中国工业化、城镇化机遇和潜力巨大的后发优势、比较优势。当然，中国长期强调自力更生，曾视外国资本、外国企业为"资本主义罪恶东西"，一开始不可能大规模吸引他们来中国投资、经商办企业。因此，国家起初提出在毗邻港澳台地区的省市，参照国际上已有的做法，试办一些经济特区、沿海开放港口城市，让它们引进海外华人资本、华侨企业，发展"三来一补"出口导向型经济，起到示范带动效应。搞得好就坚持

并扩大推广，搞不好就关掉，不会影响全国大局。

1978—1991 年，国家先后设立深圳、珠海、厦门及海南经济特区，开放东南沿海 14 个港口城市；1990 年，开发开放上海浦东。与此同时，中央从立法、外资、外企、外汇管理机制和相关政策方面，不断作出一系列制度性安排，持续稳定和完善外商投资经营环境，以开放倒逼国内经济体制改革。对外开放倒逼改革、促进发展，是中国经济体制改革和制度创新的伟大探索、成功实践。世界上许多发展中国家发展不起来的一大原因，是国内有支付能力的需求不足，储蓄规模与资本供给不足，以及技术、管理能力过于稀缺，无法开启经济起飞的后发赶超之路。中国通过对外开放、引进外资外企、发展出口导向的劳动密集型制造业，有效解决了发展中国家经济起飞的难题。仅仅十年多时间，中国引进外资几乎从零到每年上百亿美元，累计引进超过 3 万家外资企业，进口与出口贸易额占国内生产总值比重从不到 5％很快上升到 15％以上。同时，中国国内经济体制在对外开放的倒逼下，也逐渐向国际通行的惯例和规则靠拢，有序建立起内外相衔接、相统一的微观和宏观经济制度体系和管理体制。

（四）搞活地方经济，激发各地的内在主动性和积极性

大一统集权体制中地方政府动力、权力、活力不足，是制约经济发展的瓶颈，必须搞活"诸侯"经济，激发各地抓发展、搞建设、促投资的内在主动性和积极性。大国经济中地方之间环境、基础、水平等差异很大。各省、市、县是促进国民经济运行发展承上启下的枢纽节点，地方内在的主动性、积极性、创造性的发挥，关系到改革开放和经济社会发展的真正落实落地。特别是以发展为中心的渐进制度创新，更要依靠

地方先行先试，大胆突破，做出实绩，不断前进。

首先，解决地方吃国家财政统收统支"大锅饭"的问题，通过改革调整中央与地方的财税关系，激发地方改革和发展的动力。从打破国家财政统收统支体制开始，20世纪70年代末，国家在各地分别探索进行了财政"固定比例包干""增收分成、收支挂钩""划分收支、分级包干"等体制，改变了国家纵向垂直一口管理的财政收支体系，统一的"大锅饭"转变为中央与各级地方"分灶吃饭"，明确各自的财政权力和收支责任，调动了地方发展经济、推进改革、增收增支的内在动力。20世纪80年代中期，与推进国有企业利改税改革相结合，实行了"划分税种、核定收支、分级包干"的中央与地方财政管理体制，进一步明确和完善了中央与地方的财税关系，地方积极性得到充分发挥，地方财政收入比重持续快速上升，中央财政持续出现赤字。为加强宏观调控能力，并继续调动地方增收积极性，国家进一步扩大强化"财政大包干"体制，在确保地方增收的基础上中央在增量收入中比重有所上升。与此同时，税收体制改革调整也持续推进。主要是由实行国营企业上缴利润向征收所得税转变，国家包括中央与地方政府只征收企业依法应缴纳的税收，规范了国家与企业之间的分配关系，改革和完善了流转税制度，细化了税种，开征了一些新的税种并调整了增值税和产品税范围以及营业税方式等。中央与地方财力关系有了重要调整，财税体制有了新的规范，地方改革、发展的动力显著增强，各地相互竞争、比拼经济发展，是推动中国经济高增长奇迹的重要原因。

其次，解决地方完全被动跟着国家计划安排抓投资、搞建设的问题，通过下放投资建设审批权和搞活投融资，大大增强了地方自主投资建设的能力。社会主义集中计划经济体制下，国家（国务院各部门）掌握基本建设和固定资产投资大权，通过集中计划实施工业化赶超，地方只能顺着、跟着中央计划走，国民经济周期性大起大落波动，经济比例关系失衡失调严重。改革开放必须改变国家高度集权的投融资体制，调动中央与地方两个积极性，尤其是增强地方自我发展的能力。20 世纪 80 年代中期，国家下放基建投资权限，简化审批手续，放权给地方。同时，改变财政拨款的基建投资制度，实施拨改贷改革，各地政府和企业逐步扩大自主基本建设投资。金融市场逐步建立和完善，债券、股票、银行信贷等多种融资方式不断发展，为地方和各类企业搞基建、扩投资、兴产业提供了多样化的融资渠道。各地区长期积累、难以解决的基本建设和扩大再生产投资困境明显改观，基建和扩大再生产投资迅速增加，拉动国民经济高速增长。

（五）以市场价格信号配置资源要素，转换经济运行和资源配置机制

依靠品种数量信号配置资源要素是传统体制僵化低效的重要因素，必须遵循价值规律，以市场价格信号配置资源要素，转换经济运行和资源配置机制。传统社会主义集中计划经济体制下，产品、服务和要素等价格都是中央统一的指令性计划价格，不反映市场供需变动，实质是计划品种、固定价格的数量机制在配置资源。这种计划经济的指令性价格和数量信号调节，滞后于实际变化，违背市场供求规律和价值规律，导致稀缺资源错配和普遍供不应求的短缺经济，必须彻底改革。

但是，改革长期形成的指令性数量型固定价格机制，牵一发而动全身，不可一放了之，也不能一蹴而就。中央采取了调放结合，计划和市

场"双轨制"并行，并逐步向市场价格调节经济运行的机制转变。价格"双轨制"改革分三步走。第一步，即 1979—1984 年以调为主的探索性价格改革。主要调整人民群众生产生活最关心最紧迫的价格关系畸形失衡问题，大幅度提高农产品收购价格，提高主要副食品价格，调整部分生产资料出厂价格，有升有降调整轻纺产品价格等。第二步，即 1985—1986 年以放为主的结构性价格改革。主要放开绝大多数农产品购销价格，放开计划外生产资料价格，实行生产资料价格"双轨制"，进一步放开消费品价格等。第三步，即 1988 年以后全面推进商品价格市场化改革，实施工资改革、价格改革联动。虽然最后阶段的价格改革"闯关"，曾诱发通货膨胀，全国各地不同程度地出现抢购风潮，物价指数达到两位数以上，但通过此后短暂治理整顿和宏观调控，物价持续上涨得到控制，市场回归平稳常态。1991 年，国民经济头一次出现商品市场供大于求的局面，困扰社会主义计划经济的长期商品普遍短缺一去不复返了。[①]

（六）加大简政放权，减少行政审批，扩大企业与地方经济权利

国家直接用行政命令、行政手段干预经济是传统社会主义经济体制的严重弊端，国家既是宏观经济管理者，也是微观经济组织者，政府与社会、政府与企业、政府与市场关系理不清、剪不断，宏观管理体制缺失、手段落后。1978 年改革以来，国家持续加大对企业、地方政府的简政放权，减少行政审批，扩大企业与地方经济权利。同时放开搞活市场，

[①] 邹东涛、欧阳日辉等：《新中国经济发展 60 年》，人民出版社 2009 年版，第 224—331 页。

培育市场体系，改革价格体制，让市场和价格在经济运行中更多发挥调节作用。逐步减少了国家用行政命令、行政手段、指令性计划、直接调拨国有企业利润等办法，调控国民经济运行。

首先，改变直接插手中央、地方、企业剩余分配的办法，在财政税收体制改革基础上，不断加强和改进财政政策、税收杠杆等经济手段调控，重在保持宏观经济总量平衡，缓解总供给和总需求矛盾，防止经济大起大落。其次，逐步推进金融体制改革，建立相对独立的中国人民银行，推动专业银行和各类金融组织市场化企业化运作，在运用传统数量规模控制的同时，不断加大利用信贷利率、准备金率、贴现再贴现率和货币供应量变动及汇率调整等，以调节国民经济运行。此外，逐渐深化政企分开、官商分离，建立健全政府监管机构体系，清理整顿各类行政性公司，加强市场物价监督管理，完善市场监管法律法规和政府规章，依法加强对各类市场主体投资经营活动的一视同仁监管。

总之，正是坚持解放思想、实事求是，一切从实际出发，聚焦解决具体实际问题，不搞抽象无谓的意识形态争论和纯理念讨论，在1978—1991年短短十多年的时间里，中国突破了传统集中计划经济体制的束缚，充分调动全社会积极性、创造性，闯出了市场取向中国特色社会主义经济制度创新之路。1990年，中国国内生产总值是1978年的5.1倍，财政收入为1978年的2.6倍，进出口总额为1978年的5.6倍，城乡居民收入分别比1978年增长4.14倍和3.40倍。[①]传统社会主义经济中长期存

---

① 数据来源：Wind 数据库。

在的普遍短缺问题得到根本解决，凭票供应商品成为历史。

二、 1992—2001 年，初步建立社会主义市场经济体制框架

第二阶段是 1992—2001 年。这一阶段主要是确立社会主义市场经济体制改革目标，初步建立社会主义市场经济体制框架体系。进入 20 世纪 90 年代，中国经济体制已经突破传统社会主义经济制度结构，改革处在明确建设什么样的体制制度的重要时期。1989 年，国内发生政治风波，体制改革的意识形态和姓"资"姓"社"争论重新抬头，对于改革要不要继续推进、朝什么方向走，疑虑分歧明显增多。1991 年，世界第一个社会主义国家苏联解体，东欧社会主义国家向资本主义剧变，曾经强大的世界社会主义阵营顷刻间土崩瓦解。中国向何处去，中国改革往哪走，成为躲不开、绕不过的重大理论与实践问题。站在国际国内环境形势深刻改变的十字路口，以邓小平同志为核心的中央领导集体强调，必须坚持"一个中心、两个基本点"的基本路线不动摇，坚定市场取向的社会主义经济改革方向，继续推进改革开放，集中精力把经济建设搞上去，实现速度比较快、效益比较好的发展。1992 年党的十四大召开，江泽民总书记在十四大报告中明确提出建立社会主义市场经济体制的改革目标，中国迈入构建社会主义市场经济体制的新时期。

（一）明确改革就是要解放生产力，促进经济加快发展

党中央明确强调，改革就是要解放生产力，促进经济加快发展，体制制度好不好的标准就看是否有利于社会生产力发展、综合国力增强、人民生活水平提高。1978 年以来的改革开放，突破了传统僵化呆板低效

的社会主义集中计划体制，大大解放和发展了生产力，改善了人民生活，必须充分肯定十多年的经济体制改革。要继续解放思想、实事求是，一切从实际出发推进经济体制改革。1992 年之后，党中央更加明确强调，不要纠缠于姓"资"姓"社"的问题讨论，要警惕右，主要是防止"左"。中国必须继续坚持以经济建设为中心，不搞无谓的"主义"之争，思想更解放，继续加快深化改革开放。

（二）明确计划与市场都是手段，社会主义可以搞市场经济

党中央明确指出，计划与市场不是社会主义与资本主义的本质区别，计划与市场都是手段，社会主义可以搞市场经济。长期以来，无论在理论上还是实践中，国际国内很多政治家思想家理论家一贯认为，资本主义制度就是市场经济体制，社会主义制度就是计划经济体制。以邓小平同志为核心的党中央领导集体摒弃了这种错误理论，第一次在思想认识和战略思路上确立了社会主义国家同市场经济完全可以有机结合的理论，明确了中国制度变革创新的目标就是要建立社会主义市场经济体制。中国经济体制改革的目标，从党的十二届三中全会提出的公有制为基础上的有计划商品经济，跃升为建立社会主义市场经济体制，开拓了中国特色社会主义思想理论的新境界。特别是，在确立社会主义市场经济改革目标的同时，第一次清晰直白系统提出社会主义市场经济体制基本制度、框架体系、重点环节和实践路径，确保这一阶段的改革在理论上科学、在思路上可行。中国在市场化经济体制改革和坚定扩大对外开放的道路上义无反顾地大步前进。

（三）明确中国现阶段基本经济制度科学内涵

党中央明确提出了中国现阶段基本经济制度的科学内涵，并紧紧扭

住基本经济制度创新，推进经济体制改革。首先，强调产权制度是社会主义经济制度基础，明确提出并逐步确立了社会主义初级阶段要坚持公有制为主体、多种所有制共同发展的基本经济制度。阐明了在社会主义阶段的相当长历史时期内，社会经济制度既要坚持公有制，也可以并应当允许多种形式非公有即私有制和其他所有制形式的发展，从而打破了社会主义制度一经建立，就必须消灭或改造生产资料私有制，建立健全"一大二公"的全民所有制的制度基础。20世纪90年代到本世纪初，是以公有制为主体、多种所有制相互竞争、相互融合、各展其长、发展迅速的一个时期。尤其是中央下决心推动国有企业改革重组，抓大放小，进行混合所有制与股份制改造，削减低效、无效的国有企业，为提高国企效率和促进非公有制经济发展大大拓展了空间。本世纪初，国有企业实力和竞争力显著增强，在关系国计民生的重要领域发挥着关键作用；外资、民资和混合所有制长足发展，规模、质量和占比持续快速提升，非公有制企业（含混合所有制中非公股份）占国内生产总值比重超过60％，国民经济保持持续高速增长。

其次，强调收入分配制度是社会主义经济制度的重要内容，明确提出并逐步确立了社会主义初级阶段要坚持按劳分配为主体，多种分配方式并存的基本分配制度，把按劳分配和按生产要素分配结合起来，坚持效率优先，兼顾公平，防止两极分化。摒弃了社会主义制度不能按生产要素贡献分配，只能完全按劳分配的传统理论，把市场经济中必须承认按生产要素分配的规则制度，同资本主义制度中资本尤其是大资本垄断独占的分配制度区别开来，明确社会主义初级阶段的收入分配制度，是按劳分配和按多种生产要素分配并存和相互结合，国家坚持分配制度以效率为先，兼顾公平，"先富"带动"后富"，最终走向共同富裕，坚决防止两极分化。必须看到，中国从单一按劳分配制度演进成多种分配方式并存，是上层默许和下层探索实践的渐进过程，一开始似乎是基层民间自发的非正规的制度变迁，但实际上从来离不开高层的支持肯定。比如，农村实行家庭联产承包责任制，城市实施国有企业利润与工资奖金挂钩激励，承认个体私营企业经营及应得剩余，引入外国资本投资并获得资本收益等，都是由点到面、由农村到城镇、由沿海到内地逐渐展开的。在这种多元分配制度方式基本成为全国普遍的经济现实后，特别是进入 20 世纪 90 年代，国际国内环境发生了重大变化，党和国家才从理论上、政策上、法律上正式确立按劳分配与多种分配方式并存是中国社会主义初级阶段的基本经济制度。

改革开放之后，尤其是 1992 年之后，国内长期闲置、低效和浪费的稀缺生产要素特别是劳动力、资本、技术、管理等，被极大激发调动起来，持续不断地驱动经济结构、供给结构优化升级，资源配置效率迅速提升，城乡居民收入水平和生活水平长足提高，全国人民满意度和幸福感显著提升。仅从 1992 年到 1995 年，全国劳动者报酬增长 107%，居民财产收入增长 162%。1998 年城乡居民储蓄余额突破 5.3 万亿元，沪深两地上市公司 880 家，其中个人或家庭市值 5 000 多亿元，加上个体私营业主、非上市的股份制企业的个人或家庭资产，城乡居民持有的金融资产和股权总值（还不包括居民房产等），超过 8 万亿元，高于当年生产总值。①

---

① 张道根：《中国收入分配制度变迁》，江苏人民出版社 1999 年版，第 85—86 页。

再次，强调现代市场制度是社会主义经济制度运行的基础性制度，明确指出市场经济不是资本主义制度的专利，中国特色社会主义的重要特征之一，就是建立和完善社会主义市场经济体制。这一时期中国经济制度演进最显著最重要的体现就是，从理论上、思想上、实践上彻底摒弃传统社会主义集中计划经济体制，明确强调必须发挥市场机制对资源配置的基础性作用，加快统一、开放、竞争、有序的现代市场体系建设，坚定不移推进社会主义市场经济体制建设。中国的改革开放，一开始就是从突破传统社会主义集中计划经济体制入手的，先不争论经济体制、经济制度的性质，而是直接针对影响制约经济发展的问题，调整改革现存体制中不合理的具体制度、手段和做法，渐进地走向市场取向的制度变革。历史、实践、群众都证明了，1978 年开始的改革开放的思路、方向、措施总体是对的。

但是，到了 20 世纪 90 年代，国际大气候、国内大环境发生了大变化，世界社会主义阵营几乎所有国家，一下子都转向搞资本主义市场经济体制了；国内由于短时间高通胀冲击和政治风波影响等，怀疑、否定和反对继续深化市场取向改革开放的声音强了起来、多了起来。中国处在必须作出更加明确的重大战略抉择的十字路口：是走向社会主义市场经济体制，还是拷贝模仿资本主义经济制度，或者回归社会主义集权计划经济体制。从邓小平同志 1991 年春节期间在上海同上海领导谈话、1992 年南方谈话，到 1993 年 11 月党的十四届三中全会作出《中共中央关于建立社会主义市场经济体制若干问题的决定》，中国向国内外正式公开宣布，我们的改革目标就是要在 20 世纪末初步建立社会主义市场经济体制。

市场经济体制、市场经济制度，不是资本主义经济的专利；与市场经济制度相联系的一系列理念、惯例、规则和法制等，也不是资本主义经济专有。这是以邓小平同志为核心的党中央领导集体和以江泽民同志为核心的党中央领导集体，对中国改革开放最大的理论和实践贡献之一。资源配置基本制度是任何经济制度的重要的基础性制度，中国特色社会主义制度的重要特征之一，就是资源配置基本制度不是计划经济制度，不是政府权威配置制度，而是同现代市场经济体制相一致的基本经济制度。只有清楚认识、明确坚持这一点，我们才能沿着社会主义市场经济体制道路走下去，才能真正发挥市场在资源配置中的决定性作用，进而更好发挥政府作用。

（四）明确进一步扩大对外开放，推进开放型经济制度建设

党中央明确提出了进一步扩大对外开放，加强对外开放与对内搞活互动结合，推进开放型经济制度建设。搞沿海经济特区、引进外资、发展出口导向劳动密集型制造业，是中国从相对封闭的自力更生经济转向对外开放经济循环的重要举措，也是以对外开放促进对内改革的重要措施。面对 20 世纪 90 年代初国际上发达资本主义国家再度加大对中国经济的制裁和封堵，关于国内改革往哪里去、要不要深入推进等争论加剧，以邓小平同志为核心的党中央领导集体果断决策，坚定不移实施对外开放政策，向国内外宣布中国要更加开放，以上海浦东开发开放为龙头，推动对外开放从沿海向沿江和全国全方位拓展，发展开放型经济，使国内经济与国际经济实现衔接互补。中国对外开放从沿海沿边开放、外资外企制造业开放、特殊政策优惠式开放，转向全国范围开放、全方位宽领域多层次开放，进入与国际规则惯例相适应的双向制度型开放新阶段。

首先，自 1992 年起，中国对外开放从沿海地区经济特区和口岸城市为主，拓展到以上海浦东为龙头的沿江和内陆全面开放。中国境内几乎所有大中型城市及其区域，全部对外开放，各种类型开发区、出口加工区、外资集聚区遍地开花，外资企业数量、规模和投资额大幅增长，推动经济迅速回升、快速增长。1992 年底，全国注册"三资"企业数量达8.4 万家，比上年增加 4.7 万家，外商直接投资达 110.8 亿美元，1999 年超过 400 亿美元。中国成为世界上外国直接投资的主要目的地。

其次，中国对外开放从出口导向型劳动密集型外资企业为主，扩大到资本、技术密集型和高端服务业外资外企加速流入，引进外资、引进境外先进技术和引进境外人才相互结合，初步形成了全方位、宽领域、多层次的对外开放格局。

再次，中国对外开放从引进来为主，拓展到引进来和走出去并举，充分利用国际国内两个市场、两种资源，优化资源配置。在继续强化引进来的同时，推动中国企业走出去到境外投资经商办企业，购并境外企业，发展加工贸易，合作开发资源，扩大对外工程承包和劳务合作等。2001 年，中国对外经济合作业务、对外承包工程、对外劳务合作，分别比 1989 年增长 6.2 倍、3.6 倍和 13.2 倍；1998 年，中国海外投资企业超过 3 000 家，对外直接投资达 230 多亿美元。还与 135 个国家或地区建立了科技合作关系，与 150 多个国家或地区开展了教育文化交流与合作。

此外，中国对外开放从以往依靠优惠政策、特殊办法吸引外资外企，转向取消超国民待遇的政策安排，依法完善对外资企业的管理，按照国际通行制度规则，加快外商直接投资管理体制改革。同时，加快对中国对外投资体制、对外科技合作交流体制、外资外贸外汇管理制度的改革。

国内的经济制度规则和经济管理体制，更多向国际上现代市场经济制度靠拢，促进了外资企业同中国各种所有制企业公平竞争、共同发展。

在此期间，中国面对西方国家的刁难封锁，坚持主动积极努力，争取恢复中国关贸总协定缔约国地位，启动与世界贸易组织成员方双边谈判，为最终"入世"作出一系列艰辛努力。2001年，中国正式成为世贸组织第143个成员。中国较快全面融入世界经济循环和国际产业分工合作体系，更加充分地发挥了发展中大国的比较优势、后发优势，逐渐成为经济全球化的重要参与者、受益者和主要贡献者。

（五）明确构建统一、开放、竞争、有序的现代市场体系

党中央明确提出了构建统一完善的现代市场体系，是建立社会主义市场经济体制的重要内容，必须加快培育统一、开放、竞争、有序的现代市场体系，使市场在配置资源中起基础性作用。1978年改革开放后，我们加快构建各类商品市场，推动多层次、多门类、多形态的商品市场体系建设，突破生产要素不能市场流通交换的禁区，有序培育生产要素市场。1992年以后，中国商品市场体系进一步发展完善，要素市场体系多点突破、快速发展、全面提升。国内市场供给迅速增强，消费结构快速升级，市场需求持续扩大，资本、土地、劳动、技术、管理等各类生产要素的内在动能大规模迸发，中国经济迅速进入新的高速增长时期。

首先，随着商品供求从"卖方市场"转变为"买方市场"，国内市场规模和市场需求不断扩大，多种经济成分、多种流通渠道、多种经营方式的城乡商品市场网络体系持续发展。政府指导和指令性商品价格持续减少，市场供求价格形成机制迅速占据主导。到2001年，全国消费品的

96％、农副产品的94％、生产资料的88％都由市场定价。同发达市场经济国家商品市场定价比重相比，已没有什么差距。

其次，在商品市场体系不断完善的同时，中国金融市场体系、劳动力与人力资源市场体系、土地与房地产市场体系、科技市场体系等，也迅速发展壮大。到2001年，中国基本建立以银行、证券、保险机构等为主体的多样化多层次的信贷、股票、债券、保险、期货、产权等市场构架。1992年开始，产业结构调整、国有企业改革、农村剩余劳动力流动加速，用工制度发生深刻变化，政府加大放开自主择业就业，培育和发展劳动力与人力资源市场，让劳动力供求机制发挥更大作用。同时，着力推进社会保障制度改革及基本社会保障体系和再就业促进体系建设。适应越来越多城镇取消福利房、建设用地需求高涨的实际情况，土地批租市场、房地产市场迅速兴起，房地产市场体系迅速发育成长。

再次，大力推动各类有形和无形的交易所、交易中心等市场交易平台与网络体系建设，超大城市、大中城市组建了集中统一的产权交易市场、股权交易中心、证券交易所、期货交易所等。同时，加快市场交易的法律法规建设，改革重组政府经济管理部门，建立专业化的相对独立的中央和地方市场监管机构，依法强化对市场交易的统一规范管理。

（六）明确重构与市场经济相适应的宏观调控体系

党中央明确提出，重构与市场经济相适应的宏观调控体系，改变政府直接干预经济运行和发展的管理体制，更多运用经济杠杆、经济手段间接调节经济运行。建立社会主义市场经济体制，必须重构微观经济制度基础，培育现代市场体系，还要改革传统的政府直接管理经济的方式，探索与市场经济相适应的宏观调控体系，加强和改进宏观管理。1992 年起，中国加快宏观管理调控机制转变，改革计划经济的直接干预和宏观与微观不分的经济管理调控体制，推进以总量调控为主、以财政金融政策为重点的间接调控体系建设，促进了经济平稳较快增长、物价稳定和充分就业。

首先，着眼于构建现代财政税收体制，改革财政与税收不分、财政分级包干的体制，实施分税制改革，推进财政预算制度改革和"收支两条线"管理，综合利用税收和财政支出等经济杠杆调控宏观经济。1994 年启动分税制的财税体制改革，规范和理顺了国家与企业、国家与地方的利益分配关系，大大增强了国家财政实力，国家宏观调控能力明显提升。1998 年启动公共财政体制改革，2000 年实行部门预算改革，强化财政政策调控经济周期波动和结构变动。

其次，围绕建立现代金融管理体系，强化中央银行独立性，推进金融管理体系与金融市场主体相分离的体制改革。围绕把中国人民银行办成真正的中央银行，推动央行职能转变、机构调整、区域布局重构，颁布《中华人民共和国中国人民银行法》（以下简称《中国人民银行法》），依法强化中国人民银行的宏观货币金融管理地位、职能、作用。同时，培育发展全国统一的银行间同业拆借市场、票据贴现再贴现市场和央行公开市场业务。逐步建立政策性银行，按政策金融和商业金融分离的原则，组建了国家开发银行、进出口银行和农业发展银行。

再次，完善金融宏观调控法律法规体系，依法加强宏观货币金融调控。继《中国人民银行法》颁布后，《中华人民共和国商业银行法》《中华人民共和国票据法》以及稳定货币金融环境秩序的最高立法机关有关决定，陆续出台，不断完善，加快了货币金融管理法律法规体系建设。

总之，自 1992 年起，面对国内外环境形势重大历史性变化，中国进一步解放思想、实事求是，坚定站在历史正确一边，坚持改革开放不动摇，明确提出社会主义可以搞市场经济，确立了中国经济体制改革的目标就是要建立社会主义市场经济体制。通过短短的十年时间，中国勇于面对外部环境深刻复杂变化，积极化解自身积累的深层次问题挑战，坚持以经济建设为中心、发展是硬道理，用更大力度扩大对外开放和深化市场化改革，抑制了 1993—1994 年通货膨胀和宏观经济震荡，战胜了亚洲金融危机的冲击，初步建立了社会主义市场经济体制，保持了经济持续稳定快速发展，为 21 世纪的进一步改革开放奠定了基本经济制度基础和经济社会发展基础。

三、 2002—2012 年，基本建成社会主义市场经济体制

第三阶段是 2002—2012 年。这一阶段主要是以深入全面融入经济全球化倒逼改革，基本建成社会主义市场经济体制。经过 25 年改革开放的伟大创新，迈入 21 世纪的中国实现了最艰难的制度转型，初步建立起社会主义市场经济体制，经济保持年均两位数增速的高增长奇迹。2002 年中共十六大召开，继续强调以发展为导向推进改革开放，把完善社会主义市场经济体制定为 21 世纪头 20 年的主要任务之一。适应加入世贸组织后国际国内发展新形势新情况，中国致力于革除影响经济社会发展的体制机制障碍，进一步突破重点领域和关键环节的制度难题，对标国际经济通行的惯例规则，补上放权让利、放活市场时期市场化改革的基础

性社会经济制度性短板,特别是弥补上社会基本保障、医疗、教育等制度性缺失,加快完善社会主义市场经济体制的框架体系,促进市场经济制度更加完善。

(一)分阶段兑现"入世"承诺,加快减少市场准入限制和制度政策壁垒,以扩大对外开放促进制度和体制改革

2002年开始,加入世贸组织后的中国,用最大力度最开放措施,减少外资外企外国要素进入中国的限制,消除阻碍国内企业尤其是非公有制企业进入国际市场的各种壁垒。一方面,中国的经济制度和经济管理体制进一步与国际经济制度体系衔接接轨,尤其是外经外贸外资外汇管理制度更加向现代市场经济制度靠近,国内经济与国际经济互动循环的制度性障碍大幅度减少;另一方面,中国进出口贸易尤其是出口激增,吸引外资持续加速增长,国内企业走出去步伐显著加快,对外投资进入快车道,中国企业海外投资并购掀起高潮,国有企业包括央企和地方国企以及民营和私人企业,成功购并了国外不少拥有先进技术、营销网络、稀缺资源的重要企业。比如,中国油汽企业累计400多亿美元规模的购并交易,中国矿业近100亿美元规模的购并交易,以及民营企业吉利集团收购沃尔沃公司、三一重工收购普茨迈斯特公司股权等,都发生在这段时期。

(二)巩固和发展公有制经济,鼓励、支持、引导非公有制经济发展

这一阶段强调"两个毫不动摇",巩固和发展公有制经济,鼓励、支持、引导非公有制经济发展,坚持和完善公有制为主体的多种所有制的基本经济制度。这一时期的所有制结构调整和产权制度改革,更

加突出发挥国有经济主导作用，增强国有经济活力、控制力、影响力，着力形成各种所有制经济平等竞争、相互促进的新格局。公有制经济的规模、质量优势大大提升，中央国有企业和一些地方国有企业等国有经济加快做大做强。非公有制经济的企业数量、覆盖范围、在国民经济中所占份额等快速稳定提升。由于国有经济活力、影响力不断增强，国民经济重要领域和关键环节主要靠国有企业把控，加上国家应对 2008 年国际金融危机所实施的财政金融投资激励政策，主要靠国有企业作为主体支撑，所有制结构从改革开放后的"国退民进"，转向"国进民退"的趋势，尤其在资源性与基础性产业、重要行业和关键领域特别明显。

首先，突出发挥国有经济主导作用，深入推进国有经济布局结构优化和国有企业改革，增强国有经济活力、控制力、影响力。加快国有经济向关系国家安全和国民经济命脉的重要行业和关键领域集中，有进有退，支持股份制改造和资本市场融资，优化国有经济布局结构。在 20 世纪 90 年代抓大放小、搞活大中型国有企业的基础上，推动国有企业在基础工业、重要资源性产业、高端装备制造业、航空航海航天航运业、国防军工业做大做强。国有大企业成为重要行业和关键领域的主导企业，在国民经济中占据举足轻重的地位。国有企业或国有资本控制的企业，数量进一步下降，规模实力明显增强。世界 500 强企业中中国企业数量快速上升，其中国有企业和国有控股企业是主体、占主导。2003 年国务院国资委成立后，加强对国资国企的管理监督考核，鼓励央企做大做强，促进央企兼并、收购、扩张。为应对国际金融危机，国家要求国有企业发挥主力军作用，大规模基建和战略性新兴产业更多依靠央企和地方国企为骨干推动，资源资金资本更多流向国有企业。[①]

其次，坚持鼓励、支持、引导非公有制经济发展，加强各类产权平等保护，促进各种所有制经济平等竞争。20世纪90年代中期起，非公有制民营经济保持持续快速发展，已经成为国民经济重要组成部分，成为中国经济增长的最大贡献力量。进入21世纪，国家强调毫不动摇鼓励、支持、引导非公有制经济发展，在深入扩大对外开放的同时，持续扩大对非公有制民营经济的市场准入，减少行政性壁垒，完善平等保护产权物权的法律法规，非公有制经济持续较快发展。无论从企业注册设立数量、企业利润和税收增长速度，还是从固定资产投资总量、工业增加值增速、进出口总额增长速度来看，非公有制民营企业都继续快于国有企业。同时，非公有制民营企业的大中型企业迅速增加，私营有限责任公司和股份有限公司迅速增加，一些民营企业集团或控股公司成为国内国际的著名大公司。

再次，遵循世贸组织章程要求，中国对外商投资的制度安排进行广泛调整，陆续修改完善《中华人民共和国中外合资经营法》《外商投资产业指导目录》等，取消对外商投资在产业领域、经营范围、投资方式等方面的限制，逐步实行平等的国民待遇。加快改变不同地区引进外资的特殊制度和政策，统一外资管理制度和有关政策，大幅度放宽外资市场准入，着力提升引进外资外企的质量、水平。外商投资企业进一步看好中国市场，稳定了对未来预期，外商投资持续保持快速增长，外资企业

---

① 李萍、杨慧玲等：《新中国经济制度变迁》，西南财经大学出版社2019年版，第73—76页。

把更多高端制造业的组装、通用零部件加工生产、研究开发、营销中心和区域投资总部配置在中国。

（三）加快建立健全社会保障体系和基本公共服务体系

这一阶段聚焦补齐市场经济体制的基础性重要短板，加快建立健全社会保障体系和基本公共服务体系框架，为全体人民生产生活提供基本保障和公共服务等社会公共产品。改革开放从放权让利、放开搞活开始，让市场在资源配置中逐渐发挥越来越强的基础性乃至决定性作用。随着市场取向的改革深化，传统计划经济体制的社会保障和公共服务供给模式逐渐消退，但同市场经济相适应的社会保障体系等还没有建立健全。当中国人口特别是劳动力红利弱化后，与市场经济相适应的社会保障体系等缺失，成为最大问题之一。进入21世纪，中国把重构社会保障、医疗保险、社会救助、基础教育、基本养老服务等基本体系放在优先位置，加快推进社会保障、基本公共服务等制度改革，在世界上人口最多、经济社会发展不平衡的发展中大国，初步建立了范围最广、规模最大的基本社会保障和公共服务体系，为进一步推进市场化改革及同国际接轨的开放，奠定了重要而坚实的社会经济基础。

市场化改革持续推进，传统体制下旧的社会保障体系残缺不全、支离破碎，难以为劳动力市场化跨地区大规模流动、众多中小微企业成为吸纳就业的主体、未来老龄化社会中退休职工养老等，提供基本安全有效的保障。为此，国家开始把社会保障体系建设作为重中之重的任务，坚持社会统筹和个人账户相结合，完善城镇职工养老保险制度和基本医疗制度。同时，探索建立了农村养老、医疗保险和最低生活保障制度，城乡社会救助体系基本建立。到2012年，"广覆盖、保基本、多层次、可持续"的覆盖全民的社会保障体系基本建立，初步解决了基本的老有所养、病有所医、住有所居、难有所救等民生保障问题。

（四）加快完善现代市场体系，建立统一、开放、竞争、有序的大市场

这一阶段着力发挥市场在资源配置中的基础性作用，加快完善现代市场体系，建立统一、开放、竞争、有序的大市场。2002 年开始，中国商品市场体系进一步全面完善，批发与零售商品市场大规模发展，商品流通渠道和市场业态多样丰富，网络电商迅速崛起，商品现货市场与期货市场共同发展，国内商品贸易与国际贸易融合发展。要素市场体系深化拓展，扩大金融对外开放，推进资本市场改革和金融稳定发展，资本和金融市场体系更加完善。放宽和取消各地区行政性限制，完善市场制度规则，提高透明度，大力培育发展产权、土地、劳动力和技术市场体系，营造各类市场主体平等利用生产要素的环境。但是，要素市场价格依然较大程度受政府管制，政府对市场利率、汇率的直接干预调节力度仍强。

首先，进入新世纪后，随着加大对外开放，中国商品市场体系持续发展、更加完善，市场化程度、市场规模、商品交易体系和流通渠道与方式，都不逊于发达市场经济国家。中国商品市场，包括批发、零售市场等，竞争激烈，全国范围开放度高，互联网电商成长迅速，对国际开放深化扩大，成为世界上最大规模、竞争最激烈的市场之一。

其次，2002 年起，以资本市场制度改革为重点，中国金融市场体系加快完善，金融市场对经济发展的驱动支撑能力持续增强。国家陆续出台推进资本市场改革开放和稳定发展的意见、办法和措施，股权分置改革全面启动，上市公司治理深入展开，上市发行制度改革有序有力推进，

证券、信托、保险等对外开放稳步推进，以《中华人民共和国公司法》《中华人民共和国证券法》等出台为标志的资本市场法律体系逐步完善。到 2012 年，中国资本市场规模世界第二，证券、股票、资金拆借、信贷交易规模等跃居世界前列，资本和金融市场有力地支持中国经济成功应对 2008 年国际金融危机冲击，继续保持高增长奇迹和经济金融总体稳定。

再次，劳动力市场更趋成熟完善和房地产市场体系更加健全，是这段时期现代市场体系完善的重要内容，促进了市场在配置劳动力、土地等资源中发挥基础性作用。国家加大统筹城乡发展力度，采取一系列政策措施打破城乡分割体制，突破城乡之间、区域之间障碍的全国统一劳动力市场加快成长。不论户籍所在，以合法就业、合法居住为依据提供基本公共服务，在全国越来越多的城市得到逐步落实，农村劳动力进城特别是跨省区市自主择业、就业、创业进入新高潮，劳动力市场在劳动力配置中已经起着基础性作用。迈入新世纪，中国进一步放开房地产市场，着力培育发展以解决居民居住为主的统一的房地产市场体系。同时，鼓励各地探索建立城市居民基本住房保障体系，解决中低收入与困难群众的基本居住问题。2003 年以后，中国房地产投资持续快速增长，房地产价格大幅上涨，拉动国民经济持续高速增长。国家在坚持推动房地产市场体系建设的同时，加强对房地产市场的宏观调控，着力保持房地产市场稳定健康发展。应当看到，培育发展房地产市场，解决发展中人口大国的住房问题，是正确的，也是被实践证明是有效的制度变革。也要看到，中国在发挥市场配置资源基础性作用的同时，没有放弃政府作用，各地政府按照国家要求，逐渐建立了主要面向特殊困难群体和中低收入群体，以经济适用房（共有产权房）、公共租赁房、廉租房为主的住房保障体系。这是必需的，也要不断完善的。

（五）深化财政金融制度和经济管理体制改革

这一阶段按照完善社会主义市场经济体制目标，深化财政金融制度和经济管理体制改革，中央宏观调控能力不断增强。把握"五个统筹"发展要求，2002年以后，国家进一步强化市场经济改革，统筹国内发展与对外开放，加强宏观调控，维护安全稳定，推进宏观经济管理体制改革，促进经济又好又快发展。以规范明确中央与地方经济利益关系为重点，适当提高财政收入占国内生产总值的比重，优化和强化财政支出结构和功能，深入推进财政结构调整、制度改革，以及预算管理与收支体系完善。进一步深化完善分税制改革、增值税转型，以及外资企业与国内企业税收统一规范调整。进一步优化财政支出结构，更加注重公平性、公共性，加快公共财政体系建设步伐。同时，深入推动政府行政审批制度改革，强化政府社会管理和公共服务职能，加快法治政府建设。应对2008年国际金融危机，国家卓有成效地实施一系列刺激措施，中央统筹全国发展和宏观调控的能力不断增强，经济继续高速增长，城乡、区域、居民之间收入分配差距跃过拐点，2010年后呈现缓慢下降的势头。

首先，深入推进财政体制改革，进一步发挥财政政策的宏观调控功能。着眼于进一步理顺政府、市场和企业经济利益关系，在市场机制和功能强化的同时，提高政府调控经济的能力，继续深化财政体制改革，建立和完善财政收入稳定增长的机制，稳定和提高中央财政的份额，财政收入占国内生产总值比重进一步提高，中央财政宏观调控功能进一步增强。继续优化各级政府的财政支出结构，加强财政政策和产业政策的协同联动，加快促进战略性新兴产业发展，推动产业结构优化升级。更加注重保持宏观经济运行稳定，财政制度、财政政策、财力运用等更多聚焦于反周期、促发展、防风险等相机抉择，把握稳健和积极财政政策的灵活运用。

其次，加快税收制度改革，完善现代税收体系。在试点改革基础上，稳妥实现了全国增值税改革转型，大规模调整消费税税目税率，强化对资源节约、环保、收入分配差距等的税收调节。调整完善出口退税政策，进一步统一国内企业和外资企业税收制度。特别是，全面取消农业税，包括免除农业税、牧业税、特产税、屠宰税，并对种粮、良种、农机购置及农资综合实行补贴。这是在中国历史上第一次免除了农村农民曾天经地义要缴的"皇粮国税"，不仅如此，种粮搞农业还有多种财政补贴。

再次，继续完善公共财政体系，财政支出公共性与保障基本民生和社会发展的作用全面凸显。围绕构筑市场经济体制的社会保障、公共服务和社会安全体系，进一步调整财政支出结构，推动财政支出更多向农村基础设施、教育、卫生、社会保障等方面倾斜，建立了农村低保制度、新型合作医疗制度、农村义务教育经费保障机制。国家加大了对社会基本保障，以及教育、卫生、科技等的财政投入力度，社会保障安全体系、社会公共服务体系更加完善。随着中央财政稳定增长、稳步提高，中央加大转移支付力度，中西部地区尤其是经济不发达省区获得更多的中央政府一般性转移支付和重点专项转移支付收入，促进了地区协调发展。

（六）完善按劳分配和按多种生产要素分配的制度，规范收入分配秩序

这一阶段坚持"效率优先、兼顾公平"，完善按劳分配和按多种生产

要素分配的制度，规范收入分配秩序。2002年起，针对中国居民收入分配差距持续扩大，收入不平等程度继续加深的情况，国家强调要坚持"效率优先、兼顾公平"的原则，明确按劳分配和按多种生产要素分配的基本分配原则不能变，进一步完善多种生产要素参与分配的制度规则，初次分配注重效率，再分配注重公平。强调提高劳动报酬的比重，让更多群众拥有财产性收入，逐步提高低收入者收入水平，扩大中等收入者比重，调节高收入者过高收入，保护合法收入，取缔非法收入，抑制垄断行业收入分配过多。国家通过经济手段、行政手段、法律手段等多种举措，提高城镇最低工资标准和贫困家庭贫困线，依法合规要求企业建立职工工资正常增长机制和支付保障机制，加大财政对低收入、低保障地区转移支付力度，实施公开透明的分级累进税率，依法严肃查处和打击各类非法牟利行为，进一步系统完善了中国特色社会主义市场经济体制的收入分配制度。通过更加有效公平地分好"蛋糕"，激励全体人民辛勤劳动、创新创造，持续做大国民经济的整个"蛋糕"。

首先，这一时期的分配制度改革，是在明确建立健全与市场经济相适应的现代产权制度基础上的改革。所有制和产权制度多元化、明晰化、法治化改革深入推进，从源头上明确了多种分配方式并存的收入分配制度的合法性稳定性，进一步鼓励和促进多种生产要素的报酬更多用于增加要素供给，提升要素质量，形成生产关系与分配关系的良性互动循环。

其次，收入分配制度改革进一步深化，从按劳分配和按生产要素分配相结合，进入到确立劳动、资本、技术和管理等生产要素按贡献参与分配，劳动要素与其他生产要素一样，不是按劳动时间而是按对产出的实际市场价值贡献参与收入分配。从而明确了市场经济下初次分配中，各种生产要素具有法定的公平地位，哪种生产要素对产出的贡献大，在经济效率、经济效益方面的影响权重高，哪种生产要素就应当获得比其他生产要素更高的报酬。这是中国社会主义初级阶段收入分配制度改革原则的又一次突破。

再次，收入分配宏观调控体制尤其是再分配机制进一步健全，政府依法运用多种手段，促进社会公平的分配体系基本建立。中国经济体制改革，一开始是从放权让利、放开搞活、收入分配激励强化启动的，先不触动国有和集体所有制制度。通过实践中多种生产要素事实上逐步参与收入分配，在所有人积极性提高、生产发展、收入分配普遍提升的基础上，不断拉开收入差距，使更多人更期盼也有能力去积累资本、学习技术、投资创业等，多种分配方式和多种所有制互动共进。但是，由于分配方式先变，决定分配方式的生产、交换、消费制度滞后，国家宏观管理制度跟不上，分配规则不清、制度不全、秩序混乱、分配不公等问题难免层出不穷。2002 年起，国家重点加强收入分配调控机制建设，着力完善再分配调控体系，基本理顺了分配关系和分配秩序，促进了共同富裕，保持了城乡居民实际收入与国内生产总值增长同步。

总之，迈入 21 世纪后的十年多时间里，中国既要兑现"入世"承诺，把握好扩大对外开放的机遇和挑战，也要积极应对国内发展逐渐突出的结构性矛盾和低水平粗放型发展方式的问题。我们全面深化扩大了与国际接轨的对外开放，进一步推进基本经济制度改革，基本建立了社会主义市场经济体制，国家调控经济社会发展的能力进一步加强，努力保持经济又好又快发展。2010 年中国经济规模超过日本，居全球第二，中国在世界经济体系中的地位、作用显著提升。这段时期，围绕扩大对

新中国经济制度演进研究

外开放的一系列体制机制调整改革，使中国经济体制同世界现代市场经
济体制在涉外经济方面，基本上实现了较好的衔接统一，国内经济体制、
制度和管理体系更加符合现代市场经济原则、惯例。为了防范应对扩大
开放的危险，解决自身长期积累的发展方式粗放、经济结构不合理、社
会发展相对滞后等问题，中央加强对各方面发展的统筹协调，提高了宏
观调控能力和力度。除了充分竞争和高度对外开放的领域之外，政府有
形之手配置资源的功能作用增强，国有经济的控制力、影响力持续快速
提升，非公有制经济相对实力和竞争力变弱了，在基础领域和重要领域
碰到的"玻璃门、弹簧门、旋转门"增多了。

第四章
全面深化新时代中国经济制度
体系改革

　　党的十八大以来，中国特色社会主义进入新时代，中国发展站到了新的历史起点上，改革开放和制度创新进入新的重要历史关口。以习近平同志为核心的党中央着眼于实现中华民族伟大复兴的大局，科学把握国内外环境极为广泛而深刻的变化，强调新阶段新形势下，中国要前进，就要全面深化改革。党的十八届三中全会对全面深化改革作出总部署、总动员，首次提出了全面深化改革总目标，就是要完善和发展中国特色社会主义制度，推进国家治理体系和治理能力现代化。经济体制改革和经济制度创新，是新时代全面深化改革的重要内容，经济制度是各方面制度的重要基础。中国在经过 35 年改革开放探索创新的基础上，在新时代明确了中国特色社会主义市场经济体制改革的总目标、总任务、框架体系和路线图等，系统配套全面深化经济体制和制度改革，中国社会主义市场经济体制更加健全、更加成熟、更加定型。

第一节　新时代的历史性变化与主要阶段性特征

人类社会任何重大改革和制度创新，都不是空想的产物，而是时代呼唤和历史要求。新时代全面深化经济制度改革的蓝图绘制和实践推动，不是畅想的产物，是中国进入新时代、迈入新阶段的历史必然性决定的，是以习近平同志为核心的党中央顺应时代发展、历史进步、客观规律，作出的重大战略决策。只有深刻把握国内外历史性重大变化和中国新阶段发展的主要特征，才能科学认识新时代中国经济制度的改革创新。

一、深刻认识新时代中国的历史性变化

21世纪第二个十年到来，世界加快进入百年未有之大变局，中国步入全面建成小康社会、开启全面建设社会主义现代化国家新征程的时期，中国特色社会主义进入新时代。新时代历史性变化，决定中国未来发展大势大局，直接影响中国全面深化改革的战略部署和路径方法。

一是中国经济发展进入新阶段，增长速度换挡、结构调整加快、发展动能转换，国民经济从高速增长阶段进入高质量发展阶段。2012年起，中国经济告别9％以上高速增长，增速逐渐下移到6.5％左右，潜在经济增长率减速下行。支撑中国经济长时间持续高增长的人口红利、劳动力红利、资源环境综合成本优势等，迅速减弱、难以维系。产业结构调整加快，第三产业超过第二产业成为国民经济第一大产业，工业占比逐渐降低，高附加值的先进制造业和高技术产业增长不快，传统工业优

化升级放缓。依赖大规模投资拉动，房地产与基础设施建设驱动，以及资源环境大量消耗支撑的经济增长，越来越难以为继，向主要依靠科技、知识、智力、人才等创新驱动发展转变迫在眉睫。新发展阶段不仅要求发展转型、结构优化和动能转换，更要依赖经济制度和经济体制创新变革。新制度要更多激发全体人民创新创造的动力活力，促进科技创新、产业转型和高质量发展。

二是新时代中国社会主要矛盾发生变化，由人民日益增长的物质文化需要同落后的社会生产之间的矛盾，转变为人民日益增长的美好生活需要和不平衡不充分发展之间的矛盾。社会主要矛盾的变化，是关系全局的历史性变化，反映了中国发展阶段和国情实际的深刻变化。新时代新阶段，中国经济发展要解决的主要问题，不是以往生产有没有、快不快、多不多的问题，而是发展得好不好、质量效益高不高的问题，重点是要着力解决好不平衡、不充分发展的问题，以更好满足人民日益增长的美好生活需要。社会主要矛盾变化，必然要求发展战略、发展思路、发展重点、发展任务的变化，也必然需要深化经济体制改革，系统重构能更好解决社会主要矛盾问题的经济制度体系。

三是新时代中国处于从站起来、富起来到强起来历史性跨越的时期，既要实现第一个百年奋斗目标，还要奋力推进在本世纪中叶建成社会主义现代化强国的目标，这是中国社会主义发展进程中的一个重要阶段。推进并实现社会主义现代化强国建设的伟大任务，要有包括经济制度在内的一整套更加成熟、更加定型、更加完善的制度的保障。必须在基本建立社会主义市场经济体制的基础上，全面深化改革，完善支撑中国社会主义现代化发展的根本制度、基本制度、重要制度，建立健全与现代市场经济相适应的一整套社会主义经济制度体系。中国的经济制度创新完善，既要同中国特色社会主义政治制度、社会制度以及各方面制度相适应相协调，又要与国际上现代市场经济制度相衔接相统一，经济制度改革完善要更加注重系统构建、全面设计、联动配套、协同推进。

二、 准确把握新时代中国经济发展改革的主要阶段性特征

准确把握不同时代不同历史时期经济社会发展的阶段性特征，是实事求是、顺势而为推进改革发展的前提基础。要跟上时代变化，必须准确把握这个时代发展的阶段性特征尤其是主要特征。

一是进入新时代，没有改变中国社会主义所处的历史阶段，中国仍处于并将长期处于社会主义初级阶段的基本国情没有变，中国是世界上最大发展中国家的国际地位没有变。中国全面深化改革和经济制度创新，必须坚持以经济建设为中心，以推动持续稳定健康发展为导向，发展仍是解决一切问题的关键。全面深化改革和经济制度创新，要牢牢把握进一步解放和发展生产力的方向，突破制约经济结构升级和高质量发展的瓶颈，有力有序有效地推进。要防止可能出现偏离经济建设为中心和发展导向的经济制度改革和政策出台，防止一些部门和地方为改革而改革，可能搞出不切实际、不解决发展问题、"好看漂亮"的改革。

二是进入新时代，中国特色社会主义发展迈入新的历史时期，这是新中国社会主义革命、建设、改革连续递进的重要历史进程。我们的改革是推进社会主义制度自我革新、自我完善和发展，不是对社会主义制度的改弦更张。既不走封闭僵化的老路，也不走改旗易帜的邪路，坚定

不移走中国特色社会主义发展道路。中国特色社会主义是前无古人的全新探索，成效明显、成就不小、无可否认，但我们的经济制度体系还不够成熟、不够完善、不够定型。40多年改革开放的制度创新，支撑推动了中国摆脱贫困、实现十几亿人的全面小康，但跨越"中等收入陷阱"、实现现代化是更加艰巨的任务。我们的经济制度如果没有更大的实质性创新，或者迷失正确方向、走错路，就不可能实现人口最多的发展中国家的现代化。全面深化改革，要坚持被实践、历史和人民检验是对的之制度创新方向，要善于学习、借鉴世界上实现现代化国家的经济制度规则、惯例和体系。要科学把握政治、经济、社会制度的异同以及根本制度、基本制度、重要制度、一般制度的差别，防止方向、道路搞错，防止武断简单乱贴意识形态标签，要坚持不懈把全面深化改革推向前进。

三是进入新时代，中国基本建立社会主义市场经济体制，改革进入攻坚期和深水区。容易的、浅层次的、好改的改革，都已经完成了。复杂的、深层次的、难改的、矛盾多的改革，越来越多，亟待推进。经济体制改革向深处走，触及的权力结构、利益格局调整更加深刻，涉及的矛盾和问题更加尖锐，牵涉的领域范围更加广泛，突破现存体制机制的变革更加艰难。新时代若不全面深化改革，经济就很难持续稳定健康发展，人民生活就不可能有更好的改善。新时代全面深化改革，暗礁、潜流、漩涡越来越多，推进改革的复杂性、敏感性、关联性和系统配套协调的难度前所未有。改革开放中的矛盾，只能用改革开放的办法来解决。攻坚期和深水区的改革，必须大胆试、大胆闯，坚决突破重要领域、关键环节的制度障碍；同时又要系统配套、统筹协调，确保各部门、各地区主动积极配合，在具体制度、政策、规则等方面同步跟进、及时调整。

对于不少好的重要的改革，要避免形式上搞得轰轰烈烈，实际效果不怎么样，避免只是条条、块块守好自己门、用好自己权，而重大改革落不了地、吊在空中的情况发生。

第二节　推进新时代中国经济制度创新的基本方略

改革开放是决定当代中国前途命运的关键一招。中国特色社会主义进入新时代，改革开放在新的更高起点上再出发。党的十八届三中全会把"完善和发展中国特色社会主义制度，推进国家治理体系和治理能力现代化"，确定为全面深化改革的总目标，加快形成系统完备、科学规范、运行有效的制度体系。就经济制度创新来看，就是要加快完善社会主义市场经济体制。新时代全面深化改革的基本方略，就是围绕全面深化改革的总目标，贯彻落实新发展理念，全面发力、多点突破、纵深推进，着力增强改革的系统性、整体性、协同性。

一、　更加注重全面深化改革总体设计

中国已经基本建立起社会主义市场经济体制，改革进入攻坚期和深水区，同改革开放初期基层大胆试、大胆闯，"摸着石头过河"的环境完全不同了。零敲碎打调整不行，某个方面、某些领域单兵突进也不行，必须更加注重总体设计。习近平总书记明确指出，《党的十八届三中全会重要改革举措实施规划（2014—2020 年）》对未来改革实施作出整体安

排，突出了每项改革举措的改革路径、成果形式、时间进度，关键要狠抓落实。①新时代深入推进改革开放的突出亮点和特殊难点，就是要按照深化改革的任务书、时间表和路线图，有计划有组织有步骤地推进各方面的体制机制改革。

二、 更加注重加强党对全面深化改革的集中统一领导

中国共产党的领导是中国特色社会主义最本质特征。党的集中统一领导，是保证全面深化改革沿着正确航向乘风破浪的指南针、定盘星和压舱石。新时代中国特色社会主义制度创新和体系完善，必须提高政治站位、增强政治意识，以习近平新时代中国特色社会主义思想为指导，在以习近平同志为核心的党中央坚强领导和直接指挥下，抓好全面深化改革的顶层设计、战略谋划、战术攻坚、具体推进。如何保证东南西北中和各层级各方面步调一致、有机统一，从而确保各项改革的相互促进、良性互动，形成推进改革的强大合力，是难以把握又必须化解的风险挑战。

三、 更加注重把准全面深化改革的道路方向

1978 年，改革开放直面问题、解决困难，不简单搞"主义"、性质争论，极大地解放和发展了社会生产力，人民生活有了历史性巨大改善。改革越往深处走，矛盾越尖锐，发展以后的问题比不发展的问题更复杂。

---

① 《习近平谈治国理政》第二卷，外文出版社 2017 年版，第 97 页。

人们对全面深化改革的体验、感受和认识，越来越差异化、多样化。世界百年未有之大变局加速演进，国际上意识形态、价值观和国家利益竞争更趋激烈。新时代全面深化改革，要更加注重把准守好社会主义制度方向，坚定不移走中国特色社会主义发展道路。改革不仅要问题导向，切实解决发展问题，而且很重要的是方向对头，道路走正。

四、更加注重统筹推进系统配套改革

新时代的中国，党和国家各项事业发生了历史性变革。中国经济实力跃上新台阶，稳居世界第二，改革开放取得重大突破，中国特色社会主义制度基本建立。继续全面深化改革要突出重点，抓住关键，创新突破。但全面深化改革是一个复杂的系统工程，经济体制改革创新涉及党和国家工作全局，关系到生产力和生产关系、经济基础和上层建筑，影响经济社会发展各领域，牵一发而动全身。因此，新时代中国全面深化经济体制改革，必须把推进经济、政治、文化、社会、生态文明等各方面改革有机衔接起来，把理论创新、制度创新、科技创新以及各方面创新有机衔接起来，统筹协同推进各方面改革，防止单兵突进、倚重倚轻、顾此失彼。习近平总书记明确强调："注重系统性、整体性、协同性是全面深化改革的内在要求，也是推进改革的重要方法。"[1]更加注重统筹推进系统配套改革，比以往推进改革的制约因素更多、情况更复杂、难度更大，对我们党和国家的智慧、经验以及各方面能力、水平等，是一个

---

[1] 《习近平谈治国理政》第二卷，外文出版社 2017 年版，第 109 页。

前所未有的巨大考验。

五、 更加注重坚持底线思维、防范化解重大风险

新时代是中国开启全面建设社会主义现代化国家新征程，向着第二个百年奋斗目标进军的新时期。迄今为止，全球实现现代化的国家和地区的人口约 10 亿，主要是在西欧、北美和东亚部分实行资本主义制度的国家和地区。亚洲、非洲、拉丁美洲以及原苏东国家，大多数没有跨过中等收入台阶迈入现代化。有着 14 亿多人口的发展中社会主义国家实现现代化，将是史无前例的奇迹，也是一个世界性和世纪性的难题。当今世界形势动荡不安，地缘政治挑战冲突未曾减少，大国竞争、博弈甚至对抗更趋激烈，中国发展面临的外部环境更加复杂。中国发展仍处于重要战略机遇期，但机遇与挑战都有新的变化。我们要更多地在应对挑战、化危为机中创造机遇，更多地依靠集中精力办好自己的事来抢抓机遇。因此，新形势下全面深化改革，必须更加注重防范化解重大风险、重大挑战，不发生颠覆性不可改的错误。坚持底线思维，守牢安全底线，不犯大错，比在某些领域和方面的重大创新更为重要。全面深化改革更多的不是勇敢突破往前冲，而是稳中求进稳健走。

六、 更加注重形成国内大循环为主体、国内国际双循环相互促进的新发展格局

经历 2008 年国际金融危机以后，中国发展阶段、环境、条件进一步

发生重大变化，世界经济发展环境也发生深刻变化，中国经济发展对全球经济增长贡献率大幅度提升。尤其是内需潜力不断释放，净出口贡献率持续快速下降，国内大循环活力日益增强。与此同时，科技创新和关键核心技术对经济结构优化升级和高质量发展的支撑引领作用越来越重要。科技创新和关键核心技术，买不来、讨不来、要不来，要更多地靠大力提升自主创新能力，加速科技成果向现实生产力转化，来提高中国产业链现代化水平，维护产业链安全。新时代经济体制改革和制度创新，要着力建立扩大内需的经济制度，加快推进形成全国统一大市场体系的制度创新，完善增强自主科技创新能力的体制机制。要以强劲活跃的国内经济大循环，吸引、带动、扩大国内国际双循环相互促进，建设高水平开放型经济新体制，提高中国参与国际经济科技合作和竞争的能力与水平。

第三节　新时代加快完善社会主义市场经济体制

全面建设社会主义现代化国家，关键靠制度，根本取决于有没有建立起有效管用的现代经济社会制度，特别是比较成熟、定型和完善的经济制度体系。党的十八大以来，中国把完善和发展中国特色社会主义制度，建成一整套更完备、更稳定、更管用的制度体系，作为主要历史任务。重中之重的任务之一，是全面深化经济体制改革，深入推进高水平开放，加快完善社会主义市场经济体制。党的十八大以来，围绕贯彻落实新发展理念、推动高质量发展，全面把握好使市场在资源配置中起决定性作用和更好发挥政府作用，紧紧抓住以供给侧结构性改革为主线，以高水平对外开放打造国际合作与竞争新优势，系统配套、稳妥积极、突出重点，进一步推进经济体制改革和经济制度创新，社会主义市场经济体制更加完善、更为定型，有力地促进了中国经济迎难而上、劈波斩浪前行。

一、 以创新、协调、绿色、开放、共享的新发展理念，引领全面深化改革和制度创新

任何发展制度变革，都要由一定的发展理念来引领。习近平总书记指出："发展理念是否对头，从根本上决定着发展成效乃至成败。"[①]立足新发展阶段，把握国内外发展大势变化，总结中外各国发展经验教训，紧扣新阶段我国发展中的突出矛盾和问题，习近平总书记提出了创新、协调、绿色、开放、共享的新发展理念，开拓了中国特色社会主义政治经济学新境界。这一新发展理念是指导引领新时代全面深化改革的根本理念。

经过 30 多年改革开放和经济长时间高速增长，中国经济总量稳居世界第二，发展环境、发展条件、资源要素优势等发生深刻变化，一直靠大规模资源要素投入支撑，主要依赖基建投资拉动和低科技含量的劳动密集型出口加工制造业带动的经济增长，不可持续。与之相适应的经济体制和具体经济制度，不少方面出现问题，必须进行深层次改革，建立

[①] 《习近平谈治国理政》第二卷，外文出版社 2017 年版，第 197 页。

和完善贯彻落实新发展理念的社会主义市场经济体系和高水平制度型开放体系。党的十八大以来，贯彻落实新发展理念，聚焦解决五大发展问题，中国经济体制改革和制度创新取得新的重要进展和历史性进步。

（一）聚焦动力不够强的问题，推进创新驱动的经济制度改革

创新尤其是科技创新和产业转型升级动力能力不行，是个大问题。必须深化改革，形成有利于创新驱动发展的经济体制和经济制度安排。进入新发展阶段，曾创造经济高增长奇迹的大规模资源要素投入支撑，基本建设与房地产投资强有力拉动，劳动密集型出口加工组装制造业带动的发展方式，越来越难延续，资源成本持续上升，要素边际贡献率持续下降。这种情况反映出以往行之有效的维系高速增长的经济体制和经济制度，已经不太有效了，经济增长速度已开始换挡下行，经济结构优化升级缓慢，自主科技创新能力不强和关键核心技术受制于人。必须突破制约创新发展的体制机制障碍，构建有效激励各种生产要素优先大规模流向科技研发、科技创新和科技成果产业化的制度体系，完善引逼战略性新兴产业和高技术产业发展的体制机制，建立健全核心技术攻关的新型举国体制。

党的十八大以来，中国坚持集中力量办大事的制度优势、超大规模的市场优势同发挥市场在资源配置中的决定性作用结合起来，以着力提升自主创新能力、实现科技自立自强为核心，推动制度创新，社会主义市场经济体制更加成熟、更为完善。主要是进一步完善支持促进基础研究、教育和人才培育的财政税收制度，重点扶持关键核心技术攻关的基础科学研究以及研究院所、重点实验室和研究平台等建设。深入推动以市场为导向、企业为主体的产学研用相结合的技术创新体系建设，加快

建立健全国家主导、强国必需的核心技术攻坚协同体制机制。强化知识、技术、信息等高端生产要素按贡献参与分配的相关制度，加强知识产权保护。中国在发展核心技术方面同发达国家差距进一步缩小，重大科技创新成果持续涌现，在一些前沿科技领域进入世界领先行列，产业结构升级逐渐加快。

（二）聚焦解决发展不平衡的问题，推进有利于国民经济协调发展的制度创新

协调发展是可持续发展的内在要求。发展中国家特别是经济社会发展不平衡的发展中大国，在经济发展达到中等收入水平并向高收入水平迈进的时期，更要注重协调发展。由于中国发展的自然地理环境特点、城乡与区域之间资源要素差异、长期历史基础条件不同等，城乡和区域发展不平衡比较明显。改革开放以来，中国经济创造了 40 年近两位数高速增长的奇迹，城乡和区域发展水平普遍长足提高，但城乡之间和区域之间发展不平衡并没有消失，一些方面差距仍在绝对和相对扩大，主要是农村地区特别是中西部农村地区在发展水平、收入水平和生活质量等方面差距仍大，东部、中部、西部地区以及南方和北方的发展差距依然较大，超大城市、大城市、中等城市与小城市之间的发展水平、发展质量和居民收入与生活水平差距继续拉大。向高收入国家迈进，全面建设社会主义现代化国家，必须把解决量大面广的城乡差距固化和拉大、不同地区发展不平衡固化和扩大等问题，摆在突出位置。

党的十八大以来，中国更加注重协调发展，有序有力推进一系列城乡统筹和区域发展重大战略，城乡和区域经济关系不断优化改善，城乡

和区域发展朝着更加协调平衡的格局持续迈进。进一步加强了保障协调发展的制度建设，创新完善了推进城乡统筹、新农村建设和区域发展战略统筹协调的体制机制和相关政策，突破了制约城乡一体化发展和区域协调发展的制度性障碍，取得了城乡和区域协调发展的新进步。比如，继续加大支农扶乡的政策举措力度，强化以工补农、以城带乡，提高了乡村农业发展能力。推动城乡要素平等交换、双向流动，创新了城乡土地产权和规划管理制度，增强了农村发展活力，提升了城市经济效率。比如，提高发达的现代化城市地区的承载力，改革原来严格控制大城市发展的制度和政策，中心城市和城市群带动作用得到更大发挥，现代化都市圈和城市群进一步崛起，形成一批新增长极。

（三）聚焦解决人与自然不和谐的问题，推进保障经济社会全面绿色转型的制度变革

绿色低碳发展是永续发展的必要条件。中国的人均自然资源低于世界平均水平，人口数量占全球近五分之一，森林、矿产、淡水、耕地等资源，不到世界平均水平的40％—60％，石油、铁矿石、食用油、大豆等的进口依赖度都超过50％。改革开放以来，中国创造了经济持续高增长奇迹，也难以避免地形成了"大量生产、大量消耗、大量排放"的生产生活模式，碳排放总量为世界第一，空气污染指数远高于发达国家和许多发展中国家，生态环境压力处于高位，人与自然不和谐问题突出，资源集约节约利用、环境保护、绿色发展等任务紧迫而繁重。新时代我们必须更加注重推动绿色低碳发展，促进经济社会发展全面绿色转型，关键要建立并完善保障和促进全面绿色转型的制度体系，从经济社会发展各方面各环节确立和强化制度约束，包括完善

资源环境保护利用的制度、促进绿色低碳发展的制度、发展循环经济的制度等。

党的十八大以来，围绕促进经济社会全面绿色转型，扭住经济制度和管理体制的规则、内容、法律法规等完善和创新，生态环境保护和绿色发展取得了历史性重大变化。主要是注重用制度激励绿色低碳发展，制定并实施了一系列最严格最严密的经济制度和法律法规，全面覆盖地上地下、山川河湖、陆地与海洋、污染排放和生态修复等各方面，守牢环保底线，加强生态环境保护。强化国家规划制度引导和管控，着眼于长远可持续发展，调整、创新、完善国土空间开发保护体制及相关重要制度、政策和办法，科学有序统筹布局生态、农业、城镇等功能空间。同时，加强国家中长期发展的重大规划的制度性约束。加快推动促进绿色低碳发展的制度体系建设，实施有利于推动传统产业绿色低碳发展转型的财政税收政策，积极发展绿色金融，加快构建以市场为导向的绿色技术创新体系与相关制度。健全自然资源资产的产权制度和法律法规，立足基础性制度的创新和完善，助力和支撑绿色低碳发展。

（四）聚焦解决内外联系不够紧的问题，加快构建制度型开放新体系

开放是当今世界现代化国家繁荣发展的必由之路。改革开放以来的时期，是中国经济发展最好的历史时期，以对外开放倒逼制度改革是便捷有效的改革发展路径。中国特色社会主义进入新时代，中国已经全面融入世界经济分工协作体系，在进出口贸易总量、引进外资与对外直接投资方面，都跃居世界数一数二位置；在全球产业分工体系

与产业链网络中，中国制造业份额超过四分之一，与全球产业链网络形成多层次、多渠道的密切联系。但是，中国与世界经济、技术、产业、生产要素等深层次联系和深度融合，依然不够紧密。特别是生产要素跨国自由流动的体制性制度性障碍还比较多，对外开放的水平和能级还不够高，在世界产业分工协作体系中的地位作用还不够强，总体上仍处于全球产业链中低端层次。把握全球产业结构与布局深刻变动新走势，顺应经济全球化曲折波动、深层调整的新变化，中国对外开放的大门不能关小，而是要开得更大。要推动更高水平的对外开放，更深融入全球经济。

党的十八大以来，中国进一步高举对外开放大旗，深入推进全方位、宽领域、多层次开放，高水平制度型开放取得新突破新进展。一是抓好试点，以上海自贸试验区、海南自贸港、粤港澳大湾区和全国各省区市自贸试验区网络为重点，推进更加开放的经济制度和管理体制创新，实施高水平贸易和投资自由化便利化政策，完善外商投资准入前国民待遇加负面清单管理制度。加快在全国复制推广自贸试验区、自贸港高水平开放的制度创新经验，完善国家对外经贸投资管理体制和监管制度，开放型经济新体制建设跃上新台阶。二是抓牢关键，以推进"一带一路"建设不断拓展、走深走实为抓手，创新完善对外经贸、投资和国际产业合作方式与制度办法，构建面向全球的贸易、投融资、生产、服务网络体系，推动实现了高质量引进来和高水平走出去相互促进。三是紧扣目标，以适应高水平制度型开放的经济全球化为方向，有力有序推进对外开放制度升级优化，加快完善统一大市场体系和市场化、国际化、法治化的政府经济管理体制，营造更加公平的市场环境。

（五）聚焦解决社会公平正义方面的问题，着力推动共享发展的基本制度

社会主义制度应当是最能体现公平正义的制度，共同富裕是社会主义本质要求。"我们推动经济社会发展，归根结底是要实现全体人民共同富裕。"[1]改革开放极大地解放了社会生产力，促进了经济持续高速增长，全国贫困人口特别是规模巨大的农村绝对贫困人口持续快速减少，城乡居民收入水平不断提高，人民群众生活状况总体大幅度改善。2020年，中国人均可支配收入3万多元，三口之家人均年收入在10万—15万元的达4亿人。但我们还有6亿人月均收入仅1 000元，许多地方城镇低保每人每月仅800元，农村不到300元。2009年中国总体基尼系数达到0.49的峰值，2012年降至0.48。收入不平等程度明显高于印度甚至泰国等发展中国家，也高于美国（2010年基尼系数为0.408）。[2]同时，超常规高速增长阶段和结构快速变动时期过去以后，生产要素与资源禀赋优势发生重要变化，经济技术结构垂直提升和人的纵向流动更加困难。加之中国基本社会保障和公共服务的标准相对较低，地区与城乡之间的不统一情况及差异还不少，社会不平等和收入差距仍然较大。新时代必须更加注重促进社会公平正义，在继续激励全体人民共同奋斗创造、做大"蛋糕"的基础上，更好地分好"蛋糕"，让改革发展成果更多更公平惠及全体人民。要着力推动共享发展的一系列制度建设，通过创新完善经济社会制

---

[1]　《关于〈中共中央关于制定国民经济和社会发展第十四个五年规划和二〇三五年远景目标的建议〉的说明》，新华社，2020年11月3日。

[2]　巴里·诺顿：《中国经济：适应与增长》，上海人民出版社2019年版，第241—242页。

度，促进人的全面发展，使全体人民共同富裕取得更为明显的实质性进展。

党的十八大以来，中国不断完善推动共享发展的相关经济制度，有力促进了人的全面发展和社会公平正义。主要是，坚持按劳分配为主体、多种分配方式并存，提高劳动报酬在初次分配中的比重，着力提高低收入群体收入。完善再分配机制，加大税收、社会保障、转移支付等的调节力度和精准度，改善收入分配与财富分配格局。健全统一的多层次社会保障体系，有序提高基本保障标准，扩大覆盖面，使更多人获得更好的基本生活保障。完善农村脱贫攻坚的体制机制，持续加大多渠道多方式的扶持力度，成功实现全面建成小康社会的农村全面脱贫目标。健全各类生产要素由市场评价、按贡献决定报酬机制，完善按要素分配的政策制度，规范市场秩序，建立健全市场监管体系，强化反垄断和不正当竞争。加强对权力的制约监督，持之以恒保持反腐败高压态势，严查严惩各种以权谋私的权力腐败行为。

二、 以供给侧结构性改革为主线，创新完善促进有效供给、提升供给结构的制度体系

改革开放的基础和重点在经济运行和发展方面，旨在调整生产关系结构，实质是创新变革经济制度体系，根本是要促进社会生产力解放和发展。不同经济发展阶段、发展时期，经济运行和发展要重点把握和解决的问题是不同的。有时候经济运行和发展问题，主要在需求侧；有时候，又主要在供给侧。前者主要受经济周期特别是短周期、中周期波动

影响，总需求出现问题；后者主要受中长期结构性变动影响，总供给特别是供给结构出现问题。2010 年尤其是 2013 年以后，中国经济发展进入新常态，经济发展面临的矛盾问题，主要方面在供给侧，突出的是结构性矛盾。比如，一些行业和产业产能严重过剩，大量关键装备、核心技术、高端产品依赖进口，许多高质量消费品和高端服务供不应求等。中国已经成为全球超大规模市场，市场需求持续快速增长，但供给结构错配问题严重，必须把改善供给结构作为主攻方向，深入推进经济体制改革和制度创新。习近平总书记强调："供给侧结构性改革，重点是解放和发展社会生产力，用改革的办法推进结构调整，减少无效和低端供给，扩大有效和中高端供给，增强供给结构对需求变化的适应性和灵活性，提高全要素生产率。"①

党的十八大以来，中国经济制度创新演进的突出特点，就是以供给侧结构性改革为主线，重点把握"去产能、去库存、去杠杆、降成本、补短板"原则，完善社会主义市场经济体制，推动产业结构优化升级。

（一）矫正供给结构扭曲，加强和完善国家宏观调控体制机制

解决中长期发展的结构性问题，既要发挥市场配置资源的决定性作用，也要更好地发挥政府作用。尤其是在市场经济发育还不成熟的发展中大国，在关键时候、重大转型时期，强有力地发挥好政府作用至关重要。改革开放后的 30 多年，中国经济主要依靠大规模投资拉动、资源要素投入驱动，保持长时间超高速增长。但是，不少自然资源开采过度，一些基础工业产量与生产能力占全球份额 50％以上，一些行业产品附加

---

① 《习近平谈治国理政》第二卷，外文出版社 2017 年版，第 252 页。

值低、品质不高、生产能力过剩、市场恶性竞争严重。科技创新能力不强，大量高端、高附加值、高技术产业的供给要靠进口。当务之急，国家必须综合运用宏观管理措施、结构政策和经济、行政、法律等手段，大刀阔斧调整存量结构，去库存、去产能、去杠杆，压缩、淘汰落后产能，加大兼并重组力度，腾出存量资源、要素，引导新增资源、要素流向，推动产业结构、产品结构优化升级。

党的十八大以来，在充分发挥市场在资源配置中的决定性作用的同时，进一步完善政府宏观管理体制和调控机制，在改进和完善政府需求管理制度、体系与办法的基础上，重点聚焦创新和完善优化产业结构、提升供给质量与效率的宏观管理体制与机制。2013 年以来，国内产业结构调整步伐加快、力度加大，压缩淘汰了一大批低端、高排放、高消耗、过剩严重的产能，培育了一批关系国家经济安全的战略性新兴产业及一大批高科技创新创业企业。2016 年以来，清理"地条钢"产能约 3 亿吨，淘汰停建缓建煤电产能 1.5 亿多千瓦。2021 年，第三产业比重为 53.3％，第二产业为 39.4％，第一产业为 7.3％。显而易见，作为"有形之手"的政府宏观调控和供给管理能力更强、办法更多、措施更精准，政府作用更大了。不必讳言，市场体系和市场机制的发育成长和完善依然相对滞后，作为"无形之手"的市场机制配置资源的决定性作用发挥不够充分。

（二）增强各类市场主体的动力、活力、能力，降低企业交易成本特别是制度性交易费用

市场主体主要是企业，是配置生产要素，组织投资、生产、销售的微观经济组织。供给侧结构性改革，关键要激发企业创新创造的动力、

活力、能力，助推企业加快技术创新、新技术运用和技术进步，适应市场需求结构升级变化，积极主动优化和扩大投资，调整产品和服务供给的结构，提高供给质量、效率和经济效益。

党的十八大以来，扭住搞活市场主体这个中心环节，各级政府简政放权、放管结合、优化服务的改革不断推进，减税降费力度持续加大，特别是近几年来，减税降费以每年万亿元的幅度增加。深入推动金融体系优化和资本市场改革，强化金融服务实体经济和各类企业。市场主体持续大规模增长，各类企业的规模、能级、水平等总体不断提升，非金融企业的杠杆率过高情况整体得到改善，在资本市场上市的创新企业进入高峰期，进入世界500强的中国企业的数量越来越多、排名不断前移。当然，随着中国经济从高速增长阶段进入高质量发展阶段，潜在经济增长率下移，加上新冠肺炎疫情对人员自由流动和供应链与经济循环的严重冲击，许多中小微企业经营非常困难，一些民营企业业务拓展与融资问题更加突出，有些外资企业的产业链的某些环节有外移倾向。放开搞活各类市场主体，用改革创新的办法，增强企业尤其是非国有企业的创新创造的动力、活力、能力，仍然非常紧迫、任重道远。

（三）解决要素错配的难题，加快建设统一开放、竞争有序的现代市场体系

供给结构低水平固化，产业结构升级艰难，与生产要素市场机制发育不足，要素市场体系不完善，要素市场配置存在深层次体制性障碍，有密切关联。主要是，土地、劳动力、资本、技术、数据等生产要素的市场化配置的深度和广度参差不齐，有的还是半市场化半行政权力配置，甚至主要靠行政权力主导配置。土地市场尤其是城乡土地市场发育不平

衡，劳动力市场流动不充分，城乡之间、区域之间的劳动力市场还存在身份区别和制度性割裂。生产要素价格形成机制、市场竞争机制等，都与现代市场经济的配置机制有相当大的差距，一些基础性市场制度和规则还没有建立健全。要素市场化配置制度和机制存在的诸多问题，阻碍了生产要素按市场经济规律、制度、规则和机制自由流动、竞争选择、高效配置，抑制了供给结构灵活便捷调整和产业结构优化升级。

党的十八大以来，围绕破解要素错配的问题，中央遵循现代市场经济的制度、规则，加快建设统一开放、竞争有序的现代市场体系，促进了生产要素市场化竞争性配置和产业结构优化升级。首先，促进各类生产要素市场化配置。在土地要素方面，建立健全统一的建设用地市场，改革和完善农村宅基地制度，加快发展建设用地二级市场。在劳动力要素方面，加快农业转移人口市民化，完善同常住人口挂钩的公共服务资源配置机制。同时，进一步完善资源要素市场化配置、技术要素市场化配置及数据要素市场化配置的制度和机制。其次，健全要素市场运行机制，完善要素交易规则和服务体系。放开政府管制，让市场竞争决定要素价格形成，健全规范的社会信用体系，统一交易平台和交易规则，提升要素交易监管水平。再次，健全要素贡献的市场化评价分配机制，更多地让市场评价各类生产要素的贡献，把市场价值贡献大小与不同生产要素报酬多少有机结合起来。现代市场体系尤其是生产要素市场体系和市场化配置机制的不断完善，有力地调动了各类生产要素充分涌流，极大地激发了各类生产要素的潜能，进一步提高了各类生产要素的配置效率和效益，进一步推动了供给结构和产业结构优化升级。

三、 着力推动多种所有制经济共同发展，坚持和完善社会主义基本经济制度

所有制和产权制度是一切经济社会制度的基础性根本性制度，有什么样的所有制和产权制度，决定了有什么样的经济制度体系与体制。改革开放以来，中国突破了公有制特别是全民所有制经济一统天下的所有制制度结构，逐渐形成公有制为主体多种所有制共同发展的格局。中国特色社会主义进入新时代，我们坚持不懈推动多种所有制经济共同发展，不断完善所有制结构与产权制度体系。习近平总书记强调："实行公有制为主体、多种所有制经济共同发展的基本经济制度，是中国共产党确立的一项重大方针，是中国特色社会主义制度的重要组成部分，也是完善社会主义市场经济体制的必然要求。"①

党的十八大以来，围绕坚持和完善社会主义基本经济制度，中国进一步推进所有制结构优化调整和产权制度及其实现方式改革，从理论与实践上取得一系列新突破新发展。

（一）强调"两个毫不动摇"发展不同所有制经济，对社会主义基本经济制度的认识和实践有新升华

改革开放以来，我们对公有制和非公有制经济即不同所有制类型的认识，有了重大突破，无论在实践中还是理论上，都是不断深化甚至时有反复的过程。特别是对非公有制经济的发展，一开始认为是社会主义经济的"有益补充"；后来提升到要"共同发展"，当然还要以公有制特

---

① 《习近平谈治国理政》第二卷，外文出版社 2017 年版，第 258 页。

别是国有经济为基础、龙头、骨干；再上升到制度层面，把公有制和非公有制经济都视作社会主义市场经济的基本经济制度，我们对所有制性质和公有制形式的认识不断深化。

党的十八大以来，在坚持"两个毫不动摇"的基础上，中央进一步强调各种所有制经济在社会主义市场经济中都是重要组成部分，都是中国经济社会发展的重要基础。公有制经济财产权不可侵犯，非公有制经济财产权同样不可侵犯。明确保证各种所有制经济依法平等使用生产要素、公平参与市场竞争、同等受到法律保护。国家保护各种所有制经济产权及其合法利益，坚持权利平等、机会平等、规则平等，废除对非公有制经济各种形式的不合理规定，消除各种隐性壁垒，激发非公有制经济活力和创造力。习近平总书记深刻指出："任何想把公有制经济否定掉或者想把非公有制经济否定掉的观点，都是不符合最广大人民根本利益的，都是不符合我国改革发展要求的，因此也都是错误的。"[①]进入新时代，我们不仅对不同所有制经济地位、性质、作用有了更加深刻的理论认识，而且更重要的是在实践中进一步确立并完善了不同所有制经济的制度。从顶层制度完善来看，《中国共产党章程》《中华人民共和国宪法》都非常明确地规定，不同所有制经济都是社会主义基本经济制度，是经济社会发展的重要基础；从具体制度措施来看，从中央政府到地方政府陆续出台了放宽市场准入，鼓励多种所有制平等竞争，允许非公有制经济参与国有企业重组，促进多种所有制混合发展等一系列政策举措。

---

① 《习近平谈治国理政》第二卷，外文出版社 2017 年版，第 260 页。

（二）健全以公平为核心原则的产权保护制度，完善现代产权制度体系

产权制度的本质取决于生产资料所有制，但又超越生产资料所有制，覆盖各类财产关系，涉及财产权利的界定、运营、交易和收益等一系列制度规则，产权的清晰界定、自由交易和严格保护，是现代市场经济体制形成、发展和完善的制度基础。改革开放以来，多种所有制逐步生成发展，产权制度体系不断清晰完善。但在各类产权的平等保护、产权的界定、保护覆盖的范围等方面，都还存在许多问题，侵犯非公有和私人产权、蚕食公有产权等现象时有发生。

党的十八大以来，我们对社会主义市场经济体制的所有制问题，有了更加深入具体的认识，更加重视各种所有制的产权制度结构和市场经济条件下的运行机制，更加突出各种产权神圣不可侵犯，要一视同仁对待，国家要保护各种所有制经济产权及其合法利益，健全以公平为核心原则的产权保护制度。具体看，主要在公平平等看待和保护各种产权的原则导向下，加快完善现代产权制度，确保各类产权清晰、责权明确、保护严格、流转顺畅。一是拓展、强化对各类产权的界定、保护的制度安排和相关法律法规制度的实施。完善物权、债权、股权、知识产权等各种产权的保护制度，明确对产权运营中所有、占有、支配、使用、收益、处置等各项权能的界定。加快构建自然资源资产的产权制度，完善自然资源所有权和经营使用权相对分离的制度规范和法律法规。二是重点加强了对知识产权、居民财产权保护的制度建设。完善和创新针对知识产权归属、权益界定以及使用、处置与收益权保护的制度性安排。完善针对居民拥有的土地使用权和房屋等财产权征收征用的公共利益范围，

以及公开公平合理补偿的规则规定等。三是进一步健全完善国有资产产权制度。规范并明确国有产权的所有者与代理人关系，依法界定国有企业财产权归属。四是创新完善农村集体产权制度。全面完成农村承包地、宅基地、农房、集体建设用地确权登记颁证。完善农村集体经济组织成员认定办法和集体资产所有权实现形式。尤其是创新并确立了"三权分置"的农地制度改革，将土地承包经营权分为承包权和经营权，实行所有权、承包权、经营权分置并行。"三权分置"改革放活了土地经营权，实现了市场在农村土地资源配置中起决定性作用，促进了农业适度规模经营发展，提高了农业劳动生产率、土地产出率。五是强化对各类产权的法律保障。完善产权保护的法律法规，注重在执法、司法和行政实践中对平等市场主体之间产权纠纷的公平裁决，在制度安排上提高侵犯产权成本、降低维护产权的交易费用等。①

（三）深化国有企业改革，不断增强国有经济活力、控制力、影响力

中国改革开放，一个极其重要的举措，就是打破国有企业或全民所有制企业一统天下的格局。总体上，改革开放以来，国有企业数量和国有经济比重呈逐步下降趋势，多种所有制企业共同有序加快发展。2008年国际金融危机冲击下，国家加大财政政策和货币政策力度刺激投资、扩大需求，国有企业理所当然成为骨干支撑和主要引领者，国有经济在国内投融资、生产总值、企业利税等指标中的占比持续上升。但是，在国有企业的产权制度、国有经济的管理体制、国有企业的市场竞争力等

---

① 洪银兴、杨德才等：《新中国经济史论》，经济科学出版社 2019 年版，第 430 页。

方面，存在已久的一些问题并没有得到根本解决，有些还在加重。因此，必须进一步深化国有企业改革。

党的十八大以来，全面深化改革对国有企业改革提出了新要求，按照完善社会主义市场经济体制的目标，深入推进国有企业制度创新。2013 年以来，中国深化国有企业改革，重点抓了几个方面的制度建设。首先，进一步完善国有资产管理体制，突出以管资本为主加强国有资产监管。改革国有资本的授权经营体制，组建国有资本运营公司或平台，支持有条件的国有企业改组为国有资本投资公司。同时，进一步明确国有资本重点投资的方向、领域、行业，完善国有资本经营预算制度，规定要逐步提高国有资本收益上缴公共财政的比例，强调国有资本（国有上市公司国有股）要扩大充实社会保障基金等。其次，加强了国有企业分类管理，按照市场竞争类、公共服务类、功能保障类（国资委最新分类是商业类、公益类两类），对不同功能的国有企业实施差别化管理。比如，对国有资本控股的自然垄断行业，实行以政企分开、政资分开、特许经营、政府监管等为主要内容的改革。对市场竞争或商业类国有企业实行多元产权混合，建立健全现代公司制度，使其平等地参与市场竞争。再次，推动国有企业完善现代企业制度。加强国有企业党的领导和党的建设，推进国有企业董事会、经营管理层、监事会等现代企业法人治理结构建设。此外，加快国有控股企业集团整体上市，向现代股份公司制度转型，按上市公众公司标准完善法人治理体制。鼓励非公有制企业参与国有企业改革。

通过深化国有企业改革，近十年来国有企业明显做大做强了，在关系国计民生和国民经济命脉的领域，牢牢占据绝对重要的地位；在许多市场竞争性领域，国有企业也逆势而上，影响力、控制力更强。也要看到，不少国有企业特别是商业类、市场竞争型国有企业，还没有建立现代企业制度，离国际上有世界竞争力的现代企业还有很大差距。依靠政府投资、政府采购和便捷的相对成本低的银行贷款，国有企业拥有比非公有制企业更多优势，但这不能成为也不应该成为国有企业的重要优势。国有企业深化改革，依然在路上。

（四）构建"亲""清"新型政商关系，促进非公有制经济特别是民营企业健康发展

明确公有制和非公有制经济都是中国社会主义市场经济的基本经济制度，是改革开放的基础性重要制度成果，是中国特色社会主义的一大创新。经过近 40 年改革开放发展，非公有制市场主体数量占比已经超过90％，占国内生产总值约 60％，税收贡献超过 50％，就业贡献超过80％，约有 70％的技术创新来自非公有制企业。随着中国经济发展进入新常态，从高速增长迈入高质量发展阶段，经济增长速度放缓，结构优化升级更为迫切，技术创新成为最有效的发展动能，市场竞争更加激烈。国有经济在规模、实力、投融资能力、国有资本支撑等诸多方面，整体上强于非公有制经济特别是民营企业。外资企业在产业能级、产品品牌、技术研发创新能力、市场营销渠道等方面，总体上强于民营企业特别是数量占比超七成的中小微民营企业。一些民营企业也越来越感到，创新创造能力不足，传统企业特别是家族企业管理方式失灵，资源环境保护压力加大，用人难、用人贵和融资难、融资贵日渐突出。加上税收征管、市场监管、知识产权保护等更加规范和严格，反对寻租、权力腐败和行贿等更加有力，民营企业面临的竞争压力明显加大，投资经营碰到的困

难明显增多。不少民营企业只想守住摊子，有些想"激流勇退"，有些则想尽早套现出局。非公有制经济尤其是民营企业发展，处于创新转型的关键时期。

党的十八大以来，党和国家更加关注和重视毫不动摇支持、引导、促进非公有制经济发展，推出了一系列扩大非公有制企业市场准入、平等发展的改革举措。主要有：鼓励非公有制企业参与国有企业改革，包括参与国有企业兼并重组、股权多样化改革、股份制改造等。鼓励发展非公有资本控股的混合所有制企业，支持有实力、有技术、有市场的非公有制企业通过资本纽带和股权结构优化，发展壮大。放宽市场准入限制，各类市场主体可依法平等进入负面清单之外的领域，促进非公有制企业与国有企业公平竞争。允许更多国有经济和其他所有制经济发展成混合所有制经济，国有资本投资项目允许非国有资本参股。允许具备条件的民间资本依法设立中小型银行等金融机构，允许社会资本通过特许经营等方式参与城市基础设施投资和运营，鼓励社会资本投向农村建设，允许企业和社会组织在农村兴办各类事业，等等。同时，突出强调要构建"亲""清"新型政商关系，各级领导干部要坦荡真诚地同民营企业接触交往，特别是在民营企业遇到困难和问题的情况下要更积极作为、靠前服务，真心实意支持民营经济发展，不能以权谋私，不能搞权钱交易。民营企业要洁身自好、走正道，遵纪守法办企业，光明正大搞经营。要通过法律法规和各项制度建设，促进非公有制经济健康发展和非公有制经济人士健康成长。

面对国内外形势和环境的深刻变化，迈入高质量发展阶段，非公有制经济持续快速发展碰到许多新情况、新问题。党的十八大以来，党和国家促进非公有制经济发展的一系列制度性改革，从多方面缓解和化解了非公有制经济转型发展中的困难，促进了非公有制经济平稳发展。但是，制度改革和政策措施出台的效果一般是滞后的，特别是如果配套措施不够实、不够细，落地效果会更差。习近平总书记深刻指出，我们出台的促进非公有制经济发展的一些制度和政策，还存在不少问题："主要问题是：市场准入限制仍然较多；政策执行中'玻璃门''弹簧门''旋转门'现象大量存在；一些政府部门为民营企业办事效率仍然不高；民企特别是中小企业、小微企业融资渠道狭窄，民营企业资金链紧张，等等。"①此外，尽管高层领导很关心非公有制经济人士，但是民营企业家健康成长的环境氛围还不够友善、包容和宽松。一分部署，九分落实。促进非公有制经济发展的制度和政策，关键要细化配套，一项一项扎扎实实落下去，避免只是空中楼阁的情况发生。

四、 坚持市场经济改革方向，不断完善市场配置资源的体制机制

推进市场化改革，发挥市场在资源配置中的决定性作用，必须完善市场配置资源的体制机制。唯有形成完善的市场体系、有序的市场秩序、均衡的市场价格机制，才能全面充分有效地配置各类资源和生产要素。改革开放以来，中国突破传统计划经济体制束缚，逐步放开搞活市场，培育各类市场，让市场供求决定价格，基本建立了市场配置资源的体制机制。但是，市场体制和资源配置机制，还不够健全、不够完善、不够

---

① 《习近平谈治国理政》第二卷，外文出版社2017年版，第261页。

成熟。特别是，生产要素市场发展滞后，市场体系不完善，市场规则不统一，市场的地区分割依然存在，市场竞争不充分，等等。中国特色社会主义进入新时代，要实现建成完善的社会主义市场经济体制的重大任务，必须解决市场配置资源的体制性机制性问题。

党的十八大以来，针对市场配置资源的体制机制的形成和发展相对滞后，中国着力推进统一的市场体系建设，从完善体制、规则、机制等方面入手，充分发挥市场在资源配置中的决定性作用。

（一）加快发展生产要素市场，完善市场体系

市场体系是各种各样市场相互联系、有机结合的统一体，现代市场体系内容繁杂、形式多样、包罗万象、互动融合，靠"看不见的手"配置商品、资源、服务和各类生产要素。中国的市场经济本来就发育不足，小农经济和计划经济体制更是抑制了市场的形成、发展。改革开放以来，各类市场长足发展，但市场体系不够完善，特别是生产要素市场发展相对滞后，妨碍市场在资源配置中发挥基础性、决定性作用。

党的十八大以来，中国深入推进要素市场改革，加快发展生产要素市场，促进市场体系完善。深化金融体制改革，建立现代银行制度，促进各类金融机构健康发展，加快发展多层次资本市场，大力发展普惠金融，增强金融服务实体经济发展的能力。深入推动产权制度改革，健全以公平为核心原则的现代产权制度，使各类生产要素的产权更加清晰明确，极大地促进了不同所有制性质的产权与各类生产要素、不同区域和不同行业的生产要素等，都能够进入公开透明规范的要素市场交易，充分激活和调动了资本、劳动力、土地、技术、数据、企业家才能等一切

要素，投入到生产和再生产过程之中。加强保护各类生产要素所有者合法权益，促进生产要素市场制度的公平，让一切生产要素都尽可能平等地进入市场，是新时代中国培育发展要素市场，完善市场体系的最突出特征。国家为此作出了一系列新的制度性安排，改革和创新了生产要素市场化配置的重要制度规定，要素市场发展步入快车道。但是，要素市场的形成、发展、成熟，是一个比商品市场的发展更加复杂、风险更大，也更需要时间和实践磨炼的过程。走向现代化市场体系，是方向、是目标；要看到问题，直面矛盾，在实践中大胆试、勇敢闯，能快则快往前跑，唯此才能取得决定性胜利。

（二）放宽放开不合时宜的各种行政性管制，让市场能有效配置资源

市场配置资源的体制机制，是在市场经济长期发展过程中，内生地逐渐形成的，是市场理念、规则、习惯等不断突破自然经济的生产交换制度，而成长壮大的。中国历史上市场经济发展不起来，原因很多，其中历朝历代的封建帝国几乎都实施重农抑商政策，重要的商业市场都是官营。几十年的集中计划经济，否定商品生产和交换、反对市场经济，行政性指令型计划经济一统天下。改革开放以来，中国摒弃了集中计划经济体制，逐渐放开放活市场。然而，历史文化传统、制度变迁的路径依赖等，从来都是很强的。改革开放过程中，在放开放活市场的同时，随着市场扩大、市场体系发育、市场机制功能增强，政府也越来越大、越来越强，各级各类政府机构或准政府机构越来越多，在不断放开市场的同时，又给市场加上许多行政性管制措施、形形色色的审批和许可。

党的十八大以来，中国刀刃向内，加大政府自身核心改革力度，大规模减少对市场的行政性管制。主要是，以实行统一的市场准入制度为核心，在制定负面清单的基础上，允许各类市场主体依法平等进入负面清单之外的领域。探索对外商实行准入前国民待遇加负面清单的管理模式，不断提高市场进入的透明度、公平性、便利度。对外资的市场准入，国内非公有制企业一样享有。深入推进以审批制度改革为主的政府管理经济运行模式，大幅度削减行政性审批项目，扩大告知承诺和备案制度。推动工商注册便利化，削减资质认定，"先照后证"，"一网通办"。改革市场监管体制，实行统一的工商、物价、食品药品监督和市场监督执法合一的体制改革，加强事中事后监管。加强全国市场统一规则制度建设，打破地方和部门对市场的行政性分割，破除地域和城乡市场分割，培育统一的大市场。应该说，经过持续不断地深化改革，国内基本形成了统一开放的大市场，市场在配置资源中已经发挥了决定性作用。但是，同高标准现代市场经济制度的要求相比，我们在市场准入、市场平等开放、市场公平竞争等方面，都还有较大改进空间。

（三）遵循市场规律，完善市场决定价格形成的机制

市场配置资源，主要靠市场价格调节供给和需求，引导资源配置结构变动。政府主要是弥补市场机制不足，在某些特殊情况下矫正市场失灵。凡是能由市场形成价格的，都应当由市场供求和竞争决定，政府不应直接干预。改革开放以来，市场经济发展和市场体系发育，国内基本形成了市场决定价格的机制，大部分生产要素和绝大多数商品，都由市场定价。但是，一些重要生产要素，甚至部分商品和服务，依然更多受政府直接或间接管控。还有些重要的自然资源、基本生产

要素，如能源、医疗服务、稀缺资源、利率、国有资本等，没有真正由市场定价。

党的十八大以来，中央进一步深化价格机制改革，遵循市场规律，凡能由市场形成价格的都交给市场，政府不进行不当干预。主要是，首先，继续推进水、石油、电力、交通、电信等领域的价格改革，放开竞争性环节的市场定价。完善环境服务价格政策，理顺医疗服务价格，健全交通运输价格机制，创新和完善公用事业和公益性服务价格管理。其次，加强市场价格监管和反垄断执法，确立竞争政策的基础性地位，完善市场价格行为规则，健全价格社会监督体系。同时，协调宏观经济调控手段，加强对价格总水平的调控，保持物价总体稳定。再次，深化生产要素市场价格形成机制改革，着力推动农村土地市场化定价机制、城乡统一的建设用地市场定价机制等改革。深化资本市场定价机制改革，推动信贷资金市场定价机制市场化改革。这些改革，使国内要素价格形成机制市场化又向前大大迈进了。当然，我们也要看到，完善市场配置各种资源和要素的体制机制，还有很长的路，区域、城乡、行业的市场分割与市场发育不平衡存在已久，彻底改变很难。需要有"钉钉子"的精神，咬住问题，一个个攻坚。

五、 正确处理好政府和市场的关系，深入推进政府管理经济的制度创新

坚持社会主义市场经济改革方向，核心问题是处理好政府和市场的关系，使市场在资源配置中起决定性作用，更好发挥政府作用，这是中

国特色社会主义经济制度创新的重要内容。对政府与市场关系的把握，从来都是说起来容易，做起来难。对政府与市场关系的理论认识，实际上因时而变。对政府和市场关系的认识和把握，是不断深化的过程。改革开放之后，我们逐步改变对市场经济的负面认识，开启了市场取向的经济体制改革和制度创新之路。社会主义市场经济体制已经基本建立，市场在资源配置中发挥了基础性作用。

党的十八大以来，中国进入完善社会主义市场经济体制的新时期，以习近平同志为核心的党中央对政府与市场关系的认识和实践，又有新推进。党的十八大报告提出"更大程度更广范围发挥市场在配置资源中的基础性作用"。党的十八届三中全会更进一步，强调市场在资源配置中起"决定性作用"。同时，明确指出，要更好发挥政府作用。让市场在资源配置中起决定性作用，更好发挥政府作用，关键靠全面深化改革，靠经济制度和经济管理体制创新。尤其是政府管理体制和制度的改革，要遵循市场经济规律，着眼于发挥市场在资源配置中起决定性作用。党的十八大以来，中国深入推进政府自身改革和管理体制创新，努力减少政府对微观经济活动的直接干预，减少政府对资源的直接配置，加强宏观调控、市场监管、公共服务，努力让市场在资源配置中发挥决定性作用。

（一）大力推进政府职能转变，让市场更加充分地配置资源

在中国这样一个发展中社会主义大国，矛盾的主要方面一度在于政府直接插手、干预经济过多过强。因此，正确把握好政府与市场的关系，把有效市场和有为政府更好结合起来，要敬畏市场经济、尊重市场经济规律，转变政府职能，简政放权，最大限度减少政府对市场资源的直接

配置和对微观经济活动的直接干预，大力保护市场主体的经济权利，激发市场主体的创新创造活力。

党的十八大以来，中国加快政府职能转变，深入推进简政放权，持续深化行政审批制度改革，国务院部门行政许可事项削减了60%以上，有效降低了投资、贸易、创业、创新等领域的制度性交易成本。清理简并多部门、多层级实施的重复审批，废止对微观经济活动不必要的行政干预和可以由前置审批转为事后监管的许可事项。对涉企经营许可事项实行"证照分离"改革，大力推进"照后减证、审批改备案和告知承诺制"。将保留的涉企经营许可事项全面纳入清单管理，向全社会公开，清单之外不得违规限制企业准入等。进一步明确政府职能边界，在政府部门"三定"规定基础上，编制和公布权责清单，编制了国务院部门权责清单，完善了省市县三级政府部门权责清单。注重和加强服务型政府建设，促进各级政府政务服务规范化运作，梳理和再造政务服务流程，优化政务服务大厅窗口布局和服务，深入推进"一网通办""一门式审批"等。对各级政府的政务服务，市场主体和广大群众总体上感到更加方便了。

同时，也要看到，简政放权改革与高标准市场经济体制要求相比，还有相当距离。自上而下的行政审批依然多，特别是关键重要的行政审批改变不大。各级政府有"管不住、会出事"的顾虑，使得简政放权改革存在"上放下不放，左放右不放，明放暗不放，昨天放了明天变法子又收得更严了"等现象。

（二）完善政府监管体系，让市场更加公平地配置资源

发挥市场在资源配置中的决定性作用，不是要政府完全自由放任，

让市场自发独自调节经济运行。政府必须弥补市场不足，矫正市场偏差，维护市场公平竞争秩序，防范和应对市场周期性大幅度波动震荡等。让市场在资源配置中起决定性作用，政府要更好地发挥作用，尤其要完善政府的市场监管制度和体系。

党的十八大以来，中央进一步加快政府市场监管制度改革，完善相对独立的分业与综合相结合的市场监管体系，确保放而不乱，管而有序，促进市场主体平等准入、公平竞争。首先，坚持放管结合，把更多行政资源从事前审批转到加强事中事后监管上来，进一步改变重审批轻监管、"以批代管"的行政管理方式，夯实监管责任，提升监管效能。加快完善监管规则标准。创新监管方式，全面推行"双随机、一公开"监管和"互联网＋监管"。大量减少了政府重复监管、任意监管，加强了公开、透明、公正的监管。进一步加强对涉及公共安全、人民群众生命健康、生态环保、不公平竞争和垄断等方面的市场秩序的严格监管。同时，对新产业新业态实行包容审慎监管，不搞"一刀切"的简单粗暴管制，在鼓励创新创业的基础上，加强和改进监管。其次，坚持依法行政，推进法治政府建设，推进各级政府事权规范化、法律化，强化对行政权力的制约和监督，做到法定职责必须为、法无授权不可为，坚决纠正不作为、乱作为。

（三）改进和创新宏观经济调控机制，让市场更加平稳地配置资源

市场经济主要依靠市场主体追求经济利益驱动、市场竞争和市场供求与价格变化，配置资源、调节经济运行。因此，市场经济从来都有周期波动，包括短周期、中周期、长周期波动，而且总是会发生经济危机、

金融危机等。现代市场经济中，政府的宏观调控必不可少，随着市场经济发展，政府宏观调控也不断加强。随着改革开放深化，中国宏观调控制度和办法等也在不断完善。

党的十八大以来，中央进一步改进和创新宏观经济调控机制，在反周期宏观调控基础上，根据发展阶段、发展形势变化，实施了跨周期调控；在继续加强需求总量调控的基础上，加强供给侧结构性调控；从传统目标指标调控，转向合理区间调控，以及定向调控、相机调控，着力保持经济运行始终处于合理区间。党的十八大以来，世界经济仍处于2008年国际金融危机冲击后的调整复苏期，加上新冠病毒全球大流行的严重影响，世界经济陷入深度衰退。中国经济进入新常态，从高速增长阶段进入高质量发展阶段，经济潜在增长率明显下移。对此，中央明确提出稳中求进的工作总基调，宏观调控始终坚持稳为基础，稳中求进，稳就业、稳金融、稳外贸、稳外资、稳投资、稳预期，防止经济增长惯性持续下滑。根据国际国内环境和形势变化，既注重逆周期扩需求力度，也重视跨周期结构性政策发力，把稳增长、调结构、转方式、防风险更好结合起来。创新宏观调控手段，区间调控、定向调控、相机调控相结合，激活力、补短板、强实体，精准发力，不搞"大水漫灌"。总体上讲，中国宏观调控机制的创新是符合国情实际的，也被实践证明是有效的。通过全面深化改革特别是宏观调控机制、措施、办法创新，中国经济继续保持年均7%的增长率，2021年国内生产总值超过114万亿元，人均生产总值超过1.25万美元，首次达到世界平均水平，对世界经济增长的贡献率持续保持在30%左右。

六、 不断促进社会公平正义和人的全面发展，大力推动社会保障制度改革和体系建设

社会保障制度是社会主义市场经济体制中重要的基础性制度安排，是保障民生、促进公平的基础制度。完善社会主义市场经济体制，必须建立健全覆盖全民、统筹城乡、公平统一、可持续的多层次社会保障体系，不断促进社会公平正义和人的全面发展。改革开放以来，随着社会主义市场经济发展，立足国情实际和发展阶段变化，中国有序推进社会保障制度等改革，持续建设基本社会保障体系，为完善社会主义市场经济体制提供了重要的制度支撑。

党的十八大以来，党和国家把社会保障体系建设摆在更加突出的位置，作出顶层设计，统筹协调改革，推进社会保障体系建设进入快车道，社会保障制度改革和体系建设取得历史性的新进步。全覆盖、保基本、多层次、可持续的社会保障体系基本建成，织就了世界上规模最大、体系最完善的社会保障安全网。全国基本养老保险参保人数达 10.3 亿人，基本医疗保险参保人数达 13.6 亿人，失业保险参保人数为 2.3 亿人，工伤保险参保人数为 2.8 亿人。近十年来，基本社会保障的待遇标准持续提高，统筹层次水平不断提升，各方面制度规则和法律法规继续完善。

但是也要看到，基本养老保险的全国统筹刚刚开了个头，区域之间、城市之间、城乡之间养老保险制度和标准还有很大不同，城镇企业、事业单位、党政机关的养老保险制度不统一，制度碎片化，公平性不足。随着老龄化加快和未来 10—20 年退休高潮来临，养老金支出大规模增加可能引起收不抵支的问题。一些省市县财政收入增长缓慢，政府显性和

隐性债务大，年轻人口外流严重，养老保险等因此存在较大缺口。在中国进入全面建设社会主义现代化国家的新阶段，这些问题亟待加快解决。

（一）深化改革，加快社会保障体系建设

中国特色社会主义进入新时代，中国基本建立了社会主义市场经济体制。社会保障体系不健全，社会保障制度不统一、碎片化等问题，相对更加突出。随着经济增长速度换挡、结构调整加大、发展动能转换，特别是人口老龄化加快，劳动力供给越过刘易斯拐点下行，社会保障体系不健全、不统一，难以广泛、公平、有力地保障人民群众老有所养、病有所医、住有所居、弱有所扶，制约和影响了社会预期稳定、需求扩张和市场化改革深化。

党的十八大以来，中国坚持以制度创新为引领，围绕全覆盖、保基本、重公平、多层次、可持续的目标导向，加快构建更加完善的社会保障体系。抓保障体制改革，加快统一城乡居民基本养老保险制度，逐步实现机关事业单位和企业养老保险并轨，建立企业职工基本养老金中央调剂制度。加快发展多层次、多支柱养老保险体系，在完善基本养老保险制度的同时，提高企业年金参保率，推动职业年金市场化投资运营平稳规范，建立和发展适合中国国情、政策支持、个人自愿、市场化运营的个人养老金制度，实现对基本养老保险的有效补充。健全农民工、灵活就业人员、新业态人员参加社会保险制度，健全退役军人保障制度，健全老年人关爱服务体系，完善针对残疾人、孤儿等的社会福利制度，积极发展各项社会福利事业。整合城乡居民基本医疗保险制度，全面实施城乡居民大病医保制度，组建国家医疗保障局。进一步加快城市特别是超大城市、大城市的住房保障体系建设，完善廉租房、共有产权房、公共租赁房、动迁安置房"四位一体"的住房保障体系。

（二）创新制度，加快提高社会保障能力

同发达市场经济国家相比，中国社会保障制度现代化程度不高，政府、企业、社会、个人的保障权利、义务、责任还不够清晰。国家加快提升社会保障体系的统筹层次，大力推进城乡居民养老保险省级统筹，加快推动失业保险、工伤保险省级统筹，加快推动企业职工养老保险全国统筹，提高基金互助共济的保障能力，逐步提高了保障水平。进一步完善加大中央和地方财政充实社保基金力度、加大划转部分国有资本充实社保基金力度的制度。继续扩大基本养老保险基金委托投资规模，提升基金自我造血能力。持续扩大社会保障体系的覆盖面，将更多人群纳入保障体系，实现应保尽保。加强社会保障立法工作，依法落实各级政府和用人单位、个人、社会的社会保障权利、义务、责任，推动社会保障体系建设在法治轨道上前行。

（三）改进管理，着力提升服务人民群众的水平

社会保障体系高效运行，各项制度政策落实落地，需要科学规范严格的管理。党的十八大以来，围绕公共服务更好地利民便民，社会保障系统管理的精细化程度和现代化水平有长足提升。主要是，社会保障管理体系和服务网络进一步完善。全国建立起5 400多个县级以上社保经办机构，基本形成从中央到最基层的城乡统筹的五级社保经办管理服务网络。拓展了全国统一的社会保险公共服务平台功能，不断扩大跨地区的社会保障公共服务内容。社会保障管理和服务制度、政策、规则更加公开、透明、简单，通过简化流程，合并环节，压紧时限，让群众少跑腿。推进社保管理数字化升级改造，提高社保治理效能。开展"一网一门一

次"改革，推行"不见面"审批，加强对老年人、残疾人办理社会保障等事务的特殊服务。面对经济增速下行压力加大，新冠疫情冲击，党和国家加强社会保障政策措施和其他政策措施协同联动，围绕保市场主体、纾困中小企业、稳就业等发挥积极作用。先后多次降低社保费率，扩大阶段性缓缴三项社会保险费政策实施范围，发挥失业保险稳岗作用，用好各种社会保障和社会救助类基金，帮扶困难企业和困难群众。

总之，党的十八大以来，党中央更加突出社会保障制度体系建设，坚持创新完善经济制度，中国特色社会主义市场经济的社会保障制度体系建设取得新的重大进展，为人民创造更加美好生活奠定了重要的基础性制度支撑。

七、 持续促进全体人民共同富裕，坚持和完善按生产要素分配的体制

任何社会生产和再生产过程有序、持续、健康运行，根本取决于经济制度是否激发最广大人民群众的积极性和创造性，不断解放和发展社会生产力。分配决定于生产，又反作用于生产。有什么样的生产制度（主要是所有制与产权制度），就有什么样的分配制度；反过来，分配制度的变化，也或快或慢引致生产制度的变化。改革开放以来，中国突破了传统的社会主义集中计划经济体制，所有制与产权制度发生深刻变革，分配制度也发生深刻变革。立足中国实际，把握制度变迁的实质，我们确立了按劳分配为主体、多种分配方式并存的分配制度。实践证明，这种制度安排有利于调动各方面的积极性，有利于实现效率与公平的有机

统一。

任何制度都是变化的、发展的，都不是有利无弊的。党的十八大以来，顺应发展阶段、发展环境、发展条件等变化，直面收入分配中还存在的一些突出问题，主要是收入差距拉大，劳动报酬在初次分配中的比重较低，居民收入在国民收入分配中的比重偏低等，我们坚持完善按劳分配为主体，多种分配方式并存的分配制度，更加注重加快实现全体人民共同富裕的发展目标，着力激发各类劳动（包括体力劳动、脑力劳动，知识含量高、中、低的劳动，高技术、高技能和普通劳动，技术型、管理型、装配型、服务型劳动等）、资本、土地等生产要素的动力活力，规范和完善按生产要素分配的制度、规则和机制，依法合规加强公平竞争与反垄断监管，改进和强化二次分配调节制度规则，调整国民收入分配格局，进一步促进了公平和效率的有机统一。劳动报酬在初次分配中占比提高，城乡居民收入持续稳定增长，城乡之间、东中西部区域之间收入差距总体缩小，农村贫困人口全部脱贫，社会主义市场经济的基本分配制度更加完善。

（一）坚持按劳分配为主体、多种分配方式并存，完善社会主义基本分配制度

经过 30 多年的改革开放，中国已经形成了按劳分配为主体，多种分配方式并存的基本分配制度，既坚持了长期以来一以贯之的按劳分配制度，创新完善了市场经济机制中按劳分配的制度规则和运行机制，又借鉴利用了市场经济体制中通行的按生产要素贡献分配收入的制度安排。实践证明，这种制度安排有利于调动各类生产要素所有者、经营者、生产者的积极性，有利于实现效率与公平的兼顾和统一。但是，这种基本

分配制度在实践过程中和具体运用中，还存在体制性机制性问题，在发展阶段、发展环境、发展形势发生重大变化后也会出现新的问题。因此，需要不断完善基本分配制度的内涵、方式、机制和相关政策规范，推进社会主义基本分配制度创新。

党的十八大以来，中央在坚持按劳分配为主体，多种分配方式并存的基础上，进一步完善了各类生产要素更加平等公正按贡献参与收入分配的制度规则和体制机制。更加注重强化权利平等、一视同仁、机会公平的规则制度，严格依法保护各类生产要素的产权，以相应的市场经济机制为保障，根据对产出和效益的贡献分配收入。严格保护劳动者权益，完善自由流动、平等竞争的劳动力市场，充分肯定和鼓励各类人才创新、创业、创造，充分肯定并高度重视保护技术、管理等知识含量高的复杂劳动的贡献参与分配，多渠道多形式促进就业尤其是大学毕业生、青年劳动力和困难群体就业。严格依法平等保护不同所有制的产权，鼓励资本等各种财产投资和扩大再生产，保障其按贡献大小参与分配，获得资本收益。同时，依法依规加强对资本行为的监管，防止并打击垄断、串谋、操纵市场、欺诈、偷税漏税以及行贿、官商勾结等各种违法违规的牟利行为。尽力而为、量力而行，持续提高劳动报酬在国民收入中的比重，努力从多方面创造条件扩大中等收入群体的收入，着力保障城乡困难群体的最低收入不断提高，持续解决了最困难的 3 亿多农村绝对贫困人口全面脱贫的问题，如期全面建成小康社会。

（二）按照促进人的全面发展和共同富裕的目标方向，逐渐缩小收入差距

贫穷不是社会主义，两极分化也不是社会主义。社会主义基本分配

制度的目标方向和目的功能，应当是把效率和公平有机结合，更好地促进全体人民共同富裕。中国特色社会主义进入新时代，基本分配制度应当更好地促进人的全面发展和全体人民共同富裕，着力解决长期形成的收入差距过大的问题，努力缩小城乡之间、地区之间、收入过高群体和过低收入群体之间的分配差距。不少发展中国家进入中等收入发展水平后，都跨不过"中等收入陷阱"，主要是产业结构优化升级上不去，根子还是经济制度包括分配制度有问题，分配高度依赖扭曲的不公平、不完善的市场机制，分配差距拉得太大。

党的十八大以来，我们坚持和完善公有制为主体，多种所有制共同发展的社会主义基本经济制度，坚持和完善按劳分配为主体，多种分配方式并存的社会主义基本分配制度，紧紧围绕促进人的全面发展和全体人民共同富裕的目标，更好地发挥政府作用，让更多人民群众共享改革发展成果。首先，加强和完善再分配的宏观调节制度体系。进一步健全工资决定和正常增长机制，完善最低工资和工资支付保障制度。完善税收调节机制，建立健全有利于调节财产与收入差距的税制结构，优化调整中央与地方财政支出关系，加大中央财政转移支付调节力度，有序增加中央财政对中西部地区、东北等老工业基地，特别是偏远落后农村地区的转移支付力度，有力地促进了区域经济社会协调发展，缩小了沿海与内地之间、不同区域之间的发展差距、收入差距。加强更广泛覆盖、更公平包容、更高质量的基本社会保障体系和社会福利与救助体系的建设，牢牢兜住底线，逐步抬高底部，切实保障全体人民生活水平不断提高。[①]特别是在党中央坚强领导

---

① 李萍等：《新中国经济制度变迁》，西南财经大学出版社 2019 年版，第 369 页。

下，发挥社会主义集中力量办大事的制度优势，用举国之力，大力推进新农村建设，打赢了农村脱贫攻坚大战役。但是，也要看到由于市场体系不统一不完善，政府行政主导的体制太强，人的横向流动减缓，纵向垂直流动更难，财富、身份、收入等呈现固化增多趋向。

（三）严惩以权谋私、权力腐败，努力从制度上防止官商勾结、权钱交易

分配公平不公平，大多数人并不只看收入差距大小，而是看贡献与报酬是否对称，看收入是不是应得。老百姓最恨权力腐败、官商勾结、以权谋私。中国是社会主义人民共和国，中国共产党没有自己的利益，是为全体人民谋福祉的。权力腐败、以权谋私，攫取巨额财富，是最大的分配不公，是最为严重的犯罪。改革开放之后，随着经济体制转型，市场经济从"双轨制"逐渐发展，中国经济制度的漏洞、缺失等在相当长时间里一直存在，权力腐败、以权谋私、权钱交易难以防范，时而呈现扩大势头。

党的十八大以来，以习近平同志为核心的党中央忧党忧国忧民，以巨大勇气和坚韧不拔的毅力，从执行"八项规定"高标准、严要求约束领导干部开始，持续深入推进反腐败斗争，努力把权力关进制度的笼子，赢得全国人民广泛赞扬和支持，得到国际社会的普遍认同。党的十八大以来揭露的各种各样的权力腐败案件中，有大官大贪，也有小官大贪，有党政领导干部，也有公检法、国有企业领导干部；而且权力腐败、以权谋私的办法、方式、途径，以及非法敛财的数额等，也令人触目惊心。针对各种各样的权力腐败行为，党中央坚持"老虎""苍蝇"一起打，不断加强法治建设、纪律规矩建设、纪检监察和巡视监督体系建设等，查

处了一大批腐败分子，收缴了巨额贪赃枉法的财富，使人民群众更加感受到社会公平正义。当然，我们也要看到，把权力真正关进制度的笼子里不是容易的，是最难的。如不继续深化中国特色社会主义经济制度、社会制度、文化制度和政治制度改革，权力腐败就不会消失，就总会不断滋生和蔓延。

八、 实施更高水平的开放战略，加快构建开放型经济新体制

中国的改革开放主要是国内经济体制改革和对世界各国经济开放，改革和开放一直是相互联系、相互结合、相互促进的。1978 年以来的改革开放，是从打开国门、对外开放开始的。以开放倒逼改革是中国经济制度变迁的一个重要特点。经过 30 多年的改革开放，中国已经深深融入世界经济分工合作体系，在贸易、投资、科技、人才、产业等国际联系交往上与世界不可分离，基本形成了与世界经济、贸易、投资等相适应的市场经济制度规则和管理体制。中国已成为全球第二大经济体、第一大货物贸易国。中国离不开世界，世界也离不开中国。

党的十八大以来，世界百年未有之大变局加速演进，中国特色社会主义发展进入新时代，国内外发展形势、发展环境、发展格局深刻调整变化，必须统筹把握国内国际两个大局，利用好国际国内两个市场、两种资源，发展更高层次的开放型经济，加快构建开放型经济新体制。党的十八大以来，围绕加快培育参与和引领国际经济合作竞争新优势，以开放促改革，中央提出并确立了构建"人类命运共同体"的开放理念，深入推动对内对外开放相互促进、引进来和走出去更好结合，积极参与

全球经济治理和公共产品供给，着力推进制度型开放，在错综复杂、深刻变动的国际环境中，取得扩大对外开放、推进开放型经济新体制建设的新成就。

（一）提出新开放重要理念，积极参与全球经济治理

进入 21 世纪第二个十年，世界经济重心继续东移，发展中国家经济持续增长，发达国家产业空心化和经济增长持续减速，"逆全球化"和保护主义抬头，美国遏制打压中国加剧。中国主要依靠劳动密集型出口贸易拉动经济发展的模式难以持续，主要利用引进外资和外国技术支撑结构升级难以持续，长期延续的单向的浅层次对外开放战略难以持续。必须立足国际国内大势大局变化，确立更有远见卓识的新开放理念，从单纯适应经济全球化向更好地顺应高水平开放，积极参与全球治理，提高中国的制度性话语权，促进多边贸易体系均衡、共赢、包容发展，形成公正、合理、透明的国际经贸规则体系。习近平总书记为此明确提出并倡导，世界各国要坚持促进人类命运共同体发展的理念，促进全球治理体系变革。中国将继续发挥负责任大国的作用，积极参与全球治理体系改革和建设，不断贡献中国智慧和力量。

（二）以"一带一路"倡议为抓手，推动中国扩大开放，参与全球经济治理走深走实

扩大对外开放，引进来与走出去必须相互结合、相互促进。如何更加开放、更大力度走出去拓展国际经贸投资合作竞争，是新时代的重大任务和突出特点。习近平总书记提出了"一带一路"倡议，以此作为新时代中国积极参与全球经济治理，加快培育参与和引领国际经济合作竞争新优势的战略抓手。

党的十八大以来，坚持共商、共建、共享原则，我们运用中国与相关国家实实在在的重大工程合作建设，投融资平台的搭建和拓展，经贸合作项目的落实等，不断推进中国与"一带一路"沿线各国政策沟通、设施联通、贸易畅通、资金融通、民心相通，"一带一路"国际合作平台已经成为范围最广、规模最大的国际合作平台和最受欢迎的国际公共产品，为参与全球经济治理提供了中国方案的样板。截至 2023 年 6 月，共有 150 多个国家和国际组织与中国签署了 200 多份共建"一带一路"合作文件，有关合作理念和主张写入联合国、二十国集团、亚太经合组织、上海合作组织等重要国际机制的成果文件。[①]2023 年，中国同"一带一路"沿线国家货物贸易额持续上升，占中国外贸比重近 46.6%；[②]对外直接投资持续增长，占中国对外投资比重接近 22%；承包沿线国家工程完成营业额 1 320.5 亿美元，占中国对外承包工程总额超过 80%。[③]

（三）依托自由贸易试验区探索制度创新和复制推广，深入推进开放型经济新体制建设

2001 年加入世贸组织后，中国按照相关承诺，从宏观经济管理体制到微观经济规则制度，都进一步向现代市场经济体制方向努力改进。总体上讲，在宏观经济管理政策、手段和办法等调整方面，取得明显进展

---

① "一带一路"官方网：《特稿："一带一路"十年，这些亮点令外媒瞩目》，https：//www.yidaiyilu.gov.cn/p/0N360BCQ.html。

② 中华人民共和国中央人民政府：《国务院新闻办就 2023 年全年进出口情况举行发布会》，https：//www.gov.cn/lianbo/fabu/202401/content_6925700.htm。

③ 中华人民共和国商务部：《2023 年我对"一带一路"共建国家投资合作情况》，http：//hzs.mofcom.gov.cn/article/date/202401/20240103469619.shtml。

和重要成就成效，但在对标国际通行的市场经济制度方面，中国仍存在相当的差距，必须深化开放型市场化的制度创新。

2013年，党中央、国务院作出重大决定，设立中国（上海）自由贸易试验区，按照国际高标准市场经济制度规则，通过制度创新为全面深化改革、扩大对外开放探索新路。上海自贸试验区的定位，从一开始就是制度创新高地，不是政策优惠洼地；是国家改革开放试验田，不是上海自留地；是制度创新复制推广的苗圃，不是摆摆样子的盆景。上海自贸试验区聚焦制度创新，第一次按照国际通行规则的市场准入方式，确立了以负面清单管理为核心的投资管理制度，并不断缩小负面清单目录，95％以上行业对外资实施准入前国民待遇加负面清单管理。同时，上海自贸试验区还创造了多个"第一"：第一个符合国际规则的国际贸易单一窗口，第一个跨境资本流动的自由贸易账户，第一个"证照分离""先照后证""多证合一"的商事登记注册制度等。上海自贸试验区的诸多制度创新成果，不仅第一时间在上海浦东新区和全市复制推广，还有100多项在全国复制推广，有力地推动了中国开放型经济新体制的建设。党的十八大以来，中国自由贸易试验区建设已经覆盖全国各省区市，许多自贸试验区加快建设更加高度开放的特殊经济功能区域，海南全省奋力打造自由贸易港，中国进入全面深化扩大高水平对外开放的新时期。

（四）聚焦制度型对外开放，营造市场化法治化国际化的营商环境

中国特色社会主义发展进入新时代，国际国内发展形势、发展环境发生深刻重大变化。中国稳居世界第二经济大国地位，制造业份额占全球超过四分之一，以科技创新、产业链升级重构为重点的国际经济竞争

加剧，全球经济贸易结构持续改变，服务贸易、数字贸易快速增长，全球供应链产业链近岸化内向收缩，高科技垄断和封锁与国家安全问题更加凸显。中国长期以来依靠传统对外开放即货物贸易和制造业为主的边境开放，通过发挥后发优势、比较优势增强对外开放竞争力等，已经很难继续下去。必须顺应世界贸易服务化、数字化和产业链、供应链优化重构的新趋势，从边境外向边境内制度性开放深化拓展，加快服务业、数据、数字贸易等高度开放，加快与国际高水平制度标准相衔接相一致，在竞争中性、劳工制度、生态环保等规则上深化国内制度创新。

党的十八大以来，制度型对外开放稳步扎实向前不断推进。党的十八届三中全会提出构建开放型经济新体制。党的十九大提出构建更高水平的开放型经济新体制。国家"十三五"规划纲要部署了完善法治化、国际化、便利化的营商环境，健全有利于合作共赢、同国际投资贸易规则相适应的体制机制。党的十九届四中全会进一步把完善营商环境和构建开放型经济新体制，纳入完善基本经济制度范围。"十四五"规划明确提出要稳步拓展规则、规制、管理和标准等制度型开放。[①]进入新时代，中国以申请加入"全面与进步跨太平洋伙伴关系协定"（CPTPP）、"数字经济伙伴关系协定"（DEPA）等为契机，按照高水平规则，推动服务贸易、数字经济、知识产权保护等为重点的制度建设。经过 40 多年改革开放持续推进，在对外贸易、投资、技术交流、生产要素国际配置、参与全球经济治理等各大方面，中国开放型经济制度的体系框架不断完善、

---

① 赵伟洪、张旭：《中国制度型开放的时代背景、历史逻辑与实践基础》，《经济学家》2022 年第 4 期。

持续深化。中国已成为全球第一大货物贸易国、第二大服务贸易国、第三大对外直接投资国，在全球贸易和直接投资中发挥着举足轻重的作用。

改革开放没有止境，人类命运共同体建设任重道远，中国参与全球经济治理体系的路还很长，我们面对的风险挑战会更多。唯有看到问题，不回避矛盾，坚定不移扩大高水平对外开放，我们才会有更好的明天。

第二篇

社会主义生产关系和经济制度的确立

第五章
1949 年前的中国经济制度

在世界经济版图中，中国曾长期占据着重要地位。[1]14 世纪后，西欧开始在人均指标上拉开与中国的距离。[2]1492 年（明孝宗时期），哥伦布率领船队驶向遥远的未知世界。从那一刻开始，中国与欧洲在世界上的地位已开始悄然发生变化。17 世纪末至 19 世纪初，根据麦迪森的估算结果，中国人口飞速增长，几乎是同期日本人口增长速度的 8 倍，欧洲的 2 倍。中国国内生产总值的增长速度仍然快于欧洲。这一时期清政府的国家版图大幅扩张，收复台湾、平定西藏等，大大提升了清朝的边境安全感，但也造成了军队功能的单一化：防止内乱。1840 年前后，英国率先完成第一次工业革命，西方主要国家先后完成此次工业革命。在 19 世纪的全球殖民战争中，鸦片战争使得中国不可避免地成为被迫开放市场的国家之一，在欧美国家的坚船利炮下，签订了一系列不平等条约。

---

[1]　林毅夫："序一"，载钱穆讲述：《中国经济史》，叶龙整理，北京联合出版公司 2013 年版，第 1 页。

[2]　安格斯·麦迪森：《世界经济千年统计》，北京大学出版社 2009 年版，第 269 页。

不可否认，科学技术、商业金融组织、国家贸易、社会制度等促使了欧美的崛起，但欧美国家从对包括中国在内的其他国家的殖民掠夺中获得了巨大市场、廉价资源和巨额收益，由此拉大了中国与欧美国家的差距。在欧美国家主导的世界政治经济秩序中，近代中国开始了近百年的低谷期。

第一节　半殖民地半封建社会的经济制度

一、半殖民地半封建经济制度的主要内容

西方国家在 1840 年的鸦片战争后，陆续获得了在中国的治外法权，即领事裁判权。欧洲国家在远古时代有类似习惯或制度，但到了 17 世纪，随着政治的进化、国家组织的形成与完备、法律的严密，领事裁判权已绝迹于欧洲各国。鸦片战争后，西方列强把中国强行卷入世界资本主义市场。它们要在中国推销商品，投资设厂。这就是商品输出、资本输出，把中国变成它们的市场。市场要有法则，要有秩序，而西方国家认为中国既有法律不能提供这种法则，要适用它们的法律，由它们来审判，因此有领事裁判权。西方列强在中国行使的领事裁判权制度，不是源于习惯，而是根据一系列的条约。[①]

---

① 李贵连：《1902：中国法的转型》，广西师范大学出版社 2018 年版，第 13—14、16 页。

通过治外法权，条约口岸里的外国人被给予特权地位。从 1845 年英国辟设上海租界开始，至 1902 年奥匈帝国设立天津租界，近代中国历史上共有 27 块租界，其中 25 块是租借国单一的专管租界，分布在 10 个沿海沿江城市，2 块是公共租界，即上海公共租界和厦门鼓浪屿公共租界。租界有"国中之国"之称，在租界内居住的外国人凭借不平等条约，享有种种特权。当然，租界内特殊的政治环境，也为革命党人的活动提供了某些相对有利的空间等。租界制度也是在不断侵夺中国政府主权，制定并实施有关租地、税收、司法、城市管理等一系列规章过程中形成的。①

中国成为半殖民地国家后，清政府在对外政治经济交往中不能行使全部主权，这使得政府为了保护和培育国内市场而采取贸易政策不具有可行性。市场开放的进程主要按照不平等的外国条款推进。清政府对于进出口贸易没有任何贸易保护和贸易补贴。从当时对外贸易的关税来看，缺乏互惠性，虽然规定了"值百抽五"的原则，即一切进口商品都按照 5％的固定不变的税率征税，但是由于大部分商品都征收从量税，而 1858 年后物价始终稳步上涨，因而实际税率平均不到 3％。②欧美国家在中国取得上述自由贸易和协定关税权利后，向中国大量倾销两种物品，一是机制日用品，二是鸦片。前者主要是机器工业打击传统手工业，而后者对中国劳动力和经济的负面影响，则是难以测

---

① 《上海租界志》编纂委员会编：《上海租界志》，上海社会科学院出版社 2001 年版，第 2 页。

② 郑友揆：《中国的对外贸易和工业发展（1840—1948 年）——史实的综合分析》，上海社会科学院出版社 1984 年版，第 13 页。

度的。

除割地之外，在鸦片战争之后的50余年中，中国对外赔款高达百数十次，有的因战争失败而赔付，有的因地方事件而发生，分别由中央政府和地方政府偿付。其中以清廷偿付的五次军事赔款为最重，赔款数目之庞大，直接影响到清政府财政的独立性。第一次鸦片战争赔款的部分金额是由广东省筹拨，大部分来自粤海关税收。自广州正式开为通商口岸后，该关税收急剧地增加。第二次英法联军赔款分为两部分，一部分先付，作为撤兵的条件，一部分由关税陆续扣还。此次偿付赔款与上次不同之点即条约上规定由关税担保。关税为中国近代最大的财源之一，自五口通商以后每年的税收逐渐地增加。清政府每年扣还税银20％，以偿赔款，此次赔款开启了由关税担保的恶例。第三次伊犁赔款则由厘金、关税、田赋附加税偿付。第四次甲午日本赔款是最大的赔款，是中国历史上空前的负担，就政府平时的财力，无论如何也难以赔付。为此，各国竞相贷款给中国，因此该笔直接偿付的赔款就转变成为中国外债的负担。甲午战争以前，中国所负的外债较少，清政府的财政是日趋正轨的。但自此以后每年须摊还外债2 000余万两白银，换言之，中国每年增加额外政府支出2 000余万两白银。从此数十年，近代中国政府财政一蹶不振。第五次庚子赔款由中国发给各国保票即定期公债券，以三大财源为担保，一是关税担保借款以外的剩余及切实值百抽五的增税，二是各通商口岸五十里以内的常关关税，三是盐税担保借款以外的剩余，摊还期为39年，年息4厘。前三次赔款除英法赔款开关税担保之先例外，对政府财政均无重大影响。然而日本赔款与庚子赔款的数额庞大，庚子赔款更是直接促成了清末财政的总崩溃。①

　　近代中国经历了由封闭经济到自由贸易的转变，尽管这种市场开放是被动的，但也使得作为贸易地理因素的自然禀赋显示出不同于封闭经济的作用。由于茶叶、丝及丝绸、谷类、面粉、糖、金属类商品等逐渐纳入进出口商品的范围，经营棉布、茶叶、生丝的新式商业逐步产生，并形成了近代早期的一些行业内分工及中介业务，如买办等。买办是外国商号的实际经营者，而不仅仅是雇员，使得中国资本与外国资本在这一发展中混在一起。买办制度是西方人"以华制华"策略的产物，在中国的国土上，以其"半殖民地"方式体现了一种西方与中国的商业关系。

　　外国资本最初主要是从事贸易，19 世纪 90 年代后扩展到工业和金融业等领域的直接投资。截至甲午战争，外国在中国的企业投资，单是工厂一项，就有 191 个单位，资本累计近两千万两白银；各西方国家对中国的财政和实业贷款，初步统计，共有 43 笔，金额合库平银四千六百万两。②1895 年马关条约第一次规定了外国在华的设厂权，此后，外国在华投资有比较大的增加。西方国家逐渐从商品输出到资本输出。经过两次鸦片战争，外国资本主义先把中国辟为一个自由销售其过剩工业产品的国际商品市场；而中日甲午战争后，外国资本主义又把中国变为一个自由投资其过剩资本的国际资本市场。西方国家在华全部企业投资中，运输业的投资到 1914 年占五分之一以上，其中铁路投资占绝大部分，但铁

---

　　①　汤象龙：《民国以前的赔款是如何偿付的？》，《中国近代经济史研究集刊》1935 年第 3 卷第 2 期，第 262—291 页。

　　②　汪敬虞：《十九世纪西方资本主义对中国的经济侵略》，人民出版社 1983 年版，第 4 页。

路建设缺乏统一标准，没有形成全国性的交通网络。外资银行在金融市场中居于主导地位，对外汇市场，中国固不能自主，国内金融市场也是在汇丰、麦加利银行等影响之中。

本国资本又分为民族资本和国家资本。在近代中国，政府要员利用对信息的独占和对企业或资源的使用权、剩余索取权、处置权和转让权，可以轻易地寻求个人收益最大化而不受惩罚。最后形成了"官僚资本"。①如由于产权不清晰，晚清洋务运动时期创办的官督商办企业，最后逐渐形成了以盛宣怀及其家族为中心的一系列企业。盛宣怀从 1909 年起还兼轮船招商局董事长，以此开了以官兼商之例。②国民政府统治后期，又形成了四大家族官僚资本。

二、 半殖民地半封建经济制度的基本特征

首先，对外的依附性。中国近代对外经济主要由一系列不平等条约条款促成，这些条约条款对中国经济产生了深远的影响，并基本决定了近代中国对外市场开放的过程。根据《南京条约》的规定，首先开放的是中国南部沿海的五个港口城市即广州、厦门、福州、宁波和上海。1858—1900 年间，根据与西方列强所订条约的规定，华北、华南、西南和长江沿岸的主要城市商埠均对外开放通商，与国际市场发生联系；20 世纪初，在东北开辟了九个通商口岸后，这一广阔的地区也被迫开放通

---

① 杜恂诚：《试论近代中国社会阶层排序》，《学术月刊》2004 年第 4 期。

② 邵循正：《整理说明》，载北京大学历史系近代史教研室：《盛宣怀未刊信稿》，上海人民出版社 2019 年版，第 5 页。

商。铁路修建后，口岸城市有所扩大。这种先沿海沿江、后内地的被迫开放也反过来决定和影响着国内的经济发展进程。

其次，对内的分割性。近代沿海经济发达地区与内陆偏远地区判若两个世界。如先进的上海，市场秩序和制度已逐步建立与完善，商品市场与金融市场都具有一定的规范性，而广大内陆农村的集镇贸易市场虽然比鸦片战争前增多了，但无论从其交换的内容，还是市场组织和市场制度等方面看，与传统市场相比都未有实质性转变，其与国内、国际市场联系是非常有限的。北洋政府时期，中国是军阀割据，政治经济不统一。而经济的发展需要稳定的环境，各地方势力强制性地垄断市场、垄断信息。为了争夺税源，时常横征暴敛，任意课税，大大加重了商品的流通成本，增加了市场的不确定性。20 世纪以来西方国家的势力划分和军阀割据严重影响了市场的整合，特别是地方军阀割据加剧了经济与市场分割。

三、　半殖民地半封建经济制度的形成及原因

近百年中国经济制度的根本变化，是从封建经济制度逐步沦为半殖民地半封建经济制度；其间，同时出现了资本主义的发生与发展。近代中国经济制度的演进，已不仅仅由中国本身的固有经济制度决定，而是被世界经济政治制度所左右。

中国封建经济结构及形式与欧洲的不同，给资本主义萌芽的出现与发展制造了迥异的环境与不同的结果。传统中国自始至终都是一个农业社会，尽管在明初期海外的交流与贸易往来规模已经相当可观。19 世纪

初期中国江南地区经济已经不再是以农业为主的传统经济，而是一个以工商业为主的早期近代经济，但由于区域发展极不均衡，这种早期发展并不具有全国性的普遍意义。西欧则发生了实质性制度变革。第一次工业革命使得西欧和北美逐渐成为对世界经济具有支配意义的中心，世界格局随之发生重大变化。

近代中国在西方列强的坚船利炮下被迫进行市场开放，在《南京条约》等一系列不平等条约规定的口岸通商后，由于中国国内市场并未立即达到外国市场的要求，内陆市场的发育程度远未达到现代市场机制的要求，基于外国条约推动下的市场被动开放未能与国内市场建立广泛的衔接。虽然沿海沿江一带出现了上海、天津、汉口等商业较为繁荣的通商大埠，但广大农村地区基本上仍处于自然经济、半自然经济状态。

第二节　解放区的经济制度探索

一、　解放区的形成和发展

半殖民地半封建社会促使中国人民救亡图存，俄国十月革命给中国送来了马克思主义，为近代中国的发展开辟了另一道路。1927年第一次国内革命战争失败后，以毛泽东为代表的中国共产党人开创了以农村包围城市、武装夺取政权的革命道路，建立了革命根据地（抗日战争后称解放区）。随着战争的发展，解放区大体经历了三个阶段。

第一个阶段是土地革命战争时期。根据地进行了彻底的土地革命，发行自己的货币，实行"战争第一"的财政政策。为打破经济封锁，实行了统制贸易政策。第二个阶段是抗日战争时期。随着抗日战争的推进，截至 1944 年春，解放区的人口（包括游击区的人口在内）已达 8 600 万人。除了陕甘宁边区外，敌后大的解放区有：华北的晋察冀边区、晋冀鲁豫边区、山东区和晋绥边区，华中的苏北区、苏中区、苏南区、淮北区、淮南区、皖中区、鄂豫皖区和浙东区，华南的东江区和琼崖区。在上述解放区建立行政公署 22 个，专员公署 90 个，县政府 635 个。[①]第三个阶段是解放战争时期。解放区迅速发展，新民主主义经济由乡村发展到城市，由区域性发展到全国。1947 年 7 月，解放战争进入战略反攻阶段。1947 年秋以前解放的地区又称为老解放区，有一亿多人口，进行了土地改革，社会秩序比较稳定，工农业生产逐步恢复。老解放区的工业主要集中在东北。1947 年 11 月石家庄解放后，华北各解放区大体上已连成一片。

随着解放进程的推进，解放区面积逐步扩大。各种分割状况已成为经济发展中的严重障碍。由于各解放区的解放时间不同、政权巩固程度不同、经济发展水平不同、经济改革进程不同以及经济政策的差异，整个解放区的经济恢复不平衡。如陕甘宁等老区，很早就完成了土地改革，东北地区则在 1948 年 11 月全境解放，提前进入经济恢复阶段。截至 1949 年 10 月，仍有包括华南、西南和台湾、西藏以及西北的部分地区是待解放区。[②]

---

① 《抗日战争时期解放区概况》，人民出版社 1953 年版，第 3—4 页。
② 中国社会科学院、中央档案馆编：《中华人民共和国经济档案资料选编：综合卷（1949—1952）》，中国城市经济社会出版社 1990 年版，第 3 页。

二、 解放区经济制度探索的主要做法

（一）在农村地区对土地制度的探索

解放区经济制度的探索首先就是在农村地区对土地制度的探索。中国共产党自创建之日起，就围绕农民土地问题的解决开展了一系列的理论探索与革命实践。中国共产党领导的农民土地斗争，历经建党初期和第一次国内革命战争时期的农民运动、第二次国内革命战争时期的土地革命、抗日战争时期解放区农民的减租减息运动，以及解放战争时期的土地改革四个阶段，兼具政治运动与经济变革双重属性，为新民主主义革命的胜利及新政权的建立奠定了坚实基础。其中，农民运动和土地革命时期，是中国共产党土地方针的酝酿与探索阶段。1921 年中国共产党成立后，开始领导农民开展限租减租斗争。随着农民运动蓬勃发展，中共确定了由减租减息到耕地农有、平均耕地的初期土地纲领主张。土地革命时期在苏区的土地改革，作为中共有计划有法令的一次土地改革，与军事斗争、夺取政权以及根据地建设联系在一起。在毛泽东领导下，实现了红色割据，只有在局部地区拥有政权，才能开展土地改革。但是由于"左"倾路线的错误指导，强制推行地主不分田、富农分坏田；消灭地主的负面影响，是这一阶段的教训。

抗日战争时期，中国共产党开始推行适应抗日民族统一战线需要的土地政策，即减租减息政策。1937 年 2 月，在《致国民党三中全会电》中提出停止没收地主土地的政策，并在陕甘宁边区逐步恢复地主富农的基本生活和农业生产的条件。[①]同年 8 月，中共中央洛川会议提出的《抗

---

① 杜润生：《中国的土地改革》，当代中国出版社 1996 年版，第 109—110 页。

日救国十大纲领》，以纲领形式明确了将减租减息政策作为党在抗战时期的土地政策。①1942 年初，中共中央作出《关于抗日根据地土地政策的决定》和《关于如何执行土地政策决定的指示》，将减租减息政策阐述为地主减租减息、农民交租交息以及奖励富农生产三个有机组成部分，使减租减息政策更加完善。②减租减息运动进入高潮，大大激发了农民的生产积极性，解放区经济得到了极大发展，有力支援了长期抗战。同时地主阶级的政治势力和经济力量大为削弱，使农民土地关系和阶级结构发生有利于革命的转化，为之后彻底解决农民土地问题创造了条件。

抗日战争胜利以后，中国共产党适时地改变土地问题的政策及策略，实行没收地主土地分配给农民的土地政策。这一时期党在领导土地改革的实践中，总结以往正反两个方面经验，不断发展和完善土地政策，大体历经三个时期的政策演变。第一个时期为 1945 年 1 月到 1946 年 5 月，此时刚刚结束艰苦抗战的全国人民迫切希望和平民主，医治战争创伤，改善生活。1945 年 1 月毛泽东在中共七大会议上指出将首先在全国范围内减租减息，然后采取清算、退租、退息等和平方法，按步骤实现耕者有其田，③并将该土地政策列入国共两党政治协商会议决议。第二个时期为 1946 年 5 月到 1947 年 9 月，即从"五四指示"出台到《中国土地法大纲》制定与通过。这段时间全面内战处于一触即发的态势，鉴于敌强我弱的军事形势，为发动群众、依靠群众，党中央在"五四指示"中提

---

① 何东：《中国共产党土地改革史》，中国国际广播出版社 1993 年版，第 251 页。

② 农业部农村经济研究中心当代农业史研究室编：《中国土地改革研究》，中国农业出版社 2000 年版，第 6 页。

③ 《毛泽东选集》第三卷，人民出版社 1996 年版，第 1025 页。

出没收地主土地的过渡政策，即通过"出卖""以佃权交换""清偿负欠"等有偿方式使农民从地主手中取得土地。[1]第三个时期为1947年10月到1949年10月，人民解放军已经从战略防御转入战略进攻阶段，为战胜国民政府军队必须继续解决土地问题，中国共产党制定的土地法大纲明确了彻底没收地主土地、按照人口平均分配土地、实现耕者有其田的思想主张。各大解放区掀起平分土地运动高潮，但有的地方在政策执行中比较"左"，打击面过大。平分土地运动使农村各阶级所占土地大体平均，贫雇农得以在政治上经济上翻身，踊跃参军、支前，为解放战争的胜利提供了坚实保障。

1937年减租减息的政策提出后，解放区的减租减息运动先后经历提出和宣传阶段、初步贯彻阶段、全面展开和深入贯彻阶段。在提出和宣传阶段，洛川会议后，1938年到1939年冬敌后各根据地相继建立并公布了适应各根据地具体情况的施政纲领以及减租减息法令，规定实施"二五减租"和"分半减息"或"一分减息"，[2]并在晋察冀等华北根据地少数群众基础比较好的县有了初步开展。但由于这一时期抗战刚开始，党的主要精力用在发展根据地上面，忙于战争勤务及与国民党地方势力建立统战关系，再加上欠缺减租减息的实践经验，所以各根据地减租减息运动多数停留在法令颁布、宣传号召以及酝酿执行层面，"实际上穷人所纳的租税、利息和负担没有得到应有的减轻"。[3]

---

① 杜润生：《中国的土地改革》，当代中国出版社1996年版，第176页。

② "二五减租"指按原租额减去25％，亦即四分之一，所以叫二五减租或四一减租。"分半减息"或"一分减息"指年利不得超过15％或10％。

③ 彭德怀：《巩固敌后抗日根据地》，《解放》1939年10月第87期。

　　1938 年抗日战争进入相持阶段，根据地加大减租减息运动力度，进入初步贯彻阶段。1939 年 11 月《关于深入群众工作的决定》发布，提出在经济改革方面，必须实行减租减息、废止苛捐杂税、改良工人运动，已经实行的必须检查实行程度，尚未实行的立即实行。①指示发出后，陕甘宁、晋绥、晋察冀、晋冀鲁豫等根据地陆续开展起以减租减息为主要内容的群众发动工作，颁布适应本地区特点的减租减息条例、土地租佃条例、地权条例等。到 1941 年底各根据地减租减息运动取得较大成绩，充分调动了农民抗日与生产的积极性。但各根据地的减租减息运动发展并不均衡，有的普遍推行，有的刚开始执行，还有些仍停留在宣传口号上。1942 年 1 月中共颁发文件规定减租减息政策的基本原则和具体做法，鼓舞和增强广大人民斗争的决心与勇气，减租减息运动也转入全面开展和深入贯彻的第三阶段。党中央向各根据地派遣大批干部，切实加强对减租减息工作的领导及成果查验，兼顾农民和地主双方合法的人权、政权、地权、财权，改造并建立"三三制"的农村基层组织。②各根据地减租减息运动普遍高涨，也在此过程中迎来了抗日战争的胜利。

　　解放战争时期，各解放区土地改革的总目标调整为帮助农民实现耕者有其田，并围绕"五四指示"和土地法大纲开展形式多样的土地政策探索。1946 年"五四指示"颁布后，各解放区的领导机关先后进行了认真的讨论研究，并结合本区实际情况制定贯彻实施的具体策略，实现普遍地、大量地、有偿或无偿地使土地从地主那里转移到农民手中。各解

---

① 孔永松：《中国共产党土地政策演变史》，江西人民出版社 1987 年版，第 112 页。

② 杜润生：《中国的土地改革》，当代中国出版社 1996 年版，第 140 页。

放区以清算为主，辅以没收、限田、征购及处置特殊土地方式的综合运用，从地主手中取得土地所有权用来分配。各区土地分配具体步骤不尽一致，但一般是通过调查土地人口、制定初步的分配方案、民主讨论并最后确定分配方案这些基本环节完成的。其中，分配方案的制定是最为关键的一步，鉴于"五四指示"中并未作统一规定，各解放区自发探索了"打乱平分""中间不动两头动""按等级分配"，以及尽量照顾原耕的调剂抽补等做法，第一种因打击面过大不利于反封建统一战线建立而较少使用。[1]

各解放区在贯彻落实"五四指示"方面取得了相当的成绩，但也有"解决不彻底的缺点存在，主要是没有放手发动群众"。[2]针对以上问题，1946年秋冬中共中央指示开展土地复查工作，各解放区将以清算为主的多样化方式调整为没收方式以取得土地，土地分配也普遍采取"打乱平分"方式。在1947年颁布的土地法大纲中，没收一切地主土地、彻底平分土地成为核心内容，各解放区以村为单位、按人口均分土地，迎来土地改革高潮。但在此过程中急于求成使得"左"倾错误普遍出现。

（二）在城市工业建设、贸易、货币金融及财政领域的制度探索

解放区经济制度的探索还表现在城市工业建设、贸易、货币金融及财政领域的制度探索。在解放区城市工业建设领域，解放军相继解放了

---

[1] 成汉昌：《中国土地制度与土地改革（20世纪前半期）》，中国档案出版社1994年版，第590—595页。

[2] 中共中央文献研究室、中央档案馆编：《建党以来重要文献选编（一九二一——一九四九）》（第二十四册），中央文献出版社2011年版，第68页。

一些城市和少数矿区，没收敌伪资产，扩大了国有经济，尤其是工业，主要集中在东北。经过中共中央东北局在东北的两三年城市工作，东北解放区的工作重心转入经济建设。张闻天认为，国营经济要放在国民经济建设的第一位，尤其是工业中的重工业与军事工业。1949 年 1 月，东北工业部制定了当年的东北地区国营工业生产与修建计划。这是解放区第一个工业年度计划，该计划的重点是在重工业方面，其中又以钢铁、有色金属、发电、煤炭为中心。[1]

在解放区贸易领域，主要是开展国营贸易业务，设立国营贸易机构。随着解放区工农业生产的逐步恢复，老解放区的贸易机构在不断地进行相应的改变，贸易业务也进一步拓展。在华北，1948 年 5 月，晋察冀边区贸易公司与晋冀鲁豫贸易总公司合并，组成华北贸易总公司；1948 年 9 月，工作重心由乡村逐渐转向城市，撤销了作用较小的小集镇机构，加强充实了城市机构。1949 年 2 月，平津解放，解放区连成一片后，大力发展城乡交流成为解放区的当务之急，各区市公司的固定资产改由贸易总公司统一调拨，以利于城市领导农村，使贸易工作更加统一集中。1949 年 7 月，对内对外贸易业务日益发展，以行政区划分设置的"一揽子"商店已难以应付工作需要，因此解放区决定根据商品性质，设置不同的专业公司。各大区国营贸易机构是该区物资交流的领导者和组织者，国营贸易公司的建立与健全，为全国范围内贸易工作的统一奠定了基础。[2]

---

①　朱建华等编：《东北解放区财政经济史稿》，黑龙江人民出版社 1987 年版，第 57 页。

②　中国社会科学院、中央档案馆编：《中华人民共和国经济档案资料选编：综合卷（1949—1952）》，中国城市经济社会出版社 1990 年版，第 4 页。

在解放区货币金融领域，在新解放区设置银行机构，整个解放区货币逐渐统一。一方面，确立中国人民银行的主导地位，中国人民银行的组织机构在解放区广泛设立。伴随解放区的扩大，银行机构逐渐发展，由此形成了新中国成立以前的解放区银行体系。1948 年 12 月，以解放区银行为基础组建了中国人民银行，这是新中国银行体系的重要铺垫，也标志着中国的银行制度建设开启了新的篇章。另一方面，对国民政府金融体系进行接收管理，同时正确认识私营银钱业在新民主主义经济中可能起的正反两方面作用。①

解放区的财政政策总体上是以保障战争需要为首要任务，"统筹统支"是解放区财政体制的重要特点。1947 年以后，随着城市的陆续解放和解放区区域扩大，工商税收所占的比重迅速增加（见表 5.1）。

表 5.1　东北解放区财政收入构成

时　间	农业税收入		外贸和企业利润		工商税收入	
	折粮 （万吨）	占总收入 比重（%）	折粮 （万吨）	占总收入 比重（%）	折粮 （万吨）	占总收入 比重（%）
1947 年 1 月 至 11 月	188	30.6	350	44.9	56	9.1
1948 年	134	37.04	128	35.47	62	17.15
1949 年	248	23.32	323	30.41	227	17.33

资料来源：朱建华等编：《东北解放区财政经济史稿》，黑龙江人民出版社 1987 年版，第 440 页。

---

① 《人民日报社论：我们的私营银钱业政策》，《人民日报》1949 年 4 月 28 日，载武力编：《中华人民共和国经济档案资料选编：金融卷（1949—1952）》，中国物资出版社 1996 年版，第 15 页。

解放区国有经济体系在区域内也进行了初步运行。在毛泽东提出的"发展经济，保障供给"的方针指导下，解放区的国有经济有了比较大的发展。在区域内逐步形成了一个包括工业、农业、交通运输业、商业、金融业在内的国有经济体系。国民党政府形成的高度集中和庞大的官僚资本，为新民主主义经济国家的建立奠定了一定基础。

三、 解放区经济制度探索的意义

解放区经济是随着根据地、解放区的发展，而不断演变的，本质上与旧中国经济是不同的。土地改革奠定了解放区经济建设的基础。在解放区长期的土地制度探索中，中国共产党逐渐形成了土地改革总路线。这条总路线作为党在领导新民主主义革命过程中集体智慧的结晶，包括了阶级路线、斗争策略和运动目的三方面内容，[①]具有极其重要的内涵与意义。

首先，总路线解决了依靠谁、团结谁、打击谁的基本问题，为党的土地改革提供了政策指引。贫农、雇农占据了农村人口的 70%，他们也是最希望变革土地制度的群体，成为党领导土地改革中的最坚实的依靠。而贫雇农革命积极性的发挥程度取决于革命为他们带来看得见的物质利益的大小。解放区在进行土地财产分配时，优先考虑贫雇农土地需求，他们的革命热情由此被极大地激发出来，掀起参军参战热潮，为抗战胜利奠定了雄厚的群众基础；中农人口约占农村人口的 20%，数量同样不容忽

---

① 张永泉等：《中国土地改革史》，武汉大学出版社 1985 年版，第 368 页。

视，但因其具有动摇性，是各方争取团结的重要对象。地主和封建富农经济实力在中共的土地改革中被极大削弱，拥有的土地也流转到农民手中，动摇了封建土地制度，为农民土地问题的彻底解决提供了可能性。

其次，总路线制定了有步骤、有区别的土地改革策略，巩固了农村革命统一战线。土地改革作为一项极其繁重而复杂的事业，不可能一蹴而就。以毛泽东为首的中共领导人根据形势发展，灵活调整土地革命策略，在抗日战争的特殊形势下实施某些让步政策，通过减租减息缓解地主与农民之间的紧张关系，缓和农村阶级矛盾，稳定地主阶级，扩大和巩固抗日民族统一战线。解放战争时期又依据环境许可情况、群众觉悟程度以及组织程度高低，针对解放老区、半老区和新区制定了不同的土地策略，发动群众进行不同程度的土地斗争。同时对地主、富农的态度分阶段调整，逐步实现对封建剥削的彻底消灭，有利于为土地改革争取力量并减少阻力。

再次，总路线明确了发展农业生产作为土地改革的根本目的，激发了广大农民的生产积极性，为解放区持久抗战创造了物质基础。中共在领导土地改革的过程中，充分认识到土地改革与提升农村生产力的密切关系。在逐步消灭封建剥削，土地使用权得到适当保障以后，农民的生产负担减轻，生活得到了切实改善，农民群众的生产力得以解放和发展。开垦荒地、兴修水利、技术改进等一系列活动的开展，显著改善了农村经济环境。在提升生产生活水平的同时，各解放区的人民群众支持抗战、保卫胜利果实的积极性也被激发，为抗战前线贡献了宝贵的物力、财力和人力资源，实现了土地改革的战争动员功能。

解放区经济探索实践的重大意义还表现为，一是确定中国共产党以后经济工作的重心要从农村转向城市。1949 年 3 月，中共中央在河北西柏坡召开了七届二中全会，毛泽东在报告中指出，党的工作开始了由城市到乡村并由城市领导乡村的时期。①东北解放区城市工作的探索，为此提供了重要借鉴。二是明确了工业化道路。毛泽东在 1949 年建议通过现代化建设和发展经济，使中国"由农业国进到工业国"，开始大力地、明确地强调工业化在改造中国社会和文化这两方面的中心作用。②东北国营工业建设为 1949 年后中国工业化建设探索了经验，也是计划性经济建设的开始。在产业政策方面，逐渐明晰了优先发展重工业的方针，同时确立国有经济在有关国计民生重要行业的主导地位。③

第三节　1949 年前的中国经济发展状况

一、经济发展水平

鸦片战争后，中国被迫开放市场，开启了以市场化、工业化为目标的近代转型。中国人口数量在 1890 年时并没有超过 1820 年的水平，但人均收入却降低了。尽管中国在之前近两千年里一直是世界上最大的经

---

① 《在中国共产党第七届中央委员第二次全体会议上的报告》，《毛泽东选集》第四卷，人民出版社 1991 年版，第 1428 页。

② 费正清、费维恺编：《剑桥中华民国史》下卷，中国社会科学院出版社 1994 年版，第 871 页。

③ 武力主编：《中华人民共和国经济简史》，中国社会科学出版社 2008 年版，第 21 页。

济体，但是到了 19 世纪 90 年代，这个位置被美国所取代，[1]一直到民国时期，中国的经济增长都保持很低的水平。

农业一直是中国经济的主要部门。至 19 世纪，中国容易耕种的土地已基本用尽。清中叶政府权力的削弱和衰落，农田水利灌溉工程的年久失修，导致了粮食的歉收和整个农业经济的衰退。19 世纪下半叶的中国农业是恶化的，尽管如此，中国传统的农业还是没有完全丧失增产潜力。改良种子、改变耕作模式以及新的作物都对提高近代中国的农业生产率有过贡献。到 20 世纪初时，后两项改进大概提高产量 2 500 万吨到 3 300 万吨。[2]从表 5.2 的估算来看，1937 年前中国农业都有所增产，其中粮食是主要农产品，其他经济作物的种植有所增加。

第一次世界大战前后，中国各项经济指标都有比较好的表现（见表 5.3），尤其是工矿业的发展。从这一时期设立的工厂数来看，在 1912—1927 年的 16 年中，中国历年所设创办资本额在 1 万元以上的工矿企业总数约为 1 984 家，创办资本总额约为 45 895.5 万元。而在 1840—1911 年的 72 年中，中国历年所设创办资本额在 1 万元以上的民用工矿企业总共约 953 家，创办资本额总计 20 380.5 万元。无论就创办企业数量还是创办资本总额而言，1912—1927 年的 16 年都超过了此前 72 年的 1 倍。[3]

---

① 安格斯·麦迪森：《中国经济的长期表现——公元 960—2030 年》（修订版），上海人民出版社 2016 年版，第 38—39 页。

② 德·希·珀金斯：《中国农业的发展（1368—1968 年）》，上海译文出版社 1984 年版，第 34、64 页。

③ 杜恂诚：《民族资本主义与旧中国政府（1840—1937）》，上海人民出版社 2014 年版，第 94 页。

表 5.2　1914—1937 年中国农业生产总值估算

单位：10 亿元（1933 年元值）

	1914—1918 年 （珀金斯）	1933 年 （Liu and Yeh）	1931—1937 年 （珀金斯）
粮食	9.15—10.17	12.64	10.31—10.96
黄豆	0.43	0.92	0.66
油料作物	0.51	0.75	1.13
棉花及其他纤维	0.78	0.74	0.86
烟叶、茶叶和蚕丝	0.49	0.59	0.52
甘蔗和甜菜	0.11	0.05	0.11
牲畜	1.14	1.47	1.40
小计	13.63	17.16	15.65
其他产品	3.40	4.01	4.14
总产值	16.01—17.03	21.17	19.14—19.79

注：兑换率：1933 年 1 元 = 1933 年 0.26 美元。

资料来源：德·希·珀金斯：《中国农业的发展（1368—1968 年）》，上海译文出版社 1984 年版，第 35 页；Liu, Ta-Chung and Kung-Chia Yeh，1965，*The Economy of the Chinese Mainland：National Income and Economic Development*，*1933—1959*，Princeton University Press，pp.397—400。

1936 年的中国经济基本代表了近代中国经济发展的较高水平。以该年的国内生产总值概况来看，全国范围内仍然是以农业为主导产业，且经济发展极不均衡。虽然工矿交通业的增长较快，50 年间增长了 1.76 倍（见图 5.1），但占国内生产总值的比例一直在 10%—15% 左右徘徊。从已有的全国范围数据来看，近代非金融服务业与金融业直到 20 世纪 30 年代仍不发达。

表 5.3　第一次世界大战及战后时期中国各项经济指标年平均增长率

指　标	时间段	年平均增长率(%)
民族资本工矿业的增长	1912—1920 年	13.8
其中民族资本工业(矿业除外)	1912—1920 年	16.3
民族产业资本投资的增长	1919—1927 年	7.5
近代工业生产的增长(1)	1912—1920 年	13.4
近代工业生产的增长(2)	1912—1921 年	11.7
近代工业生产的增长(3)	1921—1926 年	8.0
中国生产各类产品总流通量的增长(1)	1913—1920 年	6.1
中国生产各类产品总流通量的增长(2)	1920—1925 年	8.9
其中新式机器产品流通量(1)	1913—1920 年	10.4
其中新式机器产品流通量(2)	1920—1925 年	10.4
中国产品的国内外贸易量的增长(1)	1900/1909—1910/1919 年	5.6
中国产品的国内外贸易量的增长(2)	1910/1919—1920/1929 年	7.2

注：1900/1909、1910/1919、1910/1919、1920/1929 均表示 10 年的平均数。
资料来源：唐传泗、黄汉民：《试论 1927 年以前的中国银行业》，载《中国近代史研究资料》(4)，上海社会科学院出版社 1985 年版，第 68 页。

　　条约口岸主要分布在东南沿海和长江沿岸，以地理因素为主要原因的对外经济联系促进了沿海市场的整合。正是沿海沿江的市场开放使得上海、天津、武汉等地成为近代工业制造业的集聚之地。上海、广州、天津、汉口等城市始终在近代对外经济联系中占主要地位。1919 年，上海、广州、天津、汉口、大连五口对外贸易额占全国的 75.2%，各口相互贸易额占全国总额的 50.3%。①在经济发展的早期，经济开放使得越来

---

　　①　王水：《二十世纪初中国商业资本的发展》，《近代史研究》1987 年第 3 期。

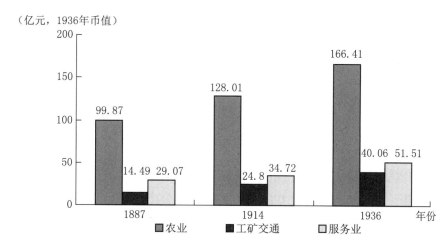

（亿元，1936 年币值）

图 5.1　1887—1936 年中国国内生产总值

资料来源：刘佛丁、王玉茹：《中国近代的市场发育与经济增长》，高等教育出版社 1996年版，第 44 页。

越多的企业可能更倾向于选择国外贸易，而与偏远地区的贸易联系并未增加。据 1936 年的全国埠际贸易统计，上海、天津、广州、汉口、青岛五埠占输入总额的 66.6％，占输出总额的 72％；而西南边陲的梧州、蒙自等九埠合计只占输入总额的 4.2％，占输出总额的 1.5％。[①]

　　第三产业如金融、保险、房地产、中介服务等行业有一定发展（见表 5.4）。现代意义上的第三产业包括流通和服务两大部分，主要有交通运输、仓储、邮政业、服务业及金融业等。火车、电报、电话，以及建立在这些新式交通工具、通信设备基础上的近代邮政被引入中国。交通运输业的发展拉近了人们的生存空间，加速了市场交换与信息的传递，

[①]　韩启桐：《中国埠际贸易统计（1936—1940）》，1951 年，转引自王水：《二十世纪初中国商业资本的发展》，《近代史研究》1987 年第 3 期。

表 5.4　1931—1936 年第三产业部分行业所得（收入）　　单位：百万元

	1931 年	1932 年	1933 年	1934 年	1935 年	1936 年
商业	3 989	2 718	2 541	2 286	2 236	2 566
交通运输业	980	885	922	995	1 052	1 042
住宅	934	934	934	934	934	934
公共行政	725	635	642	918	835	1 001
自由职业与家政	305	301	312	302	314	356
金融业	176	176	200	235	251	294
总计	7 109	5 649	5 551	5 670	5 622	6 193

资料来源：巫宝三：《中国国民所得》（1933 年修正），载巫宝三：《经济问题与经济思想史论文集》，山西经济出版社 1995 年版，第 159 页。

并可以推动工商业的发展。金融业虽有一定发展，但主要集中在上海、天津等地。1935 年底，上海一市之总行达 58 家，占全国银行总数的 35%；分支行达 124 处，占全国分支行总数的 9%。如果以沪、汉、平、津、京、杭、渝、广、青九城市而论，则总行达 99 家，占全国银行总数的 61%；分支行达 386 处，占分支行总数的 29%。在华外国银行的经营中心也在上海。1936 年 6 月，全国外商银行共 32 家，大多数只设分行，在上海设立总行的有 5 家，设分行的有 22 家，共 27 家。[①]这种金融资源的集聚反映了当时中国金融资源配置的极度不均衡。

　　自 19 世纪中叶开始，外资先后从航运、船舶制造等行业集中向电报、铁路等行业扩张。与此同时，国内资本也逐步大量投入交通、通信事业。交通运输业有较大发展，并且对经济社会发展具有推动作用。铁

---

　　①　根据《全国银行年鉴》（1936）A71 页及 I1—80 页计算。

路建设始于 1876 年外国在上海修建的吴淞铁路。从那时起到 1948 年，中国境内计有铁路干线 58 条，全长 2.34 万公里，连同各路附设支线，共长 2.49 万公里。[①]但由于缺乏科学、连贯的规划，铁路路线的布局极不合理，主要是分布在东北和沿海地区。而如果按平均每 100 平方公里铁路占有量计算，则中国不仅远远落后于欧美等发达国家，而且也落后于印度。

二、经济结构状况

从世界各国经济发展历史来看，一个国家经济结构的演变是比较复杂的过程。每个国家都受到自身资源禀赋及外在政治经济制度的诸多影响。在两千多年的经济历史中，中国始终以农业经济为主，土地是最基本的生产要素之一。根据美国农业经济学家卜凯的研究，在 1906—1933 年间，中国各地的农地价格逐步上涨，麦作区的上涨幅度高于稻作区，20 余年间上涨 1 倍左右，而如果以土地价格与农村零售物价相比，则土地价格上涨速度明显高于物价的上涨。[②]19 世纪末 20 世纪初，农产品部门的生产被卷入商业性经营中，而且各种农产品的商品率都具有较高水平。但 1880—1936 年间，中国农业占国内生产总值始终在三分之二左右（见表 5.5）。

---

① 严中平主编：《中国近代经济史统计资料选辑》，科学出版社 1955 年，第 171 页。

② Buck, John Lossing, 1937, *Land Utilization in China*, the Commercial Press, pp.316—319.

表 5.5 　1880—1936 年中国国内生产总值结构变化 　　　　单位：%

	19 世纪 80 年代	1914/1918 年	1931/1936 年	1933 年
农业	60.1	66.0	62.9	65.0
工业（制造业）	4.5	16.1	18.9	17.2
矿业	1.7	9.4	11.6	10.4
建筑业	1.0	1.1	1.6	1.2
交通业（运输业）	1.0	5.6	5.7	5.6
服务业		17.9	18.2	17.7
贸易	7.9	9.2	9.3	9.4
金融	2.7	0.7	1.0	0.7
房地产（住宅）	6.0	3.7	3.6	3.6
政府服务	6.0	3.1	3.1	2.8
其他服务	8.7	1.2	1.2	1.2
来自国外净收入	0.4			

资料来源：19 世纪 80 年代数据来源于张仲礼：《中国绅士的收入》，上海社会科学院出版社 2001 年版，第 288 页；其他数据来自 Richardson，Philip，1999，*Economic Change in China*，*1800—1950*，Cambridge University Press。

从 19 世纪 70 年代开始，洋务派在经营官办军用工业的同时，陆续建立了轮船、煤矿、冶炼、纺织、铁路、电报等企业。这些企业的建立，一方面是由于在经营军事工业的过程中，发现其受到燃料工业、采掘工业和交通运输业发展的制约；另一方面，所创建的军事工业和新式陆、海军需要大量的资金支持。因此，洋务派提出了"求富"的口号，并建立了相应的民用工业和交通运输业。

晚清官办工业试图向其他非军事工业行业进行过渡与扩展，但晚清中国被迫卷入的是西欧等国产业转移和其国内市场过剩的世界市场，发展现代纺织业、造纸业等都面临极大的外来经济之挑战，官办形式并不能在此过程中显示优势，或者说并没有优势。从全国来看，洋务派官员试图建立现代意义上的工业体系，如上海的江南制造局炼钢厂的建立和开平煤矿的开采等。军事工业（兵工业）只是现代工业行业或体系中较为次要的领域，而重工业才是工业体系中重要而基础的内容。此时的军事工业（兵工业）若可以带动重工业的发展则是最为重要的意义。显然，清末官办工业在具体行业发展上虽有所延伸与突破，但并没有实现向重工业的转型。本国工业的民族工业中主要是轻工业有较大发展，如面粉业、纺织业等。

由于中国国内工业化发展缺少重工业部门的支持，近代工业虽然经过了近百年的发展，但仍然还是在工业化的起步阶段上徘徊。工业制造业主要集聚在上海、天津、武汉、广州、无锡、青岛等主要城市，1933年全国工业资本总额为 48 468 万元，生产总值为 138 662 万元，而上述六大城市分别占到 59％和 69％。[①]其中上海在工业方面又具有绝对优势，1933 年上海工业产值占六城市工业产值的 67％，生产能力是广州的 7 倍和青岛的 27 倍；而且在行业涵盖面上，上海也远远超过其他城市。

当时几乎所有的传统大城市工业发展都相当缓慢。如北京工业主要是以生产地毯闻名的毛纺织业，以及棉织、针织和军服生产，全市工业虽有 17 个子行业，产值却只有 1 418.1 万元，仅为青岛工业产值的 52％，而西安工业的产值更不及北京工业产值的三分之一。南京是一座政治性城市，人口虽已接近百万，产业工人却不足 1 万人，全市 15 个工业行业的产值仅有 2 343.8 万元，还略低于青岛。至于当时其他一些重要省会城

---

① 陈真等编：《中国近代工业史资料》第 4 辑，生活·读书·新知三联书店 1961 年版，第 95 页。

市，除了济南、杭州的工业产值较高外，其余城市如成都、兰州、开封、太原、南昌、福州等的工业都很落后，行业稀少，产值都在 1 000 万元以下，其中大部分城市的工业产值还不到 500 万元。[①]人均主要工业产品产量如与世界大国比较，则更为贫乏（见表 5.6）。

表 5.6　1936 年中国的人均主要工业产品产量与世界大国比较

品种	单位	产　量				各国为中国的倍数		
		中国	苏联	美国	英国	苏联	美国	英国
电力	千瓦时	7.9	219.3	1 144.5	514.9	28	145	65
原煤	公斤	83.0	761.0	3 498.0	4 938.0	9	42	59
生铁	公斤	1.7	84.4	244.5	165.9	50	144	98
钢	公斤	0.9	95.3	376.3	253.2	106	418	281
棉布	米	7.34	20.28	61.42	70.38	2.8	8.4	9.6

注：棉布及生铁包括个体手工业产量。

资料来源：国家统计局编：《研究资料》，1956 年 9 月 13 日，转引自吴承明等编：《中华人民共和国经济史（1949—1952）》，社会科学文献出版社 2010 年版，第 41 页。

抗日战争时期，对于后方的工业，中国第一次尝试建立具有一定独立性的工业体系。在资本分配上，冶炼业占 15%，机器五金占 12%，化学业占 30%（其中主要是代汽油的植物油工业），纺织业占 16%，食品占 6%。[②]但从发展的速度上看，国营工业的增长速度则远在民营企业之上。根据郑友揆选择电力、钢铁、酸碱制品、棉织品、面粉、液体燃料、煤等 15 种基本工矿产品生产产值，对当时的国营、民营企业各自所占比

---

① 张忠民主编：《近代上海城市发展与城市综合竞争力》，上海社会科学院出版社 2005 年版，第 190 页。

② 吴承明：《旧中国工业资本的估计和分析》，载吴承明：《中国资本主义与国内市场》，中国社会科学出版社 1985 年版，第 11 页。

重所做的研究，1940 年国营工业所占的比重只有 15.2%，但之后比重就不断上升，1943 年达到了最高的 36.3%，1944 年略有下降，也接近36%；同时期国营工业的增长幅度达到了 300% 以上，而民营企业仅仅增长了不到 120%（见表5.7）。[①]

表5.7　1940—1944 年国民党统治区国营、民营工业生产状况

年份	产值(战前法币,百万元)			百分比			增长指数		
	国营	民营	合计	国营	民营	合计	国营	民营	合计
1940	14.47	81.01	95.48	15.2	84.8	100.0	100.0	100.0	100.0
1941	28.86	92.77	121.63	23.7	76.3	100.0	199.4	114.5	127.4
1942	43.14	95.35	138.49	31.2	68.8	100.0	298.1	117.7	145.0
1943	53.59	93.98	147.57	36.3	63.7	100.0	370.4	116.0	154.6
1944	49.28	87.98	137.26	35.9	64.1	100.0	340.6	108.6	143.8

资料来源：郑友揆：《中国的对外贸易和工业发展（1840—1948 年)》，上海社会科学院出版社 1984 年版，第 140 页。

后方国有工业经过战时发展，在后方工业生产及经济中已拥有举足轻重的地位，已经使得国民政府的国家资本在工业中确立了统治地位。1945 年 8 月抗战胜利后，国民政府对敌伪产业进行了全面接收。由于接收大量敌伪产业，国有工业在全国各省区迅速扩张与膨胀。在战后国有工业的扩张中，在强烈的经济利益驱动下，国有企业不仅在重化工业，更在轻纺工业上急剧膨胀，这不仅与孙中山先生的国家资本理论相违背，亦与国民政府所标榜的扶助民营企业之政策相违背，致使战后国有工业的发展长期饱受诟病。

---

① 郑友揆：《中国的对外贸易和工业发展（1840—1948 年)》，上海社会科学院出版社 1984 年版，第 140 页。

19 世纪 60 年代开始的洋务运动开启了近代中国的第一次工业化历程，以曾国藩、李鸿章为首的地方督抚看到了机器化大生产的优势，并对西方世界作出了"反应"。20 世纪 30 年代以战争为主要推动的第二次工业化，尽管留下了一定的物质基础和技术力量，但也以失败告终。更值得关注的是，从晚清到国民政府，近代中国的工业化更多的是集中资源投资于战时工业（制造业），政府关注制造业（尤其是重工业部门）的发展，而忽视了传统农业的改造和农村经济发展。在工业上，注重了西方技术的引进及设备的改进，但未关注社会经济结构的相应变革。

三、 人民生活水平

一般而言，可以用收入来表述人民生活水平。但清中叶以前中国是典型的农耕社会，用货币表示的收入并不广泛。根据麦迪森的研究，1820—1950 年是中国与欧美等国差距拉大的时期，世界经济在此阶段取得了前所未有的进展。世界产值增加了 8 倍，世界人均水平提高了 2.16 倍，美国人均 GDP 提高了 6 倍，日本人均 GDP 提高了 1.88 倍，西欧提高了 2.73 倍（如表 5.8 所示）。

更为细致的估算显示，19 世纪 80 年代中国国民生产总值约为 27.8 亿银两，如果按户部 19 世纪 80 年代载录的中国人口数为 3.775 亿人计算，则年人均国民生产总值为 7.4 银两。[①]人均国民收入只是表示一个大

---

① 张仲礼：《中国绅士的收入》，上海社会科学院出版社 2001 年版，第 288 页。

表 5.8　一些国家/地区人均 GDP 比较（1820—1950 年）

单位：1990 年国际美元（PPP）

	1820 年	1870 年	1913 年	1950 年
人均 GDP				
中国	600	530	552	439
日本	669	737	1 387	1 926
美国	1 257	2 445	5 301	9 561
西欧	1 232	1 974	3 473	4 594
世界	667	867	1 510	2 114
人均 GDP 比较				
中国	1.0	1.0	1.0	1.0
日本	1.12	1.39	2.51	4.38
美国	2.10	4.61	9.60	21.8
西欧	2.05	3.72	6.29	10.46
世界	1.11	1.64	2.74	4.82

资料来源：Maddison，Angus，2001，*The World Economy：A Millennial Perspective*，Paris，OECD，Table B-21，p.264.

致的平均水平，描述大概趋势。由于从 1840 年至 1949 年是中国经济社会剧烈变革的时期，对于民众的实际生活水平需要进一步分阶段、分群体进行分析。

对于晚清以来特定群体的生活水平或收入水平，学界常用绅士（通过科举考试的功名获得者）收入来反映中上层群体的收入水平。从表 5.9 关于 19 世纪 80 年代部分职业收入的估算来看，就约 300 万名仆役平均而言，他们每人的报酬仅略多于他们消费的食品，每年约为 3 银两。而绅士的收入则已远远高于这些普通民众，即使是最普通的私塾教师年均收入也近 100 银两，更不用说幕僚。

表 5.9 19 世纪 80 年代专业人员、绅士和其他服务人员的收入

服务种类	人员数量	平均年收入（银两）	总年收入（万银两）
绅士提供的专业服务			
幕僚	16 200	559	905
教师	604 500	101.86	6 157.5
医生及其他			900
			合计 7 962.5
普通百姓提供的专业服务			3 528.8
绅士服务	975 000	114	11 100
僧侣、道士	640 000	3	190
家庭仆佣	3 000 000	3	900
其他			450
总计			24 131.3

资料来源：张仲礼：《中国绅士的收入》，上海社会科学院出版社 2001 年版，第 318—319 页。

　　清末民初，兴办企业给企业家带来了较大的利润。以张謇所创办的大生纱厂为例，该厂在 1899—1913 年的 15 年间，股东至少领取"官利" 200 万银两，也就是平均一年有固定收益 13.3 万银两。除此之外，纱厂获纯利高达 340 万银两左右。[①]而大生纱厂在 1907—1912 的六年中，工资在净产值中所占的比例，由 16.4% 下降至 6.4%。[②]在大规模投资设厂的背景下，中国工人数量有所增加。根据粗略估计，在第一次世界大战前夕的 1913 年，全国中外工矿企业中的工人，约在 50 万—60 万人之间。[③]

① 严中平：《中国棉纺织史稿》，商务印书馆 2011 年版，第 177—178 页。

② 汪敬虞编：《中国近代工业史资料》第二辑下册，科学出版社 1957 年版，序第 45 页。

③ 同上书，序第 39 页。

工人阶层的最主要收入是工资，近代中国最大的工业行业是棉纺织业，纺纱工人的工资水平可以反映出清末民初一般工人的收入情况。如 1895 年前后上海纱厂成年工人每日工资为 0.15 元至 0.20 元，缫丝工为 0.16 元；而在 1905 年左右，纺纱工人每日工资一般为 0.25 元至 0.28 元，缫丝工人一般为 0.25 元至 0.31 元。机器工人在 1895 年每月工资平均为 10 元左右，到 1909 年则为 12 元至 15 元。[1]可见，工人名义工资稍有上升，但是非常有限。而女工和童工的工资则远远低于上述一般水平。

民国时期，由于物价的增长，工人的名义工资也相对有所增加。不同生产部门的工资增长率也不同，近代生产部门的工资增长较快，而传统生产部门的工资增长则较慢；虽然近代中国农村存在大量的剩余劳动力，但却未能发挥二元结构的优势，因此城市近代部门的工资上涨，并不能同步带动农村传统部门的工资上涨。

20 世纪 20—30 年代，在中国城市经济、工业经济发展的背景下，劳动阶层尤其是工人阶层的工资收入可以反映城市民众的生活水平。上海市社会局的调查显示，20 世纪 30 年代上海工人阶层的工作时间是很长的，工资收入是很低的，[2]但生活状况总体上还是基本稳定的。[3]农村经济的衰败，使得农村人口源源不断地从农村流向城市，对城市劳动力构成

---

① 汪敬虞编：《中国近代工业史资料》第二辑下册，科学出版社 1957 年版，第 45—46 页。

② 上海特别市社会局编：《上海特别市工资和工作时间（民国十八年）》，商务印书馆 1936 年版，第 125 页。

③ 张忠民：《近代上海工人阶层的工资与生活——以 20 世纪 30 年代调查为中心的分析》，《中国经济史研究》2011 年第 2 期。

巨大的竞争压力，使城市劳动力的收入长期维持在极低的水平上。

1935 年国民政府实施法币改革，近代中国迅速从金属本位过渡到信用货币制度。纸币的发行可以影响民众的实际生活水平。国民政府在抗战后期就大量增发纸币，造成了近十年的通货膨胀，大多数民众的生活水平都逐步降低。此外，由于农业歉收、增税和加租，以及兵役和劳役的负担，大多数农民生活非常贫困。通货膨胀也影响了政府官员和士兵的生活。到 1943 年，政府实际工资跌落至 1937 年的十分之一，但政府官员还可以得到廉价食物和住房这类形式的补助。而通货膨胀对农村劳动力及其他体力劳动者和产业工人的生活状况则造成了很大冲击——后两者受到的冲击要小一些，但其对固定薪水工人的影响最大。①

从鸦片战争开始，中国经历了一个较明显、较完整的由盛至衰的转变过程。在这一百余年中，在 19 世纪后期，西方主要国家先后经历了第二次工业革命，工业革命也先后波及和影响到北美、大洋洲和日本等地。资本主义革命是极其广泛、深刻和持久的，不仅包括资产阶级政治革命、农业革命、科技革命等，也包括重大的制度变革与创新，如企业制度、交易制度、财政制度、社会保障制度、国家制度的变革与创新，世界经济取得了前所未有的进展。中国则在半殖民地半封建经济制度下，尽管有阶段性的经济发展，但与欧美差距显著扩大。

----

① 张嘉璈：《通胀螺旋——中国货币经济全面崩溃的十年：1939—1949》，中信出版社 2018 年版，第 74 页。

第六章
国民经济恢复与社会主义改造时期的经济制度（1949—1957年）

国民经济恢复时期，中国实行的是与新民主主义社会发展阶段相适应的"公私兼顾、劳资两利、城乡互助、内外交流"的经济政策。各种经济成分在国营经济领导下，分工合作，国民经济迅速恢复，为有步骤地实现从新民主主义到社会主义转变打下了坚实的基础。我们党运用马克思主义的基本原理，结合中国具体实际，创造性地开辟了一条适合中国特点的社会主义改造道路。

第一节　国民经济恢复与新民主主义经济制度

1949—1952年，是国民经济的恢复阶段。经过连年战乱，中国经济水平急剧下降。为争取国家财政经济状况的基本好转，中共七届三中全会确定了党在国民经济恢复时期的中心任务。党的工作重心由军事转向经济建设。

一、 国民经济恢复时期的主要做法

这一时期，中国共产党始终坚持以恢复经济和发展生产为中心的指导方针，为争取国家财政经济状况的基本好转，国民经济恢复工作迅速展开。

首先，平抑物价，统一财经。恢复时期宏观经济管理方面的主要措施，一是统一全国货币；二是运用财政金融价格等手段，稳定市场物价；三是统一财政经济工作；四是运用行政和经济手段，贯彻"边抗边稳边建"的方针。1950 年，政务院颁布《关于统一国家财政经济工作的决定》，由陈云和薄一波负责。为保证这一重大政令的贯彻执行，党中央发出《统一国家财政经济工作的决定》的通知，实行全国范围的财政经济工作的统一管理和领导，争取财政的收支平衡，制止了通货膨胀，稳定了物价。财经工作的统一为国民经济的恢复创造了有利条件。1950 年 5 月，财政状况开始好转，新中国的经济实力大为增强。1950 年 3 月起，全国物价出现了十多年来从未有过的新局面，1951 年 9 月以后全国物价完全稳定。这被称为是中国物价史上自古以来未有的奇迹。

其次，调整工商业和公私关系。统一财经后，银根紧缩，市场萧条，经营困难，出现关门歇业和新的失业现象。中共七届三中全会决定调整工商业，提出了"不要四面出击"的策略。毛泽东认为，要获得财政经济情况的根本好转，需要土地改革的完成、现有工商业的合理调整和国家机构所需经费的大量节减三个条件。

　　再次，开展丰产运动和增产节约运动。新中国成立之初，面临国内生产力水平低下，并遭受国外严重封锁的双重压力，抗美援朝的庞大军费开支只能由脆弱的国内经济承担。从 1950 年 10 月援朝开始至 1951 年 10 月，国内全力发展经济支持战争。国内除了继续清理反革命外，还开展了轰轰烈烈的抗美援朝爱国运动，发动了农村丰产运动和国企增产节约运动。在生产能力不能迅速提高的情况下，丰产运动和增产节约运动如火如荼。

二、 国民经济恢复时期的经济制度特征

　　国民经济恢复时期中国实行的是与新民主主义社会发展阶段相适应的"公私兼顾、劳资两利、城乡互助、内外交流"的经济政策。各种经济成分在国营经济领导下，分工合作，取得了恢复国民经济的伟大胜利，为有步骤地实现从新民主主义到社会主义转变打下了坚实的基础。这一时期的经济制度具有如下特征：

　　一是过渡性特征。毛泽东在 1940 年时就说过："新民主主义是暂时的、过渡的，是一个楼梯，将来还要上楼，和苏联一样。"[①]这里的过渡性特征应该就是列宁所谓的"桥梁"。刘少奇认为"新民主主义经济是一种过渡性质的经济"[②]，具有"过渡性"特征。这一过渡特征包含两方面含义：在生产力方面，由低到高过渡，即提高经济发展水平，逐渐实现

　　[①]　中共中央文献研究室编：《毛泽东年谱：1893—1949》（中卷），中央文献出版社 1993 年版，第 173 页。

　　[②]　《刘少奇选集》上卷，人民出版社 1981 年版，第 427 页。

国家工业化。在生产关系方面，就马克思主义阐明的五种社会经济形态而言，新民主主义经济并不是一种完整的独立的经济发展形式，而是近代中国由半殖民地半封建经济向社会主义经济过渡的中介和桥梁。但就经济发展阶段而言，它又是一个相对稳定的过渡性经济发展阶段。毛泽东说的"过渡性"并非指新民主主义经济的性质，而是指其特征。在新民主主义五种经济成分中，过渡性特征表现在促使社会主义经济和资本主义经济共同发展并促进社会生产力发展的同时，公私两类经济又相互竞争，我们要使资本主义经济因素逐步减少，社会主义经济因素逐步增加，并使之占据绝对优势，最后逐步过渡到社会主义经济。

二是建立了新型农业税收制度。《中国人民政治协商会议共同纲领》第四十条规定："国家的税收政策，应以保障革命战争的供给、照顾生产的恢复和发展及国家建设的需要为原则，简化税制，实行合理负担。"也就是新老解放区根据不同情况实行不同的农业税收政策。老区实行比例税制，新区采取累进税制。1950 年，中央公布了农业税税法《新解放区农业税暂行条例》。这一新型农业税制度，符合当时统一全国财政经济形势的需要。随着土地改革的进行，政务院及时修改和补充。经过不断修订，税收政策逐渐完善。

三是调整公私关系，扩大城乡交流。中共七届三中全会反复强调要把合理调整工商业放在重中之重。中央确定工商业调整的政策必须在"公私兼顾、劳资两利"的基本方针下，抓好三个主要环节，即调整公私关系、劳资关系和产销关系，重点是调整公私关系，即人民政府、国营经济同私人资本主义经济之间的关系。主要措施包括加强对私营工业的加工订货；收购农副土产品，扩大城乡交流。当时贯彻统筹兼顾的基本经济方针，其中一项重要内容就是扩大城乡交流，最主要的就是推销农村的大宗农副土产品。为了打破这种城乡阻隔，国营经济发挥了重要作用，各地积极发展供销合作社，国家鼓励私营商业承包城乡间的购运业务，并举办物资交流会，这些都促进了农村经济的转动。如此规模的城乡交流，也带动了城市经济的繁荣，有效增加了工商税收，进而增加了国家的财政收入。之后，一些有利于国计民生的私营工商业得到快速发展，压抑多年的农业生产也开始复苏，在这个过程中，国营经济的领导地位得到加强，农村经济的重要性得到重视，为恢复国民经济奠定了物质基础。

四是通过统购统销政策把小农经济纳入国家计划机制。因粮食供销矛盾加剧，1953年中央确定了"农村征购、城市配售"的措施。其重要问题就是国家与农民的关系。毛泽东赞成统购统销制度，将粮食征购视为对农民的改造，以与向社会主义经济过渡相适应。统购统销的实质是将粮食等主要农产品资源的支配绝对国家化，其目的不仅是为征购农民手中的余粮，更关键的是用集体化改造小农，把分散的小农经济纳入国家计划机制，使大量的农业剩余成为可能。总路线确定后，毛泽东再次强调对农业的改造是保证工业化主体发展"两翼"中尤为重要的一翼，粮食的"计划收购和计划供应"与"互助合作运动"是对社会主义建设的"很大的推动"。[①]

五是遵循马克思主义生产力理论，大力发展社会生产力。落后的生产力决定近代中国是一种半自给自足经济。直到1949年，现代生产力在

---

① 《毛泽东文集》第六卷，人民出版社1999年版，第304页。

整个社会生产力中所占的比重还很小。毛泽东认为，要建立社会主义社会，革命胜利后必须经过发展新民主主义经济这个过渡形式，来大力发展生产力，为进入社会主义准备条件。在中共七届二中全会的报告中，毛泽东着重分析了中国经济的落后现实和应采取的对策，指出在半殖民地半封建社会的废墟上建立起来的经济异常薄弱，"中国的现代性工业的产值还只占国民经济总产值的百分之十左右"，"中国还有百分之九十左右的分散的个体的农业经济和手工业经济，这是落后的"。近代中国现代化起步晚，生产力水平低下。半殖民地国际地位使中国现代化处于极为不利的国际环境中。半封建社会结构又使得国内环境恶劣，以致现代生产力与传统生产力长期并存。

马克思晚年认识到落后国家可以跨越资本主义的"卡夫丁峡谷"，但发展生产力的任务是不能跨越的，生产力的发展有其客观规律。中国半殖民地半封建落后的生产力在新民主主义革命胜利后不可能很快改变，社会主义所要求的生产力不可能一蹴而就。因此"在新民主主义的政治条件获得之后，中国人民及其政府必须采取切实的步骤，在若干年内逐步地建立重工业和轻工业，使中国由农业国变成工业国"[①]。毛泽东提出进行新民主主义建设，具备了社会主义所应有的生产力等各种条件，然后向社会主义过渡，其根本出发点就是生产力水平十分落后。这也是马克思主义生产力理论的必然要求。生产力是全部历史的基础，人类社会由一种社会制度发展到另一种社会制度，根本标志是生产力的发展水平。生产力是一切社会发展的原动力，生产力决定一定的生产关系，决定社

---

① 《毛泽东选集》第三卷，人民出版社1991年版，第1081页。

164

会的性质和面貌，是实现社会进步的经济根源，这是不以人的意志为转移的。"只有经过民主主义，才能到达社会主义，这是马克思主义的天经地义。"①

按照生产力决定生产关系的基本原理，在半殖民地半封建以手工劳动为主的多层次生产力结构上发展新民主主义经济，不能立即建立单一的国营经济，必须容许与这种生产力结构相适应的多种经济成分的发展，否则就会阻碍生产力。在没收官僚资本并归国家所有，废除封建土地关系，实现"耕者有其田"以后，建立多种经济成分的所有制结构，扶植有利于国计民生的资本主义发展，这样的生产关系才能有利于推动生产力的不断进步，为社会主义的建立奠定基础。经过三年恢复，人民生活有所改善，农民收入增长近 30%，职工人数由 800 万增加到 1 600 万，平均工资增加 30%。虽然这时中国仍是一个农业国，还没有形成独立的现代工业体系和国民经济体系，但已具有了相当规模的社会化生产力，这一时期成为中国经济发展成就显著的时期之一。

三、 新民主主义经济制度的提出及影响

1939 年，毛泽东创造性地提出了"新民主主义"的命题，逐渐摸索和总结出了新民主主义制度建设的基本思路，提出在经济上实行多种经济成分在社会主义性质的国营经济领导下分工合作、各得其所的经济制度。新中国成立后，新民主主义制度开始在全国范围内建立。随着经济

① 《毛泽东选集》第三卷，人民出版社 1991 年版，第 1060 页。

改造的展开，到 1953 年，新民主主义经济制度在全国范围内基本建立。这一制度使国民经济很快恢复，为新民主主义向社会主义过渡积累了生产力条件，也为中国特色社会主义制度积淀了历史基础。

毛泽东用"经济形态"来表述基本经济制度。指出新民主主义的经济，就是社会主义性质的国营经济、半社会主义性质的合作社经济，加上私人资本主义、个体经济、国家和私人合作的国家资本主义经济，"国营经济"为其领导成分。

新民主主义经济制度主要通过《中国人民政治协商会议共同纲领》（以下简称《纲领》）来确定。《纲领》规定："中华人民共和国必须取消帝国主义国家在中国的一切特权，没收官僚资本归人民的国家所有，有步骤地将封建半封建的土地所有制改变为农民的土地所有制，保护国家的公共财产和合作社的财产，保护工人、农民、小资产阶级和民族资产阶级的经济利益及其私有财产，发展新民主主义的人民经济，稳步地变农业国为工业国。"这些规定指明了新中国在经济方面的任务和目标，指明其性质是"新民主主义的人民经济"即新民主主义经济。《纲领》规定说明了新中国的经济是社会主义性质的国营经济领导之下的包括五种经济成分的经济形态，是毛泽东早就指明的"新民主主义经济"。

《纲领》对新中国经济政策的规定，体现了向社会主义过渡的要求。规定社会主义性质的"国营经济是整个社会经济的领导力量"，这是向社会主义过渡的经济保证。规定要把个体经济逐步改造为半社会主义性质的合作社经济，把半社会主义性质的合作社经济发展为完全社会主义性质的合作社经济，逐步地把私人资本主义经济改造成国家资本主义经济，进而成为社会主义性质的国营经济。《纲领》没有明确指出要向社会主义过渡。周恩来解释："现在暂时不写出来，不是否定它，而是更加郑重地看待它。""这个纲领中经济的部分里面，已经规定要在实际上保证向这个前途走去。"①

关于新民主主义经济的性质。毛泽东指出："我们的社会经济的名字还是叫'新民主主义经济'好。"②国营公营是社会主义性质的，起决定作用，整个国民经济是社会主义经济领导之下的经济体系。1948年时，毛泽东就指出，新民主主义经济的发展方向是社会主义："不要以为新民主主义经济不是向社会主义发展，而认为是自由贸易、自由竞争，向资本主义发展，那是极其错误的。"③在这一问题上既要坚持社会主义方向，又要谨慎稳重，不要急于社会主义化，这些思想对于反对"左"和右的错误具有十分重要的意义。

新民主主义的经济结构是以社会主义国营经济为主导，多种所有制经济并存。毛泽东指出："新中国的经济构成，首先是国营经济，第二是由个体向集体发展的农业经济，第三是私人经济。"④新民主主义经济产生的历史基础决定了经济成分的复杂性和多样性。一要明确国有经济的地位。毛泽东明确指出，只有发展国营经济并争取其领导地位，才能为新民主主义社会转向社会主义社会奠定基础。毛泽东对国营经济的经营范围作了明确界定。《纲领》第二十八条规定："凡属有关国家经济命脉和足以操纵国计民生的事业，均应由国家统一经营。"他多次强调，旧中

① 《周恩来选集》上卷，人民出版社1980年版，第368页。
② 《毛泽东文集》第五卷，人民出版社1996年版，第139页。
③ 《胡乔木回忆毛泽东》，人民出版社2003年版，第537页。
④ 《毛泽东文集》第五卷，人民出版社1996年版，第140页。

国在政治上不能独立，经济上贫困落后，重要原因就是中国人民没有掌握经济命脉。掌握了经济命脉，国家就能掌握生产资料，调整社会需求，组织和发展工农业生产，为有计划的经济建设和向社会主义过渡奠定基础。二要发展非公有制经济。毛泽东认为，发展生产力，改变中国的落后面貌，也是新民主主义社会发展资本主义的重要原因。民族资本主义经济是一种比较进步的生产关系，在中国社会经济中占有重要地位。"由于中国经济现在还处在落后状态，在革命胜利以后一个相当长的时期内，还需要尽可能地利用城乡私人资本主义的积极性，以利于国民经济的向前发展。"[1]1934 年，毛泽东就提出："我们对于私人经济，只要不出于政府法律范围之外，不但不加阻止，而且加以提倡和奖励。因为目前私人经济的发展，是国家的利益和人民的利益所需要的。"[2]发展私人资本主义是"是经济落后的中国在民主革命胜利之后不可避免的结果"。毛泽东关于新民主主义发展和利用资本主义的论述，对经济文化落后国家在民主革命胜利后如何准备条件过渡到社会主义提供了理论依据。

新民主主义经济就是"在无产阶级共产党领导之下，由上述五种经济成分所构成的国民经济"。其最大特点就是节制有害于国计民生的官僚垄断资本，允许和鼓励一切有益于国计民生的资本主义生产的发展，毛泽东称之为"新民主主义的资本主义"。毛泽东对资本主义没有采取一概排斥的态度，而是进行了具体分析，指出："我们共产党人根据自己对于马克思主义的社会发展规律的认识，明确地知道，在中国的条件下，在

---

① 《毛泽东选集》第四卷，人民出版社 1991 年版，第 1431 页。
② 《毛泽东选集》第一卷，人民出版社 1991 年版，第 133 页。

新民主主义的国家制度下，除了国家自己的经济、劳动人民的个体经济和合作社经济之外，一定要让私人资本主义经济在不能操纵国民生计的范围内获得发展的便利，才能有益于社会的向前发展。"①因此，这是为中国"独自发展经济"奠定基础，从而最终为走向社会主义奠定基础。毛泽东抓住了发展经济这个核心问题，也关注了社会发展问题上的生产力标准。

新民主主义基本经济制度思想为社会主义初级阶段基本经济制度思想的形成奠定了基础。社会主义初级阶段基本经济制度思想是在改革开放和社会主义现代化建设的实践中逐渐形成和发展起来的，在形成过程中，邓小平借鉴了新民主主义经济实践的经验，吸取了 1956 年之后单一公有制的教训，在对"什么是社会主义，怎样建设社会主义"这个基本问题反复思考的基础上，创立了社会主义初级阶段理论。

新民主主义基本经济制度在国民经济恢复时期得到全面确立。它是在新民主主义革命胜利的基础上，依靠人民民主政权的支持，通过没收官僚资本、土地改革和合理调整工商业得以建立和发展起来的。它在新民主主义经济建设中发挥了重大作用，促进了多种所有制经济发展，既有利于国家整体计划的实现，又调动了各种经济成分的积极性。这种经济结构决定了市场在资源配置中的作用是不可缺失的，由于非社会主义经济成分的大量存在，新民主主义经济体制实际上以市场经济为主体。而中国新民主主义经济形态过早结束的直接原因在于，市场体制因素过早退出经济体制领域，新民主主义经济形态失去了经济体制基础，其经

---

① 《毛泽东选集》第三卷，人民出版社 1991 年版，第 1060—1061 页。

济纲领在实践中不能应对各种现实矛盾。虽然这种多样化的格局兼顾各方利益，对新中国国民经济的发展起到了巨大作用，但在发展的同时，也引起了无产阶级和资产阶级限制和反限制的矛盾；土改后相当数量的农民在生产和生活中仍面临很大困难，农村中出现了两极分化的趋势；也因此出现工业化建设的迅速展开与落后的农村经济的矛盾。由于新民主主义经济纲领未能科学地解决这些问题，只好诉诸社会主义改造。

第二节　过渡时期的社会主义改造

三年经济恢复的预想基本获得了实现，大规模建设的时代如期而至。20世纪50年代初期革命的成果就是，中国不仅"站起来了"，而且作为一个独立的"迅速现代化的强国屹立在世界上"。当共产党领导人判定"资产阶级"的基本历史任务已经完成的时候，他们就决心进行下一步的革命。1953年，中共中央宣布"向社会主义过渡"，而这个过渡时代是在低水平的经济发展和物资普遍匮乏的条件下开始的。

一、过渡时期总路线的提出

1953年中共中央提出的过渡时期总路线是："从中华人民共和国成立，到社会主义改造基本完成，这是一个过渡时期。党在这个过渡时期的总路线和总任务，是要在一个相当长的时期内，逐步实现国家的社会主义工业化，并逐步实现国家对农业、对手工业和对资本主义工商业的社会主义改造。"两大任务一是发展社会主义生产关系，二是发展社会生产力。新中国成立后国民经济恢复和"一五"计划的建设，都是为在全国范围内确立社会主义生产关系的统治地位而进行的生产力（物质基础）方面建设的具体工作。而确立社会主义生产关系在全国的统治地位，为的是社会主义生产力的发展得到可靠的保证。1952年底，在全部国民收入中，国营经济占19.1％，集体经济占1.5％，公私合营占0.7％，私人资本主义经济占6.9％，个体经济占71.8％。这表明，对农业手工业和资本主义工商业进行社会主义改造，以实现从新民主主义向社会主义转变，是过渡时期所要解决的一个最根本的任务。

过渡时期总路线是社会主义工业化和社会主义改造同时并举的路线。它体现了发展生产力的要求，并且从发展生产力的要求出发，考虑到相应改变生产关系。这就是"一体两翼"：以社会主义工业化为主体，三大改造为两翼，保证中国从新民主主义向社会主义的过渡。

过渡时期总路线的提出和贯彻拉开了社会主义改造的序幕。毛泽东多次强调巩固新民主主义秩序就是发展资本主义。1954年，《中华人民共和国宪法》的颁布和人民代表大会制度的确立，为改造运动的展开提供了制度保障。

二、 总路线的实施："一化三改造"

新中国成立后，为确立新的社会主义制度，对旧社会进行了全面改造，以有效利用历史性的制度资源服务于国民经济的恢复与发展。1954年的《中华人民共和国宪法》明确规定："国家对资本主义工商业采取利用、限制和改造的政策。国家通过国家行政机关的管理、国营经济的领导和工人群众的监督，利用私人资本主义工商业的有利于国计民生的积极作用，限制它们的不利于国计民生的消极作用，鼓励和指导它们转变为各种不同形式的国家资本主义经济，逐步以全民所有制代替资本主义所有制。"

党在过渡时期的总路线虽然以工业化为主体，以社会主义改造为两翼，但其实质是社会主义改造，即从1953年开始用15年或更长一点的时间，逐步实现工业化和对农业、手工业、资本主义工商业的社会主义改造。根据《为动员一切力量把我国建设成为一个伟大的社会主义国家而斗争——关于党在过渡时期总路线的学习和宣传提纲》（以下简称《宣传纲领》）的表述和解释，总路线基本内容包括四个方面：一是重新解释了民主革命和社会主义革命之间的关系，提出新民主主义革命的结束就是社会主义革命的开始。二是全面吸收了苏联共产党关于过渡时期的理论，即列宁1921年以前的思想和斯大林的思想。三是提出过渡时期总路线的实质是实现生产资料的社会主义改造，使生产资料的社会主义所有制成为国家和社会的唯一的经济基础。四是为社会主义工业化而斗争。《宣传提纲》首次明确将"工业化"改为"社会主义工业化"，指出其含义是将发展重工业作为工业化的中心环节，优先发展国营经济并逐步实现对其他经济成分的改造，保证国民经济中的社会主义比重不断增长。

土地改革胜利后，农业社会主义改造迅速推进，希望将农民的个体所有制改造为"社会主义所有制"是新中国乡村建设的基本方向。因为只有完成这一改造，才具备了"社会主义建设"的前提条件。中国共产党对农业的改造，从实际出发，按照合作化的要求，采取了一条由低级到高级，对农业逐步实现社会主义改造的道路。为了保证这条道路的具体实现，中国共产党制定了巩固贫农与中农的联合、自愿互利、典型示范、逐步推广、国家援助和说服教育等一系列正确的方针政策、原则和方法。通过农业合作社，国家将农户所拥有的生产资料私有制转变为集体所有制，农业的生产经营方式转变为集体共同生产经营。

手工业的合作化也非常顺利。合作化手工业从业人员所占比重从 1953 年的 3.9％，上升到 1955 年的 26.9％，1956 年则达到 91.7％。手工业的社会主义改造基本完成。到 1956 年底，中国的所有制结构基本上由国营经济和集体经济组成。新中国成立伊始，中共政权便取得了对外贸易的垄断权，并通过税收、信贷和劳资关系等获得了对资本主义工商业一定的制约能力。1953 年春，李维汉到武汉、南京、上海调查了解"五反"运动后私营工业的情况，其调查报告指出，对私营工业，"需要逐步地将他们纳入国家计划的轨道，使有利于向着社会主义过渡，这里由低级到高级的各种国家资本主义形式，是我们已经找到了的一个主要环子"①。

通过什么样的过渡环节对资本主义工商业进行改造，这是实施过渡时期总路线过程中的一个重要问题。随着国营工商业的不断壮大与农业合作化的蓬勃兴起，通过加工、订货、统购、包销及公私合营等"国家资本主义"形式，实现"资本主义工商业的社会主义改造"，从而将其纳入国家计划的轨道，成为一条可行途径。《共同纲领》第三十一条规定：

---

① 《建国以来重要文献选编》（第四册），中央文献出版社 1993 年版，第 214 页。

"国家资本与私人资本合作的经济为国家资本主义性质的经济。在必要和可能的条件下，应鼓励私人资本向国家资本主义方向发展，例如为国家企业加工，或与国家合营，或用租借形式经营国家的企业，开发国家的富源等。"之后，在对民族资本主义实行逐步改造的过程中创造了由低级、中级到高级的各种国家资本主义赎买形式，首先在赎买过程中采取逐步过渡的步骤，其次在逐步过渡中，采取了灵活多样的国家资本主义赎买形式。与此相适应的赎买形式从最初的工缴价过渡到"四马分肥"，发展为五厘定息，最后取消剥削。国家资本主义这个"主要环子"，使得我们如何向社会主义过渡的问题迎刃而解。这也是当时周恩来称赞"罗迈（李维汉）的报告解决了问题"①的深意所在。

"党在过渡时期的总路线的实质，就是使生产资料的社会主义所有制成为我们国家和社会的唯一的经济基础。"②过渡时期总路线的提出，在国民经济恢复阶段结束后，及时地为全党全国人民指明了中国社会发展的方向，进行社会主义革命和社会主义建设的具体途径，解决了中国这样一个经济文化落后、农民占人口大多数的国家能不能向社会主义过渡以及如何过渡的重大问题。毛泽东从实际出发，把中国的资本主义经济区分为官僚资本和民族资本，亦称大资本和中小资本，并根据两者的不同性质和作用，制定了没收大资本和改造中小资本的方针。毛泽东的这一理论和在这一理论指导下的中国实践，创造了"剥夺剥夺者"的新形式。

---

① 中共中央党校党史教研部编：《中国共产党重大历史问题评价》，内蒙古人民出版社2001年版，第1630页。

② 《毛泽东文集》第六卷，人民出版社1999年版，第316页。

三、社会主义基本经济制度的确立

经济制度和经济体制，在英文中是相同的（economic system）。中国在习惯上把高级层次的制度如所有制称为经济制度，把与经济管理有关的制度称为经济体制，但二者没有严格的界限。1956 年三大改造的完成，确立了社会主义公有制占绝对优势的生产资料所有制结构。这是整个社会主义经济体制的基础。

（一）社会主义基本经济制度的确立过程

1957 年，"一五"计划的各项经济任务基本完成，以公有制为基础的社会主义经济制度逐步确立。"一五"时期所形成的工业部门和生产能力，填补了国民经济中的空白，增强了生产能力，提升了技术水平，中国开始拥有独立自主的工业基础。

1954 年通过的第一部《中华人民共和国宪法》规定：国家保证优先发展国营经济，鼓励、指导和帮助合作社经济的发展，对富农经济采取限制和逐步消灭的政策，指导和帮助个体手工业，逐步以全民所有制代替资本家所有制。党的十一届六中全会客观地评价了这一时期的基本经济制度，认为"在过渡时期中，我们党创造性地开辟了一条适合中国特点的社会主义改造的道路"[①]。

生产资料私有制的社会主义改造过程，同时也是中国社会主义经济体制逐步形成和建立的过程。解决所有制问题，是实现社会主义的重要手段和条件。过渡时期总路线把重心放在社会主义改造上，即建立社会

---

① 《〈关于若干历史问题的决议〉〈关于建国以来党的若干历史问题的决议〉》，中共党史出版社 2010 年版，第 70 页。

主义公有制。通过互助合作，走上集体化的道路。通过加工订货、公私合营等方式，使资本主义工商业走上社会主义国营经济的道路。这就使中国的所有制结构由原来新民主主义性质的五种经济成分变成国营经济和集体经济两种经济成分。单一的所有制结构建立起来。经济体制的变迁是社会主义改造的直接结果。

1949—1952 年国民经济恢复时期，党中央对基本经济制度进行了探索。新中国成立后，解决旧的生产关系与生产力之间的矛盾是当时的首要任务，而变革生产资料所有制是关键环节。1952 年底，国营、合作社营与公私合营企业产值所占的比重已达 50％以上，基本形成了"过渡时期"的基本经济制度：社会主义国营经济领导下的多种经济成分并存。

1953—1956 年，社会主义改造为优先发展重工业战略提供了制度保障。为了早日实现中华民族的伟大复兴，中国选择了苏联创造的优先发展重工业的社会主义工业化道路。在当时资金匮乏、农产品剩余有限，同时供给和消费结构都比较单一的情况下，运用政府力量，通过计划经济来集中工业建设具有比较优势。从 1953 年开始，中国在开展大规模经济建设的同时，在制度变迁上也开始了向单一公有制和计划经济的社会主义过渡。

1956—1978 年是单一公有制时期。1956 年底，中国基本完成了所有制方面的社会主义改造。社会主义初级阶段不发达的生产力决定了生产资料所有制形式必须是多种所有制形式共同存在。我们党对社会主义初级阶段所有制结构的认识经历了一个曲折的过程。新中国成立后不久，通过生产资料的社会主义改造，建立了社会主义公有经济，并取得了巨大成绩。但在之后的发展中过高估计了当时的生产力水平，违背了生产力发展的客观规律，将公有制作为唯一的所有制形式，延缓了生产力的发展。实践证明，所有制的具体结构状况和不同所有制形式间的比重，只能由经济发展的实践决定。

（二）社会主义基本经济制度的特点

在中国建立起一个社会主义公有制占统治地位的社会主义经济制度，是完全符合中国最广大劳动人民利益的。恩格斯指出，社会主义取代资本主义是"由社会公开地和直接地占有已经发展到除了适于社会管理之外不适于任何其他管理的生产力"[①]。世界上任何国家要走社会主义道路，必须从所有制的变革开始，将这作为"第一个行动"。中国走上社会主义道路，正是通过把掌握着国民经济命脉的高度社会化的官僚资本转变为国有资本，同时实现对工商业的社会主义改造来完成的。这种所有制的变革，为社会主义制度奠定了物质基础。

所有制的本质取决于生产资料归谁所有及其服务的对象与环境。能够维护中国经济制度的社会主义公有制性质的关键是"政权在我们手里"，在工人阶级及其代表的广大人民群众手里，从而能够合法地代表整个社会的利益。

首先，社会主义基本经济制度就是确立公有制的主体地位。到 1956 年底，三大改造取得决定性的胜利，全民所有制和劳动群众集体所有制这两种社会主义公有制形式，在整个国民经济中占据绝对优势地位。改革开放以来，中国适应社会主义初级阶段社会生产力发展水平，将所有制结构调整为公有制为主体、多种所有制经济共同发展，进一步完善了

[①]　恩格斯：《反杜林论》，人民出版社 2015 年版，第 296 页。

社会主义基本经济制度。

长期以来，在传统的意识形态中，公有制、按劳分配、计划经济被看作是社会主义"三位一体"的本质特征。这种概括主要来自苏联模式。实践表明，这种体制模式严重地束缚了社会生产力的发展，束缚了生产力中最活跃的因素即作为劳动者的人的积极性和创造性。因此，从根本上改革而不是在细节上修补这种体制模式便成为解放并发展生产力，挽救并发展社会主义的迫切要求和长久之计。

其次，社会主义公有制是生产力的社会化发展的结果。当社会主义上层建筑与单一公有制的经济基础相结合，就实现了由新民主主义向社会主义制度的飞跃。至此，政府干预经济实现制度变迁的任务胜利完成。社会主义初级阶段在经济上的显著特征就是社会主义生产关系体系初步建立。经过三大改造，公有制经济已在国民经济中占主体。公有制经济占主体就意味着公有制经济在国民经济中的统治地位，并由此决定了国民经济的社会主义性质和生产关系体系的社会主义性质。在社会化生产条件下，国民经济中的各种经济成分互相联系，形成社会再生产运动，由此形成一定的生产关系体系。

最后，关于"急于过渡"和"过渡过急"的教训。"急于过渡"是指将起初设想的经过二三十年甚至 50 年的新民主主义社会的建设时间，缩短为十几年，进而缩短为几年，实际上仅有三年的时间。其结果必然使向社会主义转变的社会起点大大降低，建立合格社会主义的必要条件严重不足。"过渡过急"则是指加快过渡进程，人为地缩短过渡时间。在当时的社会历史条件下，这样思考问题的实践结果，必然是以单一的政治手段，以"急风暴雨的群众运动的方式"进行一场深刻而全面的社会变革。从长时段看，社会主义改造在这一时期的全面展开，中断了新民主主义社会发展的历史进程；而这一改造的迅速完成，又使中国社会抛弃了新民主主义社会建设的积极成果，进而中断了中国共产党人关于中国经济、政治和社会发展的有益探索。

第三节　社会主义计划经济体制的形成

新中国成立后，从1949年10月到1956年底，成功实现了从新民主主义到社会主义的转变，基本建立社会主义经济制度。这种逐渐形成和完善的以高度集中为特征、以行政管理为主要机制、以公有制占绝对优势的传统计划经济体制，构成了新中国成立后直至改革开放近30年间的主要经济体制。在《新民主主义论》等著作中，毛泽东明确指出，社会主义应该实行计划经济体制，国营经济不仅是国家对其具有所有权，而且还要"均由国家统一经营"，即国营经济的经营方式是国有国营。

一、计划经济体制的思想来源

马克思、恩格斯指出社会主义一旦成为一种国家制度，其基本特征就表现为在社会化大生产的基础上生产资料的全社会公有制，并以此为基础而实行全社会范围的统一的计划管理体制。恩格斯在《反杜林论》中明确写道："一旦社会占有了生产资料，商品生产就将被消除，而产品对生产者的统治也将随之消除。社会生产内部的无政府状态将为有计划的自觉的组织所代替。"①在马克思、恩格斯看来，未来建立在生产力高度发达、社会化大生产体系基础上的社会主义，其基本形态将是全社会的生产资料公有制及与之相适应的计划经济体制。

（一）苏联经济理论和管理方法的影响

20世纪初西方资本主义大危机与苏联"一五"计划的成功形成了鲜明对照，而当时的中国正陷入日益深重的民族危机和社会经济危机之中。当时的马克思主义研究者从制度层面讨论了苏联社会主义建设取得的初步成功，认为计划经济是"人类社会历史之高度发展的经济形态"，因为它"不是以生产关系支配人类，而是由人类自己来支配生产关系"。②新中国在成立初期不具备良好的工业基础和雄厚的资本积累，要想实现工业化就需要通过特殊的经济手段集全国之力。苏联"一五"计划的成效给中国带来了强烈震撼。在当时，学习苏联，实行计划经济，建设强大国家，成为共识。知识界对中国如何实行计划经济提出了具体建议。

新中国成立前，效仿苏联，实现在生产资料单一的公有制基础上采取高度集中的计划管理模式成为我们潜意识的目标。新中国成立之初，苏联以贷款、派遣专家等方式，援助中国社会主义建设。通过中苏合作、签订中苏协定和共同管理等，苏联的经济理论、经济管理方法和企业管理方法不断地涌入中国的经济领域。

（二）以计划模式开始社会主义经济发展道路是历史的必然选择

中国计划经济建立的历史逻辑起源于20世纪40年代的新民主主义

---

① 《马克思恩格斯选集》第三卷，人民出版社1995年版，第63页。

② 张耀华：《苏联计划经济之理论与实际》，《申报月刊》1933年第2卷第7号。

政治经济学说。新民主主义政治经济学说是毛泽东和中国共产党人关于中国社会经济发展的战略性认识，当时的重心在于对私人资本主义经济作用的强调。但到 40 年代后期，国营经济则占据了主要地位。在新民主主义政治经济学说的重心发生改变的过程中，关于战后中国市场化发展道路的设想也随之被新民主主义计划经济观代替。

1948 年 9 月张闻天在《关于东北经济构成及经济建设基本方针的提纲》中提出了"新民主主义的计划经济"思想。毛泽东和刘少奇充分注意到这一点，指出"不要以为新民主主义经济不是计划经济，不是向社会主义发展"；刘少奇也在修改提纲时进行了补充："必须由国家统一集中管理一切国营经济"，"这会使所有的国有企业，在统一的计划之下去经营使它成为有计划的经济，避免资本主义经济的无政府状态和恐慌"。[①]毛泽东和刘少奇的上述观点标志着新民主主义计划经济观的基本形成。1949 年，《中国人民政治协商会议共同纲领》规定，新民主主义经济的体制，是实行计划管理与市场调节相结合，指令性计划与指导性计划相结合，计划管理以市场为基础的管理体制，国家将在一定范围内对国民经济实施直接计划管理和间接计划管理。

伴随优先发展重工业和以赶超为目标的工业化道路的战略抉择，中国在超越了新民主主义计划经济的内在矛盾后最终通过加速制度变革的方式确立了计划经济制度。毛泽东多次强调经济计划的重要性。但新民主主义经济形态思想的实践时间较短，加之在实践中于 1953 年提出向社会主义过渡，导致全面向计划经济体制的嬗变。1949 年新政权的诞生，

① 《张闻天文集》第四卷，中共党史出版社 1995 年版，第 31—33 页。

改变了旧中国的政治结构、政治制度，但旧的生产关系并未立即消除，生产力水平也不可能在短时期内提高。因此必须依靠政权的力量，集中统一全国的人力物力和财力，改造旧中国的经济结构，恢复国民经济。第一，必须选择能够迅速改变国家经济结构的经济发展模式；第二，必须选择能够迅速恢复国民经济的经济发展模式；第三，必须选择能够迅速实现国家工业化的经济发展模式。当时的客观现实表明，中国必须选择一种既有利于实行高积累，又有利于集中有限的物力财力和人力投入优先发展部门的经济模式。这样，计划经济模式就成了唯一选择。

中国选择计划经济发展模式，体现了中国国情，也体现了发展中国家经济发展模式的共性。一般来说，发展中国家的公共供给水平和政府供给能力较低，会影响经济持续发展。因此应该将注意力放在最基本的功能上，重视教育、交通、医疗卫生和基本建设等方面的发展。而这些在当时条件下必须依靠政府对资源强有力的动员和调配能力。随着所有制成分逐渐形成单一公有制，高度集中的计划经济体制逐渐建立。

（三）中国传统计划经济体制的内生性

中国传统计划经济体制植根于根据地时代关于新中国经济体制的理论构想。解放区的一些管理经验，如对财政实行集中管理，统一分配的供给制思想，对于新中国成立后计划经济体制的形成，产生了很大影响。三年国民经济的恢复阶段，也是多种经济成分并存，计划调节与市场调节相结合的新民主主义经济体制的运行阶段。就在这个过程中，由于各种历史因素的推动，计划经济体制的因素日益强化。

早在1949年1月，毛泽东就指出发展新民主主义经济不要急于社会主义化，同时还要强调计划。在此时所酝酿的新民主主义经济体制中，已经蕴含着计划经济体制的内涵。1949—1952 年国民经济恢复期间，从总体上讲，当时的经济制度属于多种经济成分并存的新民主主义经济制度。受世界社会主义历史进程的局限，毛泽东从一开始就把建立计划经济体制作为社会主义革命和建设的一个基本目标。计划体制包含两大要素：一是生产资料公有制；二是计划和计划管理体制。它在生产资料的社会主义公有制基础上，国家按照经济发展的规律，从国民经济的实际情况出发，制定经济、社会建设与发展的统一计划，使整个社会生产和再生产有计划地进行。毛泽东解释说，计划经济体制就是尊重"有计划按比例发展的规律"而建立起来的经济制度，它"是作为资本主义竞争和无政府状态的对立物而产生的"。[①]

中国共产党实行计划经济是认为社会主义和计划经济有内在联系。"新民主主义经济之不同于普通的资本主义经济，还在于新民主主义的国民经济应该是某种程度上具有组织性与计划性的经济。"[②]1949 年 10 月，刘少奇再一次指出："在可能的条件下，逐步地增加国民经济中的社会主义成分，加强国民经济的计划性，以便逐步地稳当地过渡到社会主义。"[③]这些认识和马克思主义经典作家的论述以及苏联经验有关。而苏联实行的就是计划经济，我们借鉴苏联的经验，就必然要实行计划经济。

孙中山也曾高度赞扬苏俄从"战时共产主义"转为"新经济政策"的这一过渡经济行为。他认为，一个社会所采取的"制度"，实行的"政

---

① 中华人民共和国国史学会编：《毛泽东读社会主义政治经济学批注和谈话》（上），清样本，1998 年印，第 36 页。

② 刘少奇：《论新中国经济建设》，中央文献出版社 1993 年版，第 30 页。

③ 《刘少奇选集》上卷，人民出版社 1981 年版，第 428 页。

策”，不取决于人的愿望，而是取决于"社会经济程度"。这一思想显然符合历史唯物主义的基本原则。他在研究苏俄的历史和经验之后，认为连苏俄都无法实行马克思、恩格斯的"直接过渡"，自然，社会经济发展水平远不如俄国的中国更加无法实行"马克思的办法"。可以说，孙中山是在继承和发扬马克思学说的基础上，从近代生产力和生产关系两个方面，比较完整地阐释了近代"民生问题"产生的社会根源。他称《建国方略》和"新经济政策""如出一辙"，也主要是指在社会主义大目标下对资本主义的政策相同。

孙中山继承马克思主义对资本剥削的批判观点，对资本主义和资产阶级曾进行严厉的批判，但他并不全盘反对资本主义，而是主张吸取资本主义的积极面，预防并避免其贫富悬殊、阶级对立等社会病症。他没有将资本主义视为垂死、没落、腐朽的，应该打倒、消灭的生产方式，也没有将它视为与社会主义不能相容的敌对力量，而是仍然视为推进人类社会发展和文明进步的"经济能力"，主张调和两者，使之"互相为用"，共同促进人类的文明发展。所谓"互相为用"，就是社会主义可以利用资本主义，资本主义也可以利用社会主义，相互借鉴、相互吸取，人类社会因而得以前进、发展。[1]

可以说，孙中山是在继承马克思观点的基础上，创造性地提出要调和资本主义和社会主义这两种推动人类进化的经济能力"互相为用"，利用外国的资本主义，建立中国的社会主义。鉴于当时的国际国内环境，

---

[1] 参见杨天石：《师其意不用其法——孙中山与马克思主义二题》，《广东社会科学》2011 年第 5 期。

"中山思想"被证明"合于中国"。孙中山虽然没有走上马克思主义道路，但其对社会主义的大力宣传和热切向往，对于后人弥足珍贵，在改革开放的今天，对于中国具有历史与现实的双重启示。

（四）中国传统计划经济体制的现实渊源：后发落后大国工业化战略的选择

在马克思主义传统的社会主义观念中，社会主义应该实行计划经济体制和单一的公有制。因此向社会主义经济体制的过渡，大力发展社会主义性质的经济成分，为下一步对私有制经济进行社会主义改造创造有利条件，必须加强国家对国民经济的领导，建立国家对经济的计划和管理；同时，完成新中国成立后国家财政和经济的恢复，实现国家的工业化，特别是重工业的优先发展，必须集中各种经济力量，需要建立国家的计划管理；避免商品经济的盲目性和不法私营资本家的投机，也需要国家经济计划。鉴于此，新民主主义经济必须在保留非社会主义经济成分和市场的前提下，建立强有力的国家经济计划，加强国家对经济的管理和控制。1948 年，周恩来指出新民主主义与旧民主主义经济体制的区别在于"是基本上计划经济，还是完全自由主义经济"①。

经济发达的国家必然是工业化程度高的国家。社会主义国家的发展目标由其经济制度性质和生产力水平状况决定，一是创造比资本主义国家更高的劳动生产率，二是大多处于以农业为主的状况或工业化水平比较低。因此，新中国成立后就必然会以工业化作为主要目标。在当时的历史条件下，建立独立的工业体系是中国走向工业化过程中的首要目标，

---

① 《周恩来选集》上卷，人民出版社 1980 年版，第 305 页。

而要建立独立的工业体系，优先发展重工业，在资本极度匮乏和生产要素不足的国情中，通过建立高度集中的计划经济体制，以集中全国有限的人才、资金和生产资料进行重点建设是一个合乎历史逻辑的选择。

二、 计划经济体制形成的实践过程

全国解放后，中央政府就着手建立计划经济管理体制。1952 年以前，主要由政务院财经委员会（简称中财委）批准各部门的计划。1952 年，国家计划委员会成立。从此开始建立以计划体制为中心的国民经济管理体制，亦即各个领域建立的体制都要考虑到适合计划管理的需要。鉴于政府在现实中对经济有计划的高效管理体制，1954 年颁布的《中华人民共和国宪法》明确规定"国家用经济计划指导国民经济的发展和改造"，从法律上确认了计划经济体制的地位。

（一）直接计划与间接计划相结合

这一时期主要实行直接计划与间接计划相结合的计划管理制度。1956 年三大改造完成以前，根据所有制结构与生产力发展不平衡的实际，在计划管理上，确定了实行直接计划（即指令性计划）和间接计划（即指导性计划）相结合的形式。这是中国当时实行计划经济的一大特色。对于国有经济实行直接计划，对于地方国有经济只要求规定几项主要指标；对于合作社经济和公私合营经济实行间接计划，只要求编制简要计划和原则上接受国家计划的指导；对于资本主义经济和个体经济，只由计划部门作估算计划，提出方向性的控制指标。这对国民经济发展起到了重要作用。如资本主义工商业接受国家的计划指导，减少了生产上的盲目性。对于私人资本主义经济和个体经济，除了估算性计划外，国家还通过价格、税收、信贷等政策来调节。

当时虽没有使用"经济杠杆"这一术语，但在经济工作中已经注意运用经济政策、经济手段来促进经济计划的贯彻实施。通过对关系全局的重大经济活动实行统一集中管理，尤其是重大的基本建设项目由国家计划统一管理，在全国范围内有计划地合理安排生产力布局，充分利用各地有利条件，使得国民经济有计划按比例协调发展。如"一五"计划时期的 156 项重点建设过程就是由中央统一计划安排的。从设计、施工、生产准备、调整试车到生产出合格的产品，所有工程项目都经过严格的审批，每个项目都有计划任务书、初步设计、技术设计、施工设计。因此，"一五"计划时期的基本建设收到了很好的效果：一是建设工期短，平均五年；二是新增固定资产率较高，平均占 83.7％；三是大中型投资项目的建成投产率较高，占全部施工项目的 43％。这些都优于之后几个五年计划。

随着社会主义改造基本完成，直接计划即指令性计划的范围不断扩大，中央各部属企业从 1953 年的 2 800 多个增加到 1957 年的 9 300 多个，工业企业的指令性指标达 12 个，对企业统得过多，管得太死，弊端开始显现。1956 年社会主义改造基本完成之前，商品流通领域还保持着多种经济成分并存的局面，尚有统购、统销、派购、议价等不同的购销形式和多种流通渠道。如对农副产品采取预约收购、先付定款或奖售、换购的办法。当时除了对关系国计民生的商品和紧俏商品进行计划分配外，一般商品都采取自由选购、自由购销或代购代销等办法，因而流通比较活跃，市场物价比较稳定。

（二）根据基本国情制定并实施"一五"计划，中国经济计划化基本实现

中国在建立经济体制时受到了苏联模式相当大的影响，在工业、交通、基本建设、计划、统计、物资分配、劳动工资等方面确实是学习和借鉴了苏联经验，中国体制也出现集中过多的弊病。但即使在这些方面，也根据中国的具体情况进行了改进。而且，当时所采取的统一集中措施，都以中国的内在因素为依据。如1954年撤销大行政区之后，在各条战线上都强调统一集中，过去由大行政区管理的企业收归各部实行"条条为主"管理。1956年之后把运用于私营资本主义工商业的统购包销等措施运用到国有企业方面。对重要的基本建设的统一集中管理，"与其说是缺点，毋宁说是优点"①。不仅如此，中国的农业、商业、财政、金融、物价等管理体制，基本上是在总结革命根据地和解放区的历史经验的基础上，结合解放后的新情况逐步形成的。如中国并未实行"余粮征集制"，也未在全体居民中推行过军事共产主义制度。在战争时期的供给制仅仅在部队和革命干部中实行，不能与苏联的军事共产主义相提并论。当然，这中间存在的自给自足的自然经济特点，尤其是平均主义、吃大锅饭、供给制等，给中国经济体制的形成带来了一定的消极影响。

新中国成立之初，当"生产资料的社会主义所有制成为我们国家和社会的唯一的经济基础"时，就注定了致使动员能力极大化的计划经济体制的生成。

经过三年经济恢复，中国工农业生产超过了解放前的最高水平，但

①　《当代中国经济》，中国社会科学出版社1987年版，第152页。

就整个国民经济总水平、总规模及社会经济结构看，仍然十分落后，工业基础薄弱，小农经济占很大优势，私人工商业占有相当大的比重。中国共产党根据这一基本国情确定了第一个五年计划的根本任务。一是集中主要力量进行以苏联帮助中国设计的 156 个建设单位为中心的、由限额以上的 694 个建设单位组成的工业建设，建立中国的社会主义工业化的初步基础；二是发展部分集体所有制的农业生产合作社，并发展手工业生产合作社，建立对农业和手工业的社会主义改造的初步基础；三是基本上把资本主义工商业纳入各种形式的国家资本主义的轨道，建立对私营工商业的社会主义改造的初步基础。同时又列出了为完成基本任务而必须完成的 12 条具体任务。按当时条件，这些建设规模既大又快，而且也注意到了生产力的合理配置和社会主义公有制经济成分的较快发展。五年内经济和文化教育建设总支出 766.4 亿元，折合黄金 7 亿多两，这在中国的历史上是空前的。

这部计划充分体现了中国共产党根据中国国情所确定的过渡时期总路线的基本精神，充分体现了中国共产党提出的、全国人民代表大会通过并载入新中国第一部宪法的、反映全国人民共同意志的国家在过渡时期的总任务的基本要求。这一要求就是以社会主义工业化为主体，同时进行农业手工业和资本主义工商业的社会主义改造。它以计划的形式和语言表述了中国共产党和政府所制定的经济社会发展战略。这一战略就是社会主义经济建设和社会改造同时进行，互相促进；主要依靠国民经济内部积累资金，优先发展重工业，相应地发展农业、轻工业和国民经济其他部门；在生产发展、劳动生产率提高的基础上逐步改善人民生活。

伴随全国财经工作的统一，计划体制因素逐渐扩展。1953—1956年，中国经济基本完成了计划化的过程，突出标志是高度集中的计划经济体制基本形成：一是形成了以"条条"为主的高度集中的宏观经济管理体系；二是形成了以指令性计划为主的计划体系，建立了自上而下的计划经济组织体系；三是形成了政企合一的企业模式，企业经济活动开始呈现出预算软约束特征。这三条是传统计划经济体制的基本构件。它们的形成，标志着中国经济计划化的基本实现。

三、 计划经济制度的基本特征

中国第一个五年计划，以苏联帮助中国建设的 156 个项目为中心，以 694 个大中型项目为重点，以发展重工业为主，建立了中国社会主义工业化的初步基础。其基本特征如下：

一是权限的划分问题是计划体制的核心问题。它包括经济活动的决策权、管理权和人财物的支配权等内容。以高度集中为特征、以行政管理为主要机制、以公有制占绝对优势的传统计划经济体制，构成了新中国成立后直至改革开放近 30 年间的主要经济体制。这一阶段，既需要运用经济手段，通过调节经济利益的分配来实现对经济活动的调节，又离不开必不可少的行政手段，通过行政指令干预经济。尽管适应发展商品经济的要求，应尽可能地利用经济手段，因为经济手段在宏观调节控制中应处于主导地位，但经济手段不可能完全取代行政手段。在计划经济时期，需要强化行政手段的作用来实现宏观经济的平衡协调。因而，社会主义初级阶段计划体制的基本格局只能是经济手段与行政手段相结合。

而指令性计划是社会主义计划经济的基本标志。

计划体制建立之初有效推动了经济的快速增长。然而随着制度均衡状态的出现，计划体制的内在规律性逐渐开始体现，集中的计划经济体制开始演变为行政性分权的计划体制，出现"一放就活，一活就乱，一乱就收，一收就死"的现象，导致经济协调机制的混乱，提高了交易成本，降低了人们的积极性，最后不得不依赖于意识形态的灌输作为降低成本的重要依据，但并没有从根本上解决生产力萎缩和资源配置的问题。实际的经济发展情况也证明计划体制无法达成长效增长。

二是计划与市场的结合方式存在差异。新中国成立之初选择建立高度集权的计划经济体制，是由当时严峻的国际环境和中国共产党制定的赶超型发展战略决定的。当时所设想的计划经济体制并非没有其理论的合理性。众所周知，它有三大基本特征：公有制、计划经济和按劳分配。而且在理论逻辑上，它们之间是"三位一体"、相互依存的关系。因此，新中国在成立之初要创造建立社会主义市场经济的条件，必须走社会主义计划经济道路。这是历史的必然规定，也是完全正确的历史选择，其意义在于，在生产力发展上，初步建立了独立完整的工业体系；在国防体系建设上，中国成为拥有"两弹一星"的能够捍卫国家独立的军事强国；在生产关系上建立了社会主义公有制经济。这为中国现代化进程打下了坚实的基础，但在现实中却出现"悖论"：它所计划建设的生产力体系一旦建立，其历史使命便告完成。这是计划经济的自我扬弃，也是社会主义现代化进程的历史逻辑对中国道路的历史规定。

三是经济计划化实现的过程也就是中国经济市场化进程走向中止的

过程。1949—1952 年间，中国经济体制与资源配置方式的基本格局呈现出市场体制因素和计划体制因素并存以及此消彼长的动态特征。一方面，计划体制因素作用的广度与深度逐渐拓展，市场体制因素作用的广度与深度则逐渐萎缩；另一方面，双重体制因素在运作中出现诸多深层矛盾，并因此埋下了市场体制因素最终消亡的伏笔。1953 年，伴随过渡时期总路线的提出、"一五"计划的实施以及"三大改造"的全面推进，上述两种经济体制因素的内在矛盾表面化、激烈化，结果是，计划经济体制迅速成为占支配地位的经济体制。

第四节　主要启示

新中国在成立初期，面对内忧外患，实现了国民经济的恢复与重建，并参考苏联的发展道路实行了重工业优先的发展战略，采用计划经济使得国民经济步入了有序运行的轨道。但由于生产力处于社会主义初级发展阶段，无法适应马克思所描述的高级阶段的经济体制，因此中国无法充分发挥本国优势，实现国民经济的快速发展。

经济体制是一个社会一定时期关于资源占有方式与资源配置方式的系统化的制度安排。计划经济体制最核心的制度安排是生产资料国家所有制，以指令性计划为资源配置的基本手段。新中国成立后，在学习和借鉴苏联经验的基础上，从 1949 年到 1957 年，逐步建立和形成了计划经济体制。计划经济体制能够在全社会范围内集中人力、物力、财力进行大规模重点建设，在当时具有积极意义。但中国的计划经济体制是由一系列互为条件、互相适应的制度安排构成的。这些制度安排存在明显的内在缺陷，由此导致现实困境凸显的制度低效。因此计划经济体制具有明显的弊端，严重压抑了微观经济主体的积极性和创造性，致使国民经济在微观层面缺乏活力。

一、国民经济恢复与社会主义改造时期的制度结构

新中国在成立之初中国面临与苏联类似的内忧外患，要想在短时间内摆脱落后的现状，学习苏联是唯一的方式。正是在苏联的指导下，中国的第一个五年计划得以顺利展开并取得了令人瞩目的成就。中国传统计划经济体制并不是单纯的经济体制，而是和政治体制、国家体制、社会体制胶着在一起的广义的经济体制。与苏联相比，中国的计划经济模式以公共供给为取向，且相对松散，因此更具有"可改革性"。对于苏联计划经济模式，张君劢提出要采取建设的部分而摒弃破坏的部分。他要摒弃的是苏俄式共产革命、全盘国有及其带来的社会动荡和破坏，希望采纳的是苏联的五年计划及其建设成就。①毛泽东曾说，新中国成立初由于缺乏经验，不得不"照抄苏联"，这在当时是完全必要的，但这"又是一个缺点"，"不应当是长久之计"。毛泽东强调"以苏为鉴"，主要还是针对经济体制和经济政策，因为经济方面是中国借鉴苏联最多的地方。随着经验的积累以及对社会主义认识的深化，毛泽东开始反思苏联经济体制。他指出："解决生产关系问题，要解决生产的诸

---

① 张君劢：《史泰林治下之苏俄》自序二，再生杂志社 1933 年版，第 1、4 页。

种问题，也就是各种制度问题，不单是要解决一个所有制的问题……人是服制度不服人的。"①这表明毛泽东已经意识到经济体制的重要性，已经把社会主义经济体制作为一个重要问题。在《论十大关系》中，他对经济管理体制作出安排，要求研究"社会主义整个经济体制的问题"。在毛泽东的支持下，中共八大以后陈云主持体制改革工作，在充分调查的基础上提出了工业管理的两个"适当扩大"，即"适当扩大省、自治区、直辖市管理工业的权限"和"适当扩大企业主管人员对企业内部的管理权限"。②

苏联经济模式是一种高度集中统一的计划经济体制。在国际共产主义运动中，计划经济体制曾一直被视为社会主义经济运行和发展的特征，具有社会主义的属性，同时也是社会主义制度优越性的表现和标志。事实证明，苏联正是利用"社会主义计划管理"的优势，才在一个落后的国家短期内集中调动有限资源实现工业化，打败法西斯，拯救自己的国家。苏联计划经济体制是经济政治和生产社会化发展到一定阶段的必然产物。其突出问题是在构建过程中忽略了马克思和恩格斯提出的计划管理构想所规定的若干必要条件，且缺乏随着时代发展而不断变革的内在机理和内在需求。

中国的计划经济体制从当时国内生产力水平和经济结构出发，参考了抗日战争和解放战争时期党管理根据地和城市生产的经验，但作为一种从未完整实践过的国民经济运行和管理模式，计划经济体制的具体原

---

① 中共中央文献研究室编：《毛泽东年谱（1949—1976）》（第二卷），中央文献出版社2013年版，第529页。

② 《陈云文选》第三卷，人民出版社1995年版，第88、91页。

则、制度和运行方式，在比较大的程度上借鉴了苏联。这对新中国经济恢复和社会主义工业化起到了重要作用。中国的计划经济体制不是建立在资本主义经济高度发达基础之上的，其所面临的主要任务，并不是马克思、恩格斯在论述计划经济时所说的解决生产社会化与生产资料私人占有之间的矛盾，以及由其导致的生产无政府状态和贫富分化问题，而主要是如何加速实现工业化，这成为中国计划经济的首要和主要目标，即解决工业化的资金问题、优先发展重工业和城市化问题。这在一定程度上使得中国计划经济本身的作用不是体现为能否准确地计算社会生产与需求之间的平衡和资源的最佳配置，而是表现为最大限度地动员社会资源，加速工业化步伐，实现赶超战略。计划经济是实施赶超战略的制度保证。

苏联模式的弊端主要是排斥市场经济规律，把工业化时期形成的高度集中的政治经济体制固定化，致使社会体制僵化、缺乏活力。因此，毛泽东指出："过分的集中是不利的。"①虽然对计划经济体制过程中的一些问题有所察觉，但毛泽东一开始并没有与计划经济体制本身直接联系，而认为是没有真正地搞好计划所致，也没有关注到西方资本主义生产管理经验。随着以单一公有制和行政性计划管理为特征的社会主义经济体制的基本建立，弊端开始显现。苏联从 1954 年以后探讨自己的经济建设教训，中国共产党也从 1956 年起结合国情，重新审视和探讨经济建设道路，以中共八大为标志对苏联体制进行了全面反思。

从世界共产主义的运动情况看，落后国家都要通过计划经济建成

---

① 《毛泽东文集》第七卷，人民出版社 1999 年版，第 52 页。

社会主义制度赖以存在的最起码的物质基础，以适应当时的历史环境和生产力发展的客观要求。理论与实践证明，这种建设公有制计划经济的道路对于后进国家自觉地模仿发达国家的产业结构，建立本国独立的工业化体系卓有成效。新中国成立初期选择并实行计划经济体制主要是为了较快实现工业化，建立独立完整的工业体系。中国在实行计划经济的过程中并非只有凭主观意志办事的教训，同时也积累了大量按照客观经济规律指导经济建设的成功经验。与苏联相比，中国"一五"计划建筑在按比例发展规律之上，同时也一定程度地利用了价值规律，在工业与农业、积累与消费、生产资料和消费资料生产、物质生产和交通发展之间，自觉地确立了一定的均衡关系。"只有把计划放在价值规律的基础上，才能使计划成为现实的计划，才能充分发挥计划的效能。"①

与苏联相比，中国"一五"计划注重生产布局，且坚持以农轻重的次序安排计划。毛泽东提出了安排农轻重发展比例关系的原则："我国的经济建设是以重工业为中心，这一点必须肯定。但是同时必须充分注意发展农业和轻工业。"②同时，运用了计划管理与市场调节两个手段。社会主义经济计划的重要任务之一，就在于根据当时经济发展的具体条件，从速度和比例的种种不同的可能结合中，选择最恰当的方案，使国民经济不但能够在当时的计划时期高速度、按比例地发展，而且能够为后续时期的进一步发展创造良好的条件。我们的成就就是处理好了比例关系。

---

① 孙冶方：《社会主义经济的若干理论问题》，人民出版社 1979 年版，第 13 页。

② 《毛泽东文集》第七卷，人民出版社 1999 年版，第 241 页。

"一五"时期经济发展总体上是较好的，各个产业之间的比例适当。工农业总产值平均每年增长 10.9％，国民收入平均每年增长 8.9％。与 20 世纪前半叶中国经济的增长格局相比，"一五"计划具有决定性的加速作用，中国的经验是成功的。

社会主义基本经济制度的生机和活力主要表现在它能够充分调动广大群众的积极性和创造性，促进生产力的迅速增长和人民生活的明显改善。"一五"期间中国工农业生产迅速发展。从 1952 年到 1957 年，工业生产总值增长 1.3 倍，平均每年增长 18％。农业生产总值增长 16.5％，平均每年增长 3.3％。这是资本主义原始积累时期不能相比的。应当说，新中国成立后，毛泽东在思考中国社会的深刻变革时并没有忽视生产力落后的现实，并且，还把它作为过渡时期总路线的"主体"内容予以考虑。与马克思一样，毛泽东深信公有制计划经济能够承载社会生产力发展的重任。但从毛泽东关于社会变革的理论思考和后来的"过渡"实践看，毛泽东更多关注的是怎样通过生产关系的变革来促进生产力的发展，更习惯于用革命的方式解决经济建设的问题，解决生产力发展的问题，在认识和处理生产力和生产关系的问题上，毛泽东的基本思路是以生产关系的先进性推动社会生产力的高速发展。

毛泽东时代的理论环境是既需要按劳分配又必须限制按劳分配。这使得他把注意力更多集中到社会主义生产关系上。其合理性在于社会主义生产关系归根结底是劳动能力强者和弱者之间的关系。执政党要带领全体人民实现平等幸福，需主动限制按劳分配导致的利益差距，否则就是"走资本主义道路"。但是，运用无产阶级专政方式限制按劳分配，又人为抬升和异化了矛盾的性质，伤害群体积极性，冲击生产力发展。马克思用计划经济代替商品经济，虽有效防止了剥削现象的发生，但也使社会主义计划经济失去生机和活力。

通过建立新中国成功实现了政治上的独立后，如何走向"大为富、大为强"①，就成为现实的历史性命题。通过借鉴苏联模式，新中国在社会主义计划经济体制下快速积累了可与强大国际资本力量初步抗衡的物质力量。但如何在与国际资本同生共长的世界体系中努力吸收资本主义的文明成果，又成为现实的历史性难题。在当时的历史条件下，我们在原则高度上排斥了社会主义与资本、商品、市场的历史链接，同样也必然剔除了各种非公经济的存在和发展。而且还在既有的公有制经济中过度排斥了生产管理中的利润、竞争和物质利益等手段。在社会主义制度下，我们把计划放在价值规律的基础上，使计划成为现实的计划，发挥了计划的效能。但在"计划第一，价格第二"的观点指导下，在经济工作中对价值规律仍然重视不够，运用不力，以致后来经济工作中出现许多失误，经济建设蒙受很大损失。

劳动发展所引起的社会危机只能通过劳动进一步发展来化解。市场经济的优越性就在于市场机制对劳动的持续激励作用。生产力的发展要通过激励劳动这个生产力发展的最关键要素，通过劳动充分解放的途径展开。只有把所得财富转变成新的生产资源，使生产力拥有更多物质和精神要素，才能不断创造新的发展条件，形成新的发展契机，以推动生产方式持续进步。

---

① 《毛泽东文集》第六卷，人民出版社 1999 年版，第 495 页。

二、 社会主义改造后的发展成效

随着社会主义的改造，中国进入了一个新的历史时期。中国共产党领导的中国革命有两大历史任务，一是搞阶级斗争，消灭剥削和压迫；二是向自然界斗争，消灭贫困和落后。以前的民主革命和社会主义改造，主要是完成第一个任务。社会主义改造的胜利，则意味着将集中精力努力完成第二个历史任务，即全面开展社会主义建设。随着经济建设和社会主义改造运动的进行，毛泽东指出，在这一转折关头，革命战争时期的口号也可以用到建设社会主义的工作中。因此，"三大改造"虽然存在要求过急、形式简单、工作过粗等问题，但仍为后来的社会主义建设和改革开放奠定了制度基础和政治前提。

社会主义的本质，是解放生产力，发展生产力，消灭剥削，消除两极分化，最终达到共同富裕。因此，社会主义的优越性只能由适应推动生产力的发展来证明。"三大改造"是在进入大规模有计划的社会主义经济建设时期，党中央决定过渡时期的总路线之后全面展开的。社会主义改造和改革是在国家不同的时期实施的重大发展战略，二者都是必要的，具有一脉相承的关系。江泽民也指出："社会主义改造的基本完成，社会主义制度的全面确立，是我国历史上最深刻、最伟大的社会变革，成为新中国一切进步和发展的基础。"[①]有关的统计数字表明，这一论断是符合实际的。在有系统地进行社会主义改造时期，即从1953年到1956年，全国工业总产值每年递增19.6%，农业总产值每年递增4.8%。社会主义

---

① 《江泽民文选》第一卷，人民出版社2006年版，第342页。

改造成了生产力发展的直接动力，表明社会主义改造完全符合社会主义的本质要求。我们党运用马克思主义的基本原理，结合中国具体实际，创造性地开辟了一条适合中国特点的社会主义改造道路。这是国际共产主义运动史上的伟大创举。

随着经济建设和社会主义改造运动的展开，中国进入了历史转折关头。但 1955 年第四季度开始，国内经济建设出现了一股层层抬高数量指标和忽视综合平衡的冒进势头。为急于求成而不断调整生产关系，急于向社会主义全民所有制甚至向共产主义过渡。1955 年冬，毛泽东敏锐地抓住国际形势缓和的趋势，决定加快社会主义改造和建设步伐，反映了人民要求迅速摆脱贫困面貌的愿望。但"从这种急于求成的思想和过高的指标设想出发，他把那些对客观需要和客观可能估计不足的一般缺点，把那些坚持按已有经验和客观可能实事求是地测算经济发展速度的思想，称作'右倾保守思想'而加以批判，这就不能不导致冒进倾向的产生"。①

因此，社会主义改造工作也存在一些缺点和偏差，在指导思想上急于求成。而且由于当时还没有完全搞清楚什么是社会主义，怎样建设社会主义，对中国的基本国情、社会主义所处的阶段也处于不完全清晰的状态，制定的有些政策超越了社会主义初级阶段的现实。党的八大以后，在实现工业化这一目标基础上，根据国内工业化建设的实际情况，毛泽东等领导人逐步提出要实现工业、农业、科学文化、国防现代化的"四个现代化"设想，力争到 20 世纪末，全面实现"四个现代化"。但是，计划经济在经历短期的辉煌之后，其弊端也开始显露，1960 年以前出现

① 薄一波：《若干重大决策与事件的回顾》（上），中共党史出版社 2008 年版，第 372 页。

了生产效率下降、资源消耗严重、生活必需品短缺、人民生活贫困等严重问题。

邓小平也指出："在搞社会主义方面，毛泽东主席的最大功劳是将马克思列宁主义的普遍真理同中国革命的具体实践结合起来。我们最成功的是社会主义改造……后来，在一九五八年，我们犯了错误，搞大跃进，开始不尊重经济规律了，这就使生产下降了。"[1]随着社会主义改造的基本完成和社会主义基本制度的确立，党领导全国各族人民开始转入全面的大规模的社会主义建设，无论在理论上还是实践上，都取得了一系列重要成果："我们现在赖以进行现代化建设的物质技术基础，很大一部分是这个期间建设起来的；全国经济文化建设等方面的骨干力量和他们的工作经验，大部分也是在这个期间培养和积累起来的。这是这个期间党的工作的主导方面。"[2]

社会主义改造的成功是社会主义建设的支撑点和基础，也是今天改革的基础。通过社会主义改造，社会主义经济制度得以建立。加上中国共产党的领导，人民民主专政的实行，马克思主义指导地位的确立，中国共产党为之奋斗了几十年的社会主义制度在中国出现了。这本身就是中国社会变迁的标志性成果，又深刻地影响着社会变迁的进行。

由国家资本主义这一过渡形式对资本主义工商业实行社会主义改造，是国民经济社会主义改造的一个重要特点，也是一种较为成功的实践，为整个国家建设事业的进行奠定了基础。但"三大改造"的提出与工业

---

①　《邓小平文选》第二卷，人民出版社 1994 年版，第 313—314 页。

②　《三中全会以来重要文献选编》下，人民出版社 1982 年版，第 804—805 页。

化也存在相悖的一面，即脱离了生产力水平的改造速度和改造目标。按照马克思主义的观点，经济和政治、革命和建设是统一的。在分析"三大改造"与生产力之间的辩证关系时一方面应注意到，当时国内生产力比较发达的地区，已有了社会化生产的一定规模和水平。这是在一定程度上集中管理经济的物质基础。但这仅仅是很初步的基础，还要看到国内各个区域经济发展很不平衡，在实践中，"一化"和"三改"的进展脱节。也就是，"一五"计划的成绩虽然奠定了工业化的初步基础，但距离实现工业化还有漫长的路程。这样，生产关系的变革就脱离了生产力的发展，而"要真正巩固农业、手工业和资本主义工商业改造的成果，必须实现工业化才行"①。

---

① 《周恩来选集》下卷，人民出版社 1980 年版，第 191 页。

第七章
社会主义经济建设探索与调整时期的制度变化（1958—1965 年）

1956 年底，生产资料的社会主义改造提前完成；1957 年，第一个五年计划又超额完成。如何发挥社会主义制度优越性，快速有效地建设社会主义，尽快赶超世界发达国家，逐渐从一般性的讨论走向了实践的前台。1958—1965 年是中华人民共和国历史上一次经济制度的"大跃进"与调整修正时期，经济发展一度出现了严重的困难，遭遇到重要的挫折，经过 1961—1965 年经济制度的调整与恢复，又迅速完成了一定程度的纠偏与改善。

第一节　社会主义经济建设总路线
提出与经济制度"跃进"式改变

1958 年开始至 1960 年底基本结束的经济"大跃进"，其思想与源头有二：第一是中国共产党领导中国人民试图摆脱苏联高度中央集权、自上而下的行政性计划管理体制，第二是试图通过经济制度的改进，甚至是"大跃进"式的制度调整，来实现更为快速的经济发展。1958—1960年间剧烈的经济制度变革，主要表现为"大跃进"式经济体制变革，是一种超越了生产关系现状和生产力基础的制度变革。

一、 从过渡时期总路线到社会主义经济建设总路线

（一）从"过渡"向快速"建设"的转向

在社会主义过渡时期，国家层面的目标仍然在考虑何时能够转入经济建设时期。根据苏联的历史经验，1955 年，毛泽东预估农业合作化速度难以很快完成，准备用 18 年时间基本完成社会主义工业化，以及对手工业和资本主义工商业的社会主义改造。①这成为当时预想的社会经济制度变革中最需要完成的任务之一。

毛泽东一直在密切地关注农业合作化的进展，1955 年 10 月 11 日，他试图寻找一个好办法能够"使合作社办得又多又快又好"，加快农业合作化的速度。1955 年 12 月 27 日，毛泽东在《中国农村的社会主义高潮》序言中，根据全国农业生产合作社的进度，对社会主义过渡时期的进度提出了新判断："在一九五五年的下半年，中国的情况起了一个根本的变化……已有百分之六十以上的农户……加入了半社会主义

---

① 毛泽东：《关于农业合作化问题》（1955 年 7 月 31 日），载《建国以来重要文献选编》（第七册），中央文献出版社 2011 年版，第 49 页。

的农业生产合作社……这件事告诉我们，只需要一九五六年一个年头，就可以基本上完成农业方面的半社会主义的合作化……到一九五九年，或者一九六〇年，就可以基本上完成合作社由半社会主义到全社会主义的转变。"①本来根据苏联经验，预计农村合作化速度会慢于城市手工业和资本主义工商业改造，不过，根据当时大量的文件与报告，毛泽东确信快速的农业合作化是一种健康的形式，并预计"在三个五年计划完成的时候，即到一九六七年，粮食和许多其他农作物的产量，比较人民共和国成立以前的最高年产量，可能增加百分之一百到百分之二百"②。于是，他逐渐认为可以适当地加速社会主义建设，"中国的工业化的规模和速度，科学、文化、教育、卫生等项事业的发展的规模和速度，已经不能完全按照原来所想的那个样子去做了，这些都应当适当地扩大和加快"。③

1955年，毛泽东认为第二年上半年就可以解决比较容易的手工业社会主义改造速度方面的问题，并改变了看法，认为"现在的问题是经过努力本来可以做到的事情，却有很多人认为做不到。因此，不断地批判那些确实存在的右倾保守思想，就有完全的必要了"。④

1956年1月1日，《人民日报》发表元旦社论《为全面地提早完成和超额完成五年计划而奋斗》，认为"要又多、又快、又好、又省地发展自己的事业"。⑤1956年1月25日，毛泽东提出社会主义革命的目的是解放

---

①②③④　毛泽东：《〈中国农村的社会主义高潮〉序言》（1955年12月27日），载《建国以来重要文献选编》（第七册），中央文献出版社2011年版，第367—370页。

⑤　《建国以来重要文献选编》（第八册），中央文献出版社2011年版，第4页。

生产力，并认为《一九五六年到一九六七年全国农业发展纲要》的任务：
"就是在这个社会主义改造和社会主义建设的高潮的基础上，给农业生产
和农村工作的发展指出一个远景，作为全国农民和农业工作者的奋斗目
标。农业以外的各项工作，也都必须迅速赶上，以适应社会主义革命高
潮的新形势。"[1]1956 年 9 月 27 日，《中国共产党第八次全国代表大会关
于发展国民经济的第二个五年计划（一九五八——一九六二）的建议》
进一步提出，社会主义改造运动已经取得了决定性的胜利，"我国的国
民经济有必要且也有可能继续保持比较高的发展速度"。[2]在此基础上，
从社会主义过渡时期转向社会主义建设时期，得到了更广泛的认同和
响应。

（二）社会主义建设总路线的正式提出

面对"一五"计划取得的超预期成绩，以及 1956 年 2 月苏共二十大
凸显出的苏联社会主义经济体制和建设中的一些问题，中国共产党开始
探索适合中国国情和经济发展阶段的道路与模式。这表现在所发布的一
系列文章和文件中，例如，毛泽东的《论十大关系》《关于正确处理人民
内部矛盾问题》，中共八大通过的"二五"计划建议和《关于经济体制和
经济建设的原则和方法》。1957 年，国内的"反右"运动、国际上的社
会主义阵营追赶，以及赶超资本主义阵营的浪潮，使得毛泽东改变了对

---

① 毛泽东：《社会主义革命的目的是解放生产力》（1956 年 1 月 25 日），载《建国以来
重要文献选编》（第八册），中央文献出版社 2011 年版，第 64 页。

② 《中国共产党第八次全国代表大会关于发展国民经济的第二个五年计划（一九五八——
一九六二）的建议》（1956 年 9 月 27 日），载《建国以来重要文献选编》（第九册），中央文献
出版社 2011 年版，第 305—324 页。

阶级斗争形势的估计。当时认为，通过整风运动和反右派斗争"反映资本主义思想残余的各种歪风大大下降，而共产主义的正气大大上升。许多原来处在落后状态的人们得到共产主义的思想解放，迅速地赶上了先进的人们，这是我们在思想战线和政治战线上的社会主义革命取得伟大胜利的重要标志"。[1]

1957 年 10 月，在中共八届三中全会上，毛泽东认为社会主要矛盾是"无产阶级与资产阶级、社会主义道路与资本主义道路的矛盾"；[2]并进一步确认，社会主义与资本主义的矛盾是"集体主义和个人主义的矛盾"，社会主义革命就是要"变更小生产制度即实现合作化"。[3]中共八大认为的"先进的社会主义制度同落后的社会生产力之间的矛盾"是中国社会主要矛盾的论断被更改，[4]中共八大所确定的"稳步前进、综合平衡"方针也被改变，新的制度设计正在浮现。

1957 年 10 月，毛泽东努力说服党内更多同志接受提高经济建设速度的思路，号召人们做"革命的促进派"，"我们是不是可以把苏联走过的弯路避开，比苏联搞的速度更快一点，比苏联的质量要更好一点？应当

---

①　刘少奇：《中国共产党中央委员会向第八届全国代表大会第二次会议的工作报告》（1958 年 5 月 5 日），载《建国以来重要文献选编》（第十一册），中央文献出版社 2011 年版，第 247—280 页。

②　毛泽东：《在中共八届三中全会上的讲话提纲》（1957 年 10 月 9 日），载《建国以来重要文献选编》（第十册），中央文献出版社 2011 年版，第 523 页。

③　毛泽东：《做革命的促进派》（1957 年 10 月 9 日），载《建国以来重要文献选编》（第十册），中央文献出版社 2011 年版，第 535 页。

④　同上，第 536 页。

争取这个可能"。①他认为："我们讲的是实事求是的合乎实际的多、快、好、省，不是主观主义的多、快、好、省。我们总是要尽可能争取多一点，争取快一点，只是反对主观主义的所谓多、快。"②

1958 年 1 月 1 日，《人民日报》发表社论《乘风破浪》，回顾了国际社会主义运动的胜利、资本主义国家危机的出现、世界民族独立运动的迅速发展，以及国内 1957 年所取得的辉煌成就。③社论认为："在整风运动中，干部和人民群众的革命积极性大大提高，有力地推动了我国的社会主义革命和社会主义建设。"④"一九五八年是我国第二个五年计划的第一年。我们应该利用整风运动的伟大成就和第一个五年计划的胜利完成以及其他一切有利条件，调动一切积极的因素，根据勤俭建国的方针，又多又快又好又省地进行各项建设工作，为第二个五年计划创造一个胜利的开端。"⑤ 1958 年 1 月，毛泽东在《工作方法六十条（草案）》中提出："全国人民为在十五年或者更多一点时间内在钢铁及其他主要工业产品方面赶上或者超过英国这个口号所鼓舞。一个新的生产高潮已经和正在形成。"⑥

---

① 毛泽东：《做革命的促进派》（1957 年 10 月 9 日），载《建国以来重要文献选编》（第十册），中央文献出版社 2011 年版，第 534 页。

② 同上，第 535 页。

③ 1957 年工业总产值超过了第一个五年计划预定指标（17.3％），比 1952 年增长了 132.5％。

④ 《人民日报》社论：《乘风破浪》（1958 年 1 月 1 日），载《建国以来重要文献选编》（第十一册），中央文献出版社 2011 年版，第 4 页。

⑤ 同上，第 6 页。

⑥ 毛泽东《工作方法六十条（草案）》（1958 年 1 月），载《建国以来重要文献选编》（第十一册），中央文献出版社 2011 年版，第 34 页。

1958 年 5 月，中共八大二次会议对于 1956—1958 年的经济发展作出判断："一个马鞍形，两头高，中间低。一九五六年——一九五七年——一九五八年，在生产战线上所表现出来的高潮——低潮——更大的高潮，亦即跃进——保守——大跃进。"①在这次会议上，社会主义建设总路线正式发布，启动了"多快好省"的"大跃进"式社会主义建设，形成了一系列新的制度设计。

二、 社会主义经济建设总路线的内容与主要做法

（一）社会主义建设总路线的主要内容

在中共八大二次会议上，中央认为，新中国成立八年以来经济建设过程中形成的党的社会主义建设路线，尽管仍需要继续发展和完备，但已经在实践中被多次证明了其正确性，基本方向和主要原则已经可以确定。于是，确立了鼓足干劲、力争上游、多快好省地建设社会主义的总路线。②

一是调动一切积极因素。刘少奇在中共八大二次会议上提出总路线时认为，"就是要把一切积极因素都调动起来，把一切可用的力量都调动起来，为尽快地把我国建设成为现代化的富强的社会主义国家而奋斗"；相关的"事实证明，全面地执行多快好省的方针，可以把人民群众的积

---

①② 刘少奇：《中国共产党中央委员会向第八届全国代表大会第二次会议的工作报告》（1958 年 5 月 5 日），载《建国以来重要文献选编》（第十一册），中央文献出版社 2011 年版，第 247—280 页。

极性和潜在力量高度地发挥出来，可以在整个生产建设事业中造成最大的节约"；同时，"在整风运动的基础上，进一步地处理人民内部矛盾，有系统地改进国家工作，加强各级党组织的工作"。①关键着力点在于正确地处理人民内部矛盾，调动一切积极因素进行社会主义建设。

二是巩固与发展社会主义所有制。毛泽东认为"一九五六年在社会主义所有制方面取得了基本的胜利"，对于如何调整集体经济和个人经济的矛盾，"在鼓励农民生产积极性和全面发展生产的基础上，使农家的收入中个体经济和集体经济的比例，在几年内逐步达到三比七或者二比八（即是农民从合作社得到的收入，占家庭总收入的百分之七十或者八十）"。②这样，可以让社会主义所有制结构的主体转变为集体所有制和全民所有制，巩固和发展社会主义的全民所有制和集体所有制。

三是逐步实现技术革命和文化革命。在经济、政治和思想三条战线的社会主义革命成绩的基础上，党中央确定"积极实现党的社会主义建设的总路线，积极实现技术革命和文化革命，将使我国的社会生产力大大地发展起来，将要大大地提高我国的劳动生产率，使我国工业在十五年或者更短的时间内，在钢铁和其他主要产品的产量方面赶上和超过英国；使我国农业在提前实现全国农业发展纲要的基础上，迅速地超过资本主义国家，使我国科学和技术在实现'十二年科学发展规划'的基础

---

① 刘少奇：《中国共产党中央委员会向第八届全国代表大会第二次会议的工作报告》（1958 年 5 月 5 日），载《建国以来重要文献选编》（第十一册），中央文献出版社 2011 年版，第 247—280 页。

② 毛泽东：《工作方法六十条（草案）》（1958 年 1 月），载《建国以来重要文献选编》（第十一册），第 34、38 页。

上，尽快地赶上世界最先进的水平”。①

四是重工业优先的赶超发展。确立重工业优先发展，同时保持工业和农业的并举。就重工业优先而言，重点是发展钢铁工业。同时，也要适当地调整国民经济体系中重工业和农业、轻工业的投资比例，发展轻工业和农业。既要努力做到重工业快速发展，又要保持轻工业取得相应的进步，还要保证农业的持续发展，实现工农业生产全面的赶超发展。“在社会主义建设的问题上，党中央和毛泽东同志历来的主张同样是很明确的，即应该采取快些好些的办法，拒绝慢些差些的方法。”②

五是集中领导、全面规划、分工协作。从 1956 年有关“十大关系”论述以来，中央一直在考虑有关集中领导、全面规划、分工协作方面的安排，也是总路线中的一个关键性的问题。中央明确指出“在改进国家工作方面，当前的首要任务是迅速地正确地解决中央集权和地方分权相结合的问题”，“让地方办更多的事情，使全国各方面的建设工业能够又多又快又好又省地发展，也使得中央各部门能够集中精力去办那些应当自己负责办好的事情”，同时明确强调“党的领导是一切社会主义建设事业胜利的保证”。③

六是又多又快又好又省。首先强调经济发展的快速，然后进一步提出效率兼顾的原则。“建设速度的问题，是社会主义革命胜利后摆在我们面前的最重要的问题。我们的革命就是为了最迅速地发展社会生产力”，

---

①②③　刘少奇：《中国共产党中央委员会向第八届全国代表大会第二次会议的工作报告》（1958 年 5 月 5 日），载《建国以来重要文献选编》（第十一册），中央文献出版社 2011 年版，第 247—280 页。

"只有尽可能地加快建设,才能尽快地巩固我们的社会主义国家,提高人民的生活水平","多和快是对数量和时间的要求,好和省是对质量和成本的要求,它们是互相补充、互相制约的。事实证明,全面地执行多快好省的方针,可以把人民群众的积极性和潜在力量高度地发挥出来"。①中央希望在此基础上,实现鼓足干劲、力争上游、多快好省地建设社会主义的总目标。

(二)社会主义建设总路线的主要做法

首先,重工业优先与多种平衡。在工业方面,优先发展重工业,并保持重工业和轻工业同步发展,实行"以钢为纲、全面跃进"的策略。就具体安排而言,提出中央工业和地方工业、大型企业和中小型企业、洋法生产和土法生产三组同时并举的方针。②在农业方面,实行与工业并举的措施,充分发挥农民的积极性。从土壤改良和平整、肥料生产、水利建设、种子改良、合理密植、病虫害防治、田间管理、工具改革八个方面推进,确定各种适当的增长技术措施。在交通运输业方面,努力提高运输行业的组织工作,更加有效地发掘现有各种运输设备的潜能。在商业方面,通过购销合同制度扩大城乡物资交流,进一步加强出口贸易管理,按时、按量、按质完成国家出口计划。③

其次,集中领导与分级协调。在工业生产战线上,加强集中领导,按照国家统一计划要求全面安排。凡是基本建设任务的调整,重要的原

---

①②③ 刘少奇:《中国共产党中央委员会向第八届全国代表大会第二次会议的工作报告》(1958年5月5日),载《建国以来重要文献选编》(第十一册),中央文献出版社2011年版,第247—280页。

料、材料、设备的分配和调度，企业职工的增加和调配，劳动工资制度的改变，以及技术力量的安排，由中央和省、市、区两级掌握并统一指挥。同时，由中央和省、市、区两级的领导机关，指定专人深入车间或者工地，检查进度和质量，保证计划指标准确地实现。此外，扩大地方管理工业建设和工业生产的权限，1958年，中央和省、市、区两级兴办了1 000多个限额以上的新建和扩建的工矿企业，省、市、区、专区、县兴办了大量的限额以下的洋土结合的工矿单位。地方组织工业生产的积极性和能动性有所提高。①

最后，发动群众运动、改善生产组织。在工业管理中，实行集中领导同大搞群众运动相结合的工作方法。职工群众通过职工代表大会和其他会议，讨论国家计划所规定的任务；管理部门通过相关企业重要会议，广泛听取基层单位的干部和群众中积极分子的意见。1958年，全国钢产量由1957年的535万吨迅速增长到1 108万吨。②

大量企业一方面实行工人参加管理，另一方面实行干部参加生产。通过实施领导人员、技术人员和工人群众三结合的办法，改进技术设备、改良操作流程、改革生产组织、改变不合理的规章制度，发挥原有工业企业的生产潜力。③在有关群众运动的中心环节上，着眼于提高劳动生产率、促进生产、厉行节约、反对浪费。④

---

①②③ 刘少奇：《中国共产党中央委员会向第八届全国代表大会第二次会议的工作报告》（1958年5月5日），载《建国以来重要文献选编》（第十一册），中央文献出版社2011年版，第247—280页。

④ 周恩来：《政府工作报告》（1959年4月18日），载《建国以来重要文献选编》（第十二册），中央文献出版社2011年版，第162—207页。

三、 社会主义经济制度的"跃进"式改变

这一时期经济制度的"跃进"式改变主要表现在三个方面：一是以群众运动式的生产"跃进"制度取代了原有的经济活动秩序，并形成了一种与之配套的经济管理制度，即无限地扩大党领导经济工作的职责和权限，"党委领导、书记挂帅"取代了原有的政府经济职能部门和企业管理层的经营管理。二是社会主义经济所有制向全民所有制迅速推进，尝试以"一大二公"的农村人民公社取代原来的农业生产合作社，实现高度控制的"组织军事化、生活集体化、生产战斗化"，甚至在城市也组织了部分人民公社。三是在发挥地方多快好省地发展经济积极性的精神指导下，迅速将大部分中央所属企业下放到地方政府。由于各地方缺少相配套的管理规则，效果并不如意，削弱了中央的宏观调控与综合平衡能力。

（一）群众运动式的生产"跃进"制度

1957 年 10 月，《人民日报》社论将《一九五六年到一九六七年全国农业发展纲要（修正草案）》视为"建设我国社会主义农村的伟大纲领"，以巩固农业合作化制度，大力提高粮食和其他农作物的产量。中央计划在 1956 年开始以后的 12 年内，在不同自然和经济条件的地区，提高粮食亩产 400—800 斤、棉花 40—100 斤，"要求有关农业和农村的各方面工作在十二年内都按照必要和可能，实现一个巨大的跃进"。[①]

1959 年，在调整国民经济计划的主要指标时，周恩来提出"反右

---

① 《建设社会主义农村的伟大纲领》（1957 年 10 月 27 日《人民日报》社论），载《建国以来重要文献选编》（第十册），中央文献出版社 2011 年版，第 582 页。

倾、鼓干劲，进一步开展增长节约运动"，"总路线本身就要求我们根据客观的条件，最大限度地发挥主观能动性，遵从客观经济规律，注意各种比例关系"。①对于实际工作中出现的一些缺点和问题，通过反右倾活动进行纠正。同时，继续发动群众、鼓足群众革命干劲，并认为这是"全面地超额完成今年国民经济计划的主要保证……为了进一步开展增产节约运动，我们要求：工业、农业、运输业、商业等各个经济部门和其他的部门，都应该毫无例外地开展社会主义竞赛，努力增产，厉行节约"。②

通过群众运动的方式进行"跃进"式的生产，成为一种潮流。1959年 5 月，中央对农业生产下达紧急指示："主席关于农业方面六个问题的意见，应当立即发到生产小队，在群众中普遍地进行传达讨论和执行，真正调动起群众的积极性，并且继续贯彻实行农业生产的八字宪法，继续采取现场会议、评比竞赛等方法，把群众运动起来，干劲鼓足，迅速掀起一个轰轰烈烈的春播、夏收、复种的生产高潮。"③

这样一方面确实扩大了生产，另一方面也出现了明显的生产失序问题。1959 年 4 月湖北省委扩大会议总结 1958 年"大跃进"运动，共有两条经验一条教训。其中经验一是"大跃进为今后工农业高速发展开辟了

---

① 周恩来：《关于调整一九五九年国民经济计划主要指标和进一步开展增产节约运动的报告》，载《1958—1965 中华人民共和国经济档案资料选编·综合卷》，中国财政经济出版社 2011 年版，第 10 页。

② 同上，第 11 页。

③ 《中共中央关于农业的五条紧急指示》（1959 年 5 月 7 日），载《建国以来重要文献选编》（第十二册），中央文献出版社 2011 年版，第 252 页。

道路，造成了大跃进的局势"；经验二是"'放手发动群众，一切经过试验'是保证多快好省的总路线能够实现的关键"；同时，一个教训是生产失序问题，"下面许多干部，把主要的人力物力，集中'搞重点'，集中'放卫星'"。①

"大跃进"式的生产方式成为新的管理制度、新的生产制度，更多地强调统一领导和政治挂帅，忽视了经济运行的规律。1960年在全国省、市、区党委工业书记会议上，中央提出在工业交通战线上"破除了不合理的旧的管理制度，建立了一套促进生产力大跃进的新的管理制度"，主要是"破了一长制，确立了党的统一领导、大搞群众运动"，"破了过分强调物质刺激的工资制度和奖励制度，实行了政治挂帅为主，物质利益为副"。②

在这样的"跃进"式生产制度下，在企业中形成了基于政治动员和群众运动的党委管理制，更多地采用政治思想激励机制。例如，鞍钢所进行的企业制度变革被称为"鞍钢宪法"，以区别苏联的"马钢宪法"，要点在于加强党的领导、坚持政治挂帅、发动群众运动、"两参一改三结合"③、开展技术革新和技术革命。各行各业类似的"跃

---

① 《中共中央批转湖北、河北、广东省委关于人民公社和农村工作情况的报告》（1959年5月10日），载《建国以来重要文献选编》（第十二册），中央文献出版社2011年版，第256—257页。

② 《关于当前工业交通战线上的十个问题——省、市、区党委工业书记会议纪要》（1960年4月24日），载《建国以来重要文献选编》（第十三册），中央文献出版社2011年版，第327页。

③ 即干部参与劳动，工人参与管理，不断改革不合理的规章制度，工人群众、领导干部和技术人员三结合。

进"式生产制度，成为全国学习的样本，席卷至全国各地。1960 年 1
月，中央将《太原市委关于开展以机械化和半机械化为中心的技术革
新和技术革命运动的决议摘要》，转发给各省、市、区党委以及中央
各部委、各党组："请即转发中等以上的城市党委加以研究，参照办
理"，"这是我国工业和交通运输业连续大跃进的一项极重要的措施。
希望中等以上的城市党委把这项工作，摆在重要的地位，并且立即掀
起一个以大搞半机械化和机械化为中心的技术革新和技术革命的群众
运动"。①

　　群众运动式的快速生产"跃进"制度，成为执行社会主义经济建设
总路线的旗帜之一。1960 年 1 月 1 日，《人民日报》社论《展望六十年
代》中认为："中国人民的奋斗目标是，在新的十年间，要在主要工业产
品的产量方面赶上或者超过英国，基本上建立起完整的工业体系，基本
上实现工业、农业和科学文化的现代化，从而把中国建成为一个强大的
社会主义国家。"②同年 4 月 22 日，《人民日报》撰文提出："中国人民当
前的第一个任务，就是高速度地发展我国的社会主义建设，在不长的时
间内把我国建成为一个具有高度发展的现代工业、现代农业和现代科学
文化的伟大的社会主义国家。"③

---

　　①　《中共中央对太原市委关于开展以机械化和半机械化为中心的技术革新和技术革命运
动的决议的批示》（1960 年 1 月 30 日），载《建国以来重要文献选编》（第十三册），中央文献
出版社 2011 年版，第 16—17 页。

　　②　《展望六十年代》（1960 年 1 月 1 日《人民日报》社论），载《建国以来重要文献选
编》（第十三册），第 4 页。

　　③　《人民日报》编辑部：《沿着伟大列宁的道路前进》（1960 年 4 月 22 日），载《建国以
来重要文献选编》（第十三册），中央文献出版社 2011 年版，第 273 页。

(二)"一大二公"的人民公社制度

农村合作化刚完成不久就掀起了人民公社化运动,其前奏是小社并大社。1957年冬到1958年春,有些地方合作社开展联合协作,出现小社并大社。1958年1月,毛泽东重新提出1955年并大社的主张,全国各地迅速展开小社并大社,名称各异,例如"集体农庄""合作农场""国营农场""共产主义农场"等。同年8月9日,毛泽东在山东历城县视察时提出:"还是办人民公社好,它的好处是可以把工、农、商、学、兵结合在一起,便于领导。"[①]1958年8月29日中央通过了《中共中央关于在农村建立人民公社问题的决议》,指出"人民公社是形势发展的必然趋势","人民公社发展的主要基础是我国农业生产全面的不断的跃进和五亿农民愈来愈高的政治觉悟"。[②]从高级合作社向人民公社的过渡开始加速,迅速掀起了"人民公社化"浪潮。1958年9月底,全国90.4%的农户加入人民公社,11月提高到99.1%。

与高级合作社相比,人民公社具有一些特点:(1)"政社合一",即国家基层政权机构与农民集体所有制经济组织合二为一,原乡党委即新的公社党委,原乡人民政府即新的社务委员会,管理本辖区内的各项工作。人民公社是政治、经济、军事、文化的统一体。(2)"一大二公",即追求人民公社的大规模,平均每个公社有5 992户、23 706人,有些公社农户数有1万—2万,甚至出现数乡一社、一县一社的情况。另外,公社的公有化程度高,一切生产资料乃至部分生活资料收归共有,实行公社统一核算

---

① 薄一波:《若干重大决策与事件的回顾(下卷)》,人民出版社1997年,第740页。

② 《中共中央关于在农村建立人民公社问题的决议》(1958年8月29日),载《建国以来重要文献选编》(第十一册),中央文献出版社2011年版,第384—388页。

和分配。（3）生产组织军事化、社员生活集体化。农业生产采用集体劳动的形式。（4）分配制度上实行工资制和供给制相结合，主要采用按照公社人口平均分配的供给制，辅助采用按照劳动力等级的工资制，工资差距很小且与劳动贡献无直接关联，比较缺乏激励机制。[①]

　　"一大二公"、"证社合一"、军事化与集体化的人民公社制度，在实践中出现了明显的问题。1958 年 8 月中央开始调整，"人民公社建成以后，不要忙于改集体所有制为全民所有制，在目前还是采用集体所有制为好"，"由集体所有制向全民所有制的过渡是一个过程"；"人民公社建成以后，也不必忙于改变原有的分配制度"，"要从具体条件出发，在条件成熟的地方，可以改行工资制，在条件不成熟的地方，也可以暂时仍采用原有的三包一奖或者以定产工资等按劳动日计酬的制度"。[②]1958 年，"冬天起就开展了大规模的整社工作，贯彻执行了分级管理、分级核算、按劳分配、多劳多得的原则，确定了在目前阶段公社的生产资料实行三级所有制"；同时，虽然人民公社暂时采用集体所有制，但中央仍认为"在公社一级所有权中已经有一些全民所有制的模样。可以预料，人民公社对于将来农村中从集体所有制转变为全民所有制、从社会主义转变为共产主义的过程，将提供良好的组织形式和宝贵经验"。[③]

---

　　① 张晓山、李周：《新中国 60 年的发展与变迁》，人民出版社 2009 年版，第 219—220 页。

　　② 《中共中央关于在农村建立人民公社问题的决议》（1958 年 8 月 29 日），载《建国以来重要文献选编》（第十一册），中央文献出版社 2011 年版，第 384—388 页。

　　③ 周恩来：《关于调整一九五九年国民经济计划主要指标和进一步开展增产节约运动的报告》（1959 年 8 月 26 日），载《1958—1965 中华人民共和国经济档案资料选编·综合卷》，中国财政经济出版社 2011 年版，第 4—5 页。

1959 年 2—3 月，中央政治局郑州会议确定了整顿和建设人民公社的方针和方法，对人民公社实行统一领导、分级管理的制度做了界定，认为人民公社应该"统一领导，队为基础；分级管理，权力下放；三级核算，各计盈亏；分配计划，由社决定；适当积累，合理调剂；物资劳动，等价交换；按劳分配，承认差别。实行这样的管理体制，就可以避免公社管理委员会集中统一过多过死的缺点，就利于发挥管理委员会、管理区、生产队三级的积极性"。①

1959 年郑州会议对人民公社的调整，仅着眼于解决暂时出现的问题，仍认为"一大二公"的人民公社制度是未来的方向。毛泽东在会议讲话中认为，"我们只能一步一步地引导农民脱离较小的集体所有制，通过较大的集体所有制走向全民所有制，而不能要求一下子完成这个过程"，"目前公社直接所有的东西还不多，如社办企业、社办事业，由社支配的公积金、公益金等"，"公社有了强大的经济力量，就可以实现完全的公社所有制，也就可以进而实现全民所有制"。②他认为通过一系列的制度性"后退"，暂时保留符合农民诉求的生产、分配形式，"克服平均主义，改变权力、财力、人力过分集中于公社一级的状态。公社在统一决定分配的时候，要承认队和队、社员和社员的收入有合理的差别，穷队和富队的伙食和工资应当有所不同"，"公社应当实行权力下放，三级管理，三级核算，并且以队的核算为基础"，"公社的积累应当适合情况，不要太高"。③毛泽东希望通过一段时间公社生产力发展的进步，再

---

① 《郑州会议记录》（1959 年 2 月 27 日至 3 月 5 日中共中央政治局扩大会议），载《建国以来重要文献选编》（第十二册），中央文献出版社 2011 年版，第 118 页。

② 同上，第 112 页。

③ 同上，第 113—114 页。

推进"一大二公"的人民公社制度。所以，1959年10月13日，中央向各省、市、区发布通知，认为"把全部或大部分农活包工到户或者包产到户的做法，实际上是在农村中反对社会主义道路，而走资本主义道路的做法，凡有这种意见和活动的地方，都必须彻底地加以揭露和批判"。①

此外，在城市也试图推行人民公社制度。1960年2月23日，中华全国总工会人民公社组调查后认为哈尔滨香坊人民公社是以工厂为中心办社的典型之一。1960年3月，中央将河北省委、黑龙江省委、中华全国总工会党组、河南省委的城市人民公社报告，印发给上海局、各省市区党委、中央各部委各党组、新华社、人民日报，试验以大型国营厂矿为中心、以机关学校为中心、以街道居民或以城区再加一部分农村为主体组织的各种形式的人民公社。"中央目前还不能规定城市人民公社的统一办法。待一个时期以后，在全国各城市普遍进行了试验以后，那时，中央将总结全国各地的经验，规定一些办法。看起来，以大工厂、以街道、以机关学校三种为中心，而又有各种所有制（国有制，社有集体制，社以下集体所有制）同时存在于一个公社内，是不可避免的，也是很好的。"②

（三）中央向地方分权的制度探索

在1958年初"大跃进"兴起前，毛泽东即试图通过下放中央政府的

---

① 《中共中央批转江苏省委关于立即纠正把全部农户包到户和包产到户的通知》（1959年10月13日），载《1958—1965中华人民共和国经济档案资料选编·综合卷》，中国财政经济出版社2011年版，第16页。

② 《中共中央关于城市人民公社问题的批示》（1960年3月9日），载《建国以来重要文献选编》（第十三册），中央文献出版社2011年版，第52页。

权力来调动地方的积极性。1956 年他就尝试对中央与地方关系进行调整，提出"应当在巩固中央统一领导的前提下，扩大一点地方的权力，给地方更多的独立性，让地方办更多的事情"。①

1958 年 2 月，在谈到经济体制问题时，毛泽东认为以往"中央集权太多"，造成了束缚生产力的结果，提出："我是历来主张'虚君共和'的，中央要办一些事，但是不要办多了，大批的事放在省、市去办。"②1958 年 4 月中央和国务院提出："为了加快我国社会主义建设的速度，提早实现工业化，在工业管理体制方面决定作如下改变：国务院各主管工业部门，不论轻工业或者重工业部门，以及部分非工业部门所管理的企业，除开一些主要的、特殊的以及'试验田'性质的企业仍归中央继续管理以外，其余企业，原则上一律下放，归地方管理。"③在保证完成中央计划的条件下，各地方对中央在该地主管的企业，有权在生产部署和协作方面、在材料调度方面、在劳动力分配方面，进行调剂和平衡。各地方属中央主管的某些原材料工业企业，在超额完成国家计划后，其超额部分，所在地方可以分成。④毛泽东赞同 1958 年初以来的中央权力下放："从经济上来说，中央要充分发挥地方积极性，不要限制、束缚地方积极性。我们是提倡在全国统一计划下，各省尽可能都搞一整套。"⑤

---

① 毛泽东：《论十大关系》（1956 年 4 月 25 日），载《建国以来重要文献选编》（第八册），中央文献出版社 2011 年版，第 213 页。

② 薄一波：《若干重大决策与事件的回顾（下卷）》，人民出版社 1997 年版，第 823 页。

③④ 《中共中央、国务院关于工业企业下放的几项决定》（1958 年 4 月 11 日），载《建国以来重要文献选编》（第十一册），中央文献出版社 2011 年版，第 228—229 页。

⑤ 中共中央文献研究室编：《毛泽东著作专题摘编》（上），中央文献出版社 2003 年版，第 1000—1001 页。

　　1958 年 6 月 1 日，中央提出加强协作区，对中央和地方分权作了新的设想和确定："根据中央集权同地方分权相结合的原则，中央各部委改变管理体制，精简行政机构，把大部分企业、事业和文教单位下放到各省、市、自治区管理……集中精力研究解决全国性的主要的和重大的问题，并且认真地帮助和指导各省、市、自治区进行社会主义建设。中央各部委必须鼓足干劲，积极担负起组织全国大协作、大平衡和技术指导与提高的任务，根据各个经济区域的资源等条件，按照全国统一的规划，尽快地分别建立大型的工业骨干和经济中心，形成若干个具有比较完整的工业体系的经济区域……省、市、自治区是发展经济建设的基本单位，只有充分发挥这一级的积极性，才能更好地发挥地（市）县区乡和全党全民办工业的积极性和促进农业以更快的速度发展……（各省市自治区）必须在中央和协作区的领导和支持下，发展一些必要的骨干工业……（各省市自治区）必须根据本地区的资源条件和销路情况，在集中领导、全面规划和分工协作的前提下，调动一切力量，自力更生地安排和发展本地区的工业，把所有能够自己解决的问题都千方百计地加以解决。"①

　　1958 年，中央在很短的时间内，在以下方面将经济管理权力下放给地方：（1）大部分中央所属企业交给地方管理。中央各部所属的企业事业单位从 9 300 多个减少为 1 200 个，下放 88％，中央直属企业的工业产值在工业总产值中的比重从 39.7％下降为 13.8％。（2）下放计划管理权。实行"以地区综合平衡为基础的、专业部门和地区相结合的计划管理制

---

　　① 《中共中央关于加强协作区工作的决定》（1958 年 6 月 1 日），载《建国以来重要文献选编》（第十一册），中央文献出版社 2011 年版，第 297—302 页。

度"，扩大地方管理权限。1959 年，国家计委管理的工业产品从 1957 年的 300 多种减少为 215 种，中央统配、部管物资由 532 种减少为 132 种。(3) 下放基本建设项目审批权。地方兴办限额以上的建设项目，只需将简要的计划任务书报送中央批准，其他设计和预算文件一律由地方审查批准；限额以下的项目完全由地方自行决定。(4) 下放财权和税权。中央财力从"一五"期间平均约 75% 下降到约 30%，地方和企业预算外资金从 1957 年相当于预算内收入的 8.5% 提高到 1960 年的 20.6%。(5) 下放劳动管理权。1958 年 6 月，中央决定各地的招工计划经省（市）确定后，不必经过中央批准。(6) 下放商业、银行等管理权。在商业方面，撤销全国性专业公司，按地方行政区划成立专业局（处），实行政企合一；在金融方面，改为"存贷下放，计划包干，差额管理，统一调度"。(7) 下放教育管理权。原由教育部领导的 60 所高校和 143 所中专下放给地方管理。同时，将建立高校的审批权下放给省、市、自治区。[①]

在 1960 年国民经济计划中，"除了一部分带全国性的重大企业以外，我们把原来由中央部门管理的企业，下放给省、市、自治区管理；原来由省、市、自治区管理的许多企业，也下放给专区或县管理，实行了统一领导和分级管理相结合的制度"。[②]

作为一项新的制度探索，这次有限度的中央和地方权限重新划分，

---

① 武力：《1949 年以后毛泽东对中央与地方经济关系的探索》，"毛泽东与中国社会主义建设规律的探索：第六届国史学术年会"论文集，2006 年 9 月；武力：《当代中国经济发展和制度变革研究》，当代中国出版社 2019 年版，第 179—180 页。

② 李富春：《关于一九六〇年国民经济计划草案的报告》（1960 年 3 月 30 日），载《建国以来重要文献选编》（第十三册），中央文献出版社 2011 年版，第 140 页。

并没有触动单一公有制和行政性主导的计划经济体制。制度探索的主要目标是减少中央决策的僵化，试图调动地方积极性。但在同时，仅仅考虑到让地方多快好省地发展经济，迅速将相关权力下放给地方，缺少必要的有效的制度规范，加上"反右倾"和"反冒进"等政治运动所形成的经济建设波动，又使得各项经济工作出现了混乱。故而，并没有显示出良好的绩效，一方面失去了原来中央综合平衡功能的纠错作用，另一方面所推动的地方经济发展效率并不显著。

第二节 经济建设调整与恢复时期的制度探索

1958—1960年经济制度"大跃进"式的改变，并不适应生产力发展所对应的阶段，一度造成了国民经济发展的混乱。1960年底，中央决定对国民经济进行"调整、巩固、充实、提高"。从1961年开始，进入经济体制与经济运行的调整与恢复期。1961—1965年经济建设调整与恢复时期的制度探索，主要表现在：通过控制基本建设的规模，改变产业内部结构，调整生产制度；通过改变"一大二公"模式，确立三级所有制度；通过强化中央的统一管理，修正中央地方分权制度；通过改变管理经济路径，调整工业企业的管理制度。

一、 调整出相对协调有效的生产制度

1961年6月，在城乡手工业政策调整方面，中央改变了之前的激进

做法，提出根据实际情况部分恢复原来的手工业生产合作社。"原来的手工业生产合作社，已经转为国营工业和公社工业的，凡是不利于调动手工业工人积极性，不利于恢复和增加产品品种，不利于提高产品质量，不便利群众的，都必须坚决采取适当的步骤，改为手工业生产合作社或者合作小组。"①同时，关于集体所有制手工业企业的生产计划，"在国家计划的指导下，结合本单位的具体情况进行编制。计划需要调整的时候，国家计划部门可以提出意见，但是只准协商，不准强迫"。②

1961年9月15日，中央发出《关于当前工业问题的指示》，在肯定成绩的同时也指出了一些问题与不足，主要表现在：计划指标过高，工业部门内部发展更加不平衡，工业内部的比例关系很不协调，工业和其他部门的比例关系很不协调，基本建设战线过长并过于分散影响投资效果，工业管理部门中出现浮夸风和瞎指挥作风，工业企业管理混乱效率低下，劳动生产率下降，产品质量下降，原有的企业间协作关系被破坏，严重的三年自然灾害下，粮食与经济作物及副业产品严重减产。于是，"中央就加强工业领导、调整工业计划、整顿管理体制、改善协作关系和改进企业工作等等方面的问题，作了八项规定"，"为了有系统地解决当前工业发展中存在的严重问题，逐步协调工业内部各行业之间、工业和农业之间、城市和农村之间的关系，所有工业部门，在今后七年内，都必须毫不动摇地切实地贯彻执行调整、巩固、充实、提高的方针"。③

---

① 《中共中央关于城乡手工业若干政策问题的规定（试行草案）》（1961年6月19日），载《建国以来重要文献选编》（第十四册），中央文献出版社2011年版，第380页。

② 同上，第385页。

③ 《关于当前工业问题的指示》（1961年9月15日），载《建国以来重要文献选编》（第十四册），中央文献出版社2011年版，第530—531页。

1962 年 3 月，根据当时的经济形势，周恩来认为调整、巩固、充实、提高的方针"是当前的条件下，具体贯彻执行党的鼓足干劲、力争上游、多快好省地建设社会主义的总路线的方针"，"它包含着多方面的内容，主要的是，要适当地调整农业、轻工业和重工业的相互关系，生产和基本建设的相互关系，经济事业和文教事业、国防事业的相互关系，积累和消费的相互关系，以及财政、信贷和物资的相互关系"。[①]国民经济调整的中心环节是恢复和发展农业，适当地发展轻工业，放慢重工业增长速度。

针对周恩来提到的通过综合平衡、全面安排以改变不协调现象，1963 年 7 月，李富春进行了第二个五年计划后两年的调整计划，认为"我们必须在应当后退的地方坚决后退，在应当前进和可以的地方积极前进，以便在比较正常的情况下，掌握工作的主动，逐步把国民经济的关系调整好"[②]，将"跃进"式生产制度，切换为正常形态相对协调有效的生产制度。1963 年 1 月，中央将薄一波在全国工业工作会议上的总结发言进行修改补充后，发给各工业城市的党委、各大型和中型工业与交通企业的党委讨论并执行。薄一波的总结发言认为，经过两年来的调整工作，"工业和农业的不相适应的状况已经有了很大的改变"，从 1963 年起"再用两三年的时间，继续认真有效地进行国民经济的调整工作，把工业

---

① 周恩来：《国内形势和我们的任务》（1962 年 3 月 27、28 日），载《建国以来重要文献选编》（第十五册），中央文献出版社 2011 年版，第 238 页。

② 李富春：《关于第二个五年计划后两年的调整计划和计划执行情况的报告》（1963 年 7 月 3 日），载《建国以来重要文献选编》（第十六册），中央文献出版社 2011 年版，第 423 页。

工作转上以农业为基础的轨道，使工业和农业以及工业内部的各种比例关系更加协调起来"。①

在经济调整与恢复时期，生产制度调整主要表现在五个方面：第一，集中主要力量加强农业生产，同时也较快地恢复农业生产，回到工农业相对协调发展的思路上。第二，降低一些重工业品生产量，增加农业领域生产资料、日用工业品、一些重要原料材料的生产，增加产品种类，提高产品质量。第三，缩小基本建设规模，调整投资分配比例，提高工程质量。第四，减少职工和城镇人口，发展农业，改善城乡关系。第五，改进国营商业购销工作，恢复供销合作社，加强集市贸易管理，活跃城乡物资交流。②通过大幅压缩基本建设，调整农、轻、重关系，加强对农业支持等方面，实现了生产制度的调整。

二、 回到相对适宜的人民公社制度

1961 年秋，中央确定以生产队为人民公社的基本核算单位，认为："经过生产关系的这个调整，就可以比较彻底地克服生产队之间的平均主义，农村人民公社制度就能够更加合适农村生产力的状况。"③1962 年 9

---

① 《中共中央批转薄一波〈在全国工业工作会议上的总结发言〉》（1963 年 1 月 2 日），载《建国以来重要文献选编》（第十六册），中央文献出版社 2011 年版，第 37 页。

② 李富春：《关于第二个五年计划后两年的调整计划和计划执行情况的报告》（1963 年 7 月 3 日），载《建国以来重要文献选编》（第十六册），中央文献出版社 2011 年版，第 424—435 页。

③ 刘少奇：《在扩大的中央工作会议上的报告》（1962 年 1 月 27 日），载《建国以来重要文献选编》（第十五册），中央文献出版社 2011 年版，第 16 页。

月，《农村人民公社工作条例修正草案》正式通过，基本确立"三级所有、队为基础"的人民公社制度。①

"三级所有"是指公社内部的公社、生产大队、生产队三级集体经济组织分别拥有各自独立的土地和其他生产资料，在经济上各自独立核算。第一，关于生产队，是指生产队作为公社体制下的农业经营基本单位，独立核算，自主经营，由生产队直接组织社员开展生产经营活动。生产队范围内的土地和其他生产资料归生产队集体所有；劳动力由生产队统一组织支配、管理；收益分配由生产队自主进行，实行按劳分配、同工同酬。在上交国家税金、提取公积金、公益金后，根据社员的劳动工分进行分配。社员可以耕种自留地，规模一般占生产队耕地的 5％—7％。第二，生产大队在公社的领导下管理该大队范围内各个生产队的生产和行政工作。在生产方面，负责指导、检查、监督生产队的生产活动、财产管理和收益分配，以及按时完成国家的产品征购、派购任务；组织开展兴修水利建设和其他农田建设；管理生产大队所有的大中型农机具、山林、企业。在行政方面，贯彻中央的政策、法律；负责该大队范围内的公共福利事业和文化教育卫生事业，以及社会治安等方面。第三，人民公社一方面行使国家基层政权的能力，并根据国家下发的征购、派购任务，在生产队之间分配并督促其完成；另一方面负责管理经营归公社一级的企业、山林、集体资产。《农村人民公社工作条例修正草案》中对"人民公社"的定义为："农村人民公社是政社合一的组织，是我国社会

---

① 马晓河：《中国农村 50 年：农业集体化道路与制度变迁》，《当代中国史研究》1999 年第 5—6 期。

主义社会在农村中的基层单位，又是我国社会主义政权在农村中的基层单位。农村人民公社是适应生产发展的需要，在高级农业生产合作社的基础上联合组成的。它在一个很长的历史时期内，是社会主义的互助、互利的集体经济组织，实行各尽所能、按劳分配、多劳多得、不劳动者不得食的原则。人民公社的集体所有制经济，同全民所有制经济，是社会主义经济的两种形式。"①

至此，将农村"一大二公"的人民公社制度改变为"三级所有、队为基础"的公社制度。虽然仍保持了"政社合一"，但所有制、生产、分配形式都更为灵活。

在农业生产经营方式上，1961年许多地方为了度荒实行"包产到户"，其中尤其以安徽最为突出。但在1962年北戴河中央工作会议和随后召开的中共八届十中全会上，该做法受到毛泽东的严厉批评，随后在全国掀起了一个纠正包产到户的浪潮。作为一种生产经营责任制，包产到户即便能够提高农民生产积极性，仍无法实行。但在同时，对农业副业的限制逐渐放宽。1965年9月，中央和国务院提出大力发展农村副业生产，认为"必须充分发挥人民公社制度的优越性，积极地有计划地增加集体副业在生产中的比重，巩固和壮大集体经济，这是党的坚定不移的方针"，"集体副业应当以生产队（包括以大队为核算单位的大队）经营为主"，"社员的家庭副业，是社会主义经济的必要的补充部分。从农

---

① 《农村人民公社工作条例修正草案》（1962年9月27日），载《建国以来重要文献选编》（第十五册），中央文献出版社2011年版，第521页。张晓山、李周：《新中国60年的发展与变迁》，人民出版社2009年版，第221—222页。

村副业说，社员家庭副业在长期内还将占有一定的地位"。①

三、 中央地方分权制度的再修正

1961 年 1 月，根据中央的《关于调整管理体制的若干暂行规定》，大幅度回收之前下放给地方的权力。暂行规定主要包括："经济管理的大权应当集中到中央、中央局和省（市、自治区）委三级，最近两三年内，应该更多地集中到中央和中央局。地区计划应当在中央的统一领导下，以大区为单位，由中央局进行统一安排"；"中央各部直属企业的行政管理、生产指挥、物资调度、干部安排的权力，统归中央主管各部"；"根据'统一领导、分级管理'的原则，凡属需要在全国范围内组织平衡的重要物资，均由中央统一管理、统一分配"；"财权必须集中"；"国家规定的劳动计划，各部门、各地方不许突破"；"所有生产、基建、收购、财务、文教、劳动等各项工作，都必须执行全国一盘棋、上下一本账的方针，不得层层加码，都必须集中力量，努力完成和超额完成"。②

1961 年 9 月，《中共中央关于当前工业问题的指示》发布，指出"我们对工业的管理，一贯地实行集中领导、分级管理的原则"，必须"改变过去一段时间内权力下放过多、分得过散的现象。就全国来说，在最近两三年内，一定要把工业管理的权力更多地集中在中央（包括中央局）

---

① 《中共中央、国务院关于大力发展农村副业生产的指示》（1965 年 9 月 5 日），载《建国以来重要文献选编》（第二十册），中央文献出版社 2011 年版，第 440—441 页。

② 《中共中央关于调整管理体制的若干暂行规定》（1961 年 1 月 20 日），载《建国以来重要文献选编》（第十四册），中央文献出版社 2011 年版，第 87—89 页。

一级，把全国的人力、物力、财力从全局观点出发进行统一指挥。就省、市、自治区来说，也必须把过去下放过多的权力集中到省、市、自治区一级，根据中央统一领导的要求，根据本地区的具体情况，统筹安排和合理使用本地区的人力、物力、财力"。①

相关的具体措施表现在五个方面：（1）加强计划的集中统一管理。主要有三：一是扩大计划的范围，1961 年编制 12 种计划，1963 年编制 20 种计划；二是增多计划指标，基本恢复到"一五"时期的计划指标，部分更为细密；三是提高集中统一度，各项经济活动的大部分指标由中央直接管理。计划分为三级：中央直接管辖国民经济中的关键指标；中央各部门管理本行业的全国性重要指标；省、市、自治区管理本地区的重要指标。（2）加强对基本建设的集中统一管理。中央财政专项拨款基本建设资金，严格控制并减少部门、地方、企业的预算外资金；同时，改变基本建设审批权限，大中型建设项目一律由国务院或国家计委审批，一切基本建设必须按程序报请审批。（3）上收一批之前下放的企业。1959 年中央直属企事业单位 2 400 个，1965 年达到 10 533 个，这些企业的工业产值占全国工业总产值的 42.2%，其中属于生产资料的部分占 55.1%。同时，这些直属企业的行政管理、生产指挥、物资调度、干部安排等权力，统归中央各主管部门。（4）加强财政、信贷的集中统一管理。国家财权基本集中到中央、大区、省（市、自治区）三级，缩小专区、县、公社的财权；国家预算从中央到地方实行一本账，保持收支平

---

① 《中共中央关于当前工业问题的指示》（1961 年 9 月 15 日），载《建国以来重要文献选编》（第十四册），中央文献出版社 2011 年版，第 533—534 页。

衡，不准赤字预算；对各地区、各部门和各单位的预算外资金，采取
"纳、减、管"的办法进行整顿，即部分纳入预算、部分减少、部分加
强管理。（5）加强物资的集中统一管理，收回部分物资管理权。1963
年，原设在国家经委内的物资管理总局改为国家物资总局，对地方物
资管理系统实行垂直领导，1964 年改为物资部。1961 年，国家统配物
资 87 种，1965 年增加为 370 种。另外，还扩大物资管理部门的统一销
售范围，将原来由各工业部门分管的统配物资销售机构，交由物资部
门统一管理。[①]

从经济制度调整方面来看，主要是纠正"大跃进"时期的体制偏差，
回归到中央集权的计划经济管理模式，强调经济管理的大权集中到中央、
中央局和省（市、自治区）委三级。基本建设投资不再由地方财政包干，
改为中央财政专项拨款，严加控制并减少部门、地方、企业的预算外
资金。

同时，在计划经济管理和中央地方经济关系方面，问题也没有得到
解决。这个时期中央直接管理的指标占到了各项经济活动的主体部分，
例如国家计委管理的工业产品从 215 种恢复、增加到 400 种左右，这些
产品的产值占工业总产值的 60％左右。中央管理的农林牧副渔主要产品
有 30 种左右，产值占农业总产值的 70％左右；中央管理的主要零售商品
指标有 90 种左右，其零售额占社会商品零售总额的 70％左右；中央管理
的进口商品有 50 种左右，其进口额占进口贸易总额的 90％左右；中央管

---

① 武力：《1949 年以后毛泽东对中央与地方经济关系的探索》，"毛泽东与中国社会主
义建设规律的探索：第六届国史学术年会"论文，2006 年 9 月；武力：《当代中国经济发展
和制度变革研究》，当代中国出版社 2019 年版，第 181—182 页。

理的出口商品有 80 种左右，其出口额占出口贸易总额的 85％左右。①因此，1963 年，毛泽东一方面强烈要求国家计委实行计划改革，另一方面又再次提出中央应该下放权力到地方。中央和地方分权制度调整或修正，是否会出现积极有效的效果，关键在于全国经济体制和制度是否有效。

四、 工业企业管理制度的调整

"大跃进"期间强调政治挂帅，不少企业实行党委书记抓工业的领导体制，一度造成了企业管理混乱和效益下降的问题。1961 年 9 月，中央下发《国营工业企业工作条例（草案）》（简称《工业七十条》），这是新中国成立后第一个比较系统和完整的国营企业管理文件，也是对工业制度和企业管理的规范与调整。

《工业七十条》从计划管理、技术管理、劳动管理、财务管理、职工生活、组织领导等方面，为提高企业管理水平，确立党委领导下的厂长负责制作为企业管理的根本制度。具体表述为："在企业的生产行政上，实行党委领导下的厂长负责制，实行集体领导和工人负责相结合的制度"；企业党委对于生产行政工作的领导责任表现在："（1）贯彻执行党的路线、方针、政策，保证全面完成和超额完成国家计划，保证实现上级行政主管机关布置的任务。（2）讨论和决定企业工作中的各项重大问题。（3）检查和监督各级行政领导人员对国家、上级指示、企业党委决

---

① 朱君奇：《从计划经济的"兴、变、衰"看中国经济体制变迁》，曲阜师范大学硕士学位论文，2014 年。

定的执行。在企业党委的领导下，企业生产行政工作的指挥，由厂长负责。"①

《工业七十条》围绕总原则、计划管理、技术管理、劳动管理、工资及奖励和生活福利、经济核算和财务管理、企业间协作、责任制度、党委领导下的厂长负责制、工会和职工代表大会、党的工作等方面展开。提出了一些合乎工业企业组织和管理的规章、方法、策略，涉及劳动组织、劳动生产率、分配制度、经济核算、企业治理、特色的经验和方法等方面。"每个企业都必须从做好定员工作，改善劳动组织，提高职工的思想觉悟、技术熟练程度和业务水平，加强劳动保护等方面，来不断地提高劳动生产率，用更少的劳动时间，生产质量更好、数量更多的产品。""国营工业企业的工资、奖励制度，必须体现按劳分配的原则，克服平均主义。""每个企业都必须实行全面的经济核算，凡是产品方案和生产规模的确定、技术措施和生产方法的制定，综合利用和多种经营的安排，以及一切生产、技术、财务活动，都要保证质量，讲究经济效果，都要真正地体现多快好省的根本要求。""每个企业都要根据本企业的特点，总结已有的经验，经过群众充分讨论，建立和健全厂部、车间、工段、小组各级的行政领导责任制，建立和健全生产、技术、劳动、供销、运输、财务、生活、人事等专职机构和专职人员的责任制，建立和健全每个工人的岗位责任制。""在国营工业企业中，必须发扬民主，贯彻执

---

① 《中共中央关于讨论和实行〈国营工业企业工作条例（草案）〉的指示》（1961 年 9 月 16 日），载《建国以来重要文献选编》（第十四册），中央文献出版社 2011 年版，第 580—581 页。

行群众路线，放手发动群众，充分发挥全体工人、技术人员、职员的积极性和创造性，提高他们的主人翁责任感，把实行集中管理和开展群众运动正确地结合起来。"①

此外，1961 年中央对于手工业企业的收益分配、工资福利、经营管理也进行调整和指导。"手工业的工资制度，必须贯彻执行'按劳分配，多劳多得'的原则，反对平均主义"，"必须坚持民主办社、民主办厂的方针。手工业生产合作社要恢复过去行之有效的民主管理制度"。②

1964 年，全国掀起了试办托拉斯组织。1964 年 2 月，煤炭工业部党组希望能"组织托拉斯、用经济办法管理工业"，"为了集中统一，加强基本建设工作的领导，加速煤炭基地的建设"，在徐州试点成立华东煤炭工业公司，撤销江西、安徽、山东三省的煤炭设计院，合并安徽、山东、徐州三个基本建设局，合并江西、山东、安徽三个煤田地质勘探局。③ 1964 年 10 月，《化学工业部党委关于医药工业实行托拉斯集中统一管理的报告》认为，全国 297 个制药厂分属于工业、卫生、商业、农垦、水产、文教、公安（劳改）、手工业等多个部门，除了化工部直属的四个大

---

① 《中共中央关于讨论和实行〈国营工业企业工作条例（草案）〉的指示》（1961 年 9 月 16 日），载《建国以来重要文献选编》（第十四册），中央文献出版社 2011 年版，第 557—588 页。

② 《中共中央关于城乡手工业若干政策问题的规定（试行草案）》（1961 年 6 月 19 日），载《建国以来重要文献选编》（第十四册），中央文献出版社 2011 年版，第 384、388 页。

③ 《中共中央批转煤炭工业部党组〈关于华东煤炭工业公司组织领导关系的请示报告〉》（1964 年 4 月 26 日），载《建国以来重要文献选编》（第十八册），中央文献出版社 2011 年版，第 391—392 页。

型原料药厂外，其他由各部门和省、市、专区、县、公社、生产大队分散经营，在产品质量、生产效率、生产能力、空间布局、有效管理等方面存在问题。提议全国药品生产由中国医药工业公司（托拉斯）实行统一集中管理，商业部门只收购该公司所属单位的药品；进行关、并、停整顿和技术改造。①

　　采用托拉斯组织形式管理工业企业，是工业管理体制上的一个重大的改变。当时认为，"办好托拉斯，用社会主义的经济的和科学的办法来管理工业，是多快好省地发展我国工业的一项重要措施"。②1964 年 11 月中央和国务院批转轻工业部党委《关于烟草工业托拉斯一年来试办的情况和今后意见的报告》，指出"全国烟草厂数减少了百分之四十，职工人数减少了四分之一，而卷烟的综合生产能力提高了百分之十七，劳动生产率调高了百分之三十五，卷烟的加工费用降低百分之二十一，卷烟的质量也有显著提高"。③

　　1965 年的企业管理与制度调整中，除了改革企业管理体制（简化结构和减少层级）、改革工业生产组织（推进专业化和协作）之外，改革工

---

　　①　《中共中央、国务院批转化学工业部党委〈关于医药工业实行托拉斯集中统一管理的报告〉》（1964 年 10 月 21 日），载《建国以来重要文献选编》（第十九册），中央文献出版社2011 年版，第 250—253 页。

　　②　《中共中央、国务院批转国家经委党组〈关于试办工业、交通托拉斯的意见的报告〉》（1964 年 8 月 17 日），载《建国以来重要文献选编》（第十九册），中央文献出版社2011 年版，第 128 页。

　　③　《中共中央、国务院批转轻工业部党委〈关于烟草工业托拉斯一年来试办的情况和今后意见的报告〉》（1964 年 11 月 23 日），载《建国以来重要文献选编》（第十九册），中央文献出版社 2011 年版，第 358 页。

业管理方法（试办托拉斯）最为显著。① "按照专业化协作的原则和合理布局的要求，对现有企业的产品方向和设备、人员进行调整；把过去由各厂分散管理的计划、供应、销售、财务等业务，集中到公司或分公司，实行统一管理、统一核算；面向厂矿，为生产服务，使企业能够集中主要精力抓好生产。"②除了 1964 年的 12 个托拉斯外，还增加了石油工业公司、仪器仪表工业公司、木材加工工业公司，筹备煤炭工业公司、棉纺织工业公司、电机电器工业公司。

"社会主义的托拉斯"的定义是"在党的领导下，根据国家的方针政策和统一计划，用社会主义的经济办法（而不是行政办法）来管理工业、交通企业的一种组织形式"；强调经济原则、有效管理、技术革新、统一组织的原则，"是社会主义全民所有制的集中统一管理的经济组织，是在国家统一计划下的独立的经济核算单位和计划单位"；"托拉斯作为独立经济核算单位和计划单位，国家通过主管部向它下达计划，它对完成国家计划全面负责，并对所属分公司、厂（矿）以及科研、设计等单位，实行统一的经营管理"。③

托拉斯组织一方面通过横向联合的实现，将原本同类企业之间的竞争关系转化为企业内部的组织关系，另一方面通过供、产、销纵向联合

① 《中共中央批转关于一九六五年工业交通工作的两个文件》（1965 年 4 月 14 日），载《建国以来重要文献选编》（第二十册），中央文献出版社 2011 年版，第 140—142 页。

② 《一九六五年工业交通工作要点》（1965 年 2 月），载《建国以来重要文献选编》（第二十册），中央文献出版社 2011 年版，第 160—161 页。

③ 《中共中央、国务院批转国家经委党组〈关于试办工业、交通托拉斯的意见的报告〉》（1964 年 8 月 17 日），载《建国以来重要文献选编》（第十九册），中央文献出版社 2011 年版，第 120—131 页。

的实现，降低每一个中间环节的经营成本。有研究认为，20 世纪 60 年代前期的托拉斯建立以后，"经济组织的效率明显提高，经济效益却未有相应的提升"，①主要原因在于托拉斯"计划单位"仍然受制于计划经济体制的束缚，无法发挥市场竞争力。

第三节　经济建设探索与调整时期的制度遗产及表现

原本按照工农业并举、轻重工业并举的思路建设国民经济，随着"鼓足干劲、力争上游、多快好省"总路线推动的"大跃进"发生并制度化以后，迅速进入经济建设的制度探索与调整时期。在这一期间形成了两项制度遗产，即以"全国一盘棋"为代表的社会主义优势性制度和以实践为中心的制度纠错机制，使得 1958—1965 年经济建设的探索与调整得以有效完成。经济统计上的数据也支持了制度"大跃进"的绩效与问题以及经济制度调整与恢复期的制度效果，留下了广泛的经验教训。

一、探索与调整时期的经济制度遗产

（一）社会主义举国体制及其更新

1958 年 8 月，毛泽东在协作区主任会议上的讲话中，专门谈到中央

---

① 林超超：《20 世纪 60 年代中国工业托拉斯的兴起及其体制困境》，《中国经济史研究》2015 年第 1 期；林超超：《效率、动员与经济增长：计划体制下的上海工业》，上海人民出版社 2013 年版。

和地方政府的关系问题："地方分权，各级（省、专、县、乡、社）都要权，内容有所不同，范围有所不同。分级管理，但不要把原材料都分掉了。各级计划要逐步加强。合作社的生产和分配，也要逐步统一管起来。没有严密的计划性和组织性是不行的。"①其关键思路为集中领导和分级管理的统一。

1958 年 9 月，党中央和国务院对计划管理体制规定的目标是："适应工农业生产大跃进的形势和管理体制改进的情况，并使社会主义经济的计划管理简明易行，以便更充分发挥各方面的积极性，多快好省地建设社会主义"，原则是"统一计划、分级管理、加强协作、共同负责"，要求是"重点建设、枝叶扶持"。主要包括三条精神：第一，国家计划必须统一，各地方、各部门的经济、文化的建设都应当纳入全国统一计划之内；第二，在国家统一计划的前提下，实行分级管理的计划制度，以充分发挥地方的积极性；第三，实行中央集中领导下，以地区综合平衡为基础的、专业部门和地区相结合的计划管理制度，贯彻执行计划工作中的群众路线。②

1959 年 2 月 24 日，《人民日报》发表"集中领导、统一安排、保证重点、加强协作"的标语，以及《全国一盘棋》的社论，提出并阐述了社会主义优势性的举国体制，成为国家经济建设的一项重要制度。"我们

---

① 逄先知、金冲及编：《毛泽东传（1949—1976）》（上），中央文献出版社 2003 年版，第 830 页；武力：《1949 年以后毛泽东对中央与地方经济关系的探索》，"毛泽东与中国社会主义建设规律的探索：第六届国史学术年会"论文，2006 年 9 月。

② 《中共中央、国务院关于改进计划管理体制的规定》（1958 年 9 月 24 日），载《建国以来重要文献选编》（第十一册），中央文献出版社 2011 年版，第 438—443 页。

的社会主义经济，是有计划按比例开展的。为了最有效、最合理地调动
各方面的积极性，就必须更好地加强集中领导和全面安排，就必须从全
国着眼，把全国经济组织成一盘棋。不论是建设的布局和投资的分配，
不论是生产指标的确定和安排，也不论是原材料和产品的调拨，都必须
从全局出发，保证重点，照顾一般……全国一盘棋，集中领导和统一安
排，是我国进行建设的最重要的原则……集中领导和统一安排，不但是
在全国范围内组织经济生活的原则，而且也是在一个省、一个自治区、
一个市、一个县、一个人民公社范围内，在一个部门和一个企业范围内
组织经济生活的原则……但是，从全局来看，块块的和条条的统一安排
都是局部性的，都是全国一盘棋的组成部分。大局决定小局，小局必须
服从大局……小局服从大局，下级服从上级，这是全国一盘棋的根本原
则。统一安排基本建设项目的重心问题，是保证重点，这是全国一盘棋
的重要一着……这样做的目的是集中优势力量，多快好省地发展我国的
社会主义建设，不论对全国或者每个地区、每个部门都是有利的。"①

1959 年 2 月，在中央批准的《关于当前工业生产中几个主要问题的
报告》中，关于如何组织实施该年计划，明确提出"贯彻全国一盘棋，
保证重点；集中力量，突击薄弱环节；加强组织领导，具体解决问题；
鼓干劲，搞高潮等各项具体措施是可行的。请各级党委、中央机关各级
党组，在中央有关部门和地方机关统一思想、统一行动、相互协助、相
互支援下，切实组织其实现，力争在二季度内完全恢复正常秩序，以便

---

① 《全国一盘棋》（1959 年 2 月 24 日《人民日报》社论），载《建国以来重要文献选编》
（第十二册），中央文献出版社 2011 年版，第 75—78 页。

在二季度后出现生产更大跃进的局面，胜利完成和超额完成一九五九年四大目标以及其他指标的任务".[1]

1960 年 11 月，在《经济工作的十条经验教训》中，提出基本建设必须集中力量打歼灭战，必须把材料、设备、人力都用在刀刃上，保证重点；要合理地改进管理体制。总的要求是集中领导和分级管理相统一，把权力适当集中到省（市、自治区）、中央局和中央。[2]

在商业领域，县级以上的各级供销合作社，过去采用分级核算、各负盈亏的规则，对利润大的商品就多经营，对利润较小和无利的商品就减少经营或不经营，出现商品调拨不灵现象。1964 年 6 月改为"分级核算、统负盈亏的办法"，这"有利于加强县级以上供销合作社商业的集中领导，保证商品的统一调度，加强购销活动的计划性，防止片面的经济核算观点".[3]

集中领导、统一安排、保证重点、加强协作基础上的"全国一盘棋"的社会主义优势性制度，源自灵活计划、集中管理、全局优先、重点突破，成为社会主义经济建设探索与调整时期制度创新上的一项重要遗产。

（二）以实践为中心的制度纠错机制

随着 1958 年"鼓足干劲，力争上游，多快好省地建设社会主义"总

---

① 《中共中央批准国家经济委员会党组〈关于当前工业生产中几个主要问题的报告〉》（1959 年 2 月 24 日），载《建国以来重要文献选编》（第十二册），中央文献出版社 2011 年版，第 48 页。

② 李富春：《经济工作的十条经验教训》（1960 年 11 月 18 日），载《建国以来重要文献选编》（第十三册），中央文献出版社 2011 年版，第 629—630 页。

③ 《中共中央转发李先念关于当前财贸工作的几个问题的发言》（1964 年 7 月 15 日），载《建国以来重要文献选编》（第十九册），中央文献出版社 2011 年版，第 82 页。

路线的展开，"大跃进"运动迅速掀起，也产生了很多问题。1959 年 6 月，国家计划委员会党组给中央和毛泽东的报告中认为："现在已经看得很清楚：许多工业产品的生产计划和物资分配计划所以完成得不好，主要原因是原来的生产指标定得偏高，超过了客观的可能。因此，必须按照生产的客观可能，对原定的物资分配计划进行必要的调整，使它能够确实实现，这样才能保证全国的生产、建设的正常进行。"①

1960 年初，贯彻鞍钢宪法，一方面坚持党的领导、政治挂帅，号召不计劳动报酬，另一方面又在更多企业的工资福利制度方面，"实行了政治思想教育和物资鼓励相结合而以政治思想教育为主的原则，实行了增加集体福利和增加个人收入相结合而逐步提高集体福利比重的原则"。②

在社会主义建设调整之后的恢复时期，制定各项计划时仍高度关注实践中的变化。1963 年 1 月，中央批准发布当年的基本建设计划草案，要求继续调整、巩固、充实、提高国民经济，基本建设投资只能适当地增加，步子不能迈得太大。1963 年的 77.1 亿元的投资计划中，包括了已有积存的材料、设备，各地区、各部门不准自行扩大工作量。③1964 年 5 月，毛泽东在国家计委领导小组汇报第三个五年计划设想时提出："要说

① 《中共中央关于调整一九五九年主要物资分配和基本建设计划的紧急指示》（1959 年 6 月 13 日），载《建国以来重要文献选编》（第十二册），中央文献出版社 2011 年版，第 344 页。

② 李富春：《关于一九六零年国民经济计划草案的报告》（1960 年 3 月 30 日），载《建国以来重要文献选编》（第十三册），中央文献出版社 2011 年版，第 140 页。

③ 《中共中央关于批发一九六三年基本建设计划草案的指示》（1963 年 1 月 3 日），载《建国以来重要文献选编》（第十六册），中央文献出版社 2011 年版，第 46 页。

服地方同志。工业、农业、国防和其他建设事业只能搞那么多了，只有那么多钱。我们的财政除了支付工资（包括支付国家工作人员的工资）、折旧、维持简单再生产等以外，积累并不多，只能搞那么多了。"①当谈到各方面势头很大，要做冷静的促进派时，毛泽东说："要少而精，集中力量打歼灭战，留有余地，要把基础工业同各方面的关系摆好。要记住过去几年的教训……搞经济建设越搞越急，行么?"②

1964 年 9 月，中央和国务院号召学习泸州天然气化工厂的办法，并认为需要改变工业基本建设中机械地照搬外国经验的错误。"我们的基本建设工作，同样必须以苏为鉴，认真地总结自己的经验，从工程设计、设备制造、施工管理等方面，彻底打破苏联那一套少慢差费的'框框'的束缚，创造一套适合我国情况的、正在体现勤俭建国精神的、多快好省的办法。在工业基本建设方面，要多建中、小型企业，多建专业化生产的企业，多安排协作，尽可能采用新技术和新工艺，坚决纠正那种贪大、求全的错误。"③

1965 年 6 月，就工业企业托拉斯组织的三个矛盾（中央和地方的矛盾、托拉斯内部统一领导和分级管理的矛盾、托拉斯同现行经济管理制度的矛盾），薄一波建议"在试点工作中，应当更好地贯彻执行中央工业

---

① ② 《毛泽东在国家计委领导小组汇报第三个五年计划设想时的插话（节录）》（1964 年 5 月 10、11 日），载《建国以来重要文献选编》（第十八册），中央文献出版社 2011 年版，第 496 页。

③ 《一切工业基本建设工作都要按照适合我国情况、正在体现勤俭建国精神和多快好省的办法进行——中共中央、国务院转发一个报告的批示》（1964 年 9 月 1 日），载《建国以来重要文献选编》（第十九册），中央文献出版社 2011 年版，第 165 页。

和地方工业同时并举的方针，贯彻执行统一领导和分级管理的原则，以便在中央的统一计划下，调动地方和厂矿的积极性，多快好省地发展我国的工业"。①

1965 年 8 月，中央下发给各中央局、各省市自治区党委、各地委、各县委的文件中，提醒在三年丰收的基础上，需要保持清醒头脑，避免自满情绪。"中央要求县以上各级党委，不断认真总结经验，全面接受合作化以来，特别是公社化以来的经验教训，以保证新的农业生产高潮的持续发展，争取在一个较短的时间内，实现全国农业发展纲要所规定的粮、棉、油等各项主要指标。"②

如果说以"全国一盘棋"为代表的举国体制是社会主义经济建设探索与调整时期的一项优势性制度遗产，那么以实践为中心的制度纠错机制则是另外一项遗产，使得 1958—1965 年经济建设的探索与调整得以有效完成。

二、 从统计上看制度调整的经验教训

（一）统计数据变化与分析

表 7.1 显示了 1953—1965 年国内生产总值、第二产业、第三产业的指数变化。由于生产结构失衡，过于偏向重化工业，以及"大跃进"

---

① 薄一波：《关于试办托拉斯工作中的一些问题》（1965 年 6 月 21 日），载《建国以来重要文献选编》（第二十册），中央文献出版社 2011 年版，第 268 页。

② 《中共中央关于当前农村工作问题的指示》（1965 年 8 月 23 日），载《建国以来重要文献选编》（第二十册），中央文献出版社 2011 年版，第 315—316 页。

和"人民公社化",违背了经济规律和制度供给,1960—1961 年我国社会主义经济建设迅速陷入低谷。历经 1961—1962 年的初步调整与 1963—1965 年的再度恢复,各项指标逐渐回升,尤其是第一产业最为明显。表 7.1 中的环比数据显示年度间的变化,表 7.2 中的同比数据显示 1958—1965 年每年相对 1952 年国内生产总值的位序。就制度而言,群众运动式的制度"大跃进"所带来的经济绩效在当年明显可见,留下的问题则后移到后面年份;经济制度调整与恢复的成效也同样后延,逐渐显示出来。

表 7.1　国内生产总值发展速度（环比）

年份	国内生产总值	第一产业	第二产业	工业	建筑业	第三产业	运输邮电业	商业	人均国内生产总值
1953	115.6	101.9	135.8	135.7	136.4	127.3	124.1	138.0	113.1
1954	104.2	101.7	115.7	119.3	96.7	99.4	110.8	101.8	101.8
1955	106.8	107.9	107.6	106.6	113.8	104.6	102.5	99.9	104.5
1956	115.0	104.7	134.5	128.6	170.0	114.1	121.8	108.5	112.7
1957	105.1	103.1	108.0	111.4	92.9	104.8	107.2	98.9	102.4
1958	121.3	100.4	152.9	153.4	150.0	117.9	146.7	103.6	118.3
1959	108.8	84.1	125.8	129.1	105.7	115.2	131.0	105.9	106.7
1960	99.7	83.6	105.6	106.1	101.4	104.8	110.4	91.2	99.5
1961	72.7	101.4	57.9	61.0	34.6	74.3	65.0	73.0	73.4
1962	94.4	104.5	89.2	86.7	123.8	90.8	81.1	96.0	93.6
1963	110.2	111.3	114.5	113.3	125.9	104.4	98.4	108.2	107.5
1964	118.3	112.9	125.6	125.6	125.6	115.5	105.4	113.2	115.5
1965	117.0	109.7	124.2	125.8	110.6	115.8	134.5	99.5	114.3

注:上年 = 100。

资料来源:国家统计局国民经济核算司编:《中国国内生产总值核算历史资料摘要 (1952—1996)》,中国统计出版社 1998 年版,第 27—34 页。

表 7.2　国内生产总值指数统计（相对于 1952 年同比）

年份	国内生产总值	第一产业	第二产业	工业	建筑业	第三产业	运输邮电业	商业	人均国内生产总值
1952	100	100	100	100	100	100	100	100	100
1953	115.6	101.9	135.8	135.7	136.4	127.3	124.1	138.0	113.1
1954	120.5	103.6	157.1	161.9	131.8	126.6	137.6	140.5	115.1
1955	128.4	111.8	169.0	172.6	150.0	132.4	141.0	140.3	120.3
1956	148.1	117.0	227.3	222.0	255.5	151.0	171.7	152.3	135.6
1957	155.6	120.6	245.5	247.2	236.8	158.3	184.1	150.7	138.9
1958	188.6	121.1	375.4	379.2	355.2	186.6	270.2	156.1	164.3
1959	205.3	101.9	472.3	489.7	375.3	215.0	354.0	165.3	185.3
1960	204.6	85.2	498.6	519.8	380.5	225.3	390.8	150.8	174.5
1961	148.7	86.5	288.8	316.8	131.8	167.5	254.0	110.1	128.1
1962	140.4	90.4	257.8	274.7	163.8	152.1	205.9	105.7	119.9
1963	154.7	100.6	295.2	311.3	205.4	158.9	202.6	114.3	129.0
1964	182.9	113.6	370.8	391.0	257.9	183.4	213.4	129.4	149.0
1965	214.1	124.6	460.6	492.0	285.2	212.4	287.1	128.7	170.3

资料来源：国家统计局国民经济核算司编：《中国国内生产总值核算历史资料摘要（1952—1996）》，中国统计出版社 1998 年版，第 37—44 页。

表 7.3 显示了 1958—1960 年财政支出的迅速增长，以及财政收支赤字的扩大，其直接导致 1961—1962 年国家财政收支的负增长。1958—1960 年是建设社会主义总路线和"大跃进"时期，基本建设投资规模增加，1961—1962 年大幅压缩基本建设，调整工、农、轻、重关系，加强对农业的支持。一直到 1965 年调整和恢复期的结束，都严格限制基本建设支出额度（参见表 7.4）。

表 7.3　国家财政收支总额及增长速度统计（不包括国内外债务部分）（1952—1965 年）

年份	财政收入 （亿元）	财政支出 （亿元）	收支差额 （亿元）	财政收入 增长速度 （%）	财政支出 增长速度 （%）	财政收入占 国内生产总 值的比重（%）
1952	173.94	172.07	1.87	39.2	41	25.6
1953	213.24	219.21	− 5.97	22.6	27.4	25.9
1954	245.17	244.11	1.06	15	11.4	28.5
1955	249.27	262.73	− 13.46	1.7	7.6	27.4
1956	280.19	298.52	− 18.33	12.4	13.6	27.3
1957	303.2	295.95	7.25	8.2	− 0.9	28.4
1958	379.62	400.36	− 20.74	25.2	35.3	29
1959	487.12	543.17	− 56.05	28.3	35.7	33.9
1960	572.29	643.68	− 71.39	17.5	18.5	39.3
1961	356.06	356.09	− 0.03	− 37.8	− 44.7	29.2
1962	313.55	294.88	18.67	− 11.9	− 17.2	27.3
1963	342.25	332.05	10.2	9.2	12.6	27.8
1964	399.54	393.79	5.75	16.7	18.6	27.5
1965	473.32	459.97	13.35	18.5	16.8	27.6

资料来源：《中国财政年鉴 2008（总第 17 卷）》，中国财政杂志社 2008 年版，第 396、398 页。

（二）经济调整的经验与教训

就积极方面而言，经济调整促成了巨大的基本建设支出的投入，群众运动式的政治动员推动了社会主义建设热情的高涨，经济建设取得了成绩。（1）建成了一批重要的工业项目。"大跃进"期间中央和地方先后施工的大中型工业项目达到 2 200 个左右，其中完成或部分完成并投入使用的有 1 100 个，施工的小型工业项目有 9 万多个。（2）增强了工业技术基础，提高了技术水平。同 1957 年相比，1960 年全民所有制工业企业的固定资产原值由 334.6 亿元增长到 721.8 亿元；工业企业的工程技术人员

表 7.4　国家财政部分主要支出项目统计（1953—1965 年）

年份	基本建设支出（亿元）	增拨企业流动资金（亿元）	挖潜改造资金和科技三项费用(亿元)	支农支出（亿元）	文教科学卫生支出(亿元)
1953	70.34	13.78	—	2.99	19.03
1954	84.28	26.30	1.82	3.98	19.70
1955	88.53	30.81	3.09	5.82	19.82
1956	139.58	10.79	2.48	7.70	23.90
1957	123.71	20.82	2.29	7.99	27.76
1958	229.38	25.66	0.83	9.34	28.64
1959	302.34	54.28	2.20	22.05	36.47
1960	354.45	67.47	2.55	33.73	50.46
1961	110.18	29.39	2.67	31.01	41.23
1962	55.65	47.78	14.65	19.29	36.74
1963	80.21	36.65	18.28	22.19	37.96
1964	123.83	23.35	20.86	20.92	43.34
1965	158.49	27.55	25.23	17.29	45.59

资料来源：中华人民共和国财政部综合计划司、中华人民共和国财政科研所编：《世界财政统计提要》，东北财经大学出版社 1991 年版，第 20 页。

数由 17.5 万人增加到 40 多万人。（3）工业地区布局得到了改善。沿海地区工业总产值比重由 1957 年的 67.9％下降到 65.3％，内地由 32.1％上升到 34.7％。[①]（4）农村工业发展迅速。到 1960 年，社办工业企业总数达到 11.7 万个，占工业企业总数的 46.1％，占集体工业企业总数的 74.1％。这些为后来的社队企业和乡镇企业的发展，积累了经验，奠定

---

① 汪海波：《中国现代产业经济史（1949—2004）》，山西经济出版社 2006 年版，第 195—196 页。

了基础。（5）农业基本建设和技术改造，特别是水利建设取得了一定的成效。①

从制度演化来看，中国首次形成的社会主义经济建设制度，在一些错误与不完善中走向相对正确和比较完善。（1）通过控制基本建设的规模，逐步改变了产业结构，并调整出相对协调有效的生产制度。（2）通过改变"一大二公"模式，确立了三级所有制度经济组成，回到虽然存在问题但相对较为适宜的人民公社制度。（3）通过强化中央的统一管理，再修正了中央地方分权制度的问题。（4）通过相对重视企业效益和采用经济方法管理经济的途径，改进了工业企业管理及其制度。

就消极方面而言，从经济建设来看，主要表现在两个方面：（1）"大跃进"中不切实际的高指标和不顾成本的大干快干、"超英赶美"，不仅造成人力、物力的巨大浪费，以及环境和资源的严重破坏，还导致严重的农业减产。（2）由于中央政府制定的不切实际的高指标在政治压力下层层传递，因此地方党委和基层干部必然采用两种手段来应付：一是采用同样的方式来推进经济建设；二是隐瞒、扭曲信息，采用虚假的手段（即当时的"浮夸风"）来误导上级机关，主要表现在"大炼钢铁"和农业生产方面。

从制度改变来看，主要表现在三个方面：（1）以群众运动式的生产"跃进"制度取代了原有的经济活动秩序，并形成了一种与之配套的经济

---

① 武力主编：《中华人民共和国经济史》（上卷），中国时代经济出版社 2010 年版，第364 页。

管理制度，即无限地扩大党领导经济工作的职责和权限，"党委领导、书记挂帅"取代了原有的政府经济职能部门和企业管理层的经营管理。（2）社会主义经济所有制向全民所有制迅速推进，尝试以"一大二公"的农村人民公社取代原来的农业生产合作社，实现高度控制的"组织军事化、生活集体化、生产战斗化"，甚至在城市也组织了部分人民公社。（3）贯彻发挥地方"多快好省"地发展经济积极性的精神，迅速将中央所有的企业大部分下放到地方政府，由于各地方缺少相配套的管理规则，效果并不如意，还削弱了中央的宏观调控与综合平衡能力。

第四节　小结：制度"大跃进"及其再修正

在 1958—1965 年间的社会主义经济建设探索与调整的进程中，社会主义建设总路线、"大跃进"和人民公社先后被称为"三个法宝""三面红旗"，分别成为指导思想上、生产方式上、社会组织上的"大跃进"运动，共同构成了 1958—1965 年间的制度"大跃进"以及制度困境之后的调整与恢复，主要表现在三个方面。

首先，在鼓足干劲、力争上游、多快好省地建设社会主义的总路线指导下，以群众运动式的生产"跃进"制度，取代了中共八大之后的"稳步前进、综合平衡"的经济活动秩序。在此基础上，逐渐形成了一种与之相配套的经济管理制度，即党领导经济工作的职责和权限被无限地扩大，"党委领导、书记挂帅"取代了原有的政府经济职能部门和企业管理层的经营管理。当群众式"大跃进"生产制度出现严重问题之际，只能通过严格控制基本建设的规模，严格限制地方盲目投资，调整产业内部结构，调整工业农业以及重工业轻工业的比例，恢复出相对协调有效的生产制度。在此基础上，通过相对重视企业效益、发挥企业治理和收入分配方面的积极性，同时采用经济方法来管理经济运行规则，调整了微观层面的企业管理制度。

其次，当社会主义经济基本制度被确定为单一公有制，必然向全民所有制迅速推进，甚至也不再保留集体所有制。于是，尝试以"一大二公"的农村人民公社取代原来的农业生产合作社，实现高度控制的"组织军事化、生活集体化、生产战斗化"，将农村集体所有制升级为全民所有制，甚至在城市也组织了部分人民公社。当"一大二公"的人民公社模式遭遇到自然灾害和实际困难，并且出现经济效益低下的情景时，只能改变该模式，重新恢复三级所有制度经济组成，回到相对更适合当时社会生产力水平的人民公社制度。

最后，寄希望于地方发挥"多快好省"的积极性，努力推进社会主义建设总路线的实践。但在没有详细的制度安排的情况下，中央即迅速地将大部分中央企业下放到地方政府，各地方缺少相配套的企业管理规则。不仅这些企业发展的效果并不尽如人意，而且又削弱了中央的宏观调控与综合平衡能力。于是，再度强化中央的统一管理，收回所下放的中央企业，修正中央与地方的分权制度。在中央和地方制度关系的调整中，未能形成双向增益的效果，最后又重新回到中央管控的路径之中。

当高度集中的计划经济和公有制主导形成以后，即存在两个问题：宏观计划管理缺乏科学性和灵活性，微观经济缺乏激励和自主性。当需要进行制度性改变时，也出现了两种不同的想法。第一种观点接受"大跃进"的教训和调整时期的经验，对于农业经济，认为可以实行"包产到户"形式的生产责任制；对于国有企业，可采用更多经济手段来代替行政手段，例如试办托拉斯，推行经济核算，强调利润指标和恢复奖金制度；对于计划和市场的关系，也希望发挥市场调节的补充作用，以弥补单纯计划经济的不足。第二种观点从维护单一公有制和计划经济出发，对此加以否定，再联系到当时中苏两党以及两国之间的思想和政策分歧，将其作为修正主义进行批判。

当1965年国民经济调整任务基本完成，大体上渡过了"大跃进"后的严重经济困难，经济发展和体制变革又再一次处在十字路口。随着"工业学大庆""农业学大寨""全国学习人民解放军""干部思想革命化"，以及农村"四清"、城市"五反"等各种运动的开展，尤其是1965年"思想革命""制度革命""设计革命"的先后出现，加之战备和"三线"建设等国内外形势的变化，更为激进的制度变革浮现了。

第八章
"文化大革命"时期的社会主义
制度探索

在以往的相关经济研究中，1966—1976 年"文化大革命"时期相对而言是着墨较少的一个阶段。其中可能的一个原因是在政治运动的过程中，从客观而言，经济建设被放在了一个相对次要的位置上。但是从经济制度变迁的角度，该时期的探索是不容忽视的，即该时期再次启动了以往制度探索中遭遇了严重挫折的可能取径，并将其推向了一个极致，构成了向更高层次的社会主义过渡。

第一节 "文化大革命"时期经济制度探索的背景

在考察"文化大革命"时期中国经济制度探索的内容和绩效前，有必要先明确这一时期乃至此前一段时期的历史背景。因为从制度变迁的角度，"文化大革命"具有很强的特殊性，即其不仅是一场大规模、长时期，同时也是更为彻底的生产关系变革实践，而且是在经历了中共八大以及 1962 年中央扩大工作会议（即"七千人大会"）、中央政治局常委扩大会议（即"西楼会议"）关于高度集中的计划经济体制和单一的公有制经济模式及其对经济规律的违背的深刻反思后，仍选择了甚至更为彻底地执行变革生产关系这一路径。所以，有必要考察此段历史时期中可能的一系列外在因素对于经济制度变迁产生的影响。本节将着眼于三个方面：一是 20 世纪 50—60 年代中国所处国际政治环境的变化；二是很大程度上由此引发的国内主要矛盾的变化；三是随后形成的经济制度探索的主线，即再一次开展向更高层次的社会主义过渡，也正是这一主线，指导了"文化大革命"时期经济制度的探索实践。

一、 国际政治环境的变化

新中国成立后，苏联在中国的社会主义理论探索和建设实践中皆扮演了重要角色。在 20 世纪 50 年代初期，中苏两国同处于社会主义阵营，从而形成了同盟关系，保持着良好互动的局面。但是，由于中苏共产党人在所处国内国际环境、革命实践经验和历史文化等方面存在差异,[1]在二战后国际政治局势和社会主义建设不断发展的背景下，产生分歧在所难免，也最终上升至国家利益的冲突。

---

① 孔寒冰：《走出苏联：中苏关系及其对中国发展的影响》，新华出版社 2011 年版，第130 页。

1956 年苏共二十大召开，提出了关于不同社会制度的"和平共处原则日益广泛地获得国际上的承认"①、"向社会主义过渡的道路将越来越多样化"②等观点，引发了中苏就斯大林的评价、和平共处、和平过渡等问题的争论，直至 1966 年中苏两党关系中断，形成了"十年论战"。争论的高潮是 1963 年中共中央提出并发表《关于国际共产主义运动总路线的建议》，建议国际共运总路线为"逐步实现无产阶级世界革命的完全胜利，建立一个没有帝国主义、没有资本主义、没有剥削制度的新世界"③。随后，苏共通过文章对中共中央所提建议进行了全面反驳。作为反击，1963 年 7 月至 1964 年 9 月《人民日报》和《红旗》相继发表了九篇批判文章，公开反对赫鲁晓夫的修正主义路线，两党关系自此走向破裂。至 1966 年论战结束，中苏关系迅速恶化，苏联在中苏、中蒙边界布兵百万，使中国遭受了国家安全方面的重大威胁。

与此同时，在 20 世纪 50—60 年代，中美关系也处于对峙状态。虽然中国并不放弃与美国开展技术经济合作的可能，但自新中国成立起，美国联合其他资本主义国家对中国实行了战略军品、尖端技术、稀有物资等的封锁。同时，在朝鲜半岛、中国台湾海峡和中印边境都发生了对抗乃至武装冲突。肯尼迪政府、约翰逊政府甚至将中国视为最大威胁，对中国在军事、地缘和意识形态上加以遏制，在经济、技术和国际关系等方面进行孤立。④直至 70 年代初尼克松访华宣布结束二十余年的对华贸

---

① 崔奇：《我所亲历的中苏大论战》，人民出版社 2009 年版，第 7 页。

② 《赫鲁晓夫言论》第五集，世界知识出版社 1965 年版，第 41 页。

③ 《关于国际共产主义运动总路线的建议》，载《中共中央文献选集（1949.10—1955.5）》，人民出版社 2013 年版，第 225—271 页。

④ 参见刘子奎：《肯尼迪、约翰逊时期的美国对华政策》，社会科学文献出版社 2011 年版。

易禁令，中美关系才走向缓和。因此在 60 年代的很长一段时期里，由于中苏友好关系破裂和中美对峙，中国在国际关系中陷入孤立无援的困境。

以上国际关系变化，对中国社会主义建设和经济制度探索产生了深层次的影响。一方面，与苏共的论战使得中国领导人对于修正主义思潮产生了高度警惕，此后中国社会主义建设的一项重要工作就是防止苏联式改革和资本主义复辟在中国的出现。该主题贯穿了中国在 20 世纪 60—70 年代的意识形态、政治体系和经济制度建设等诸多方面，成为该时期国内的一项重要矛盾，并且通过将阶级斗争与“反修防修”紧密结合，为“文化大革命”做好了理论准备。[①]另一方面，中国领导人也迫切希望在实践中证明自己在论战中所持观点、思想和理论的正确性，证明社会主义发展道路探索成果的优越性，这就不仅要求在经济表现上有所突破，更要在制度关系上不断靠近更高层次的社会主义。早在论战初期，毛泽东就表示：“最近苏联方面暴露了他们在建设社会主义过程中的一些缺点和错误，他们走过的弯路，你还想走？过去我们就是鉴于他们的经验教训，少走了一些弯路，现在当然更要引以为戒。”[②]随后他进一步指出：“对我们这些国家来说，就是究竟要无产阶级专政，还是要资产阶级专政。赫鲁晓夫说我们是独特路线。不独特不行，不与帝国主义、修正主义划清界限不行。”[③]而与此同时，紧张的对外关系和封闭的状态，更加

---

① 李媛：《试述〈九评〉与中苏论战》，《理论学刊》2008 年第 4 期。
② 中共中央文献研究室编：《建国以来毛泽东文稿》（第六册），中央文献出版社 1992 年版，第 82 页。
③ 逢先知、金冲及编：《毛泽东传（1949—1976）》（下），中央文献出版社 2003 年版，第 1235 页。

促使"左"倾思潮在国内得到进一步的强化,"中国感觉全世界似乎都在打算围困和扼杀剩下的仅有的革命圣地",所以"中国国内必须高度革命化,并且承担各种国际主义的革命任务"。[1]以上因素的叠加,在很大程度上导致了"文化大革命"时期国内的主要矛盾发生了转化,进而在制度探索上呈现出不同的认知和侧重点。

二、 国内主要矛盾的转换

20世纪60年代初至"文化大革命"期间,由于包括国际关系变化在内的诸多因素影响,中国社会主义建设的一项主要矛盾即被确立为"反帝反修"。其中,"反帝国主义"主要指针对以美国为首的资本主义的霸权和战争威胁。在此基础上加之中苏交恶,1964年8月,中共中央从备战的战略预判出发,决定调整当时的工业布局,并根据地理位置相应形成不同的内容和侧重,简称"三线"建设。"三线"建设不仅是一项关乎工业布局和经济建设的战略部署,对于制度探索亦有重要影响,即成为向更高层次社会主义过渡的经济制度探索的实践场所。据记载,1965年毛泽东在听取"三五"计划调整情况汇报时曾表示:"糊里糊涂上去,糊里糊涂下来。"[2]此即不满于"大跃进"中许多基本建设项目匆忙上马,在经济调整中又出于国民经济系统的考虑不得不下马;而正是这些项目,在随后因"三线"建设而被要求重新启动。[3]更进一步地,该举措也反映

---

① 胡乔木:《中国为什么犯20年的"左"倾错误》,《中共党史研究》1992年第10期。
② 顾龙生编著:《毛泽东经济年谱》,中共中央党校出版社1993年版,第619页。
③ 陈东林:《三线建设:备战时期的西部开发》,中共中央党校出版社2003年版,第59—60页。

出毛泽东由于未能在"大跃进"时期将其有关社会主义的设想成功实践，所以希望在"三线"建设过程中再次付诸实践的逻辑。①

与此同时，反修正主义作为一项主要矛盾，在1962年中共八届十中全会公报有明确体现。公报指出："在无产阶级革命和无产阶级专政的整个历史时期，在由资本主义过渡到共产主义的整个历史时期（这个时期需要几十年，甚至更多的时间）存在着无产阶级和资产阶级之间的阶级斗争，存在着社会主义和资本主义这两条道路的斗争……无论在现在还是在将来，我们党都必须提高警惕，正确地进行在两条战线上的斗争……只有这样，才能保持马克思列宁主义的纯洁性。"②在该思想指导下，在全国范围内开展以"反修防修"为宗旨的政治运动，又称"四清"运动③。"四清"运动从1963年开始，于1966年进入尾声而让位于"文化大革命"，历时四年。薄一波同志曾回忆道："尽管'四清'运动在性质上和错误的程度上与'文化大革命'不同，但同样是以'左'的思想为指导的，并为'文化大革命'的发动做了某些思想理论准备。"④客观

---

① "长期在中央担任秘书工作的中央书记处研究室副主任梅行'文化大革命'后回忆：小平同志说过，'大跃进'的惨败是老人家的一个心病，谁要提起，他就不高兴。毛泽东同志从此很少过问经济，开始大抓所谓阶级斗争。他过问了一次……说为什么不搞三线建设？于是又掀起了一股大搞大小三线的高潮。我觉得'文化大革命'的根子是在这时扎下的。"转引自陈东林：《三线建设：备战时期的西部开发》，中共中央党校出版社2003年版，第66页。

② 《建国以来重要文献选编》（第十五册），中央文献出版社2011年版，第553—554页。

③ 主要内容为前期在农村"清工分、清账目、清仓库、清财务"，后期则在城乡"清思想、清政治、清组织、清经济"。

④ 薄一波：《若干重大决策与事件的回顾》（下），中共中央党校出版社1993年版，第1136页。

而言，"四清"运动虽然对于改善干部作风、维护社会秩序等具有一定的促进作用，但从经济的层面，其为"文化大革命"时期国内的经济制度朝向更高层次的社会主义进行探索，提供了诸多思想与实践素材。例如坚持"以阶级斗争为纲"，将"三自一包"（自留地、自由市场、自负盈亏和包产到户）视作"刮单干风""走资本主义道路"，反对以"利润挂帅""物质刺激"的手段提高劳动生产率等，都在此过程中形成，并随后得到了进一步的扩大，成为生产关系改造的具体实现路径。

三、"文化大革命"时期经济制度探索问题的凸显

在上述诸多因素的影响下，"文化大革命"时期中国经济制度变迁的主线，即被确立为再一次开展面向更高层次的社会主义的过渡，加快实现生产关系的深刻变革。而较以往的"大跃进"时期的"穷过渡"，此次探索更有三个显著表现，进而在经济制度探索上"走得更远"。具体而言：

第一，"政治挂帅"被放在更为重要的位置上。毛泽东分析"大跃进"而得出的结论，是要"进行经济大革命，必须先进行政治大革命"。①发展社会主义建设，发展生产力，必须服从"以阶级斗争为纲"的需要。所以在"文化大革命"中，甚至有观点称，"突出政治不是一项任意的政策……这是根据社会主义社会的发展规律和社会主义社会的经济基础所提出来的根本措施"。②可见，政治而非经济成为该时期经济制

---

① 刘国光主编：《中国十个五年计划研究报告》，人民出版社2006年版，第286页。

② 转引自顾龙生主编：《中国共产党经济思想史（1921—2011）》（下），山西经济出版社2014年版，第515页。

度探索的主要价值判断标准。

第二，以往"三面红旗"所代表的公有制经济实现形式，被施以更大的执行力度。事实上，毛泽东对于以往的向更高层次社会主义过渡的失败，有自己的判断。其于 20 世纪 50 年代树立"三面红旗"时，曾对此抱以厚望，把"大跃进设想为摆脱苏联发展模式的束缚的一条出路"①。他也曾表示："请同志们研究一下，看苏联曾经垮台的公社和我们的人民公社是不是一个东西；看我们的人民公社究竟会不会垮台；如果要垮台的话，有哪些足以使它垮台的因素；如果不垮的话，又是因为什么。不合历史要求的东西，一定要垮掉，人为地维持不垮，是不可能的。合乎历史要求的东西，一定垮不了，人为地解散，也是办不到的。这是历史唯物主义的大道理。"②"一个百花齐放，一个人民公社，一个大跃进，这三件，赫鲁晓夫们是反对的，或者是怀疑的。我看他们是出于被动了，我们非常主动……这三件要向全世界宣战。"③然而，"大跃进"却以失败告终。不过随后，虽然 1962 年"七千人大会"对此次运动的经验和错误进行了反思总结，但毛泽东更认为这是因为"三面红旗"的思想在实践中未能被落实好，而非思想本身具有问题。④这也导致了以上思想在"文化大革命"中被作为经济领域的重要内容，被再次同时也

① ［美］R. 马克法夸尔、费正清：《剑桥中华人民共和国史——革命中的中国的兴起（1949—1965）》，中国社会科学出版社 1990 年版，第 310 页。

② 中共中央文献研究室编：《建国以来毛泽东文稿》（第八册），中央文献出版社 1993 年版，第 390 页。

③ 同上书，第 391 页。

④ 参见薄一波：《若干重大决策与事件的回顾》（下），中共中央党校出版社 1993 年版，第 1045—1046 页。

是更大力度地付于实践。

第三，主观意志的作用被进一步强化了。忽视经济发展的客观规律而以人的主观意志要求生产关系的变革，这一思潮在 20 世纪 50 年代就已形成。而在 60 年代，毛泽东进一步认为，可以通过对上层建筑的深刻改造来实现对生产关系的改造。他秉信单纯公有制的优越性，进而将高度集中的计划经济体制所带来的问题，视作"资产阶级上层建筑对社会主义的经济基础的腐蚀与破坏"，而既然上层建筑可以对经济基础施以影响，那么便可通过对上层建筑的改造来实现对"公有制经济基础"的维护。①这也是对"文化大革命"的一个经济层面的解释。而且正因主观意志发挥了极大作用，该时期的经济制度探索具有显著的强制性变迁特征，即依靠人为设计通过行政权力对诸多生产关系进行变革，从而实现了对整个制度框架的构画。

第二节　"文化大革命"时期经济制度探索的内容

从前文的分析可知，此时期制度探索的主线是向更高层次的社会主义制度进行强制性的制度变迁，所以不可避免地，该时期的制度探索一方面带有很强的人为设计色彩，从生产资料的所有制、分配制度和经济管理体制等经济制度框架中最为重要的层面，由上而下地推动制度变革；

---

① 参见萧功秦：《中国的大转型：从发展政治学看中国变革》，新星出版社 2008 年版，第 86—88 页。

另一方面，此时制度探索也带有很强的个人偏好色彩。以上两方面共同结合，构成了该时期经济制度探索的主要内容和整套逻辑。

一、所有制：向单一的全民所有制过渡

所有制是经济制度中最为核心的制度安排，同时也是新中国成立后经济制度探索的一个重点。在推行公有制的基础上，中国也曾出现过肯定保留部分非公有制经济的主张。其中陈云是一个代表，他坚持主张应在全行业公私合营的基础上，对于小商小贩，"还有一部分，在很长时间要保留单独经营方式。手工业者、摊贩等，更要长期让他们单独经营"，"我们是要改组工商业的，但并不是每个小厂统统需要改组"。[1]最终，1956年中共八大上陈云做了《社会主义改造基本完成以后的新问题》讲话，提出了著名的"三个主体，三个补充"思想，其中指出："在工商业经营方面，国家经营和集体经营是工商业的主体，但是附有一定数量的个体经营。这种个体经营是国家经营和集体经营的补充。"[2]然而，这一思想随后并未推动中国的所有制结构逐渐朝向保留部分非公有制经济的方向演进。为了向更高层次的社会主义过渡，中国在"文化大革命"期间选择了向单一的全民所有制过渡的制度路线。

（一）将更为彻底的所有制改造视作关键

1959—1960年间，毛泽东曾提出了超越生产力发展阶段而改造生产

---

① 《陈云文选》第二卷，人民出版社1995年版，第295页。
② 《陈云文选》第三卷，人民出版社1995年版，第13页。

关系的观点，他在读苏联《政治经济学教科书》后提出："经济愈落后，从资本主义过渡到社会主义愈容易，而不是愈困难，人愈穷，才愈要革命。"①该观点所反映出的，是在薄弱的经济基础上实现社会主义乃至共产主义的要求，是社会发展阶段上的"空想社会主义"。

这一观点在"大跃进"中得到实践，随后失败，但并未因此中断。特别是在中苏论战的直接影响下，中国领导人形成的一个判断是，中国在经济方面出现的问题是资本主义自发倾向的表现，而这正是生产资料公有制的改造还不够彻底所导致。因此，应更大力度地推动生产资料向公有制经济的过渡和升级。以上思想在 1964 年 7 月 14 日《人民日报》刊载的文章《关于赫鲁晓夫的假共产主义及其在世界历史上的教训——九评苏共中央的公开信》中有明确体现。文章引用了马克思和列宁的论述并指出："马克思在谈到社会主义社会的时候说：'我们这里所说的是这样的共产主义社会，它不是在它自身基础上已经发展的，恰好相反，是刚刚从资本主义社会中产生出来的，因此它在各方面，在经济、道德和精神方面都还带着它脱胎出来的那个旧社会的痕迹。'列宁也指出，在共产主义第一阶段社会主义社会中，'共产主义在经济上还不可能是完全成熟的，还不能完全摆脱资本主义的传统或痕迹'。"②对于中国而言，"农业集体化的实现，使个体农民变成集体农民，为彻底改造农民提供了有利的条件。但是，在集体所有制还没有提高到全民所有制的时候，在

---

① 毛泽东：《读苏联〈政治经济学教科书〉的谈话》（1959 年 12 月至 1960 年 2 月），《党的文献》1992 年第 4 期。

② 中共中央文献研究室编：《建国以来重要文献选编》（第十九册），中央文献出版社 2011 年版，第 17 页。

集体经济的残余还没有完全消失的时候，农民还不可避免地保留着原来小生产者的某些固有的特点。在这种情况下，不可避免地存在着资本主义的自发倾向，存在着产生新富农的土壤，还会产生农民的两极分化。"[1]在这样的基础上，"全民所有制经济，同集体所有制经济，是社会主义经济的两种形式。从集体所有制过渡到全民所有制，从两种所有制过渡到单一的全民所有制，需要有一个相当长的发展过程。集体所有制本身也有一个由低级向高级、由小到大的发展过程。中国人民创造的人民公社，就是解决这个过渡问题的一种适宜的组织形式"[2]。因此，人民公社作为向社会主义经济过渡的重要形式，再次得到广泛且更深层次的推广。

（二）加快集体所有制向全民所有制变迁

集体所有制向全民所有制的加快升级，除了以人民公社作为重要形式，也以"农业学大寨"作为有力推动。大寨的成功成为反驳对人民公社集体经济质疑的典型证据。除了提倡自力更生、艰苦奋斗的精神，大寨在所有制的制度安排上的一个重要特点，即始终坚持了以生产大队为基本核算单位，换言之，大寨模式所提倡的是将核算单位从生产队改为生产大队，甚至改为公社。因此，作为执行大寨模式的代表，昔阳县在 1966 年有生产大队 415 个，生产队 1 449 个，基本核算单位 1 366 个，其中以大队核算的占基本核算单位的 4.7％。至 1968 年生产大队为 413 个，生产队为 967 个，基本核算单位完全是大队核算

---

① 中共中央文献研究室编：《建国以来重要文献选编》（第十九册），中央文献出版社 2011 年版，第 19 页。

② 同上书，第 58—59 页。

的为 413 个，即大队核算占基本核算单位的 100％。①事实上，大寨是仅有 80 多户的村庄，推行生产大队核算制有一定的可行性基础，然而昔阳县一般村庄均在 200 户上下，在实践中自然存在更多问题。昔阳县的实践很快在全国范围内得到了更大的推广，根据北京、陕西、河北、上海、江苏、浙江等 11 个省、市的统计，以大队为核算单位的大队由 1962 年的 5％上升至 1970 年的 14％，农村人民公社"三级所有，队为基础"的体制受到了"穷过渡"的严重冲击。②1975 年第一次全国农业学大寨会议提出了各行各业都要学大寨，使得各地都受到较大影响。例如在上海，"三五"时期上海郊区基本上实行三级所有制，以生产队为基本核算单位，只有 13 个生产大队是以大队为核算单位。但是受到生产队为基本核算单位逐步向大队乃至以公社为基本核算单位过渡的影响，上海郊区掀起了"过渡运动"，至 1976 年过渡大队快速增加至 276 个。③

除了农村，全民所有制的过渡在城镇工商业中也被广泛推行。1956 年完成资本主义工商业的社会主义改造后，原来的资本家还拿定息，但 1966 年《关于财政贸易和手工业方面若干政策问题的报告》公布，提出公私合营企业应当改为国营企业，资本家的定息一律取消，资方代表一

---

① 陈吉元等主编：《中国农村社会经济变迁（1949—1989）》，山西经济出版社 1993 年版，第 431 页。

② 武力主编：《中华人民共和国经济史（1949—1999）》上，中国经济出版社 1999 年版，第 698 页。

③ 孙怀仁主编：《上海社会主义经济建设发展简史（1949—1985）》，上海人民出版社 1990 年版，第 529—531 页。

律撤销,资方人员的工作另行安排。①这种情况在各地也较为普遍,据贵州省六盘水市记载,在 1958 年开展"大跃进"运动后,全民所有制企业66 个,集体所有制企业 322 个,产值分别占全部工业总产值的 36.3% 和59.7%。而在随后因为地方工业逐步由小集体向大集体过渡,由大集体向全民过渡,至 1984 年,境内有全民所有制企业 75 个,集体所有制企业 364 个,产值分别占全部工业总产值的 71.7% 和 12%。②可见,全民所有制经济在工业中的比重极大地提高了。

(三)减少甚至取消其他所有制形式

在高度单一的公有制所有制结构下,中国保有了少量的、从属性质的一些非公有制形式,例如自留地和包产到户。自留地经营作为一项非正式制度安排,成为人民公社集体经济的一种补充,在很大程度上调动了农民发展生产的积极性,活跃了农村经济。毛泽东也主张对自留地采取慎重的态度,"人民公社化"运动中自留地作为非公有制经济而成为被消除的对象,后在经济调整阶段,中共中央还提出了恢复农民自留地的思想,于 1961 年出台《农村人民公社工作条例(草案)》(简称"农村六十条")。对于包产到户,毛泽东则始终保持有所保留甚至反对的态度。③在"文化大革命"期间,"单干风""三自一包"等都被作为修正主义的思想而成为严厉批判斗争的对象。1964 年《政府工作报告》指出:"刮

---

① 参见中华全国手工业合作总社等编:《中国手工业合作化和城镇集体工业的发展》第二卷,中共党史出版社 1994 年版,第 455 页。

② 张静主编:《六盘水市志 发展计划志》,贵州人民出版社 2009 年版,第 84 页。

③ 参见姜长青:《探索与创新:改革开放前新中国若干问题研究》,天津古籍出版社2016 年版,第 96 页。

起了一股'单干风'，到处宣扬'三自一包'，主张多留自留地，多发展自由市场，多搞自负盈亏，包产到户，企图用这些办法来'克服'困难。显然，这是资产阶级的立场，是修正主义的思想。如果按照这些人的主张去办，那还有什么人民公社集体经济，还有什么全民所有制经济，还有什么社会主义统一市场呢？这一切都会没有。伴随而来的，必然是资本主义复辟，给中国人民带来大灾难。"[1]1965年的一篇评论文章也指出："他们鼓吹什么'单干'的'优越性'，要求恢复个体经济，要求'退田'，就是要拆掉人民公社的台。"[2]

在以上思潮的影响下，极大程度地减少甚至取消自留地成为实践中的主要做法，很多地方甚至突破"农村六十条"的规定，通过政治、行政等手段完成了对于高度单一的公有制经济的强制性变迁。安徽凤阳县1976年的一份总结写道："我们认真贯彻了县委关于堵死资本主义路的十条决定，收回自留地2 491亩，开荒地283亩，宅基地336亩，'三地'共收回3 110亩……从根本上解决了过去那种对资本主义倾向'抓紧不出头，松紧又伸头，年年不断头'的现象，把单干副业纳入社会主义轨道。"[3]又如有资料记载，浙江省奉化县某公社没收社员开荒地，"宁肯遍地出情操，不准社员多种粮"。[4]在这种情况下，"包产到户"更是成为被

---

① 中共中央文献研究室编：《建国以来重要文献选编》（第十九册），中央文献出版社2011年版，第414页。

② 中共中央文献研究室编：《建国以来重要文献选编》（第二十册），中央文献出版社2011年版，第545页。

③ 杨勋等：《乡村三十年》下，农村读物出版社1989年版，第315页。

④ 王博主编：《中华人民共和国经济发展全史》第7卷，中央经济文献出版社2006年版，第3779页。

严厉禁止的对象。

二、 分配制度：推行平均主义

在向更高层次的社会主义进行过渡的制度框架下，分配制度是非常重要的构成。因为在经济制度结构中，所有制是基础和根本，而分配制度则最终影响广大群众的切身利益，也会反作用于生产力的发展。新中国自成立以来，在公有制经济的基础上，推行的是以"各尽所能，按劳分配"为原则的分配制度。正如这一时期在所有制改造中"走得更远"，在分配问题上也因高度警惕分配中出现悬殊的现象，而力主通过行政手段推行平均主义。这在很大程度上，也与毛泽东本人早年即形成的小农平均主义思想有关。[①]因此。即便在 20 世纪 60 年代初国家领导人曾对"人民公社化"运动中的绝对平均主义进行了反思，在此后的实践中仍不免朝着这一方向继续探索实践。

（一）反对实行差异化的分配制度

推行平均主义制度探索最为重要的一个理论基础，是毛泽东将差异化的分配制度视作"资产阶级法权"。破除资产阶级法权的问题最早是1958 年毛泽东在北戴河会议上提出来的，指出"要破除资产阶级法权。例如争地位，争级别，要加班费，脑力劳动者工资多，体力劳动者工资少等，都是资产阶级思想的残余"，因此希望在人民公社中实行供给制与

---

① 参见郑以灵：《论毛泽东的乡村理想》，《厦门大学学报（哲学社会科学版）》1999 年第 2 期。

工资制相结合的分配制度。①1964 年的《关于赫鲁晓夫的假共产主义及其在世界历史上的教训——九评苏共中央的公开信》坚持了这一观点，提出"绝不要实行对少数人的高薪制度。应当合理地逐步缩小而不应当扩大党、国家、企业、人民公社的工作人员同人民群众之间的个人收入的差距"。②更进一步地，"在社会主义社会里，还存在着工农之间、城乡之间的差别，还存在着体力劳动和脑力劳动的差别，资产阶级法权还没有完全取消，还'不能立即消灭按工作（不是按需要）分配消费品这一仍然存在的不公平现象'，因而还存在着富裕程度的差别。要使上述这些差别和现象归于消失，要使资产阶级法权归于消失，只能是逐步的，而且必然要经过一个很长的时期。正如马克思所说，只有这些差别已经消失，只有资产阶级法权完全消失，才能实现各尽所能、按需分配的完全的共产主义"。③

以上的思想随后被进一步推向极致。事实上在 20 世纪 50 年代至 60 年代，毛泽东曾支持按劳分配的原则，例如在 1962 年他主持制定的《农村人民公社条例修正草案》中规定："生产队必须认真执行按劳分配、多劳多得，避免社员和社员之间存在分配上的平均主义。"④ 但在"文化大

---

① 薄一波：《若干重大决策与事件的回顾》（下），中共中央党校出版社 1993 年版，第742—743 页。

② 中共中央文献研究室编：《建国以来重要文献选编》（第十九册），中央文献出版社2011 年版，第 59 页。

③ 同上书，第 17—18 页。

④ 中央档案馆、中共中央文献研究室编：《中共中央文件选集》（第四十一册），人民出版社 2013 年版，第 107 页。

革命"时期，按劳分配被等同于资产阶级法权。毛泽东在1974年探讨中国现状时指出："总而言之，中国属于社会主义国家。解放前跟资本主义差不多。现在还实行八级工资制，按劳分配，货币交换，这些跟旧社会没什么差别。所不同的是所有制变更了。"①随后有相关评论进一步称，"各尽所能、按劳分配"是已经实现的社会主义原则，但还不是共产主义的，按劳分配"同社会主义不计报酬的劳动和按需要分配消费品是有本质区别的"。②在这样的理论基础的支持下，极端推行平均主义的制度安排在经济领域被广泛地投入实践。

（二）推行平均主义的分配制度

"文化大革命"时期，无论是在农业还是在工业中，平均主义在劳动和分配领域都表现得十分浓厚。前文提到的核算单位由生产队向大队的过渡，实质上也是平均主义的体现。仍以昔阳县为例。1966年昔阳县按照基本核算单位，以口粮为划分，300斤以下的占72.4%，301—400斤的占23.4%，401—500斤的占4%。③可见在口粮最多的组与最低的组之间存在着100—200斤的悬殊差距，占比也差异很大，口粮少的占更多数。在这种情况下施行大队的统一核算，无疑是消除了不同劳动和生产能力之间的差距，是制度上的绝对平均。

而在个体的分配领域，绝对平均主义也有很大体现。以往人民公社推行的是定额包工责任制，即主要根据完成作业的数量和质量来进行工

---

①　转引自席宣、金春明：《"文化大革命"简史》，中共党史出版社1996年版，第300页。

②　燕枫等：《必须限制资产阶级法权》，浙江人民出版社1975年版，第5—6页。

③　陈吉元等主编：《中国农村社会经济变迁（1949—1989）》，山西经济出版社1993年版，第432页。

分的评价，是一种典型的按劳分配制度。但大寨建立了一套分配制度，核心思路是只记载社员的工别和出工天数，到月底评比总结，自己报自己应得的工分，大家评议。①这一制度在 1968 年农业部的《全国学大寨劳动管理经验现场会议纪要》中被称赞为："以'一心为公劳动，自报公议工分'为特点的大寨劳动管理经验，是在两条道路、两条路线和两种思想的斗争中产生的，是在批判繁琐复杂的定额包工制度的基础上建立起来的，是高举毛泽东思想伟大红旗、大学人民解放军、加强政治思想工作的结果，是毛泽东思想的产物。"②但是，这种制度实际上缩小了成员之间因劳力、劳动态度、技术、贡献大小而形成的工分差别。很快，山西、上海、天津、山东等地已经有 70％以上生产队，广东、广西、河北、陕西、黑龙江已经有超过半数以上生产队，施行了这种管理经验，社员称之为"大概工"。③

在工业企业中，平均主义则主要体现在工资制度上。"文化大革命"期间，工资调级长期无法变动，企业职工的正常加薪制度和各种必要的物质奖励形式也无法实行，所以劳动工资制显得分外呆滞。④例如在黑龙江省的煤矿工业，由于社会上广泛认为计件工资是修正主义，因此在

① 参见李静萍：《二十世纪六七十年代大寨劳动分配方法述略》，《中共党史研究》2009年第 1 期。

② 中华人民共和国国家农业委员会办公厅编：《农业集体化重要文件汇编》（下），中共中央党校出版社 1981 年版，第 872 页。

③ 武力主编：《中华人民共和国经济史（1949—1999）》上，中国经济出版社 1999 年版，第 699 页。

④ 马泉山：《新中国工业经济史（1966—1978）》，经济管理出版社 1998 年版，第422 页。

1965 年，省煤炭工业管理局决定煤矿企业逐步取消计件工资制度，实行计时加奖励的工资制度。而在 1966 年，各局矿取消了计件工资和奖励制度，改行单一的计时工资制度。[①]可见，这样的分配制度无法针对不同的劳动生产率给予相应的回报，而是极大程度地平均化了工资。事实上，这也是由于经济出现严重困难，1962 年，国家取消了工业企业的利润留成制度，又恢复企业奖励基金制度。1969—1977 年间，企业奖励基金制度也被停止。[②]

（三）以精神激励作为微观制度安排

由以上制度安排可见，在分配制度上推行绝对平均主义，不符合经济学中的"经济人"假设，而这也正是该阶段制度探索的一个重要出发点，即以政治激励取代经济激励来作为微观激励手段。毛泽东对于苏联强调"利益挂帅"的观点持否定态度，称"各尽所能，按劳分配，前一句话是讲要尽最大努力来生产。为什么把这两句话分割开来，总是片面地讲物质鼓励呢？"，"列宁说过，唯物主义者最'唯心'。他们最能够刻苦，最不怕死。金钱是物质，可是金钱收买不了唯物主义者。他们有最伟大的理想，因此他们有顽强的战斗性"。[③]这一思想在 60 年代初即被实践过，"鞍钢宪法"作为一套工业企业管理制度，其核心就在于使用政治

---

①　黑龙江省地方志编纂委员会编：《黑龙江省志·煤炭志》，黑龙江人民出版社 1993 年版，第 673 页。

②　马泉山：《新中国工业经济史（1966—1978）》，经济管理出版社 1998 年版，第 410 页。

③　中共中央文献研究室编：《毛泽东年谱（1949—1976）》（第四卷），中央文献出版社 2013 年版，第 279 页。

激励解决微观激励问题，要求"坚持政治挂帅"，"搞大宣传、大动员、大总结、大检查、大评比和大展览"，[①]同时"劳动不计报酬，工作不讲条件，日以继夜地苦干、实干"，[②]这一管理制度也在中国的工业建设中产生了重要影响。

1966年，中共中央转批关于政治挂帅的一份建议稿，该稿称，"工分挂帅"和"奖金挂帅"本质上都是物质刺激，应该"靠政治挂帅调动大家的积极性。评积极分子、五好社员、先进集体，搞光荣榜，搞精神激励，不搞物质激励"。[③]在分配制度上，思想觉悟成了评定劳动和分配劳动成果的重要方面。1968年《全国学大寨劳动管理经验现场会议纪要》称，要"依靠个人的社会主义觉悟"，要"彻底批判'工分挂帅'、'物质刺激'为核心的修正主义管理制度"。[④]安徽省凤阳县在推行大寨式劳动评功积分方法时，是以如下内容为评比条件："（1）突出无产阶级政治，活学活用毛主席著作，'三忠于'，'四无限'好；（2）斗私批修，维护集体利益好；（3）服从领导听指挥，劳动态度好；（4）精益求精，干

---

① 中国鞍山市委员会：《鞍山市委关于工业战线上的技术革新和技术革命运动开展情况的报告》（1960年3月11日），载鞍山市史志办公室编，《鞍钢宪法的产生及其影响》，中央党史出版社2001年版，第386—398页。

② 《鞍钢运输部党委关于深入学习和贯彻党中央毛主席批示情况的报告》（1960年4月1日），载鞍山市史志办公室编：《鞍钢宪法的产生及其影响》，中央党史出版社2001年版，第399—405页。

③ 张晋藩等主编：《中华人民共和国国史大辞典》，黑龙江人民出版社1992年版，第577页。

④ 中华人民共和国国家农业委员会办公厅编：《农业集体化重要文件汇编》（下），中共中央党校出版社1981年版，第873—875页。

活质量好；（5）认真负责，完成任务好。"①可见劳动本身被放在了从属和次要的位置上，与经济报酬的相关性在制度上被极大地降低了。

三、 管理体制：以权力下放为中心

管理体制的改革也是该阶段经济制度上较多探索的一个领域，并且主要以权力下放为中心。这种制度变迁的思路，除了有"三线"建设战略的影响，即地方需要有更多独立应对战争爆发的能力和体系外，很大程度上也与领导人对于权力下放的偏好相关。

（一）"虚君共和"的管理体制观

权力下放的管理体制变迁，很大程度上也是受毛泽东关于"虚君共和"的一贯主张的影响。所谓"虚君共和"，是近代时期康有为将君主制和共和制相结合所创造出的政治模式，而在毛泽东这里，"虚君共和"是指在维护中央集中统一领导下，要求保留中央部分职能，同时根据各地区实际情况而让权于地方的管理体制。关于"虚君共和"的具体实现形式，毛泽东一直在思考和探索过程中。1956年的《论十大关系》中，毛泽东指出："中央和地方的关系也是一个矛盾。解决这个矛盾，目前要注意的是，应当在巩固中央统一领导的前提下，扩大一点地方的权力，给地方更多的独立性，让地方办更多的事。"②由此，毛泽东建立了经济体制上中央与地方关系的一个基本思路，是对苏联高度集中管理体制的一

---

① 杨勋等：《乡村三十年》下，农村读物出版社1989年版，第308页。
② 《毛泽东文集》第七卷，人民出版社1999年版，第31页。

个突破和创新。1958 年初毛泽东指出："中央集权太多了，是束缚生产力的。这就是上层建筑和经济基础的关系问题。我是历来主张'虚君共和'的，中央要办一些事情，但是不要办多了，大批的事放在省、市去办，他们比我们办得好，要相信他们"，"一个工业，一个农业（本来在地方），一个财，一个商，一个文教，都往下放"。①由此可见，在毛泽东的管理体制观中，中央主要负责方针、政策、计划等宏观层面问题，具体事由都应交予地方落实操办。

"文化大革命"时期的经济体制管理正是这一思想的延续和极端化。除了军事备战的客观原因外，同样类似于前文探讨的有关所有制和分配制度的变迁，"大跃进"所带来的失败更多地被看作是战术而非战略的问题。因此，1966 年毛泽东再次指出："上边管得死死的，妨碍生产力的发展，是反动的。中央还是'虚君共和'好，只管大政、方针、政策、计划……中央只管虚，不管实。"②由此，便启动了包括企业、财政和物资权力下放的管理体制改革。

（二）工业体制管理权的急速下放

企业管理权下放是管理体制改革的重点。1970 年初，第四个五年计划纲要（草案）完成编制，对中国的经济管理体制做出了大幅度的改革。其相关主要内容包括：中央各部门所属各企事业单位，除少数外，一般都应下放给地方；按照国家规定的建设任务或建设项目，由地方负责包干建设，投资、设备、材料结余归地方；物资分配在全国统一计划下，

---

① 薄一波：《若干重大决策与事件的回顾》（下），中共中央党校出版社 1993 年版，第796 页。

② 顾龙生编著：《毛泽东经济年谱》，中共中央党校出版社 1993 年版，第 638 页。

实行地区平衡、差额调拨、品种调剂、保证上交的办法；财政收支在全国统一预算下，对省、市、区实行定收定支、收支包干、保证上交、结余留用的办法；计划的制定，在中央领导下，实行由上而下、上下结合、条条块块、条块结合的办法。①因此在 1965 年，中央直属企业曾达 10 533 个，经过 1970 年的企业下放，中央各民用工业部门的直属企业、事业单位只剩 500 余个，其中工厂 142 个。②下放力度之大，可见一斑。另外，与管理权同时下放的还有财权、物权、投资权、计划权。例如在物资分配方面，中央减少了管理的物资品种种类，将下放企业的物资分配和供应工作交由地方，在此基础上由国家统一计划和调配，实现地区平衡。在 1965 年，中央统配、部管物资为 579 种，在 1972 年则减少至 217 种，减少幅度超 60%。③

以上制度变迁的特点一是速度较快，二是规模非常大，在这种情况下，企业管理和生产建设混乱的问题在所难免，甚至非常严重。为了纠正这一情况，1972 年国务院曾试图通过《一九七二年全国计划会议纪要》《关于坚持统一，加强经济管理的规定》等文件变革制度，进行纠偏，但均未能实现。1975 年，国务院形成《关于加快工业发展的若干问题》的文件，明确指出了盲目下放的问题："许多地方的工业管理机构不健全，业务人员太少，不能适应企业下放后的形势，许多事情没有人管，

---

① 马洪、孙尚清主编：《经济社会管理知识全书》第二卷，经济管理出版社 1988 年版，第 207 页。

② 《当代中国的经济体制改革》编辑委员会编：《当代中国的经济体制改革》，当代中国出版社、香港祖国出版社 2009 年版，第 107 页。

③ 同上书，第 110 页。

生产调度工作抓不起来，影响生产的发展……我们当前的任务，是建成全国的工业体系，并且逐步建成六个协作区的工业体系，还不能各省、区自成体系。"①但在该时期，有关管理权的调整已经上升至政治层面而非经济管理领域的问题，所以该文件未能在实践中发挥应有的整顿作用。

（三）财政体制的数次变更

20世纪60年代末，中国的财政体制受到冲击，组织结构和工作秩序都被破坏，造成国家财政工作面临诸多困难。随后在1969年虽有好转，但在1970年启动经济体制改革后，又进入了波动阶段。随着工业体制管理权的下放，地方的财权也必须相应地扩大，但又不同于工业企业，财政关乎一个国家的基本运行，所以在下放之后又在短时间内经历了数次变更调整，所反映的也是在快速推行"财政收支包干"原则下的制度运行与现实情况的难以适应。

1971年3月1日，财政部公布《财政收支包干试行方案》，设计的制度安排主要是，除了中央部门直接管理的企业收入、关税收入和中央部门直接管理的基本建设、国防战备、对外援助、国家物资储备等支出以外，其余都划归地方财政，由地方负责管理。地方预算收支，由省、市、自治区提出建议数字，经中央综合平衡，核定下达，收入大于支出的，包干上缴中央财政；支出大于收入的，由中央财政按差额包干给予贴补。各省、市、自治区上缴或贴补的数额确定之后，一般不做调整，在执行中，收入超收和支出结余，都归地方支配使用，如果发生短收或者超支，

---

① 《胡乔木传》编写组编：《邓小平的二十四次谈话》，人民出版社2004年版，第151页。

也由地方自求平衡。①这一安排给予地方极大的财政权限，但遭遇诸多现实问题，除环境本身不利于财政体制改革，同时在制定财政收入指标时难以做到准确外，实际进行过程中超收与短收的地区差异很大，而又因为超收全部归地方支配，中央没有机动的收入来源，难以在地区间进行调剂。1972年3月1日，财政部又发出《关于改进财政收支包干办法的通知》，指出各地年度财政预算确定以后，年终的支出结余部分，仍然归地方使用。收入的超收部分，凡超收不满1亿元的全部归地方使用；超收1亿元以上的，超过1亿元的部分，上交中央财政50％。②然而，此前问题仍未能得到好的解决。1973年11月26日，《财政部关于改进财政管理体制的意见（征求意见稿）》发布，拟从1974年试行财政收入按固定比例给地方留成的办法，留成比例三年不变，而对于超收的部分，另定超收分成比例。这一制度安排的弊端在于只探讨了收入没考虑支出，收支不挂钩。③于是，1976年3月3日财政部下发《关于财政管理体制问题的通知（草稿）》，增加了收支挂钩的部分，推行"定收定支，收支挂钩，总额分成，一年一定"的财政管理体制。④

第三节　"文化大革命"时期经济制度探索的反思

总体而言，"文化大革命"时期的社会主义经济制度探索，虽然是一

---

①② 《当代中国财政》编辑部编：《中国社会主义财政史参考资料（1949—1985）》，中国财政经济出版社1990年版，第510页。

③ 同上书，第518页。

④ 同上书，第528页。

场较为大型而彻底的面向更高层次社会主义的过渡试验，但很多的制度安排和变迁路径并非全新的内容，其在"大跃进"期间已有所践行，只是未能取得成功。在此阶段，很大程度上由于国际环境变化，尤其是随着中美对峙和中苏论战的发生，在对社会主义制度的探索过程中国内出现了警惕修正主义这一重要思潮，以致在以往未能得到成功实践的思想，又再次成为现实中的制度安排。此安排中，既有经典理论中关于社会主义乃至共产主义的构想，也有个人对于理想社会的主观偏好，并且在推进过程中采用了由上而下的强制性制度变迁方式。具体内容上，该时期将高度单一的公有制改造视作解决社会问题的关键，选择了加快集体所有制向全民所有制变迁，以及减少甚至取消其他所有制形式的做法，以获得全国范围内极高比例的全民所有制结构。同时，主张推行平均主义，在实践中反对实行差异化的分配制度，并以精神激励取代物质激励，作为与平均主义相适应的微观激励制度安排。另外，在管理体制上该时期主张赋予地方更多权力，中央更多地负责政策计划制定，推行了包括工业管理、财权、物权、计划权在内的权力下放，但由于急速下放产生了诸多问题，财政管理体制又进行了数次调整。以上制度框架从形成到波折推进历时十年，直至20世纪70年代末结束。

一、 国民经济濒临崩溃边缘

对于该时期国民经济的总体评价，《中国共产党中央委员会关于建国以来党的若干历史问题的决议》指出："我国国民经济虽然遭到巨大损失，仍然取得了进展。粮食生产保持了比较稳定的增长。工业交通、基本建设和科学技术方面取得了一批重要成就。"①薄一波同志指出，"应当提出的是，综观 1966 至 1970 这五年乃至 1966 至 1975 这十年的情况，经济还是有所发展的"，但就个别年份如 1968 年"混乱的情况来看，说'文化大革命'把国民经济推向崩溃的边缘，并不过分"。②这两种评价反映出的判断是，从绝对指标上该时期的国民经济获得了一定的建设进展，但之所以普遍认为"文化大革命"对国民经济造成了严重的损害，除了个别年份经济表现严峻，更为重要的是已经获得的成就并非"文化大革命"本身的成就，而是努力排除其干扰获得的成就，换言之如果没有"文化大革命"的不良影响，中国甚至有可能取得更大的建设成就。③

首先，从经济的整体表现来，据统计，1967—1976 年中国的社会总产值年平均增长速度为 6.8％，低于 1953—1966 年的 8.2％和 1977—1982 年的 8.9％，表现相对较低却不突出。但事实上，该时期中国能源工业增长较快，而这使得该时期增长率不能充分反映中国当时的经济情况，而且片面追求能源产量也造成了采储比例、采掘比例的严重失调。④同时，从经济效益来看，该时期的效率也是明显走低的。"一五"期间，每 100 元积累所增加的国民收入为 35 元，"三五"期间减少为 26 元，"四五"

① 中共中央文献研究室编：《三中全会以来重要文献选编》（下），中央文献出版社 2011 年版，第 148 页。

② 薄一波：《若干重大决策与事件的回顾》（下），中共中央党校出版社 1993 年版，第 1213 页。

③ 陈东林：《研究"文革"时期国民经济的几点思考》，《中国经济史研究》1997 年第 4 期。

④ 李成瑞：《十年内乱期间我国经济情况分析——兼论这一期间统计数字的可靠性》，《经济研究》1984 年第 1 期。

期间仅为 16 元；在工业方面，每 100 元实现的利润税金，1966 年是 34.5 元，1976 年减少为 19.3 元；在商业方面，每 100 元资金获得的利润，1957 年为 20 元，1976 年为 9.7 元；在基本建设方面，固定资产的交付使用率在"一五"期间为 83.7％，"三五"期间为 59.5％，"四五"期间为 61.4％。①更重要的是，在该时期人民生活处于较低水平，长期无法改善。1966—1976 年，针对全民所有制各部门低收入职工，仅在 1971 年调整过一次工资，调资面为 28％。由于取消了奖金制度，新增职工工资低，十年间城市职工平均工资降低了 4.9％。②而从农村看，人民公社内人均收入在 1965 年为 52.3 元，1976 年仅为 62.8 元，平均每年增长不足 1 元。③另外从生活消费品上看，1966—1976 年城乡居民在粮食、猪肉、各种布等方面的平均每人生活消费量只有极为微小的增加，此三项分别为从 189.57 斤到 190.28 斤、从 7.04 斤到 7.38 斤、从 6.63 斤到 7.85 斤，而在食用植物油、煤炭上还有减少。④

二、 经济制度变迁的反思

"文化大革命"时期是中国社会主义经济制度变迁探索过程中的一个重要的挫折时期。除了外在环境以及错误的形势判断等可能造成的影响，该时期制度框架上也存在很多问题，总结而言主要有以下两方面的反思。

---

① ② 苏星：《新中国经济史》（修订本），中共中央党校出版社 2007 年版，第 474 页。

③ 赵德馨：《中华人民共和国经济史（1967—1984）》，河南人民出版社 1989 年版，第 278 页。

④ 《中国统计年鉴（1984）》。

第一，应始终坚持生产力决定生产关系，立足社会主义发展阶段，遵循经济发展的客观规律，重视生产力的发展。此时期制度探索最为根本的问题，表现在认为可以跨越社会主义阶段改造生产关系，从而认为，为了实现更高层次的社会主义，核心就在于发展单一的全民所有制。许涤新曾对此进行了深刻分析。他指出，实现全国单一的全民所有制是中国社会主义发展的必然规律，但是"要逐步地实现这种过渡，并不是人们的主观意志所能任意决定的"；特别是对于"穷过渡"，"集体农业的基本核算单位的过渡，只能决定于农业生产力的发展水平，只能决定于各个基本核算单位之间贫富单位的缩小，只能决定于社员群众大多数人的社会主义觉悟以及他们对过渡的自愿"，满足了这些条件，过渡就会水到渠成，不过渡才会影响生产力的进一步发展。[①]事实也表明，超越了生产力水平而进行生产关系变革，不仅会对经济管理造成不良影响，更会扰乱生产，给生产力发展带来破坏。

第二，是微观激励机制的缺位。在计划经济体制，特别是执行优先发展重工业的战略下，资源配置效率低下以及劳动的激励不足从理论上说是普遍存在的，[②]而分配制度的平均主义以及否定"物质激励"而仅提倡"政治挂帅""政治激励"，等于完全否定了个人逐利的本性假设。客观而言，"政治挂帅"作为一种对苏联企业管理制度中单纯强调"物质挂帅"的做法的反思，与毛泽东所强调的"我们历来提倡艰苦奋斗，反对

① 许涤新：《论"穷过渡"》，《经济研究》1979 年第 4 期。
② 林毅夫、蔡昉、李周：《中国的奇迹：发展战略与经济改革》，上海三联书店、上海人民出版社 1994 年版，第 81—84 页。

把个人物质利益看得高于一切"①的为社会主义奋斗的精神相一致，也符合中国社会主义建设初期为巩固民族独立而倡导的较为普遍而强烈的奉献观念。但是，对于个人逐利本性的坚决否定难以带来长期的激励，特别是在微观个体长期生活水平无法提高的情况下，必然造成"磨洋工"、"搭便车"、生产工具损毁、生产混乱的情况。因此，在 1978 年即有观点指出，"在社会主义阶段，要充分调动劳动群众的社会主义积极性，必须依靠政治挂帅"，但与此同时，"物质激励"存在的意义，一是保障了不同劳动者的劳动力再生产，二是可以兼顾国家、集体和个人三方面的利益，调动社会主义劳动积极性，三是可以稳定巩固这一劳动积极性，因此，主张将"政治挂帅"和"物质激励"相结合。②事实上，下一阶段中国的经济制度探索变迁，恰恰是从改善微观激励机制，提高微观运行效率着眼的。

---

① 中共中央文献研究室编：《建国以来重要文献选编》（第八册），中央文献出版社 1994 年版，第 211 页。

② 汪海波：《必须坚持政治挂帅和物质鼓励相结合的原则》，《学术研究》1978 年第 4 期。

第三篇

改革开放与中国特色社会主义
生产关系和经济制度的发展

第九章
改革开放初期的经济制度创新
（1978—1991年）

20世纪70年代末期，中国不仅百业待兴，更为重要的是生产关系、经济体制需要全面拨乱反正，中国迫切需要进行全面彻底的经济制度变革和创新，推动经济体制改革，并实行对外开放，使中国的经济体系由高度中央集权的计划经济转向市场经济，由封闭经济转向开放经济。

第一节 "拨乱反正"开启经济制度变革新路

经济制度变革就是按照生产关系适应生产力发展的客观规律要求，对不适应生产力发展要求的经济管理制度和管理方式进行改革与创新。制度变革是一场革命，是一项复杂而艰巨的系统工程。但改革初期的中国，不仅生产力水平低下、科技能力不足、人民生活艰苦，更严重的是人们的思想受到各种教条特别是"左"倾错误思想的束缚。在当时的情况下，要推动一场经济制度的深刻变革，肯定会受到诸多约束、遭到多重阻力。因此，首先要解放思想，唤起全国人民的思想觉悟，以全面的拨乱反正来开启经济制度变革的新征途。

一、改革开放与思想觉醒

在粉碎"四人帮"、结束"文化大革命"后的两年时间里，国内的各项经济工作都在全面恢复之中，但是在思想理论阵线，依然弥漫着以阶级斗争为纲的"左"倾思想，大多数干部群众还是相信"反修防修"的理论是正确的。[①]虽然也有部分老干部已经认识到了"文化大革命"的错误及其严重后果，但一时还影响不到中央领导层的决策。在这样的思想状态下，又形成了"两个凡是"的工作指导方针，这实际上是设置了新的思想禁区，它严重压制了广大干部群众纠正"左"倾错误的强烈要求，严重阻碍了在各个领域的全面拨乱反正。

同时，坚持"两个凡是"，继续"左"的错误，还对刚刚开始走向恢复和发展的国民经济带来越来越大的影响。这突出地表现在"文化大革命"结束后，经济工作出现不符合国情和客观经济规律的"左"倾冒进现象，为了把"文化大革命"耽误的时间尽快夺回来，设置了过高的经济指标，提出了过高的发展要求，重蹈急于求成的覆辙。到了1978年下半年，不断扩大基本建设规模，不断要求加快建设速度，不断扩大引进规模，大量的建设项目仓促上马，这些都大大加剧了本已存在的国民经

---

① 苏星：《新中国经济史》（修订本），中共中央党校出版社 2007 年版，第 477 页。

济比例失调问题，加重了财政经济的困难。

事实证明，不顾实际国情、不尊重客观经济规律，经济工作必然头破血流。要走出困境，必须解放思想，坚决纠正"左"的错误，恢复党的实事求是的思想路线。关于"实践是检验真理的唯一标准"的大讨论是冲破思想禁锢、走向思想解放的第一步。

1978年5月10日，中共中央党校《理论动态》杂志发表《实践是检验真理的唯一标准》一文，该文阐明了一些马克思主义基本理论，包括检验真理的标准只能是社会实践，理论与实践的统一是马克思主义的一个最基本的原则，任何理论都要不断接受实践的检验等。该文在同年5月11日的《光明日报》和5月12日的《人民日报》《解放军报》上也全文登载。该文从根本上否定了"两个凡是"，在党内外和广大干部群众中激起了强烈反响，当然同时也遭到一些非议和指责。对此，邓小平、陈云、谭震林等老一辈无产阶级革命家坚决支持有关真理标准的讨论。

真理标准大讨论很快在全国范围内迅速、广泛地展开。这场大讨论推动了全国性的思想解放运动，引发了全民的思想觉醒，成为党的十一届三中全会实现伟大历史转折的思想先导。这场大讨论为中国的改革开放奠定了重要的思想基础，成为后续一系列重大历史事件的发端。

二、 社会主要矛盾的转变

中国在不同发展时期，会面临不同的社会主要矛盾。认识社会主要矛盾就一定要从实际情况出发，实事求是地进行仔细分析、准确判断。真理大讨论带来了思想大解放，思想解放又带来重大的认识成果。对社会主要矛盾的准确分析和判断就是重要成果之一。

对于 20 世纪 70 年代末、80 年代初发展时期的中国社会主要矛盾的分析判断，1981 年中共中央《关于建国以来党的若干历史问题的决议》明确指出："在社会主义改造基本完成以后，我国所要解决的主要矛盾，是人民日益增长的物质文化需要同落后的社会生产之间的矛盾。党和国家工作的重点必须转移到以经济建设为中心的社会主义现代化建设上来，大大发展社会生产力，并在这个基础上逐步改善人民的物质文化生活。"而取得对中国社会主要矛盾的正确认识并作出相应的准确判断，是有一个过程的。

事实上，新中国成立之后的和平发展时期，特别是社会主义改造基本完成之后，就应该以经济建设为主，提高生产力，满足人民的各种生活需求。1956 年 4 月，毛泽东发表《论十大关系》，突破了长期以来不承认社会主义社会存在矛盾的传统观念，这对从理论上正确认识中国社会主要矛盾起到了重要的指导作用。1956 年 9 月，党的八大报告就明确指出："我们国内的主要矛盾，已经是人民对于建立先进的工业国的要求同落后的农业国的现实之间的矛盾，已经是人民对于经济文化迅速发展的需要同当前经济文化不能满足人民需要的状况之间的矛盾。"

实践证明，党的八大对社会主要矛盾的分析判断是完全正确的。但是这之后不久，随着 1957 年"反右斗争"的扩大，对社会主要矛盾的认识出现变化。党的八届三中全会就提出，无产阶级和资产阶级的矛盾，社会主义道路和资本主义道路的矛盾，仍然是社会的主要矛盾。这之后的二十多年中，国内对于社会主要矛盾的认识都存在偏离和失误。

直到 1978 年党的十一届三中全会开始，对于社会主要矛盾才重新有了正确的认识。1979 年 3 月，邓小平在中央召开的理论务虚会上作了《坚持四项基本原则》的重要讲话，明确指出："我们的生产力发展水平很低，远远不能满足人民和国家的需要，这就是我们目前时期的主要矛盾，解决这个主要矛盾就是我们的中心任务。"①这一重要讲话实际上是明确并坚定了对社会主要矛盾的正确认识，最终这一正确认识被写入中共中央《关于建国以来党的若干历史问题的决议》这一历史性重要文献。

党的十一届六中全会明确了当时的国内社会主要矛盾，为落实党和国家工作重心转移的重大决策、加快推进经济体制改革和对外开放打下了坚实的基础。《关于建国以来党的若干历史问题的决议》的通过，标志着党在指导思想上完成了从思想、政治到组织等领域的全面的拨乱反正。

三、 党和国家工作重心的转移

对党和国家的工作重心转移的认识和实现，是思想大解放的又一个重要成果。党的工作重心的转移，较早是在 1978 年 9 月邓小平视察东北时的重要讲话中提出的②，后在同年 11 月的中央工作会议上作为中心思想进行讨论，最后在同年年底举行的十一届三中全会上果断决策、明确提出。

邓小平在视察东北时的一系列重要讲话具有伟大的历史意义，是中

---

① 《邓小平文选》第二卷，人民出版社 1994 年版，第 182 页。

② 后来，理论界将这一系列重要谈话与邓小平 1992 年初的"南方谈话"相对应，称为"北方谈话"。

国开启改革开放的序曲。在这些重要讲话中，邓小平明确提出，高举毛泽东思想的伟大旗帜，就是从现在的实际出发，充分利用各种有利条件，实现四个现代化的目标。①这就提出了要重点进行经济建设的思想。邓小平还阐述了要发展生产力、改善人民生活条件，要特别注重教育和科研在提高现代化建设中的重要作用，要加大地方和企业的权力，要先让一部分人富裕起来，要向世界先进经验学习等一系列重要观点，对如何推进经济建设工作提出了很多实事求是的途径方法。这些重要观点已经提及经济体制改革、对外开放等重要举措，为后续推进经济管理、收入分配、开放发展等领域的制度变革和创新，奠定了坚实的思想基础。

中共中央在十一届三中全会之前召开了一次工作会议，重点讨论把全党的工作重点转移到社会主义现代化建设上来。这次中央工作会议，对"文化大革命"结束后两年来党的领导工作中出现的失误提出了中肯的批评，对党的工作重点转移到社会主义现代化建设上来的重大决策提出了积极的建议。邓小平在会议闭幕式上作了题为《解放思想，实事求是，团结一致向前看》的重要讲话，明确提出："只有思想解放了，我们才能正确地以马列主义、毛泽东思想为指导，解决过去遗留的问题，解决新出现的一系列问题，正确地改革同生产力迅速发展不相适应的生产关系和上层建筑，根据我国的实际情况，确定实现四个现代化的具体道路、方针、方法和措施。"②这次中央工作会议，为随即召开的十一届三中全会作了充分准备。

---

① 《邓小平文选》第二卷，人民出版社 1994 年版。
② 同上书，第 141 页。

中共十一届三中全会的主要任务就是，讨论通过关于把党的工作重点转移到社会主义现代化建设上来的战略决策，从而实现了历史性的伟大转折。这一重大决策是实事求是思想的体现，也就是适应国内外形势的发展，及时地、果断地把党的工作重点转移到社会主义现代化建设上来。而要大幅度提高生产力，就要在多个方面改变与生产力不相适应的生产关系和上层建筑，改变一切不相适应的管理方式。这也就是说，要尽快推进一系列的经济体制改革，推进经济制度的变革和创新。

显然，实现党和国家工作重点的转移是中国进行经济体制改革、经济制度变革的重要前提。

四、 人民群众对改革的迫切期待

改革开放的伟大事业一定要顺应广大人民群众的强烈愿望和迫切期待，只有反映了人民的愿望并逐步实现这些愿望，才能得到人民的支持，改革开放的事业才能取得成功。

"文化大革命"结束之后，广大人民群众最大的愿望和期待就是实现四个现代化，大幅度提高生产力，并在此基础上显著改善人民生活，增强国防能力。而要实现这些愿望，只有走改革开放之路。

历时十年的"文化大革命"给党、国家和人民带来巨大灾难，严重损害了社会主义建设和发展。世界范围内的科技革命推动了世界经济的更快发展，中国经济和科技实力与国际先进水平的差距不断扩大。在经济上，尽管 1978 年中国的国民生产总值达 3 624 亿元，比 1965 年的 1 716 亿元翻了一倍多，年均增速达 6.8％，并建立起了一个独立的、门类齐全的工业体系，但是人民生活依然贫苦，群众收入水平低，消费品供应极其紧张，住房非常困难。显然这不是我们所要追求的社会主义社会，人民群众迫切希望扭转这种局面。

从经济体制方面看，自 20 世纪 50 年代起，计划经济体系虽然一度为中国早期的经济恢复和初步发展做出了贡献，但随着时间的推进其弊端日渐明显：（1）统一计划控制了国内经济社会的方方面面，政府和企业职责不分，企业不能自主经营；个人的生活、工作全由计划安排；无视价值规律与市场调节的作用，一切以计划为纲，无法适应消费群体的需要，严重制约商品经济的发展。（2）工农业生产与商品经营均为强制性的生产资料公有制，个人不得拥有私有财产，一切劳动成果都会被平均分配，这严重挫伤了生产者的劳动积极性，大家依靠"大锅饭"过日子，经济发展失去了动力。这种经济制度、经济体制已完全不适应生产力发展的要求，人民群众迫切希望改革。在经济发展的不同时期，需要根据生产力发展的要求，及时推进经济制度的完善和发展，使制度充满生机和活力，而推动这一进程的唯有经济体制改革。

改革开放为了人民。在增强国力的同时，也使广大人民群众的生活水平得到巨大的提高，由此赢得了人民群众的最广泛的认同和支持。改革开放还必须依靠人民。没有人民群众的参与和支持，没有人民群众的智慧和力量，这场改革开放的伟大革命就失去了依托。因此，推进改革开放，要了解人民群众最关注的领域和最迫切期盼解决的问题，积极回应人民群众的呼声和期待，通过谋划新思路、制定新方案、出台新政策、采取新举措，来实现人民群众的愿望。

五、 把握社会主义初级阶段的基本国情

只有认真分析、准确判断和把握中国社会主义社会的发展阶段，以及这一阶段的基本国情，才能制定正确的路线、方针和政策，否则就会给国家的建设和发展带来重大损害。而要把握社会发展阶段，最根本的一条还是要从实际情况出发，实事求是地分析基本国情。

社会主义初级阶段有特定的含义，它是指中国在生产力水平落后、商品经济不发达的条件下，建设社会主义必然要经历的一个特定历史阶段。认识和把握这一点非常重要，也绝非易事。在新中国成立初期，毛泽东同志在一定程度上已经认识到这一点，即中国的社会主义制度还没有完全建成，需要经过一段时间建立起现代工业和现代农业的基础，社会生产力得到比较充分的发展之后，我们的社会主义经济制度和政治制度才算具备了比较充分的物质基础，社会主义社会才算从根本上建成了。但由于缺乏经验和对社会发展阶段的分析判断能力，这一初步认识没有得到深化和坚持，很快就出现了"大跃进"错误，以及"文化大革命"期间的错误认识。

直到十一届三中全会，党对中国社会主义发展阶段的认识走向正确。邓小平曾经指出，底子薄、人口多、生产力落后，这是中国的现实国情。中共中央《关于建国以来党的若干历史问题的决议》第一次明确提出中国社会主义制度还处于初级的阶段。

经过一段时间的摸索分析，关于社会发展阶段的认识不断深化。1987 年，党的十三大报告明确指出："我国正处在社会主义的初级阶段。这个论断，包括两层含义。第一，我国社会已经是社会主义社会。我们

必须坚持而不能离开社会主义。第二，我国的社会主义社会还处在初级阶段。我们必须从这个实际出发，而不能超越这个阶段。"

只有具备了对中国社会主义社会发展阶段及基本国情的正确认识和把握，我们才能明确一系列重大战略和决策，包括主要矛盾、根本任务、基本路线、基本纲领和发展战略等，才能在作出这些战略决策的基础上，推动改革开放等经济制度的变革和创新。

第二节　中国经济体制改革的路径

1978 年开始的经济体制改革，起始于农民为生存而进行的冒险，暗合于中国共产党对社会主义道路的反思，融合于科技发展和全球化的发展，是一个在既有政治制度不变、保持中国共产党和中央政府的领导力的前提下，针对经济领域，通过改变生产关系来解放生产力的过程。其中主要是针对微观主体（农民和企业）和中层主体（地方政府）的放权让利、在公有制产权下使用权和经营权的承包、对私人产权在增量上的点缀（城市私营经济、建立特区引进外资），以及围绕国企改革为中心的一些宏观制度配套改革。

1978—1991 年间，中国启动并推进了改革开放进程，进行了一些重大的制度创新，并实现了经济的快速增长。这一阶段的制度创新和变迁主要循着三条主线展开。

一是推进微观主体的经营体制改革。以农村经济体制改革为起点，通过农村家庭联产承包责任制激发农民的生产积极性，通过发展乡镇企业来搞活农村经济，从而在农村建立起制度创新和变革的示范；以国有企业改革为中心环节，在社会主要的微观经营主体中进行经营机制的改革，引入市场机制，发展商品经济。

二是面向世界尤其是西方商品经济国家进行对外开放。商品经济是计划经济之外的制度要素，除了在内部进行改革，外部的制度借鉴和对接至关重要。融入世界经济，不但可以融通经济，还可以引入商品经济理念和管理经验。中国在改革开放的过程中，以点带面、以行促知，以东部沿海地区的经济特区建设为突破口，实现了增量改革和渐进式制度变迁。

三是推进宏观管理体制的改革。微观主体经营机制改革和对外开放引进外资，都必然要触碰到宏观管理体制的配套改革。一方面是中央与地方的关系。以重构央地关系为重点、促进地方政府之间的竞争为手段，推动地方政府积极有为，针对自己控制的企业进行经营体制的改革。另一方面是宏观的经济管理体制的改革。以价格放开为中心，由计划转向市场，由控制转向调节。

改革开放以前，中国实行的是高度集权的制度结构。在生产、分配、流通方面的主要权力都集中在中央各部委，而且在政治、文化、意识形态方面，也都是高度集中统一。这决定了改革要从"放权让利"起步。中国的改革实践是以渐进的方式逐步放权的。1978—1991 年，提升微观主体和地方政府的自主权和积极性、所有制结构从单一走向多元化、管理方式从计划走向市场，是推进改革并实现制度变迁的主要方向。从"计划经济为主，市场调节为辅"到"有计划的商品经济"，则表明市场机制作为资源配置的方式，已经在意识形态上得以树立，在经济政策中得以执行，为进一步的制度创新打下了坚实的基础。1992 年，中共十四大最终确立了"建立社会主义市场经济体制"的改革目标。

虽然所有制结构逐渐走向多元化，但是这方面改革的比重非常低。此时期的农村的改革和城市企业的改革主要在经营体制方面，即在所有权不变的前提下，通过调整使用权和利益分配比例来进行制度创新。从在农村首创并获得政府认可的家庭联产承包责任制，到社队企业（后来的"乡镇企业"）中施行的经营承包责任制，再到国营企业在放权让利过程中所推行的厂长（经理）承包经营责任制，以及中央到地方逐级分包的财政包干制，都以"承包"和"放权让利"为核心，在顶层制度不变的情况下，通过改变企业内部的激励机制，实现企业经营效益的增长。

在这个过程中，特区的设立、外资的引入，以及中外合资、合作企业的设立，与农村和城市的企业改革不同，是所有权意义上的制度变迁。这不仅仅是下放企业经营权、调整利益分配关系，而且是在所有制方面产生了明显的变化，即对私人产权合法性的承认。由此可以看出，开放是经济体制临界点上的质变，与内部的体制改革的量变一起构成渐进式改革的路径。

一、 以经济体制改革为中心

（一）以经济工作为中心

以经济工作为中心的核心内涵是：从政治斗争转到经济建设上来。"文化大革命"严重破坏和扰乱了生产秩序和工作秩序，阻碍了工农业正常的生产经营活动，国民经济遭到巨大损失。同时，20 世纪 70 年代，西方发达国家的科技和经济进一步迅速发展，中国与发达国家的经济和科技实力的差距进一步扩大。

国内的危机和国外的竞争使中国社会经济发展到了一个临界点。"再不实行改革，我们的现代化事业和社会主义事业就会被葬送。"[①]1978 年党的十一届三中全会召开，在总结经验教训的基础上，面对国内外形势，党中央理性决策，决定把全党工作重点转移到社会主义现代化建设上来。《中国共产党第十一届中央委员会第三次全体会议公报》指出："全党目前必须集中主要精力把农业尽快搞上去，因为农业这个国民经济的基础，这些年来受了严重的破坏，目前就整体来说还十分薄弱。"

（二）经济发展中以体制改革为中心

中国传统计划经济体制最重要的问题是效率问题，最根本的问题是社会生产关系不适应社会生产力发展的水平问题。1978 年，党的十一届三中全会开启了改革开放的进程。1984 年 10 月，党的十二届三中全会通过了《中共中央关于经济体制改革的决定》，提出了在公有制基础上建立"有计划的商品经济"的思想，将社会主义计划经济与商品经济统一起来，提出要扩大市场的补充作用。1992 年，邓小平在南方谈话中提出"计划与市场只是发展经济的两种手段，而不是社会主义和资本主义的本质区别"。这个过程中，商品经济的逐渐发展、市场机制的逐步确立，以及生产关系的调整不断释放和提升了生产力。

首先，在农村，废除了实行长达 20 余年的人民公社制度，建立了以

---

① 《邓小平文选》第二卷，人民出版社 1994 年版，第 150 页。

农户家庭为基本经营单位的生产组织方式，农产品供给大幅度增长，几年之内基本上解决了温饱问题，并为工业化和城市化发展解放和储备了大量的劳动力。改革后，在所有制结构方面，农业领域除土地的最终所有权仍为集体所有以外，其他大部分生产资料则由集体所有变为农户家庭所有，经营方式也由集体经营变为家庭联产承包经营。从包括占有权、使用权和收益权在内的广义所有权来看，农业生产资料所有制的性质在相当程度上发生了质的变化，即由集体所有变为部分地农户家庭所有。在城市，恢复个体经济、私营经济，解决城市中存在的闲置劳动力问题；以国有企业改革为中心环节，在社会主要微观主体中开始实行经营机制的改革。

在国内的微观主体改革中，虽然既有企业的所有制没有突破，但在增量发展上，所有制呈现出多样化的局面。而且，新的所有制成分的发展非常迅速，使得1978年前单一的公有制状况发生了非常大的变化。全民所有制经济比重明显下降，集体所有制经济比重显著上升。如工业领域，1978年，全民企业产值比重占77.6%，集体企业产值比重占22.4%，合计公有制占100%；到1990年，全民企业产值比重为54.6%，比1978年下降了23个百分点，集体企业产值比重为35.6%，上升了13.2个百分点。此外，个体企业占4.8%，私营企业（雇工7人以上）占0.6%，三资企业占2.3%，各种合作所有制企业占2.9%，出现了多种经济成分一同发展的良好局面。①

---

① 国家计委经济研究所所有制课题组：《我国所有制结构变化与国民经济管理》，《宏观经济研究》1993年第3期。

二、 以农村经济体制改革为起点

　　"文化大革命"结束之后，农村发展依旧延续僵化的计划经济管理体制，突出地表现在人民公社制度上。人民公社制度的典型特征是"以粮为纲"、"一大二公"、"政经合一"、"三级所有、队为基础"、统一核算、集中经营以及城乡分离等，农民和农村集体的劳动力、财物、产品都可能被"一平二调"，加之政治上的"左"倾错误、经营上的"瞎指挥"、分配上的"大锅饭"，这些都严重影响了农民的生产积极性，也大大制约了农村集体经济的发展。从 1958 年到 1978 年的 20 年时间内，中国农村经济发展实际上处于停滞和徘徊的状态。在农村改革之前，大多数农民仍处于贫困的状态，甚至有 2.5 亿人吃不饱肚子。[①]农村发展困境的症结在经济，而制约农村经济发展的根本因素是当时的土地经营模式。因此，农村改革的起点是突破制度制约。在当时的宏观管理体制下，农村改革要突破的是土地经营权的框架，促使使用权与所有权分离，土地所有权归集体所有，但农民可以获得生产经营自主权。在承包期内，农户"交够国家的，留足集体的，剩下全是自己的"，劳动与收益直接挂钩，农民的生产积极性明显提升。正是在此背景下，出现了家庭联产承包责任制的改革，由此拉开了中国改革开放的大幕。

　　[①]　《中华人民共和国史（2002—2009）》，人民出版社 2010 年版，第 391 页。转引自：冯治、禹仁朋，《邓小平农村改革的逻辑起点、结构安排和价值意蕴》，《邓小平研究》2019 年第 2 期。

（一）农村家庭联产承包责任制

1. 农村联产承包责任制的诞生与"企业家精神"①。

为什么中国的经济体制改革要以农村的经济体制改革为起点？实际上，这不是主观的制度变革设计，而是由客观现实引发的自下而上的制度突破，是具有"企业家精神"的 18 位农民冒着极大的风险进行制度创新的结果，也是从基层到中央的各级有企业家精神的领导的锐意改革、勇于担当的结果。

1978 年，安徽省凤阳县打响了"大包干"改革的第一枪。当年安徽遭遇特大旱灾，人们面临生存危机。在这种情况下，凤阳县小岗村的 18 位农民，以家人"托孤"的方式，一个个庄重地在土地承包责任书的"契约"上按下了鲜红手印。他们商议决定秘密地把分田到组改为分田到户，将集体耕地承包到户，推行农业生产"大包干"。但这一情况很快被公社知道。在牛草贷款、粮种贷款和粮农贷款等都被断供的情况下，18 位农民坚决顶住了压力。实行"大包干"的第一年，小岗村就迎来农业生产的大丰收，一年的粮食产量相当于以往五年的总和。

基层农民的制度创新，得到了县、地、省、中央各级管理部门中有企业家精神的领导的支持。"大包干"得到时任安徽省委书记万里的大力支持，万里对小岗村取得的成就感到非常高兴。1979 年 3 月 16 日，针对《人民日报》刊发的甘肃省一位干部的来信，万里说："是或非，只能从是否符合人民的根本利益来衡量，靠时间来检验。"同年 3 月 19 日，万

---

① 根据熊彼特对"企业家精神"的论述，企业家精神与社会角色和是不是经营者无关，而是一种人格素质和整合资源的能力。

里又在题为《让农民、集体、国家都增加收入就是好办法》的谈话中指出："你们的办法，明年可以干，后年还可以干。"1980 年 9 月 14 日，中央召开各省、市、自治区第一书记座谈会，专门讨论农业生产责任制问题。邓小平力排众议，力倡改革，使"大包干"改革能够迅速在全国推开，并得到不断完善，最终成为农村家庭联产承包制的主要形式。到 1983 年，全国大包干到户的生产队达到了 95％以上。①

2. 农村家庭联产承包责任制在制度上逐步确立的过程。

"自下而上"的制度创新，在各级具有企业家精神的农民、干部、领导人的参与和推动下，与传统体制和保守势力进行多次博弈，进而逐渐稳定下来。在实践中，家庭联产承包责任制从最初的包产到户发展为包干到户，并且成为全国大部分地区主要的责任制形式。家庭联产承包使农民获得了生产经营的自主权。

1978 年 12 月，《中国共产党第十一届中央委员会第三次全体会议公报》指出："为此目的，必须首先调动我国几亿农民的社会主义积极性，必须在经济上充分关心他们的物质利益，在政治上切实保障他们的民主权利。"

1979 年 9 月，中共十一届四中全会通过的《中共中央关于加快农业发展若干问题的决定》指出："经过实践证明行之有效的政策，切不可轻易改变，以至失信于民，挫伤农民的积极性。同时，对那些不利于发挥农民生产积极性，不利于发展农业生产力的错误政策，必须坚决加以修改和纠正。"

---

① 李春发：《重温那些可圈可点的改革开放"第一"故事》，《党史文汇》2018 年第 7 期。

1980 年 9 月 27 日，中共中央印发《关于进一步加强和完善农业生产责任制的几个问题》的通知，指出："在那些边远山区和贫困落后的地区，长期吃粮靠返销，生产靠贷款，生活靠救济的生产队，群众对集体丧失信心，因而要求包产到户，应当支持群众的要求，可以包产到户，也可以包干到户，并在一个较长的时间内保持稳定。就这种地区的具体情况来看，实行包产到户，是联系群众，发展生产，解决温饱问题的一种必要的措施。"这标志着，农村家庭联产承包责任制作为一项制度创新得到了中央的肯定。

1982 年开始，中央连续五年，每年发布一个有关农业和农村问题的"一号文件"，明确包干到户和包产到户"是社会主义集体经济的生产责任制"，"是社会主义农业经济的组成部分"。1983 年的"一号文件"《当前农村经济政策的若干问题》，从理论上阐明了家庭联产承包责任制"是在党的领导下中国农民的伟大创造，是马克思主义农业合作化理论在我国实践中的新发展"。1984 年的"一号文件"《关于一九八四年农村工作通知》强调要继续稳定和完善家庭联产承包责任制，延长土地承包期为15 年以上。至此，以包产到户、包干到户为主要形式的家庭联产承包责任制在全国普遍实行。

1991 年 11 月，党的十三届八中全会通过了《中共中央关于进一步加强农业和农村工作的决定》，强调把以家庭联产承包为主的责任制"作为我国农村集体经济组织一项基本制度长期稳定下来，并不断充实完善"。

3. 农村家庭联产承包责任制的深刻内涵。

家庭联产承包责任制是在不改变农村土地等基本生产资料集体所有的前提下，由农民实行多种形式的承包经营。在所有权层面上，家庭联产承包不过是将集体统一经营转变为家户承包分散经营，农民承包经营并没有改变农村集体所有制的性质。但是，家庭联产承包责任制的实行突破了传统计划经济体制的束缚，并且对经济管理体制也产生一个实质性的冲击。

家庭联产承包责任制使农民及农户有了经营自主权。从此，生产什么、生产多少以及何时生产、如何生产，不再根据国家计划并由集体单位统一决定，而是由农民及农户自主决策、自主经营；在分配上，实行的是"交够国家的、留足集体的，剩下都是自己的"这一制度，从而承认了农民个人利益的合法性、合理性，也明确了国家、集体和农民的责、权、利的边界。这是对生产关系的一个实质意义上的突破。从此，虽然产权制度还没有实质性的改变，但农民作为独立的经济利益主体已被认可，独立经营的主体地位被认可，并在实践中证实了农民及农户的自主决策能力。这为以后全面推进各个领域的经济体制改革奠定了微观基础。

（二）乡镇企业的起源及变迁历程

1. 乡镇企业的起源。

乡镇企业的前身是起源于 20 世纪 50 年代的社队企业，这是由农村人民公社和生产大队两级集体举办的企业。1979 年，党的十一届四中全会通过的《中共中央关于加快农业发展若干问题的决定》，正式确立了社队企业在经济体系中的地位。1981 年春，薄一波派出专门调查组，到江苏调查当时流传的乡镇企业"三挤一冲"（挤国营企业的原材料、能源和市场，冲击国家经济）的问题。调查组经过深入调查走访，最后得出结论认为，"方向是对的"，"社队机械工厂的产品，对国营大厂有挤有补，目前是补的多一些，挤的少一些"。①1984 年 3 月，《中共中央、国务院转发农牧渔业部〈关于开创社队企业新局面的报告〉的通知》将社队企业正式改名为乡镇企业。

2. 乡镇企业制度变迁的历程。

在传统计划经济体制下，农村的经济主要是"以粮为纲"，生产受到许多限制，农业多种经营及乡村工业发展更是受到严格的限制。随着家庭联产承包责任制的实施，农民的生产经营自主权不断扩大，发展多种经营和商品生产已成为广大农民群众的迫切要求。而要做到这些，就需要出台一些相应的政策来给予支持。

1981 年，中央农村工作会议就强调"要因地制宜制订全面发展农、林、牧、副、渔、工、商的规划"，"逐步改变按人口平均包地、'全部劳力归田'的做法，把剩余劳力转移到多种经营方面来"。1983 年，中共中央关于印发《当前农村经济政策的若干问题》的通知，进一步强调农村要发展多种经营，"走农林牧副渔全面发展、农工商综合经营的道路"。1984 年 3 月，《中共中央、国务院转发农牧渔业部〈关于开创社队企业新局面的报告〉的通知》将社队企业正式改名为乡镇企业，并指出"乡镇企业已成为国民经济的一支重要力量，是国营企业的重要补充"，强调"对乡镇企业要和国营企业一样，一视同仁，给予必要的扶持"。

1984 年 10 月，党的十二届三中全会通过了《中共中央关于经济体制改革的决定》，提出了要在公有制基础上发展有计划的商品经济，开始有

①　参见国家机械委赴江苏省社队机械工业调查组：《关于江苏省社队机械工业调查报告》，1981 年 4 月 10 日。转引自：胡明，《改革开放以来我国乡镇企业的发展历程及启示——以 1978—1992 年江苏乡镇企业发展为例》，《党的文献》2008 年第 4 期。

了明确的市场取向。1985 年 1 月 1 日，中共中央和国务院发布《关于进一步活跃农村经济的十项政策》，明确提出改革农产品统派购制度、调整农村产业结构等十项经济政策，积极推动农村发展多种经营。

1984 年至 1988 年，国民经济快速发展，但同时也出现严重通货膨胀、大量重复建设等经济过热迹象。为扭转这一严峻的经济发展局势，1988 年 9 月，党的十三届三中全会决定治理经济环境，整顿经济秩序。从 1989 年起，国家开始进行调整，对乡镇企业采取"调整、整顿、改造、提高"的方针，同时减少税收、信贷等优惠支持措施，明确"乡镇企业发展所需的资金，应主要靠农民集资筹措"。由此，乡镇企业过快发展的势头有所放缓。

1992 年，以邓小平南方谈话和党的十四大为标志，中国社会主义改革开放和现代化建设事业进入一个新的发展阶段。1992 年 3 月 18 日，国务院批转农业部《关于促进乡镇企业持续健康发展报告》。该报告对"八五"期间和此后十年的乡镇企业发展提出了一系列明确的要求。中国乡镇企业发展进入一个新阶段。

3. 乡镇企业的制度优劣势。

与农村家庭联产承包责任制一样，乡镇企业在经营权改革和微观经济主体地位上都有突破。除此之外，作为企业，乡镇企业跟其他所有制形式的企业处于同样的竞争地位，因此，其发展不仅取决于自身的经营能力，更受制于其所处的竞争环境的优劣。与城市企业和私人企业相比，乡镇企业具有自身的制度优势和制度劣势。一方面，乡镇企业具有比城市企业更加适应商品经济的基因，体现为经营制度相对灵活；另一方面，乡镇企业具有产权模糊的制度劣势，随着竞争加剧，这一劣势的负面影响日益暴露。

1978 年之前，农村中还是存在少量私人经济和市场交易活动的，所以乡镇企业的商品经济意识比城市企业更强，经营机制也更灵活。由于没有被纳入统一的国家计划体制，乡镇企业很少能享受到如生产资料的平价配给等各种优惠政策。但在微观经营层面，乡镇企业具有相对更加宽松和灵活的机制，从融资方式、产品研发、销售渠道开拓，到价格制定、激励机制建立等，乡镇企业都享有很大的自主权。这是这个历史时期的乡镇企业所具有的独特的制度优势。

以江苏省吴江七都镇的特种电缆厂为例。该厂自 20 世纪 80 年代中期开始就实行绩效激励机制，这一制度成为电缆厂迅速打开市场的利器。据创办人也是第一任厂长沈银归的回忆，在 80 年代末，电缆厂营销人员根据其销售业绩所获得的提成，甚至可以达到他这个厂长收入的 100 倍，"最兴盛的时候，从七都到吴江的公路上，跑的大部分是电缆厂的销售员"。凭借这一经营制度优势，乡镇企业获得了快速的发展。1978 年，全国社队企业总产值只相当于当年农业总产值的 37％左右。到 1987 年，乡镇企业产值首次超过农业总产值，达到农业总产值的 104％。[1]从 1983 年到 1988 年，乡镇企业数从 13 万多家增加到 1 888 万家，乡镇企业从业人员从 3 234 万人增加到 9 545 万人，乡镇企业总产值和营业收入也都增长了六倍多。[2]

在乡镇企业发展过程中，产权模糊的问题始终存在。农民个人和集

---

① 陆远、王志萍：《传统与现代之间：乡镇企业兴衰与中国农村社会变迁——以苏州吴江区七都镇为例》，《浙江学刊》2019 年第 1 期。

② 根据《中国乡镇企业统计年鉴（2003）》数据整理。

体产权不明晰、不完整。乡镇集体企业的承包经营权不稳定，存在短期经营的委托代理风险，这是一种严重的制度弊端。另外，产权不明晰又直接导致乡镇企业缺乏抵押和融资的能力。随着城市企业经营体制改革的快速推进和私人经济的兴起，乡镇企业无论在经营实力还是在获得政府支持方面，都竞争不过国有企业；与私人企业相比又明显存在产权模糊的问题。因此，虽然在改革之初，乡镇企业一枝独秀、引领潮头，但随着改革进程的逐步深入，乡镇企业的制度优势逐渐丧失，制度劣势逐渐显露。因此，1989—1991 年，乡镇企业发展出现产业结构低水平类同、企业规模扩大受限等问题，发展遇到瓶颈。

首先，1989 年，由于国内经济过热，中央实施"治理整顿"。在这一背景下，国家在乡镇企业的发展方针上，由大力发展、积极扶持、正确引导，改为"调整、整顿、改造、提高"，并且从政策上明确"乡镇企业发展所需资金，应主要靠农民集资筹措"。其次，随着城市经济体制改革的推进，国有企业和城镇集体企业承包制的改革也不断推向深入，城市与乡镇企业发展在一定程度上呈现同构同质的现象。在同样的商品经济经营环境中，乡镇企业在经营管理、产品质量以及流通领域方面，已经没有太多的优势，有时反而经常会处于劣势被动的局面。

另外，由于乡镇企业经营规模小，技术改造和研发的投入不足，管理水平低下，这些问题又导致乡镇企业存在大量违法和破坏环境的行为，其外部负效应不断增大。在国内市场竞争遭遇挫折后，也是响应国家出口导向政策，有些乡镇企业转向扩大出口，找到了新的增长点。在中国企业开拓国际市场的初期阶段，外向型增长的背后，产权模糊的劣势还不明显，就如同国内改革过程一样。但乡镇企业总体在走向衰落，尽管在 90 年代后仍有个别优秀的乡镇企业。

总之，农村改革以农村家庭联产承包责任制和乡镇企业为主要标志，在中国经济面临崩溃的关键历史时刻，及时、迅猛地释放出了生产力，解决了农村地区基本的生存问题，同时也播下了自主经营和商品经济的种子。通过农村改革的实践，全社会找到了社会主义制度和市场经济要素相结合的有效方式。

三、 以城市企业改革为中心环节

城市企业的改革从两条主线展开：一是重新恢复和适当放开个体私营经济；二是对国有企业也开始实行放权让利和承包责任制。前者主要是安置城市闲置劳动力和适度搞活流通市场的需要，后者则是整个改革开放的中心环节，国企改革的思路也是 1978—1991 年改革的灵魂。简单说，国企以不碰所有制为底线，先是放权让利，后来再进行承包制的改革，目的是在城市复制农村家庭联产承包责任制和乡镇企业的成功经验，以达成经济搞活与政治稳定的共存与平衡。

但是，实际上，城市不同于农村改革，国有企业不同于乡镇企业。国企及其职工是原有体制内的主流身份和既得利益者，该群体理性水平相对高，因此改革呈现出几个特点：路径依赖导致改革阻力大，道德风险大，以及对于政治、意识形态等其他领域制度的溢出效应强。故城市企业改革不像农村改革那么具有内在的动力，一开始完全是靠自上而下的强制性制度变迁，而不是农村改革那种自下而上的制度创新，再被上面的管理层认可后，相互扶持和博弈。与此同时，国有企业的内部和外部生产关系都与上层建筑紧密相关，因此国企改革在意识形态上遭遇的阻力更大，一旦有所突破，对政治领域的冲击也比较大。

（一）城市企业改革和私营经济的恢复

在改革开放之前，中国实行的是统一的计划经济，公有制一统天下，城市发展国有经济，农村发展集体所有制经济，私营经济在 1957 年几乎被全部清除，个体经济到 1978 年时，全国也只剩下 15 万人。①改革开放后，个体经济得到恢复，从而打破了公有制经济一统天下的格局。从 1981 年开始，党和政府陆续出台多项鼓励支持个体经济发展的政策，城乡个体经济就又开始快速发展。

1982 年 9 月，中共十二大报告提出，坚持国营经济的主导地位，发展多种经济形式。这给个体经济发展提供了有力的保障。到 1985 年，个体经济从业者已经有 1 760 多万人。在个体经济有了一定的发展以后，一些经营状况比较好的个体工商户就欲扩大经营规模、增加经营项目，这就要求增加劳动力的雇用。当时社会上也存在大量闲置劳动力，增加雇工比较容易。但按当时的政策，国家对个体工商户的雇工名额是有限制的，一般以 8 名雇工为界限，8 名以下为个体经济，8 名以上为私营经济。1988 年开始，允许个体工商户申请私人经营执照。

（二）国有企业改革：自上而下的强制性制度变迁

如果说农村改革是中国经济体制改革的起点，那么城市国企改革则是整个改革进程的核心。

---

①　程民选、龙游宇、李晓红：《中国国有企业制度变迁：特点及经验总结》，《南开经济研究》2005 年第 6 期。

新中国成立之初，国有企业在恢复生产和振兴国民经济中发挥了重要的作用，但由于受制于僵化的经营管理体制，国企普遍存在经营不善、严重亏损等问题，最终导致国民经济停滞甚至倒退。在传统的计划管理体制下，国企的经营管理权、产品支配权以及收益处置权，都由政府控制，这导致国企长期低效率运行。在这样的体制下，政府相应地就要承担国有企业的所有盈亏，同时还要付出高昂的对企业的监督成本。因此，为了增加财政收入，政府首先必须考虑如何搞活企业、提高企业的经营效益。有了农村家庭联产承包责任制的示范效应，中央政府下定了推动整体改革的决心。因此，对国有企业实行"放权让利"的改革成为政府的必然选择。

但是，与农民不同，国有企业的员工在传统计划体制中是既得利益者，因此，国企改革会遇到明显的阻力。国有企业制度改革相对农村改革要慢一些，而且是政府主导的。与农业制度变迁自下而上的方式不同，国有企业改革可以说一直是一个自上而下的强制性制度变迁过程。

1978年12月召开的党的十一届三中全会指出："现在我国经济管理体制的一个严重缺点是权力过于集中，应该有领导地大胆下放，让地方和工农业企业在国家统一计划指导下有更多的经营自主权。"针对当时国有企业存在的政企不分的弊端，十一届三中全会后，政府就发布了一系列扩大国有企业经营自主权的文件，大力推进国有企业改革。1979年7月13日，国务院颁布了《关于扩大国营工业企业经营管理自主权的若干规定》等五个改革国企管理体制的文件，开始"放权让利的"国有企业改革，并在四川省进行试点。根据这些政策，政府向企业下放了一定的生产自主权、原料选购权、劳动用工权和产品销售权等14项经营权。

　　1984 年底召开的党的十二届三中全会明确提出了企业所有权与经营权"两权"分离的改革原则。围绕这一目标，1985 年开始，以"承包经营责任制"为主要形式，国有企业改革逐步推进。1991 年 9 月，中央工作会议正式提出：以搞活全民所有制大中型企业为重点，转换企业经营机制，把企业推向市场。1992 年 7 月出台《全民所有制工业企业转换经营机制条例》，正式启动经营机制改革。

　　（三）国有企业改革中的道德风险

　　1978 年，根据党的十一届三中全会确立的改革开放方针，首先在首钢等八家国有企业中进行扩大经营自主权的改革试点。在这一时期，通过不断地改革调整，并在企业内部设立销售、技术开发等部门以增强企业经营职能，企业逐步从生产执行型向生产经营型转变。同时，政府开始对企业下放部分经营权，以适应从"产品经济"向"有计划商品经济"转型的需要。但总体上，企业仍然处在整个国家的社会经济管理科层制度之中，因而企业的经营体制改革主要以政府倡导和推动的"准强制性"方式来进行。这一轮经营体制改革使企业经营者获得了除资产处置权外的经营自主权和部分剩余索取权，而国家也因为企业经营效益的改善而实现了财政收入的增加。但同时也出现一些负面影响，"放权让利"的改革容易让部分企业钻政策空子，侵占国家利益，如企业乱发奖金等。

　　承包租赁经营容易导致企业经营行为的短期化、短视化。以承包制为例，承包人往往可以利用信息的不对称，蓄意压低承包目标基数，在承包期间肆意消耗使用生产资料设备，以尽可能多地攫取承包收益。这种行为也导致了自 80 年代中期开始出现"一放就乱""一收就死"的恶性循环现象。据此，政府管理部门开始意识到，仅仅依靠国有企业经营承包制改革是远远不够的，如果对承包经营者缺乏必要的责任约束，必然导致承包者"负盈不负亏"的结果，直接损害企业所有者的权益。于是，政府就开始考虑要推动企业的所有权改革。

可见，1978—1991年间国企改革既为此后的现代企业制度改革奠定了基础，也提供了一些深刻的教训。

四、 以沿海经济特区建设为突破口

1978—1991年间，对外开放主要是开办经济特区、引进外资和改革外贸体制。经济特区作为一种自上而下的强制性制度安排，在先行先试的实践中逐步打破了传统计划体制均衡；果断、高效的制度创新，使引进外资有法可依；对外贸易体制的改革激发了外贸企业的积极性，提高了外汇利用效率。

从经济体制改革和制度创新角度看，开办特区以引进外资，实际上是承认私有产权，是引进一种新的交易制度、新的生产关系。这一制度层面上的创新真正体现出改革的真谛。

（一）经济特区：以点带面的顶层制度创新

经济特区是主权国家或地区实行特殊经济体制和经济政策的特定经济区域。经济特区的设立是增量改革的一个重要举措，有先行先试的示范作用，是旧制度在临界点上的突破，也是一种顶层制度创新。经济特区的创建和发展体现了领导人高度的政治智慧。中国决策者学习和借鉴了世界发达国家创办经济特区的经验，以深圳等经济特区作为试验田，进行制度创新效应的示范和普及，并通过点上的突破，既使中国逐步与世界经济及市场机制接轨，又使中国能留有一定的缓冲空间。

1979 年 7 月 15 日，中央决定在深圳、珠海两市划出部分地区试办具有特殊经济体制、享受特殊经济政策的"出口特区"，待取得经验后再考虑在汕头、厦门设立这样的出口特区。1980 年 5 月 16 日，中共中央、国务院批转《广东、福建两省会议纪要》，正式将出口特区定位为"经济特区"。1980 年 8 月 26 日，第五届全国人大第十五次会议通过《广东省经济特区条例》，在广东省的深圳、珠海、汕头设置经济特区；同年 10 月 7 日，国务院批准成立厦门经济特区。1988 年 4 月 13 日，第七届全国人大第一次会议通过《关于设立海南省的决定》和《关于建立海南经济特区的决定》。由此，全国共建成五个经济特区，其中深圳经济特区的发展最具典型性。

特区制度创新的溢出效应，自 1980 年后也扩展到全局。1984 年 5 月 4 日，中央决定进一步开放东南沿海地区的大连、秦皇岛、天津、烟台、青岛、连云港、南通、上海、宁波、温州、福州、广州、湛江、北海等 14 个港口城市。1990 年 4 月 18 日，中央决定开发开放上海浦东。1992 年 10 月，上海浦东新区正式挂牌。

这一时期，无论是各经济特区，还是全国其他地方，积极引进利用外资的数量逐步扩大，外商直接投资的企业越来越多，外资企业逐渐成为中国经济体系中的重要市场主体。

（二）出台与外资相关的法律制度

中国改革开放的过程，是政府主导的过程。由于中国政府强大的集中决策权和领导力，强制性变迁中体现出明显的高效率。这种高效率在出台外资相关法律中也得到体现。

利用外资首先需要解决对外资的法律保障问题。1979 年 7 月 1 日，第五届全国人大第二次会议通过《中华人民共和国中外合资经营企业法》，7 月 8 日开始施行。1982 年，中国正式把"允许外资进入"写入《中华人民共和国宪法》。在整个 20 世纪 80 年代，立法机关根据中国经济发展实践需要，又相继颁布实施《中华人民共和国涉外经济合同法》《中华人民共和国外资企业法》《中华人民共和国中外合作经营企业法》等法律，及其各自的实施条例和实施细则，使中国利用外资的法律实现从无到有，并日渐完善。这些法律文件的发布，增强了政府对外开放政策的可信度。这些法律的颁布实施，对不断促进和扩大中国的对外开放、更好更多地引进利用外资，发挥了非常重要的作用。

（三）外贸体制改革

1978 年改革开放前，中国发展经济的重点放在国内的工业生产，以力图建立自己独立的工业体系，对外经济活动相对很少，仅有的对外经济活动主要是进出口贸易和引进一些西方国家的技术设备。而且，这些外贸活动实行高度集中的计划管理体制，由国家计划委员会和对外经济贸易部安排实施外贸业务。

在外贸计划管理体制下，对外贸易经营权被授予十几家国家级的外贸专业公司，只有这些专业外贸公司拥有进出口贸易经营权，其他任何企业和机构都不被允许经营外贸业务。经营外贸业务采取出口商品收购制和进口商品调拨制，即统一由专业外贸公司收购出口商品、调拨配给进口商品，所有的出口商品价格、进口商品质量以及贸易盈亏，均由外贸公司承担，与出口商品生产企业和进口商品的使用单位完全没有关系。在外贸管理方面，严格的指令性计划完全取代关税、进出口配额和许可证等措施，指令性计划成为调节进出口贸易的唯一手段。另外，与贸易活动密切相关的汇率，也只是一种核算工具，与进出口业务没有关系，国内价格体系与国际市场价格体系处于隔离状态，企业感受不到国际市场价格的变动和市场竞争的压力。

这种高度集中的计划外贸体制在特定条件下对社会主义经济建设发挥了积极作用，但随着形势的发展，它的弊端也逐渐暴露出来。因此，在实行改革开放之后，中国从以下几方面对外贸经营体制进行了大幅度的改革。

一是下放外贸经营权。国家将对外贸易的经营管理权下放到省一级，即允许各省政府成立本省外贸公司，在本省从事对外贸易活动。省政府还对国家外贸公司在当地分公司的外贸活动进行管辖。另外，大型企业也拥有外贸经营权，它可以不通过专业外贸公司而自行进行外贸业务。

二是推行外贸承包经营责任制。1987 年，外贸部对其所属专业总公司推行经营体制改革，实行出口承包制，即对出口总额、出口商品换汇成本和出口盈亏总额等进行承包，实行超亏不补、减亏留用、增盈对半分成，并按三项指标完成情况进行出口奖励。在实行出口承包制的同时，外贸部也适当扩大承包企业的经营自主权和业务范围。从 1988 年起，这种外贸承包制在全国推广，国家也为此采取了一系列的配套措施，如放宽外汇管制、实行出口退税和取消中央财政出口补贴等，这些措施在一定程度上调动了各方扩大出口的积极性。

三是允许外汇交易。在外汇管理方面，逐步放开外汇留成并允许适当交易。1979 年建立的外汇留成制度规定，中央外贸企业可以获得超过 1978 年出口收入的那部分外汇的 20％，地方外贸企业可获得相应的

40%。开始时外贸企业留成的外汇不被允许交易，自 1980 年建立外汇调剂中心后，国家允许企业进行一定限度的交易，当然政府对外汇调剂价格还是实行严格的控制。1985 年，允许进行 1 美元外汇额度兑换 1 元人民币的试验。1988 年，全国各省都建立了外汇调剂中心，并允许调剂汇率适当浮动，这也为 1994 年汇率并轨打下基础。

五、 以重构央地关系为重点

在传统计划经济时期，中央政府与地方政府是单纯的行政隶属关系，地方政府成为中央政府在地方上行使经济管理职能的执行机构。1978 年以前的财政体制，一个显著的特征就是"统收统支"，也就是说，在这种体制下，地方的税收和利润几乎全部上缴中央，然后中央按支出计划再下拨给地方，地方政府在这方面几乎没有任何自主权。同时，地方政府的利益与当地的经济发展没有关系，地方政府推动经济发展的意愿不强。随着市场化改革的推进，为了调动地方政府的积极性，合力推动经济发展和进行制度变迁，迫切需要进行中央与地方关系的重构。

改革开放后，中央与地方关系重构的主线有两条：财税体制改革和事权改革。

（一）财税改革与央地关系重构

在高度集中的传统计划经济体制下，中央与地方的权力收放模式始终停留在各级政府之间经济管理权力的上收和下移上，难以走出"死、乱"的周期性循环。1978—1993 年的财税体制改革，其主要特征就是"分灶吃饭"和"财政包干"，基本上是中央政府不断向地方政府让利的过程。

推行"分灶吃饭"的财政体制改革，其主要目的就是调动地方政府的积极性，鼓励其扩大生产。1980 年，国务院颁布实施《关于实行"划分收支、分级包干"财政体制的暂行规定》，进一步推进财政体制改革，决定除了三个直辖市之外，其余地区都实行财政包干制度。随着一系列财政分权改革措施的出台，地方政府的利益主体地位逐步获得中央政府层面的认可，地方政府也就有了更强劲的动力去发展地方经济。

1978—1991 年这段时期，中央与地方政府之间关系调整的相关政策主要有下列几方面：

1978 年 2 月 26 日，第五届全国人大第一次会议提出要在巩固中央集中统一领导的前提下，发挥中央和地方两个积极性。1979 年的第五届全国人大第二次会议进一步明确要在中央集中统一领导下，适当扩大地方在计划、基建、财政、物资、外贸等方面的权限。1981 年 11 月 30 日，第五届全国人大第四次会议提出，中央财政的投资范围应该逐步收缩，主要用于能源、交通、新兴工业等，至于一些投资周期短、利润比较大的项目，城市建设的一些项目，尽可能由地方和企业去兴办。

1983 年 6 月 6 日，第六届全国人大第一次会议提出进一步完善利改税的制度，开征一些必要的新税种，合理调整税率，按照税种划分中央收入、地方收入和中央地方共享收入，改进和稳定国家与企业之间、中央与地方之间的分配关系。1987 年 3 月 25 日，第六届全国人大第五次会议提出，必须坚决把过高的财政支出压缩下来，同时要根据新的分配格局，合理调整中央与地方的财政收支结构，适当提高中央财政收入所占的比重。

1989 年 3 月 20 日，第七届全国人大第二次会议提出，各级政府、政府工作人员必须坚决维护中共中央的领导权威，坚决维护国务院对政府工作的领导权威，坚决维护法纪政纪的权威。1992 年 3 月 20 日，第七届全国人大第五次会议提出，加快分税制和税利分流改革试点的步伐，探索理顺中央和地方、国家和企业分配关系的途径。

这一系列财税体制改革重构了中央与地方的财政收支格局，为充分发挥中央与地方积极性奠定了物质基础。通过中央对地方的放权让利改革，地方政府有了更大的财政自主权，也就有了更大的积极性和主动性去发展地方经济。但同时又出现了另一种倾向，就是中央财力相对不足，地方经济盲目扩张缺乏约束力。

（二）事权改革与央地关系重构

财税体制改革是重构央地关系的核心主线。此外，一系列的事权改革，也在不断扩大地方政府的职能范围，并在经济管理方面给予其更大的自主性和灵活性，包括：提高由地方省级政府审批的生产性建设项目和技术改造项目资金限额；赋予地方省级政府批准成立外贸企业和授予企业外贸经营权；国家轻工业部、机电部、冶金部和纺织部等部门，先后将大批企业逐步下放给地方管理；除了国家直接管理的少数农产品、工业消费品和一部分生产资料外，中央逐步将大部分产品的定价权下放到地方，或者由市场调节。

总之，以央地关系重构为重点的改革，激发了地方政府的热情，促进了地方政府相互之间的竞争，从而产生了中国特色的地方政府承担企业家功能的经济发展模式。以江苏省吴江县通过开办丝绸市场扶持地方丝绸企业发展为例。1986 年 10 月，吴江县在丝绸重镇盛泽创办东方丝绸市场，目的就是降低县域内那些很难进入国营商业统一销售网络的乡镇企业的营销成本。吴江县的开弦弓丝织厂在东方丝绸市场成立之初，在企业发展还相对较困难的情况下，就在市场内投资建立销售门市部，进而打开了南京、上海、连云港等地的大宗市场。①

六、 以宏观经济管理体制改革为配套

起始于农村家庭联产承包责任制的农村改革，释放了多余的劳动力。同时其制度创新效应配合农村在经历"文化大革命"后尚残留的市场交易活动，产生了企业承包制的创新，即后来的乡镇企业。农村家庭联产承包责任制和乡镇企业的发展，对农业品的收购、流通和农业物资的配置等提出了要求，促使原有的大一统的计划体制进行了适当的放松。而国企改革为中心的城市改革和经济特区的示范效应，真正使市场机制的活力得到认可，在 20 世纪 80 年代中期引发了以价格放开为中心的宏观经济管理制度改革和金融体制改革。

（一）宏观计划管理体制的改革

1984 年，为适应城市经济体制改革的需要，中央对宏观计划管理体制进行了第一次比较全面的改革。改革的主要内容是大幅度削减指令性计划管理的范围和比重，一些领域引入市场机制，由市场机制发挥引导作用，来替代计划管理。这样就逐步形成指令性计划、指导性计划和市

---

① 陆远、王志萍：《传统与现代之间：乡镇企业兴衰与中国农村社会变迁——以苏州吴江区七都镇为例》，《浙江学刊》2019 年第 1 期。

场调节三种管理方式并存的局面。

在农业生产领域中，国家取消了农业生产的指令性计划，而只针对一些主要农产品的产量和播种面积，下达 22 种指导性计划指标，其他农产品则全部由市场进行调节。

在工业、流通、分配以及对外经贸等领域，国家取消了大量的指令性计划，改用指导性计划，或实施指导价，或由市场调节。1984 年之后，实行指令性计划管理的工业产品由之前的 120 种减少到 60 种左右；由部门下达指令性计划的工业产品由之前的 1 900 种减少到 380 种左右。到 1992 年，指令性计划工业产品占工业总产值的比重约为 16.2%，指导性计划产品的比重约为 42.9%，由市场调节的比重约为 40.9%。①1988 年，国家计委和国家经委的机构合并精简改革，进一步推动新的国家计委职能转向宏观政策管理，并增强了国家计委对经济管理部门的综合协调能力。

与此同时，在农村领域也进一步推进宏观管理体制的改革。1985—1992 年初，中央政府出台了一系列政策，以适应农村家庭联产承包责任制和乡镇企业的发展：1985 年的中央"一号文件"《关于进一步活跃农村经济的十项政策》，取消了 30 年来农副产品统购派购的制度，只对粮、棉等少数国计民生重要产品采取国家计划合同收购的政策。1991 年 10 月发布的《国务院关于进一步搞活农产品流通的通知》提出，适当缩小指令性计划管理，完善指导性计划管理，更多地发挥市场机制的作用。

---

① 宋群：《改革 20 年来我国计划管理体制的两次大变革》，《宏观经济研究》1999 年第 1 期。

（二）价格改革

宏观经济管理体制的改革，最核心的就是价格改革。1978—1991
年，市场机制逐渐起作用。价格改革先后经历了价格调节、双轨制、价
格闯关、治理整顿和价格并轨。虽然其间遭遇艰难的阻力，出现了激烈
的经济波动，但最终还是成功过渡。

为与微观主体经营体制改革相配套，国家在 1979—1984 年间大幅度
"理顺价格"，提高长期偏低的农产品价格，调整部分不合理的工业产品
价格。在调整计划价格不久后就出现了很多问题，因为大部分工业产品
仍是计划定价，企业之间出现"苦乐不均"的情况，有变相涨价或扩大
计划外生产的动力。[①]各个层面都认识到改革价格体制已经成为当务之
急。1984 年，党的十二届三中全会《关于经济体制改革的决定》中提
出："价格是最有效的调节手段，合理的价格是保证国民经济活而不乱的
重要条件，价格体系的改革是整个经济体制改革成败的关键。"1985 年 1
月，国家物价局、物资局联合发出《关于放开生产资料超产自销产品价
格的通知》，完全放开生产资料计划外价格，双轨制正式实施。

1985—1988 年间，除了实行价格双轨制，中国价格改革以放开价格
为主，逐步放开农副产品、土特产品和工业品的价格，商品市场迅速活
跃起来。不但对商品价格进行大幅度调整，对价格管理体制也进行改革，
提高市场调节部分的比重。1988 年 8 月，中共中央公布《关于价格、工
资改革的初步方案》，决定"绝大多数价格放开，由市场调节，逐步取消
价格双轨制"，即"价格闯关"。后因出现了抢购风潮而暂停改革。1988

[①]　刘来平：《我国物价"双轨制"的制度演变启示》，《中国物价》2011 年第 10 期。

年9月，中央通知停止价格改革，"治理经济环境，整顿经济秩序，全面深化改革"，并清理整顿各种倒卖物资的商贸公司。1990年、1991年分步提高原油、钢铁、煤炭、水泥等生产资料计划价格和运输服务价格。1992年，放开了737种生产资料和交通运输价格中的648种。在社会商品零售总额中，根据市场调节价交易的比例已占到93%，基本完成价格并轨。①

　　价格改革本质上是利益关系的调整，各方利益的重新分配。自从实施价格双轨制后，企业之间交易地位的不同导致了不平等竞争，加上经营者的道德风险，改革出现了一定程度的混乱。价格改革也使权力寻租的空间增大。而试图跟市场价格接轨的"价格闯关"，则引发了意料不到的通货膨胀和抢购风潮，经济一度过热。价格闯关之所以会引发剧烈波动，这其实跟改革开放后国民经济理性的提升有关。价格闯关发生在改革已经全面铺开，国民的商品经济意识已经普遍提升，而中央政府尚缺乏价格宏观调控经验之际，从而引发了国民基于预期进行的抢购，即个体与政府的博弈。任何制度变迁都不可能没有路径依赖和摩擦成本，当然，如果宏观调控的手段更成熟一些，或许价格改革的过程可以更加平稳一些。不过，宏观调控水平的提高，和国民个体理性的提升一样，本来就是改革结果之一，也不可能只在经济领域内独立完成，而是社会经济整体改革开放的一个部分。

　　（三）金融体制改革

　　在计划经济体制下，金融体系的运行和调控完全按国家计划进行，

---

　　①　刘来平：《我国物价"双轨制"的制度演变启示》，《中国物价》2011年第10期。

金融管理体制也是完全依附于财政计划。随着改革开放的推进，金融系统也开始逐步放松计划控制，推进市场化改革，以充分发挥金融在支持实体经济中的作用。

金融体制改革是从银行体制改革开始的，银行体制改革促使金融业独立发展，逐渐成为资金资源配置的主要渠道。1978 年，中国人民银行总行从财政部中独立出来。1979 年，国务院批准把财政拨款改为贷款的改革试点，即"拨改贷"。金融结构开始多元化，建立二级银行框架。1979 年以后，国有四大行相继恢复和成立，商业银行体系初步形成。同时，国内第一家信托投资公司中国国际信托投资公司和中国人民保险公司也先后成立。各种类型的信托公司大量设立并快速发展，其他金融机构包括保险公司、证券公司、金融租赁公司和财务公司，也逐步建立和发展起来。

1983 年，随着《中国人民银行专门行使中央银行职能的决定》颁布，"大一统"金融体制宣告结束。同时，"统存统贷"的管理体制也转变为"差额包干，多存多贷"办法。1986 年，根据《中国人民银行管理暂行条例》的规定，全国各地区（除西藏外）都建立同业拆借市场。

随之，资本市场开始建立。1990 年开始，随着国债发行方式的改变，全国各地国债二级市场纷纷成立。股票市场和证券管理机构也相继建立。1990 年 11 月 26 日，上海证券交易所由中国人民银行总行批准成立，同年 12 月 19 日正式开业。这是新中国成立以来中国内地建立的第一家证券交易所。1991 年 4 月 11 日，深圳证券交易所由中国人民银行总行批准成立，并于同年 7 月 3 日正式开业。1992 年 10 月，中国证券监督管理委员会成立，形成由中国人民银行和中国证监会共同对证券市场实施监管的体制。

（四）人口流动的宏观管理体制改革

改革之初，乡镇企业的发展及农民的转移一度仍被严格限制在农村。1981年国务院下发《关于严格控制农村劳动力进城做工和农业人口转为非农业人口的通知》，在乡镇企业及农村剩余劳动力转移方面，也强调"进厂不进城，离土不离乡"。

1984年，中共中央《关于1984年农村工作的通知》首次提出"允许务工、经商、办服务业的农民自理口粮到集镇落户"，"允许农民和集体的资金自由地或有组织地流动，不受地区限制"。1985年，中共中央、国务院《关于进一步活跃农村经济的十项政策》强调，"进一步扩大城乡经济交往"，"允许农民进城开店设坊，兴办服务业，提供各种劳务"。由此，农民进城务工的潮流开启，"进厂又进城，离土又离乡"成为更多农民的选择。

第三节　中国经济体制改革的特点

中国在20世纪70年代末开始推进的经济体制改革，是在没有任何成功经验可以借鉴的情况下，所进行的探索性、开创性的伟大事业。分析总结经济体制改革的经验特征，对于后续加快推进改革开放进程具有重要意义。纵观中国经济体制改革前期的历程，可以概括出这一制度变迁的若干基本特征。

一、 经济改革必须有利于发展的战略导向思路

中国经济体制改革牢牢把握的一个原则是"发展才是硬道理"。经济改革必须有利于经济发展，促进国民经济稳定、持续、快速地增长。

中国是一个经济、社会发展很不平衡的发展中大国，经受了几十年传统社会主义经济体制熏陶，长时间处在经济大幅度波动震荡和人民群众生活水平提高缓慢的状态中。因此，中国经济体制改革重点的选择、模式的权衡、阶段的演进，都必须紧扣力促经济增长，有利于持续、快速发展的中心导向，而不能有损于这一中心导向。这一时期的经济改革过程，总体上较好地遵循了这一导向思路。在事关国计民生的最重要、最落后的农业与农村领域率先发动经济体制改革，促进农业生产迅速增长，让占全国人口80％以上的最贫穷人口脱贫致富，正是这一导向思路的具体运用。让一部分沿海发达地区率先进行外向型改革，使之加快发展，正如邓小平所说的"能发展就不要阻挡，有条件的地方要尽可能搞快点"[1]，亦充分体现了发展为中心导向的思路。

发展为中心导向的思路，最深刻而精炼的概括是邓小平同志关于改革取向的"三个有利于标准"。发展为导向的改革战略，使中国在改革前期保持了国民生产总值年均增长率在10％以上，经济结构也迅速走出重工业为中心的封闭循环，步入市场最终需求拉动的开放式结构。各地区、各部门不断探索、创造出有利于发展的多样化的改革模式，经济体系中市场化程度日益提高，市场机制的作用日益增强。

---

[1] 《邓小平文选》第三卷，人民出版社 2001 年版，第 375 页。

二、 产权制度改革和产权关系调整是改革的核心和主线

改革初期，虽然还没有产权理论的全面指导，但"放权让利"的改革举措实际上就是产权改革。这场轰轰烈烈的经济体制改革实质上就是权利关系的调整。无论是农村改革，还是城市改革，都是以相关主体的责权利关系调整及其相应的制度调整为核心和主线展开的。农村经济体制改革，包括家庭联产承包责任制、农产品流通体制改革、乡镇企业发展、股份合作制改革、农业产业化等，实质上都是"产权制度改革"或"产权关系的调整"。而城市国有企业改革实际上更是从一开始就在进行产权制度的改革，如放权让利、利改税、承包经营责任制、股份制等重大改革举措，本质上都是在调整企业和政府之间的产权关系。企业的公司治理结构改革，实质也是企业利益相关者责权利的界定和调整。

三、 体制变革中组织依托模式

中国经济体制改革的推进比较重视依托现有经济、社会组织进行边际制度创新。同许多向市场经济转型的国家或地区的改革不同，中国不是简单地采取放活市场，让社会、经济组织自由竞争来催生市场体系发育，更不是抛弃既有组织结构，另起炉灶用全新组织拉动改革。充分利用中国计划体制中业已存在的经济、政治、社会组织，依托长期积累起来的组织资源优势，通过有序的边际组织创新来确保改革的稳步推进，是中国经济改革的重要特征之一。

无论是市场体系培育，还是价格体系改革，从中央到地方的各级政

府组织一直是设计、组织、监管者。各类市场的建设,资本市场的发展,上市公司的审批,都是由各级政府组织决定或出面协调的。价格的放开范围、变动程度也是政府组织调放结合的结果。许多新生的经济组织也都是直接、间接依托原有国有经济与乡村集体经济转型、延伸、嫁接、脱壳成长起来的,不少乡镇政府、村委会等基层组织,以及城市的经济管理局领导人往往是组织转型的双重领导者。非但如此,许多在转型中新生的市场经济组织一旦达到某种规模,也要挂靠或寻求某种政府组织保护,向原有组织性质靠拢。

依托既有经济组织推进改革,能够最大限度减小改革的摩擦阻力,降低制度创新的风险,低成本地利用传统组织资源。在中国这样一个市场经济基础薄弱,社会法制与信用关系较为淡漠,个体的承受力较低,民间自组织体系发育严重不足的国家,只有依托业已形成并居绝对控制地位的党和各级政府组织、国有与集体经济单位,才能避免大的波动震荡,稳步推动改革深入。同时,原有组织在发展中心导向的牵引下,把握以经济建设为中心,大力发展生产力,各级政府和各类经济组织均致力于抢占改革与政策变动的先发性优势,创造出多样化的制度变迁模式,持续推动组织制度变迁,带动改革不断深化。通过依托原有政治、经济、社会组织载体,创造不同层级以及同一层级不同单位、机构、组织的竞争性环境,中国走出了一条以传统组织为依托的边际创新的体制改革之路。

四、 改革过程中基层创新与上层保护的协同推进

中国经济改革的一个有效的经验,就是基层组织、机构、个人具有

谋求改革、创新的普遍性冲动，上层组织、机构、个人则善于通过正规或非正规激励、约束管道，刺激基层机构的创新试验。中国的初始政治、社会、经济结构决定了改革过程必须由上层发动，但具体的创新则又需要由基层来突破，以避免上层的重大失误，影响权威与核心系统的合法性，使上层始终处于可调控的领导地位。而基层的创新突破在不影响全局的情况下不断为改革探路。

基层改革、创新往往会使该层级大多数人获得先发性收益，这就进一步刺激了对特定的改革措施集合的需求，产生了普遍的谋求改革行为和普遍的改革"饥渴症"现象，以致只要领导者改革号召一声令下，就会在不同部门、地区中普遍出现积极响应。同时，许多基层组织、机构、个人还会想方设法争取各种改革试点，或仿效别人进行某种制度、政策创新。上层组织则很乐意基层的创新、突破，成功了可以推广，失败了可以出面纠正，也显示监督有力。为此，较高一级组织、机构，通常有意、无意鼓励较低层级大胆改革、创新。而较低层级则千方百计向上要政策、要扶持，并且多是以改革、创新的名义。由此形成了中国经济改革过程中基层创新与上层保护的协同推进。

基层创新与上层保护协同推进的改革，一方面充分调动了基层与民众的首创精神，激励亿万民众积极投身改革，持续探索各具特色的改革突破；另一方面维护了上层的权威，使改革、创新处于上层有效调控之下，形成上下联动、左右兼顾共同推进改革不断深化的协同机制。中国的农村改革、对外开放、城市企业改革等，都是这种协同推进的结果。正如邓小平同志指出的那样，"农村改革中的好多东西，都是基层创造出来，我们把它拿来加工提高作为全国的指导"①。

五、 演进路径中准帕累托改进

中国经济改革是大体按照准帕累托改进的制度演进路径前行的。改革重点的选择、力度的权衡、范围的界定，一般均依据能否使大多数社会成员获益、没有多少人受损来设计的。尤其在改革的启动阶段，那些影响较大、会迅速产生巨大私人成本及降低平均私人净收益的改革措施，要么被化整为零，通过分步实施向未来分摊巨额成本，要么只能被推延到以后阶段，等到其实施成本和阻力已显著下降，或者大多数社会成员的累积改革收益远远超过这些成本时再予以施行。

中国经济改革十分关注提高经济总量水平与增长速度，因为只有总量经济持续、快速增长，社会财富的"蛋糕"才能越来越大，才能使大多数人境况不断改善、公众支持改革的深入成为可能。这种准帕累托改进型制度演进程式，使中国经济改革过程产生一系列相关特点。如改革启动与深化过程中国民收入分配持续向个人或家庭倾斜，促使家庭储蓄规模与储蓄份额不断增大，个人金融资产日趋多样化，重工业封闭循环的资本品主导型结构增长模式迅速转向消费品主导型增长结构，均是准帕累托改进的客观要求。

中国选择准帕累托改进型制度演进程式，不仅是由于始点状态的权利与制度结构中的核心领导者愿意并倡导改革，力争始终把握领导改革

---

① 《邓小平文选》第三卷，人民出版社 2001 年版，第 382 页。

的主动权，而且是由于大多数民众具有务实的价值导向。不断增加总量的大多数人经济境况持续有所改善的准帕累托改进模式能获得多数拥护，确保改革过程中决策者与大多数社会成员的共同利益大于冲突性利益，使改革过程中不同利益集团之间的博弈更多的是一种合作博弈。

六、 增量革命与边际创新互动式突破方略

中国经济体制改革能在艰难曲折中逐步深入，初步构建社会主义现代市场经济体制的框架体系，增量革命与边际创新互动的突破方略功不可没。所谓增量革命就是在不损害或触动原有利益格局与制度框架的状态下，对新增的资源、收益、组织网开一面，让其采取全新的方式运作、创设。所谓边际创新则是在原有组织、制度、政策的边缘作边际上的改进。并且增量革命与边际创新相互影响、彼此联动，持续扩展新体制、新制度、新机制的覆盖空间。

中国的经济改革在增量一块实施了革命性突破式变革，避免了单纯改进、修补旧体制部分可能陷入久拖不决、长期僵持的泥沼，或者物极必反滑入剧烈冲突式剧变之路。同时，中国不仅注意增量一块的革命性变革，加速所谓体制外的新机制、新组织成长，不断提高其对国民经济增长的贡献率，使之成为确保经济稳定、持续发展的重要基础，而且也高度关注对原有组织、制度的边际改进，分步有序地推动旧体制的演进。如放开非国有经济，让其自由竞争与多样化发展，为新体制形成奠定微观基础；逐步推进国有企业改革，循序渐进把国企逼到市场上进行优胜劣汰。在增量的"体制外"革命和既有的体制内边际改进互动中，形成

混合创新与双向突破。

无疑，增量革命与边际创新互动式突破的方略在中国获得成功，同大国模式中城乡体制与发展水平的双重结构以及区域经济不平衡格局密切相关，也同中国计划体制的覆盖范围、统制强度原本就弱于苏联与东欧等国有关。当然，它同中国决策者与民众的理性选择显然也密切相关。

七、 边干边学、试错式推进的基本策略

中国在经济体制改革过程中，既不断学习别国改革的经验与长处，又主要依据中国实际的变化，因地制宜，在边干边学、试错推进的策略下坚定不移地把改革向纵深拓展。正如邓小平所讲，中国的改革要"摸着石头过河"，但必须改，改错了可以纠正。改革开放之初我们曾先后学习过南斯拉夫、匈牙利等国的改革模式，后又尝试借鉴日本、新加坡的发展经验，最终我们通过试验渐进，寻找到把本国国情与他国经验、稳定目标与易变阶段有机结合的改革策略。只要有利于发展，就大胆地试；试错了就及时改；改革开放的大方向绝不容许变。

这就是邓小平的坚定不移改革、"摸着石头过河"策略的要义。边干边学，试错式推进，为各地区、各部门探索改革创新开辟了通道，扩大了改革适时伸缩调节、自我矫正的空间，使基层民众和地方领导有了改革创新求利益冲动，并有了及时调节规避风险的政治与政策的条件和环境。

中国经济体制改革一步步走到最终建立社会主义市场经济体制，价格改革放调结合、双轨启动、逐渐并轨，国企改革由放权让利到转换经

营机制，再到现代企业制度建设，进而到战略性大重组，对外开放的"点、线、面"逐步突破，都是边干边学，试错推进的典型运用。

八、 以对外开放带动对内改革

如果说推行农村家庭联产承包责任制是改革的第一推动力，那么改革的第二推动力则来自对外开放。[①] 尤其是当改革遇到特别大的困难时，我们就会选择通过对外开放来倒逼国内的制度变革和创新。

中国经济体系的市场化程度不够，市场机制的作用不够，因此首先选择与港澳台邻近的、商品经济相对来说比较发达的沿海地区实行对外开放，并通过采取一些优惠政策，来吸引境外的资金、技术和管理经验。这有利于促使沿海地区面对国际市场，调整产业结构、产品结构，有利于中国企业经营机制的转换，有利于扩展中国人的视野。沿海地区通过创办经济特区、设立开放城市，取得成功经验后，再向内陆扩展。由此，中国的对外开放就形成了"经济特区——沿海开放城市——沿海开放地带——沿江、沿边开放——内陆地区"梯次推进的格局。

特区的开放犹如在池塘里扔入一块大石头，激起层层涟漪。开放区域的发展首先影响到涉外领域的发展，外贸部门首先受到冲击，必须进行相应的改革和调整。然后冲击地方区域经济部门，特别是国有企业。再进一步影响到金融服务、财税体系等公共或准公共领域，以致影响到

---

① 崔友平：《中国经济体制改革：历程、特点及全面深化——纪念改革开放 40 周年》，《经济与管理评论》2018 年第 6 期。

政府行政管理体系、社会管理体系等更深层次领域，这些领域也必须进行改革与调整。

上述这些经济体制改革的基本特征，实际上勾勒出中国特色的经济制度变迁的总体模式。经济发展的历史初步证明，无论从经济总量增长、结构调整，以及人民群众总体生活水平提高来看，还是从经济体制、组织制度结构演进来看，这种改革战略、模式与策略的选择都是特定环境与条件下成本最低、推进最稳、效率颇高的一种极佳选择。当然，每一种选择都不可能尽善尽美，前期的经济体制改革也有缺憾。例如，改革过程中的短期眼光较为普遍，企业、政府、个人均有强烈向后透支、把成本留给后人偿还的倾向；寻租、腐败蔓延扩展，权力资本化过程与改革过程并行；不同地区、不同家庭的收入差距在经历短暂缩小后持续拉大；社会经济信用关系恶性化，等等。这些或许是此种改革模式躲不开、绕不过的社会成本。

第四节　小结：关于改革开放初期
经济制度创新的思考

第一，要推动一场经济制度的深刻变革，肯定会受到诸多约束、遭到多重阻力。因此，首先要解放思想，唤起全国人民的思想觉悟，以全面的拨乱反正来开启经济制度变革的新征途。

经济制度变革是一场革命，是一项复杂而艰巨的系统工程。改革初期的中国，不仅生产力水平低下、科技能力不足、人民生活艰苦，更严重的是人们的思想受到各种教条特别是"左"倾错误思想的束缚。因此，首先需要来一场解放思想的革命。

真理标准大讨论推动了全国性的思想解放运动，引发了全民的思想觉醒，成为党的十一届三中全会实现伟大历史转折的思想先导。这场大讨论更重要的意义体现在，为中国共产党重新确立马克思主义的政治路线、思想路线和组织路线，奠定了扎实的思想基础，为中国的改革开放奠定了重要的思想基础，成为后续一系列重大历史事件的发端。

真理大讨论带来的思想大解放，促成了对社会主要矛盾的准确分析和判断，那就是：在社会主义改造基本完成以后，中国所要解决的主要矛盾是人民日益增长的物质文化需要同落后的社会生产之间的矛盾。党和国家工作的重点必须转移到以经济建设为中心的社会主义现代化建设上来。明确了社会主要矛盾，为落实党和国家工作重心转移的重大决策、加快推进经济体制改革和对外开放打下了坚实的基础。显然，实现党和国家工作重点的转移是中国进行经济体制改革、经济制度变革的重要前提。

改革开放的伟大事业一定要顺应广大人民群众的强烈愿望和迫切期待，只有反映了人民的愿望并逐步实现这些愿望，才能得到人民的支持，改革开放的事业才能取得成功。"文化大革命"结束之后，广大人民群众最大的愿望和期待就是实现四个现代化，大幅度提高生产力，并在此基础上显著改善人民生活，增强国防能力。而要实现这些愿望，只有走改革开放之路。

只有具备了对中国社会主义社会发展阶段及基本国情的正确认识和把握，我们才能明确一系列重大战略和决策，包括主要矛盾、根本任务、基本路线、基本纲领和发展战略等，才能在作出这些战略决策的基础上，推动改革开放等经济制度的变革和创新。

第二，经济体制改革在既有政治制度不变、保持中国共产党和中央政府的领导力的前提下，针对经济领域，通过改变生产关系来解放生产力。这一过程中主要是针对微观主体（农民和企业）和中层主体（地方政府）的放权让利、在公有制产权下使用权和经营权的承包、对私人产权在增量上的点缀（城市私营经济、建立特区引进外资），以及围绕国企改革的一些宏观制度配套改革。

起始于农村家庭联产承包责任制的农村改革，释放了多余的劳动力。同时其制度效应配合农村经历了"文化大革命"后尚残留的市场交易活动，产生了企业承包制的创新，即后来的乡镇企业。农村家庭联产承包责任制和乡镇企业的发展，对农业品的收购、流通和农业物资的配置等提出了要求，促使原有的大一统的计划体制进行了适当的放松。

如果说农村改革是起点，那么城市的国企改革则是核心。城市企业改革分为两条主线，一是对个体和私营经济的重新恢复和适当放开，二是对国有企业的放权让利和生产承包责任制。前者主要是安置城市闲置劳动力和适度搞活流通市场的需要，后者则是整个改革开放的中心环节，国企改革的思路也是 1978—1991 年改革的灵魂。国企以不碰所有制为底线，先是放权让利，后来再进行承包制的改革，目的是想复制农村家庭联产承包责任制和乡镇企业的样板，达到搞活经济与政治稳定的共存与平衡。

设立并发展经济特区是一种自上而下的强制性制度安排，这一改革举措使我们在先行先试的实践中逐步打破传统的计划体制。从制度创新角度看，开办特区以引进外资，实际上是承认私有产权，是引进一种新的交易制度、新的生产关系。这一制度层面上的创新真正体现出改革的真谛。

以央地关系的重构为重点的改革，激发了地方政府的热情，促进了地方政府相互之间的竞争，从而产生了中国特色的地方政府承担企业家功能的经济发展模式。

而国企改革为中心的城市改革和经济特区的示范效应，真正使市场机制的活力得到认可，在20世纪80年代中期引发了以价格放开为中心的宏观经济管理制度改革和金融体制改革。

第三，经济体制改革的基本特征，实际上勾勒出中国特色的经济制度变迁的总体模式。经济发展的历史初步证明，无论从经济总量增长、结构调整，以及人民群众总体生活水平提高来看，还是从经济体制、组织制度结构演进来看，这种改革战略、模式与策略的选择都是特定环境与条件下成本最低、推进最稳、效率颇高的一种极佳选择。

第四，中国特色的社会主义市场经济既不是完全的公有制，也不是完全的私有制，而是两者并存；同时始终坚持中央政府的主导作用。这种制度均衡与中国国情、历史、文化的脉络是一致的。1978—1991年的改革开放过程，没有激进，也没有倒退，最终为中国的改革和发展走出自己的特色起到了奠基的作用。

1978—1991年的改革开放，最初的定位是"经济"体制改革，包括深圳等也是"经济"特区，而且是在确保中国共产党的领导和公有制占主体的前提下展开的。这就决定了这个阶段改革的过渡性质。

经济领域的改革不可能脱离政治、意识形态、社会其他制度而独存。那么当整体制度没有顶层改革的设计，而只是改变经济制度时，就意味着是为了解决现实危机和眼前困难的权宜之计。对于这一点当时的领导人有清晰的认识，所以有"摸着石头过河"的策略，以及"黑猫白猫抓住耗子就是好猫"的解放思想、求真务实的精神。由于全世界都没有渐进式转轨成功的经验，中国在 1978—1991 年的探索具有独特的开创性意义。由于没有任何人类经验可以借鉴，其间也发生了一些问题，比如不同领域之间的制度配套、衔接问题，经济领域改革碰到其他领域制度制衡时的动态平衡问题，公有制与个体产权、集体产权共存中如何既保持主导地位又能激发经济活力问题，对企业和地方政府放权让利中的委托代理风险问题，等等。

其中，国有企业改革是中心，也是灵魂，因为既体现了搞活经济，又体现了公有制不变和政治领域的稳定。以这个中心考察 1978—1991 年的政府主导的过渡式、渐进式经济改革开放，就能看清楚一条主线：个体产权和私营经济、外资企业等的放开、并存，以搞活经济为目标，以经济领域制度创新溢出到政治领域为底线；同时，兼顾动态平衡，即允许一定的宏观配套制度的调整，尤其是由计划体制向指导性、向市场配置要素的倾斜，但不放弃中央政府的控制力，在中央政府、地方政府、外资企业、各种所有制企业的相互博弈中，在保证政治稳定和经济搞活中维持动态均衡。

这个过渡过程最大的成果是证明了市场经济的活力，最大的教训则是制度创新要配套、要与个体理性发展水平相适应。经过 1992 年后的现代企业制度改革，以及党的十九大对市场配置要素的决定地位的确立，经济改革的制度创新成果才真正稳定下来，并且与政治领域的制度框架达成了一个均衡。

第十章
确立社会主义市场经济体制改革目标
（1992—2001 年）

党的十四大明确指出，中国制度变迁的目标是建设社会主义市场经济体制。这一目标把社会主义制度与市场经济结合起来，突破了传统所有制及其实现形式的意识形态之争，突破了市场与计划的制度之争，也突破了传统单一收入分配制度的结构束缚，形成了具有中国特色的经济发展模式，为中国的改革开放和社会主义现代化建设插上了腾飞的翅膀。建立和完善社会主义市场经济体制，是对马克思主义的重大传承与创新，引领身处经济社会发展"十字路口"的中国又一次做出了正确抉择。

第一节 "十字路口"上的中国经济制度改革

20 世纪 80 年代末 90 年代初，面对纷繁复杂的国际国内环境，围绕改革开放的目标的讨论产生了分歧。中国的社会主义现代化道路来到不进则退的临界点，经济制度处在选择前进方向的"十字路口"。党的十一届三中全会之后，中国改革开放的总设计师邓小平同志坚持正确的思想路线、组织路线、政治路线，引导中国特色社会主义制度和社会主义改革开放事业向前推进。南方谈话之后，中共十四大明确指出了中国制度变迁的目标，即建设社会主义市场经济体制。在这一目标的引领下，改革和发展进一步深化，市场主体逐步成熟，各类市场逐步建立，体制改革不断进行，政府宏观调控日益成熟和稳健。[①]

一、 20 世纪 80 年代末到 90 年代初的国际国内发展环境

20 世纪 80 年代末到 90 年代初的国际环境可以用"此消彼长"四个字来加以概括："此消"指的是"苏东剧变"引发的社会主义阵营的式微，"彼长"指的是亚洲"四小龙"经济的崛起。从国内环境看，由于受到"通货膨胀无害论"思想的影响，在高通胀和高增速下开启物价改革"闯关"，引发了较为严重的通货膨胀问题，一系列紧缩政策又将中国经济带入过冷局面，经济增速下行压力加大。

（一）国际发展环境：苏东剧变与亚洲"四小龙"经济的崛起

从 1989 年起，东欧的一些社会主义国家共产党和工人党在短时期内纷纷丧失政权，从波兰扩展到民主德国、捷克斯洛伐克、匈牙利、保加利亚、罗马尼亚等前华沙条约组织国家，东欧社会主义国家纷纷改旗易

---

① 萧国亮、隋福民：《中华人民共和国经济史（1949—2010）》，北京大学出版社 2011 年版，第 239 页。

帜，由斯大林模式的社会主义制度演变为西方欧美资本主义制度，相继出现了剧烈的社会动荡，并以 1991 年苏联的解体告终。

产生苏东剧变的原因有很多，经济建设没有搞好无疑是其中较为重要的一条。在经济建设初期，计划经济体制还有一定的生存空间，但随着经济的发展，该体制的弊端就凸显出来。然而，长期以来，人们把这种经济体制固定化、神圣化了，不敢突破计划经济的体制框架，这种僵化的思维模式，必然导致经济建设不可持续发展。在经济绩效不断下滑的情况下，社会就会不稳定，从而产生突变。在总结苏东剧变的经验教训时，邓小平曾经指出："社会主义制度优于资本主义制度，这要表现在许多方面，但首先要表现在经济发展的速度和效果方面。没有这一条，再吹牛也没有用。"[①]

与社会主义阵营中的苏东剧变形成鲜明对照的，是实行资本主义市场经济的国家及地区实现了经济的起飞和发展，尤其是在中国周边的被称为亚洲"四小龙"的中国台湾、中国香港、韩国和新加坡。这些位于东亚和东南亚的经济体，之前都只是以农业和轻工业为主，在发展的过程中，借助于发达国家向发展中经济体转移劳动密集型产业的机会，它们吸引到大量的外来资金和技术，利用本地廉价的劳动力和土地优势适时调整经济发展策略，在 20 世纪 70 年代到 90 年代实现了经济高速增长。到 90 年代初，中国台湾、中国香港、韩国和新加坡的人均 GDP 分别从 70 年代的 393 美元、960 美元、279 美元和 925 美元，增长到 8 325

---

① 《邓小平文选》第二卷，人民出版社 1983 年版，第 251 页。

美元、13 500 美元、6 500 美元和 11 900 美元①，成为继日本之后亚洲新兴的发达经济体，以及拉动东亚和东南亚地区经济增长的火车头。

（二）国内发展环境：价格改革"闯关"与经济波动

1986 年初，国内经济出现下滑迹象，2 月还出现了 GDP 的零增长。为了刺激经济增长，迎接原定经济工作计划中于 1987 年开始的"大步改革"，从 1986 年第二季度开始，货币供应迅速扩张，到第四季度，通货膨胀开始显现，一直到 1988 年中期，M1 和 M2 的增速分别达到了 33％和 29％。由于当时受"通货膨胀无害论"的影响，通货膨胀的危险并未被指出。这一阶段经济领域出现的问题可以概括为"四过一乱"②。

1988 年 5 月上旬，中国又开启了价格和工资改革"闯关"。是年 5 月末，在讨论如何执行这一决定的高层会议上，参加会议的部分经济学家根据当时的宏观经济形势，提出了"先治理、再闯关"的主张，依据是：（1）1987 年第四季度从农产品开始的涨价风，正向其他领域扩散；（2）交通、生产资料供应的"瓶颈制约"日趋严重；（3）各地零星抢购已经发生，正在此起彼伏地蔓延开来；（4）4 月的储蓄出现了负增长，表面通货膨胀预期正在形成。但也有一些经济学家根据对拉丁美洲经济情况的观察，指出即使百分之几千的通货膨胀也不至于对经济繁荣造成障碍。这个观点在当时得到了政府的认可。③

---

① 数据来自世界银行数据库。

② "四过一乱"是指过旺的社会需求、过快的工业发展速度、过多的信贷和货币投放、过高的物价涨幅与经济秩序特别是流通秩序混乱。

③ 柳红：《当代中国经济学家学术评传：吴敬琏》，陕西师范大学出版社 2002 年版，第 247—270 页。

在高通胀和高增速并行的情况下，物价改革"闯关"拉开了序幕。结果是，通货膨胀越来越严重，1988 年居民消费物价指数（CPI）飙升到 18.8％，城市普遍出现商品抢购潮。倒买倒卖计划调拨物资和外汇额度等寻租活动的蔓延，更加剧了群众的不满。这一切都使经济问题转化为社会问题，为 1989 年的政治风波与经济波动埋下了隐患。①

为了控制爆发性的通货膨胀，从 1988 年第三季度起，固定资产投资规模急剧压缩，计划外建设项目停止审批。同时，相关部门开始清理整顿信托投资公司，控制社会购买力，强化物价管理。中国人民银行也采取了控制和检查信贷规模以及停止对乡镇企业贷款等一系列紧缩性的货币信贷政策，并相应提高了利率和专业银行的存款准备金率，对定期储蓄存款实行保值。②1988 年 9 月，党的十三届三中全会决定在改革开放总方向的指引下，把 1989 年和 1990 年两年改革和建设的重点放到治理经济环境和整顿经济秩序上，着力扭转物价上涨幅度过大趋势，为理顺价格创造条件。③

一系列强硬的紧缩措施虽然抑制了通货膨胀，但也影响到了经济增长，并引发人们对经济增速反向下滑的未来预期。1989—1990 年的经济增速下降到 4％左右，固定资产投资增速明显下滑甚至出现负值（见表 10.1），表现为市场运行疲软、企业开工不足、就业压力增大、财政状况恶化等。20 世纪 80 年代末和 90 年代初的中国，来到了一个需要抉择的"十字路口"。

---

① 吴敬琏：《当代中国经济改革教程》，上海远东出版社 2010 年版，第 343 页。

② 同上书，第 343—344 页。

③ 本书编写组：《中华人民共和国简史》，人民出版社 2021 年版，第 191 页。

表 10.1　中国 1986—1991 年宏观经济情况

	1986 年	1987 年	1988 年	1989 年	1990 年	1991 年
GDP 增长（%）	8.8	11.6	11.3	4.1	3.8	9.2
固定资产投资增长（%）	22.7	21.5	25.4	− 7.2	2.4	23.9
居民消费物价指数（CPI）（%）	6.5	7.3	18.8	18.0	3.1	3.4

资料来源：吴敬琏：《当代中国经济改革教程》，上海远东出版社 2010 年版。

二、 改革目标方向上的争论和止息

苏联解体、东欧剧变，以及 1989 年的政治风波和经济运行的大起大落引人深思：究竟什么是社会主义？社会主义的前途命运将如何？中国又当如何抉择？面对这些具有全局性的历史难题，在改革目标方向上出现了争论。

苏联解体和东欧剧变之后，在意识形态领域一度产生了对党和国家改革开放政策的模糊认识，出现了姓"资"姓"社"的争论。提出这个问题的人认为：我们的经济是公有制基础上的有计划的商品经济，而不是市场经济。市场经济是建立在私有制基础之上的、完全由市场调节的。更有观点指出，虽然计划经济和市场经济都是一种社会经济，但是它们之间具有经济制度的质的区别，计划经济属于社会主义经济制度的范畴，而市场经济则属于资本主义经济制度的范畴。[1]

---

① 萧国亮、隋福民：《中华人民共和国经济史（1949—2010)》，北京大学出版社 2011 年版，第 243 页。

邓小平同志提出："资本主义与社会主义的区分不在于是计划还是市场这样的问题。社会主义也有市场经济，资本主义也有计划调控……计划和市场都得要。"①针对在计划经济和市场经济的认识上人们存在的模糊认识，邓小平强调："思想更解放一点，胆子更大一点。"1991 年初，邓小平在上海再次指出："不要以为，一说计划经济就是社会主义，一说市场经济就是资本主义，不是那么回事，两者都是手段，市场也可以为社会主义服务。"②在邓小平同志的鼓励下，由上海市委研究室的人员和《解放日报》负责社论的编辑共同以"皇甫平"的署名，在 1990 年 2 月 15 日至 4 月 22 日之间，连续刊发《做改革开放的"带头羊"》《改革开放要有新思路》《扩大开放的意识要更强些》《改革开放需要大批德才兼备的干部》等四篇文章，在思想理论界引起了巨大反响。③

当时有两种截然不同的看法。一种看法是用传统社会主义观点衡量改革开放，从而否定改革开放；另一种看法是用新的社会主义观点看待改革开放，从而肯定改革开放。正如巴里·诺顿所描述的，"政治风波之后的 1989 年到 1991 年，是保守观点占上风的一段时期。某些人将改革拉回到原来轨道的意图根本没能成功，而且也被人们忘却。1988 年那场看起来非常严重的通货膨胀，事实上也很快得到控制。市场力量用一种让人吃惊的速度迅速纠正了经济中的失调"。④

---

① 《邓小平文选》第三卷，人民出版社 1993 年版，第 364 页。

② 《邓小平年谱（1975—1997）》（下），中央文献出版社 2004 年版，第 1327 页。

③ 庞松、孙学敏：《与时俱进的中国——从南方谈话到中共十六大》，中央党史出版社 2003 年版，第 27—33 页。

④ 巴里·诺顿：《中国经济：转型与增长》，上海人民出版社 2010 年版，第 86 页。

三、　南方谈话与迈向市场经济的伟大变革

1992 年 1 月 18 日至 2 月 21 日，邓小平同志怀着对党和人民伟大事业的深切期待，赴武昌、深圳、珠海和上海等地视察，沿途发表了重要谈话。这些谈话深刻地回应了长期以来困扰和束缚人们思想的许多重大问题，扫清了阻碍改革和发展的思想障碍，把改革开放和现代化建设推向了新的历史阶段。这就是载入史册的"南方谈话"。

（一）南方谈话的核心是坚持基本路线不动摇

贯穿邓小平同志南方谈话的一个核心问题，就是要坚持党的基本路线不动摇。邓小平强调，不坚持社会主义，不改革开放，不发展经济，不改善人民生活，就没有出路；革命是解放生产力，改革也是解放生产力；改革开放的胆子要大一些，敢于试验，看准了的，就大胆地试，大胆地闯；要提倡科学，靠科学才有希望；要坚持两手抓，一手抓改革开放，一手抓打击各种犯罪活动，这两手都要硬。1992 年 3 月 26 日，《深圳特区报》率先发表了题为《东方风来满眼春——邓小平同志在深圳纪实》的重大社论，集中报道了邓小平南方谈话的主要内容：①

第一，坚持党的"一个中心、两个基本点"的基本路线，一百年不动摇。革命是解放生产力，改革也是解放生产力。推翻帝国主义、封建主义、官僚资本主义的反动统治，使中国人民的生产力获得解放，这是革命，所以革命是解放生产力。社会主义基本制度确立以后，还要从根本上改变束缚生产力发展的经济体制，建立起充满生机和活力的社会主

---

① 陈炎兵、何五星：《邓小平南方谈话与中国的发展》，载《中国为何如此成功》，中信出版社 2008 年版。

义经济体制，促进生产力的发展，这是改革，所以改革也是解放生产力。要坚持党的十一届三中全会以来的路线、方针、政策，关键是坚持"一个中心、两个基本点"。不坚持社会主义，不改革开放，不发展经济，不改善人民生活，只能是死路一条。基本路线要管一百年，动摇不得。

第二，加快改革开放的步伐，大胆地试，大胆地闯。改革开放胆子要大一些，敢于试验。姓"资"还是姓"社"的问题，判断的标准，应该主要看是否有利于发展社会主义社会的生产力，是否有利于增强社会主义国家的综合国力，是否有利于提高人民的生活水平。关于计划与市场的关系问题，计划多一点还是市场多一点，不是社会主义与资本主义的本质区别。计划经济不等于社会主义，资本主义也有计划；市场经济不等于资本主义，社会主义也有市场。计划和市场都是经济手段。社会主义的本质，是解放生产力，发展生产力，消灭剥削，消除两极分化，最终达到共同富裕。社会主义要赢得与资本主义相比较的优势，就必须大胆吸收和借鉴人类社会创造的一切文明成果，吸收和借鉴当今世界各国包括资本主义发达国家的一切反映现代社会化生产规律的先进经营方式、管理方法。走社会主义道路，就是要逐步实现共同富裕。在谈到"左"和右的问题时，邓小平同志强调，要警惕右，但主要是防止"左"。

第三，抓住有利时机，集中精力把经济建设搞上去。抓住时机，发展自己，关键是发展经济。经济发展总要力争隔几年上一个台阶。他强调，发展才是硬道理。现在，我们国内条件具备，国际环境有利，再加上发挥社会主义制度能够集中力量办大事的优势，在今后的现代化建设长期过程中，出现若干个发展速度比较快、效益比较好的阶段，是必要的，也是能够办到的。经济发展得快一点，必须依靠科技和教育。科学技术是第一生产力。

第四，坚持两手抓，两手都要硬。要坚持两手抓，一手抓改革开放，一手抓打击各种犯罪活动。这两只手都要硬。在整个改革开放过程中都要反对腐败。对干部和共产党员来说，廉政建设要作为大事来抓。还是要靠法制，搞法律靠得住些。在整个改革开放过程中，必须始终注意坚持四项基本原则，反对资产阶级自由化。

第五，正确的政治路线要靠正确的组织路线来保证。中国要出问题，还是出在共产党内部。对这个问题要清醒，要注意培养人，要按照"革命化、年轻化、知识化、专业化"的标准，选拔德才兼备的人进班子。要进一步找年轻人进班子。要注意下一代接班人的培养。形式主义也是官僚主义。要腾出时间来多办实事，多做少说。学马列要精，要管用。实事求是是马克思主义的精髓。要提倡这个，不要提倡本本。

第六，坚定社会主义信念。一些国家出现严重曲折，社会主义好像被削弱了，但人民经受锻炼，从中吸取教训，将促使社会主义向着更加健康的方向发展。我们要在建设有中国特色的社会主义道路上继续前进。

（二）南方谈话为迈向市场经济扫除思想障碍

南方谈话的重要意义在于，当中国面临"向何处去"的重要历史关头和十字路口，不畏浮云遮望眼，能够拨云见日，坚持解放思想，高举改革开放旗帜，抓住历史机遇，推动中国发展。党的十五大指出："一九九二年邓小平南方谈话，是在国际国内政治风波严峻考验的重大历史关头，坚持十一届三中全会以来的理论和路线，深刻回答长期束缚人们思想的许多重大认识问题，把改革开放和现代化建设推进到新阶段的又一个解放思想、实事求是的宣言书。"

南方谈话之后，1992 年 10 月 12 日召开的党的十四大，进一步解放思想，推进改革开放和现代化建设，明确提出了建立社会主义市场经济体制的改革目标的核心议题。党的十四大回顾和概括了改革开放以来，我们党在探索中国经济体制改革的目标模式这个重大问题上的认识过程和实践历程，在党的历史上首次提出建立社会主义市场经济体制的目标模式，就是要建立社会主义市场经济体制，把社会主义基本制度和市场经济结合起来。这是我们党的一项伟大创举，也是社会主义认识史上的一次历史性飞跃。

党的十四大进一步明确了社会主义市场经济体制的基本内涵和主要特征。这种经济体制"就是要使市场在社会主义国家宏观调控下对资源配置起基础性作用"的体制，是同社会主义基本制度结合在一起的。这种体制在所有制结构、分配制度、宏观调控等方面的特点，决定了市场经济体制的社会主义性质，也使得更好地发挥计划与市场两种手段的长处成为可能，并且可以更好地把人民的当前利益与长远利益、局部利益与整体利益结合起来，从而兼顾效率与公平，逐步实现共同富裕。

在中国建立和完善社会主义市场经济体制，是马克思主义中国化的重要成果，也是中国不断深化经济体制改革的一项重要内容。它既打破了传统观念中，市场经济只能同资本主义结合，而社会主义只能与计划经济相结合的教条认知；同时也对社会主义的理论和现实产生了巨大冲击，为人们全面深入认识市场经济和社会主义之间的关系提供了新的理论思考和实践路径。

第二节　社会主义市场经济的制度创新

1993 年 11 月 11—14 日，党的十四届三中全会召开并通过了《中共中央关于建立社会主义市场经济体制若干问题的决定》（以下简称《决定》）。该《决定》勾勒出社会主义市场经济体制的基本框架，全面表述了如何实现社会主义市场经济的改革目标，明确指出了社会主义市场经济体制改革的各项任务。《决定》提出"整体改革和重点突破相结合"，"既注意改革的循序渐进，又不失时机地在重要环节取得突破，带动改革全局"的改革战略，是要在 20 世纪末初步建立社会主义市场经济体制。《决定》进一步指出，社会主义市场经济体制是同社会主义基本制度结合在一起的，建立社会主义市场经济体制，就是要使市场在国家宏观调控下对资源配置起基础性作用。中共十四届三中全会之后，在所有制结构的调整和完善方面取得重大进展，在财税、金融、外汇，以及收入分配与社会保障制度等领域推行了一系列改革。

一、　所有制与产权制度改革

20 世纪 90 年代之后，国际关系和经济全球化日益复杂，作为最大的发展中国家，中国面临的首要任务，就是解放和发展生产力，提高综合国力，摆脱贫困落后，提高人民生活水平。随着社会主义经济体制改革目标的确立，建立以公有制为主体的多种经济共同发展的基本经济制度被提上改革和发展的日程。根据马克思主义基本原理，所有制问题是生产关系问题的核心，只有充分反映和适应生产力的性质和水平，生产关系才能有效促进生产力的发展；同样地，生产力的发展也离不开以相适应的生产关系作为保障，必须不断改革和完善所有制结构和产权制度。对于中国而言，作为经济体制改革的重中之重，所有制改革的靶向是以国有企业为代表的公有制如何适应社会主义市场经济的问题。

（一）改革的主要内容与意义

《决定》提出，中国国有企业改革的目标是建立现代企业制度，把现代企业制度概括为一种适应市场经济和社会化大生产要求的企业制度。在现代企业制度下，"产权清晰、权责明确、政企分开、管理科学"，企业成为自主经营、自负盈亏、自我发展、自我约束的法人实体和市场竞争主体。在国有资产的运营管理体制方面，则提出了"国家统一所有、政府分级监管、企业自主经营"的改革思路。1994 年，国家经贸委组织实施了"万千百十，转机建制"规划。1995 年提出了"抓住抓好大的，放开放活小的"方针，并多次重申要准确地把握"产权清晰、权责明确、政企分开、管理科学"的现代企业制度基本特征，要把改革同改组、改造和加强管理结合起来。

1997 年 9 月党的十五大进一步提出，经济体制改革要有新的突破。首先是在所有制改革上有所突破。它包括两个层面：一是调整和完善以公有制为主体，多种所有制经济共同发展的所有制结构；二是努力寻找能够极大促进生产力发展的公有制实现形式。党的十五大作出了明确部署：要从战略上调整国民经济布局，调整和完善经济所有制结构；要加快推进国有企业改革步伐，探索建立既适合中国国情又符合市场经济规律的企业领导体制和组织制度。新一轮国有企业改革，已经从过去长期实行的以放权让利为主的行政改革阶段，进入了以国有制结构调整为主的产权制度改革新阶段，主要体现在以下几个方面。

首先，明确回答了所有制改革以及公有制实现形式选择的根本依据和判断标准。党的十五大明确指出，"公有制经济不仅包括国有经济和集体经济"，"一切符合'三个有利于'的所有制形式都可以而且应该用来为社会主义服务"；"公有制实现形式可以而且应当多样化。一切反映社会化生产规律的经营方式和组织形式都可以大胆利用。要努力寻找能够极大促进生产力发展的公有制实现形式"。这里表明了两层含义：一是中国社会主义初级阶段的所有制结构要紧扣解放和发展生产力这一根本目标。二是坚持以公有制为主体、多种所有制经济共同发展的制度结构，是由社会主义的本质和中国所处的发展阶段所决定的，也是被中国改革开放以来的历史实践所证明了的。

其次，在所有制结构上对中国社会主义初级阶段的基本经济制度有了新的认识。改革开放以来，中国共产党始终把公有制为主体、多种经济成分并存或共同发展作为一项基本政策和根本方针；但作为基本政策和方针，承认非公有制经济成分作为社会主义经济的补充，并不等于将非公有制经济的存在作为社会主义基本经济制度的不可或缺的内容，而只是说社会主义社会基本经济制度是公有制，非公有制经济不过是这一基本经济制度之外的政策性存在的补充。而党的十五大明确提出"非公有制经济是我国社会主义市场经济的重要组成部分。对个体、私营等非公有制经济要继续鼓励、引导，使之健康发展"，从而将非公有制经济作为基本经济制度的有机组成部分。这是对马克思主义科学社会主义理论的重大发展。

再者，表明公有制的实现形式具有多样性。公有制经济的具体实现方式并不单一，应当根据经济发展的具体要求加以选择。党的十五大指出，"公有制实现形式可以而且应当多样化，一切反映社会化生产规律的经营方式和组织形式都可以利用"。这一论述在三个方面实现了对传统理论的突破：第一，打破将公有制实现形式固定化的教条主义，把公有制实现形式视为一个不断创造的过程，一个需要努力探索的过程，并不存在固定的静止的公有制实现形式，生产力的多样性和发展的活跃性决定了公有制实现形式的多样性和创造性。第二，对股份制这一现代企业制度的基本组织形式与社会主义的可适用性作出了肯定，不仅在市场经济机制上社会主义可以运用股份制，而且在财产制度上社会主义同样可以运用，市场经济本身不存在姓"资"姓"社"问题，股份制本身也不存在姓"公"姓"私"问题。第三，对国有经济的地位、功能和作用也有了新的、更为明确、更符合社会主义市场经济运行要求的认识，明确发展国有经济的目的是体现国家对经济的控制力，即保证国有经济主导地位，具体表现为在社会基础产业、市场失灵的公共品领域、关乎国计民生的国民经济命脉等方面的支配地位。

到1999年，党的十五届四中全会通过的《关于国有企业改革和发展若干重大问题的决定》进一步把国有经济需要控制的"重要行业和关键领域"规定在四个领域：（1）涉及国家安全的行业；（2）自然垄断的行业；（3）提供重要公共产品和服务的行业；（4）支柱产业和高新技术产业中的重要骨干企业。这一规定旗帜鲜明地提出了在非主导性领域的非国有改造的历史任务，尤其是明确了对小型国有企业的非国有改造，可以采取改组、联合、兼并、租赁、承包经营和股份合作制、出售等多种形式。

（二）改革取得的主要成效

所有制与产权制度改革的主要内容被写入 1999 年的《中华人民共和国宪法（修正案）》："国家在社会主义初级阶段，坚持公有制为主体、多种所有制经济共同发展的基本经济制度。""在法律规定范围内的个体经济、私营经济等非公有制经济，是社会主义市场经济的重要组成部分。""国家保护个体经济、私营经济的合法的权利和利益。"

20 世纪 90 年代后期，中国经济的所有制结构得以优化，国有经济一家独大的局面逐步向多种所有制经济共同发展转变。一方面，民营经济在 GDP 中的份额稳步上升（见表 10.2），除少数行政垄断行业外，这一比重已经超过了国有经济；民营经济也成为吸纳就业的主体，为稳定就业和增强经济活力做出了贡献。

表 10.2　各种经济成分的 GDP 占比变化　　　　　单位：%

年　份	国有部门	集体部门	民营部门
1990	47.7	18.5	33.8
1995	42.1	20.2	37.7
1996	40.4	21.3	38.3
1997	38.4	22.1	39.5
1998	38.9	19.3	41.9
1999	37.4	18.4	44.2
2000	37.3	16.5	46.2
2001	37.9	14.6	47.5

资料来源：许小年、肖倩：《另一种新经济》，中国国际金融有限公司研究部报告，2003 年。转引自吴敬琏：《当代中国经济改革教程》，上海远东出版社 2010 年版，第 73 页。

注：此处民营经济指所有非国有和非集体所有的农村和城镇经济实体。

另一方面,国有企业改革也取得了重大进展。作为中国企业改革乃至中国经济体制改革的中心和重点,国有企业改革所取得的进展主要表现在:一是国有企业已从国有独资的产权结构,变为以股权多元化的公司制企业为主。二是这些公司在股权多元化的基础上搭起了公司治理结构的基本框架。[①]到 1996 年底,国家抓的百户国有大型试点企业,按多元持股的公司制、国有独资公司、纯粹控股国有独资公司、先改组后改制等四种形式进行改制,其中 84 家成立了董事会,72 家成立了监事会。地方政府抓的 2 343 户试点企业,到 1999 年上半年改制成股份有限公司的占 23%。[②]

不同所有制类型的企业呈现出效率的差异性:私营个体企业效率最高,三资企业其次,股份制和集体企业再次,国有企业效率最低。而且越是远离计划控制链条的企业发展得越快,效率越高。这种效率正在通过市场竞争关系"辐射"到其相邻地带,即从村级影响到乡镇,再到市县,层层传递,推动了较低层次企业的产权改革先行于较高层次的企业。这表明,中国经济正以一种自发的渐进的方式在发展,通过效率竞争和优胜劣汰的方式前进是市场经济的必然过程。[③]

二、 收入分配制度改革

随着所有制与产权制度改革的推进,中国对收入分配制度也进行了

---

① 吴敬琏:《当代中国经济改革教程》,上海远东出版社 2010 年版,第 73 页。

② 国家发改委:《改革开放三十年:从历史走向未来》,人民出版社 2008 年版,第 198 页。

③ 刘小玄:《中国工业企业的所有制结构对效率差异的影响》,《经济研究》2000 年第 2 期。

深刻调整，从计划经济体制下的分配制度全面转向"以按劳分配为主体，其他分配方式为补充"，以及"坚持按劳分配为主体、多种分配形式并存"的分配制度。随着建立社会主义市场经济体制要求的落实，收入分配制度改革也进入了一个新的时期，即建立同社会主义市场经济体制相适应的分配制度。

（一）改革的主要内容与意义

关于收入分配制度，党的十四大提出"要以按劳分配为主体，其他分配方式为补充，兼顾效率与公平。运用包括市场在内的各种调节手段，既鼓励先进，促进效率，合理拉开收入差距，又防止两极分化，逐步实现共同富裕"。党的十四大在收入分配问题上坚持了党的十三大按劳分配的观点，强调按劳分配与其他分配方式是"主补关系"，提出了收入分配要兼顾效率和公平。这主要是针对中国在市场取向的经济体制改革中，特别是市场体系培育和完善过程中出现了分配不公的"市场失灵"现象而提出的。[①]

党的十五大对收入分配政策作了进一步明确，强调"坚持按劳分配为主体、多种分配形式并存的制度"，主张"把按劳分配和按生产要素分配结合起来，坚持效率优先，兼顾公平"；"依法保护合法收入，允许和鼓励一部分人通过诚实劳动和合法经营先富起来，允许和鼓励资本、技术等生产要素参与收益分配"，"取缔非法收入，对侵吞公有财产和用偷税逃税、权钱交易等非法手段牟取利益的，坚决依法惩处"，同时"整顿

---

① 权衡等：《中国收入分配改革 40 年：经验、理论与展望》，上海交通大学出版社 2018 年版，第 63 页。

不合理收入，对凭借行业垄断和某些特殊条件获得个人额外收入的，必须纠正"，"调节过高收入，完善个人所得税制，开征遗产税等新税种。规范收入分配，使收入差距趋向合理，防止两极分化"。党的十五大在收入分配制度上做出了重大创新：第一，在以按劳分配为主体的前提下，将"其他分配方式作为补充"，发展为"多种分配方式并存"，从"补充"发展为"并存"，强调各种分配方式所占的地位和重要性。第二，将允许其他分配方式并存进一步发展为允许和鼓励生产要素参与分配，明确指出资本、技术等生产要素参与分配。第三，解决了生产要素能不能参与收入分配的问题，第一次把其他分配方式概括为"按生产要素分配"，明确提出了在收入分配的实践中要"把按劳分配和按生产要素分配结合起来"。①

（二）改革取得的主要成效

1992 年邓小平的南方谈话进一步解除了人们的思想禁锢，"一部分人先富起来，先富带动后富"的论断逐步得到社会的认可。随着改革开放的不断推进，市场竞争机制被逐渐引入，以打破平均主义为突破口的收入分配制度改革，逐步唤醒了人们内心深处对于收入和财富最为朴素的渴求，激发了人们增加收入创造财富的积极性。在这一时期，随着人们收入的增长、财富的积累，收入差距也逐步拉开。1992—1996 年，中国 GDP 增速连续五年超过 10%。由于在理论上实现了从单一的"按劳分配"向"以按劳分配为主体，其他分配方式为补充"，再到"按劳分配与

---

① 权衡等：《中国收入分配改革 40 年：经验、理论与展望》，上海交通大学出版社 2018 年版，第 63—64 页。

按生产要素分配相结合"的演进和创新，一定程度上激发了各类要素的活力。以资本要素为例，根据相关研究测算，这一阶段国有资本的资本产出弹性从 1992 年的 0.511 上升到 2001 年的 0.536，升幅为 4.9%；民营资本的资本产出弹性从 1992 年的 0.439 上升到 2001 年的 0.539，升幅为 22.8%；外商直接投资（FDI）的资本产出弹性从 1993 年的 0.676 略微下降到 2001 年的 0.654，尽管有所下降，但从绝对水平看，仍高于国有资本和民营资本的资本产出弹性。①

与此同时，在效率优先、兼顾公平原则的指导下，这个时期的收入差距调节机制，主要是运用再分配政策对转型过程中产生的过大的收入

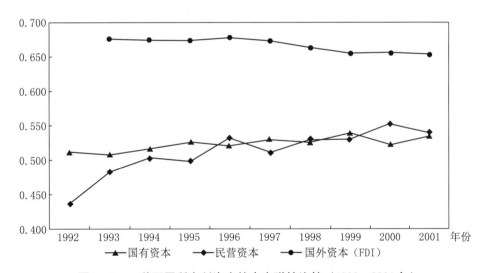

图 10.1 三种不同所有制资本的产出弹性比较（1992—2001 年）

资料来源：李凌：《资本要素解放与市场型增长》，载权衡等，《劳动-资本关系变迁：中国经济增长的逻辑》，上海远东出版社 2015 年版，第 222 页。

———————————

① 数据引自李凌：《资本要素解放与市场型增长》，载权衡等，《劳动-资本关系变迁：中国经济增长的逻辑》，上海远东出版社 2015 年版，第 179—227 页。

差距进行调节和对失业人员进行托底。一是不断完善税收调节制度。随着 1994 年分税制改革的推行，不仅相对稳定和规范了中央与地方的财政分配关系，而且也不断完善了个人所得税、消费税、财产税等一些税种设置，收入再分配的调节作用开始显现。①这一时期收入的基尼系数基本处于 0.4 的合理区间之内。二是社会保障制度改革全面展开。在经济转型和收入差距不断扩大的过程中，为入城的农民工和国有企业大量下岗失业人员，在养老保险、医疗保险、失业保险等领域编制了一张庞大的社会保障网络，为推进市场化改革目标，提供了重要的社会稳定器的作用。

比如在养老保险领域，1991 年 6 月国务院发布《关于企业职工养老保险制度改革的决定》，明确基本养老保险费实行国家、企业、个人三方共同负担。1995 年 3 月发布的《关于深化企业职工养老保险制度改革的通知》，确立了社会统筹与个人账户相结合的养老保险制度模式。1997 年 7 月发布的《关于建立统一的企业职工基本养老保险制度的决定》，规范了企业和职工个人缴纳基本养老保险费的比例，养老保险统账结合模式走向统一，为行业统筹移交地方管理创造了条件。②

在医疗保险领域，为医保制度改革探索经验。1994 年 12 月，江苏省镇江市、江西省九江市进行社会统筹与个人账户相结合的社会医疗保险制度试点。1996 年，国务院将试点范围扩大到 40 多个城市，进一步探索

---

① 张亮：《改革开放 40 年中国收入分配制度改革回顾及展望》，《中国发展观察》2019 年第 1 期，第 23—29 页。

② 《举世瞩目，伟大成就——中国社会保险 40 年变迁》，《中国劳动保障报》2018 年 12 月 23 日。

统账结合的具体方式和运行机制。1998 年劳动和社会保障部成立，统一管理各项社会保障事务，原来较为分散的社会保障行政管理体制得以改善，社会保障制度建设踏疾步稳。同年 12 月，国务院下发《关于建立城镇职工基本医疗保险制度的决定》。"两江"试点为城镇职工基本医疗保险制度的建立奠定了坚实基础。当时试点中提出的医疗保障水平要与经济社会发展水平相一致、筹资水平要与各方面承受能力相一致的基本原则，以及社会统筹和个人账户相结合的基本制度模式，成为后来城乡居民医保制度的基本原则和制度内容。[①]

在失业保险领域，1999 年 1 月，《失业保险条例》发布实施，由再就业中心、失业保险、城市居民最低生活保障构成的"三条保障线"以及"两个确保"政策，为中国成功应对 20 世纪 90 年代中后期下岗失业高峰做出了贡献。[②]与此同时，国务院还于 1999 年发布了《城市居民最低生活保障条例》，在全国范围内普遍建立起城市居民最低生活保障制度。按照各地维持城市居民基本生活所必需的衣、食、住费用，并适当考虑水电燃煤（燃气）费用以及未成年人的义务教育费用，条例规定了城市居民最低生活保障标准，资金由地方人民政府列入财政预算。

三、经济运行制度变革

经济体制改革的核心问题是如何正确认识和处理计划与市场的关系。

---

①② 《举世瞩目，伟大成就——中国社会保险 40 年变迁》，《中国劳动保障报》2018 年 12 月 23 日。

这一时期的发展，进一步明确了社会主义市场经济体制，是使市场在社会主义国家宏观调控下能对资源配置起到基础性作用，是使经济活动能遵循价值规律的要求和适应供求关系的变化。① 为此，在社会主义市场经济中构建经济运行制度，就是要大力发展全国的统一市场，充分发挥市场在资源配置中的基础性作用，同时尊重和遵从经济规律，运用政策和法规，以及必要的行政管理，引导市场健康发展。

（一）改革的主要内容与意义

继邓小平南方谈话和党的十四大确立了建立社会主义市场经济体制的改革目标之后，十四届三中全会进一步勾画出社会主义市场经济体制的基本框架，市场体系是其中的重要组成部分，首次提出建立"统一开放、竞争有序的市场体系"的任务，为市场体系建设指明了方向，推动市场体系建设在广度和深度上得到了长足发展。这一时期，全国统一的商品市场进一步建立和完善，市场化的商品价格体系和价格形成机制初步确立；各类生产要素市场建设取得重大进展。②

党的十五大进一步明确了如何进一步发挥市场对资源配置的基础性作用：改革流通体制，健全市场规则，加强市场管理，清除市场障碍，打破地区封锁、部门垄断，尽快建成统一开放、竞争有序的市场体系。社会主义市场经济体制初步形成，包括商品市场和要素市场在内的全国统一市场体系初步建立。同时，进一步厘清了政府和市场的界限，明确

---

① 《加快改革开放和现代化建设步伐夺取有中国特色社会主义事业的更大胜利——江泽民在中国共产党第十四次全国代表大会上的报告》，1992 年 10 月 12 日。

② 任兴洲：《中国市场体系 30 年：历程、经验与发展》，《中国发展观察》2008 年第 12 期。

了政府与市场的各自作用，为政府与市场的有机统一奠定了基础。

此外，市场化改革也推动了国际化进程。2001 年末中国加入世界贸易组织，中国的市场体系在市场规则、运行机制、法律制度等方面开始全方位与国际市场接轨，中国市场体系与国际市场体系逐步交融联系在一起，或者说，中国市场体系逐步成为国际市场体系的重要组成部分。

（二）改革取得的主要成效

生产要素的市场化配置取决于价格的市场化。20 世纪 90 年代基本完成了价格由国家统一定价到实行双轨制，再到基本放开的转型。1992 年中央做出了彻底放开价格管制的决定，为生产要素的市场化配置创造了条件。在政府的价格管理名录中，涉及原材料、生产资料、运输等领域的项目从放开前的 737 项大幅减少至 89 项，到 2001 年又进一步减少到 13 项，[①]非公有制企业和国有企业一样能够平等地获取生产所需的原材料。随着价格基本放开，以 1997 年为分水岭，中国经济发展逐步从有效供给不足转向商品全面过剩的阶段，有效需求不足成为制约经济发展的重要因素之一。[②]

要素市场化改革的核心是打破市场壁垒，有序推进要素市场化配置，建立和发展资本、劳动和土地等各类要素市场，建立要素自由流动、平等交换的现代市场体系，促进资源配置效率和公平。

一是资本要素的市场化改革与金融体制创新。伴随着商业银行体系、

---

① 科斯、王宁：《变革中国：市场经济的中国之路》，中信出版社 2013 年版，第 167 页。
② 赵卫华：《地位与消费：当代中国社会各阶层消费状况研究》，社会科学文献出版社 2007 年版，第 7 页。

金融机构改革以及证券市场的建立，企业的融资工具越来越多样化，融资规模逐步扩大，融资成本逐渐降低。以 20 世纪 90 年代的股票市场为例，1990 年 12 月 19 日，上海证券交易所正式开业；1991 年 7 月 3 日，深圳证券交易所正式开业。沪深交易所的成立标志着中国证券市场开始形成。在此后的十年里，中国证券市场的上市交易品种从单一的 A 股扩展至 B 股、国债、企业债券、基金等。截至 2000 年 11 月底，在沪深两个交易所上市的企业股票达到 1 063 家，总市值为 4.6 万亿元，境内上市公司累计筹集资金 4 800 多亿元。[1]

二是劳动要素的市场化改革与就业体制创新。随着国有企业改革的深入，国有企业内部隐性失业人员逐步释放，就业压力日益加大。为扩大就业岗位，缓解就业压力，政府制定了"鼓励兼并、规范破产、下岗分流、减员增效和实施再就业工程"的就业方针，采取了多种措施缓解就业压力，扩大就业。国有企业劳动制度由和计划经济相适应的固定工制度彻底向全员劳动合同制转变。劳动合同制指企业与劳动者在平等的基础上，通过签订劳动合同的形式，明确规定双方的权利和义务，并依法根据合同处理劳资关系的用工制度。劳动合同成为约束企业与职工关系的重要依据，传统的统分统配制被完全取消，企业与职工间面临双向选择，企业可以依法自由雇用或解雇职工，职工也可自愿选择企业。这样劳动关系具有了一种新型契约的性质，企业与劳动者的关系通过契约得到了有效规范。[2]20 世纪 90 年代末劳务市场逐渐形成，"双向选择"成

---

① 新华社：《中国证券市场写就十年辉煌》，2000 年 12 月 19 日。

② 刘社建：《劳动力要素解放与激励型增长》，载权衡等：《劳动-资本关系变迁：中国经济增长的逻辑》，上海远东出版社 2015 年版，第 162—163 页。

为劳动力择业的主流制度安排。

三是土地要素的市场化改革与土地管理制度创新。1998 年全面修订《中华人民共和国土地管理法》（以下简称《土地管理法》），为土地市场的培育和发展奠定基础作用，推进了住房制度变革，促进了房地产市场有序发展。虽然以今时今日的眼光来看，当时的《土地管理法》仍然存在着一些缺陷，比如变相鼓励实行土地财政等，但毋庸置疑的是，就彼时彼刻而言，《土地管理法》的修订有力地推动了土地要素的市场化改革，在一定程度上促进了土地产权的有效激励和自由流动，为此后中国快速推进的工业化和城市化提供了土地产权制度保障，也得到了全社会的广泛认同。①

四、 开放型经济体制建设

20 世纪 90 年代初的世界跌宕起伏，中国所面临的国际环境比 80 年代要复杂得多。与此同时，随着发达国家大规模制造业转移浪潮的兴起，有着几亿劳动人口的中国，如果想要抓住世界制造业转移带来的千载难逢的发展机遇，就不得不面临开放的抉择。因此，在 20 世纪 90 年代的中国，改革和开放统一于建立和完善社会主义市场经济体制实践之中，以开放带动改革，以改革促进开放，改革和开放相互促进，开放和改革齐头并进，良性互动，将中国一路推向全球第二大经济体地位。

---

① 甘藏春：《重温〈土地管理法〉的全面修订》，《中国法律（中英文版）》2011 年第 6 期。

（一）改革的主要内容与意义

党的十四大指出，"必须大胆吸收和借鉴世界各国包括资本主义发达国家的一切反映现代社会化生产和商品经济一般规律的先进经营方式和管理方法。国外的资金、资源、技术、人才以及作为有益补充的私营经济，都应当而且能够为社会主义所利用"，"进一步扩大对外开放，更多更好地利用国外资金、资源、技术和管理经验"。一是要"扩大对外开放的地域，形成多层次、多渠道、全方位开放的格局。继续办好经济特区、沿海开放城市和沿海经济开放区。扩大开放沿边地区，加快内陆省、自治区对外开放的步伐"。二是要"积极扩宽利用外资的领域，采取更加灵活的方式，继续完善投资环境，为外商投资经营提供更方便的条件和更充分的法律保障"。三是要"积极开拓国际市场，促进对外贸易多元化，发展外向型经济。包括扩大出口贸易，改善出口商品结构，提高出口商品的质量和档次，同时适当增加进口，更多地利用国外资源和引进先进技术等"。

党的十四届三中全会通过的《中共中央关于建立社会主义市场经济体制若干问题的决定》，明确提出要发展开放型经济，强调要"坚定不移地实行对外开放政策，加快对外开放步伐，充分利用国际国内两个市场、两种资源，优化资源配置。积极参与国际竞争与国际经济合作，发挥我国经济的比较优势，发展开放型经济，使国内经济与国际经济实现互接互补"。

党的十五大进一步指出，要"积极合理有效地利用外资，有步骤地推进服务业的对外开放。依法保护外商投资企业的权益，实行国民待遇，加强引导和监管。鼓励能够发挥我国比较优势的对外投资，更好地利用国内国外两个市场、两种资源"。

（二）改革取得的主要成效

一是从对外开放的顺序和范围看，是从沿海、沿边开放逐步走向沿江、沿路开放，到 2000 年前后，中国全方位对外开放地域格局基本形成。1992 年，以上海浦东为龙头，开放芜湖、九江、黄石、武汉、岳阳、重庆等 6 个沿江城市和三峡库区，实行沿海开放城市和地区的经济政策。同时，开放哈尔滨、长春、呼和浩特、石家庄等 4 个边境和沿海地区省会城市，开放珲春、绥芬河、黑河、满洲里、二连浩特、伊宁、塔城、博乐、瑞丽、畹町、河口、凭祥、兴东等 13 个沿边城市，鼓励沿边城市发展边境贸易以及与周边国家的经济合作。1992 年，开放太原、合肥、南昌、郑州、长沙、成都、贵阳、西安、兰州、西宁、银川等 11 个内陆省会城市。随后几年，又陆续开放了一大批符合条件的内陆县市。2000 年，伴随着西部大开发战略的实施，对外开放进一步扩大到广大西部地区。[①]

二是从对外开放的规模和重点看，这一时期中国对外开放主要是侧重于引进外资、引进技术、引入人才、引进机制，利用国外现代化管理经验改革国企、建立民企。根据国际货币基金组织的统计，改革开放初期的 1980 年，中国进出口贸易规模仅占全球的 2.0％，是名副其实的贸易小国；1990 年中国贸易的全球占比上升至 3.4％，位居世界第 14 位；到了 2000 年，占比扩大至 7.3％，位居世界第 7 位。[②]从 1986 年的"复

---

① 陈文敬：《中国对外开放三十年回顾与展望（一）》，《国际贸易》2008 年第 2 期。

② 黄海洲、周诚君：《新形势下对外开放的战略布局》，《第一财经日报》2013 年 5 月 22 日。

关"谈判到马拉松式的"入世"谈判，再到加入世贸组织，表明了中国全面对外开放的决心和信心，中国市场与世界市场的联系也因此更加密切，中国市场的资源配置效率日益提高。

三是从对外开放的制度变革看，政府有关部门先后出台了一系列有关加大开放的法规和政策，市场微观活动主体日益成熟，国内制度与国际制度进一步接轨。从20世纪90年代初期开始，中国进行了比较全面的进口体制改革，连续大幅降低关税，涉及进口商品品种达3 000种①，逐步接近发展中国家的平均水平，同时缩小进口计划管理范围，提高进口管理体制的透明度。1994年开始取消了延续了40多年的外贸指令性计划，代之以指导性计划，即对外贸进出口总额、出口收汇和进口用汇制定指导性计划；对一些关系国计民生的主要大宗进出口产品实行配额总量控制和许可证审批管理。1994年5月16日，颁布实施了《中华人民共和国对外贸易法》，并对出口退税制度作出了调整，鼓励出口创汇。与此同时，汇率制度也有了显著变化，从1994年1月1日起，人民币汇率并轨，实行以外汇市场供求为基础的、单一的、有管理的浮动汇率制。②1994年4月4日，中国外汇交易中心正式投入运营，取代了原有的按行政区划设置的分散的外汇调剂中心，标志着中国外汇市场培育以及对外开放格局，已经进入了一个由开放制度引领发展的新阶段。

---

① 科斯、王宁：《变革中国：市场经济的中国之路》，中信出版社2013年版，第168页。

② 萧国亮、隋福民：《中华人民共和国经济史（1949—2010）》，北京大学出版社2011年版，第263—264页。

五、　宏观调控体系变革

建立健全社会主义市场经济体系，不仅要充分发挥市场机制在资源配置中的基础性作用，而且更要克服市场经济与生俱来的固有的盲目性、自发性、滞后性等缺陷，理论上称其为"市场失灵"，构建与市场经济相匹配并符合中国国情的宏观调控体系。这种宏观调控体系，应当与经济建设和经济体制改革的总目标相一致，综合运用经济、行政和法律手段，实现宏观管理与微观搞活相统一，协调发展与改革的内在关系，确保国民经济按照现代化建设目标稳步协调推进。

（一）改革的主要内容与意义

这一时期宏观调控改革的主要内容，大致可以分为两个阶段。前一个阶段是 1992—1996 年，其间中国经济面临较大通胀压力，1994 年全国商品零售价格水平高达 24％以上，全社会固定资产投资高达 61％。[①]为了实现经济"软着陆"，更好地发挥计划和市场两种手段的长处，而不再是计划经济体制下"鸟笼子"理论所指向的"硬着陆"，党的十四大提出，"在宏观调控上，我们社会主义国家能够把人民的当前利益与长远利益、局部利益与整体利益结合起来"，"国家计划是宏观调控的重要手段之一"，"要更新计划观念，改进计划方法，重点是合理确定国民经济和社会发展的战略目标，搞好经济发展预测、总量调控、重大结构与生产力布局规划，集中必要的财力物力进行重点建设，综合运用经济杠杆，促进经济更好更快地发展"。

---

① 黄赜琳：《改革开放三十年中国经济周期与宏观调控》，《财经研究》2008 年第 11 期。

在后一个阶段，1997 年东南亚金融危机的外部冲击对中国经济发展产生了两种效应，一是外需大幅度收缩，二是引发内需不足。为了实施扩张性的宏观调控政策进而扩大社会总需求，党的十五大指出，"宏观调控的主要任务，是保持经济总量平衡，抑制通货膨胀，促进重大经济结构优化，实现经济稳定增长。宏观调控主要运用经济手段和法律手段。要深化金融、财政、计划体制改革，完善宏观调控手段和协调机制。实施适度从紧的财政政策和货币政策，注意掌握调控力度。依法加强对金融机构和金融市场包括证券市场的监管，规范和维护金融秩序，有效防范和化解金融风险"。此时，围绕"扩大内需"和"防金融风险"，宏观调控由积极的财政政策和稳健的货币政策组成，其举措主要包括：增加政府的财政支出，降低银行存贷款利率，促进居民消费和私人投资；在拉动消费和刺激出口方面，实行"五一""十一"和"春节"的长假制度；推进医疗和住房制度改革；高校扩大招生，拉动需求；提高出口退税率，鼓励扩大出口；在化解金融危机方面，组建四大资产管理公司，处理中国建设银行、中国银行、中国工商银行和中国农业银行的不良贷款，实施国有企业政策性"债转股"，推动商业银行股份制改革；改革中国人民银行监管体制，加强金融监管，理顺银行管理体制和银行与企业的关系等。

（二）改革取得的主要成效

一是在 1996 年"高增长、高通胀"的经济实现了"软着陆"。在实行了适度从紧的货币政策后，通货膨胀逐渐回落，经济增长平稳下降。同 20 世纪 80 年代的货币政策实施相比，货币政策在松紧度的掌握上明显有了提高，避免了"一紧就死"问题的出现。

　　二是使宏观经济免遭 1997 年亚洲金融危机的冲击和通货紧缩的风险，实现平稳运行。为了对抗通缩，货币政策从紧缩再转向宽松，货币供应量的增长较为温和，货币供应量在 12％—18％之间。在通过货币供应来提升经济总需求的同时，配合使用了调整存贷款利率和法定存款准备金率的手段，存贷款利率由 1996 年的 10.08％下调到 2002 年的 5.31％，法定准备金率由 1998 年的 13％下调到 2003 年的 7％。从增长角度看，经济保持了平稳增长，适度宽松的货币政策为避免陷入通缩起到了应有的作用。①

　　三是实施了一系列发展战略，有效协调了发展中的地区不平衡、人口资源矛盾突出以及科学技术发展相对滞后的问题。1999 年西部大开发战略一经推出，就上升到国家战略层面。2000 年党的十五届五中全会把西部大开发、促进地区协调发展作为第十个五年计划的一项战略任务。2001 年 7 月 1 日，江泽民总书记在建党 80 周年纪念大会上阐述了中国可持续发展战略的内涵，即"正确处理经济发展与人口、资源、环境的关系，改善生态环境，改善公共设施和社会福利设施，开创生产发展、生活富裕和生态良好的文明发展道路"。1995 年 5 月，《中共中央国务院关于加速科学技术进步的决定》首次提出实施科教兴国战略，全面落实科学技术是第一生产力的思想。1996 年的全国人大八届四次会议正式把科教兴国定为基本国策。1998 年 2 月 4 日，江泽民总书记在中国科学院的研究报告上批示："知识经济、创新意识对于

---

　　① 杨雪峰：《中国货币政策演变与货币调控理论创新》，载肖林、权衡等：《中国经济学大纲——中国特色社会主义政治经济学分析》，格致出版社 2018 年版，第 648 页。

我们二十一世纪的发展至关重要。"①至此，教育为本、培育自主开发能力之风气盛行，教育和科技成为经济社会发展的第一推动力。

第三节　社会主义经济制度的重大创新

社会主义市场经济目标确立之后，中国的经济制度实现了重大创新，突破了传统所有制及其实现形式的意识形态之争，突破了市场与计划的制度之争，突破了传统单一收入分配制度的结构束缚，为结束20世纪80年代末90年代初中国经济因外患内忧而停滞不前的状况做出了革命性的制度创新，国民经济得以平稳快速增长，中国在经济社会发展的"十字路口"又一次做出了正确的抉择。

一、突破传统所有制及其实现形式的意识形态之争

计划经济一直被看作是社会主义的本质特征，改革开放的许多措施，虽然开始摒弃纯而又纯的公有制，认同"有计划的商品经济"，但是受到传统思想的束缚，非公经济的作用仅仅被认为是政策层面上的一种补充。社会主义与市场经济相结合，从根本上破除了传统思想中"一大二公"纯而又纯的社会主义，也使得所有制改革经历了一个从发挥市场作用、

---

① 萧国亮、隋福民：《中华人民共和国经济史（1949—2010）》，北京大学出版社 2011年版，第 283—284 页。

到发展有计划的商品经济、再到发展市场经济与建立社会主义市场经济体制的过程。

（一）明确中国经济体制改革目标

在邓小平南方谈话的思想引领下，党的十四大围绕社会主义与市场经济的关系等一系列重大理论问题展开讨论，突破传统所有制及其实现形式，形成了诸多相互联系的重大思想和观点，指引改革开放伟大实践继续向前。党的十四大首次把建立社会主义市场经济体制作为中国经济体制改革的目标，转换经济发展方式，确立了公有制为主体、多种所有制经济共同发展的社会主义初级阶段基本经济制度。社会主义市场经济目标任务的提出，破除了对单一公有制的片面认识和盲目追求，开创了以公有制为主体、多种所有制经济共同发展的新局面。

（二）公有制实现形式的多样化

在公有制的实现形式上，党的十四届三中全会提出："随着产权的流动和重组，财产混合所有的经济单位越来越多，将会形成新的财产所有结构。"党的十五大指出："公有制实现形式可以而且应当多样化。一切反映社会化生产规律的经营方式和组织形式都可以大胆利用。要努力寻找能够极大促进生产力发展的公有制实现形式。"可见，同一性质的公有制可以有不同的实现形式，同一实现形式也可以为不同的公有制所采用。公有制实现形式属于生产关系范围，应由生产力的发展状况决定。在社会主义市场经济条件下，公有制的实现形式可以多样化，而且也应当多样化，一切反映社会化生产规律的经营方式和组织形式都可以而且应当大胆利用。公有制不仅包括国有经济和集体经济，还可以采取股份合作制、合作制、股份公司等形式，在经营方式上可以实行租赁或者承包经营等方式。公有制实现方式的多样性和有效性，推动了国有经济、集体经济改革的深化，随着多种所有制经济的发展，投资主体的多元化，公有制经济的实现形式也必然多样化。①

特别是，对于股份制，党的十五大报告明确其"是现代企业的一种资本组织形式，有利于所有权和经营权的分离，有利于提高企业和资本的运作效率，资本主义可以用，社会主义也可以用。不能笼统地说股份制是公有还是私有，关键看控股权掌握在谁手中。国家和集体控股，具有明显的公有性，有利于扩大公有资本的支配范围，增强公有制的主体作用"。党的十五大之后，股份制作为国有资本的退出和进入的方法，在国有经济布局的战略性调整，实现国有资本布局"有所进，有所退"中，得到了普遍应用。

比如有研究介绍，苏南乡镇企业从 1997 年起进行了两次改制，改制面高达 80%，使所有制结构出现了较大变化。以无锡市为例，2005 年无锡市工业总产值所有制结构为：国有企业占 5.4%，集体企业占 12.1%，股份合作制企业占 7.4%，股份制企业占 22.8%，"三资"企业占 29.2%，个体经营占 1.0%，私营企业和联营企业占 22.1%（见图 10.2）。这说明，改革后集体企业仍占一定比重，股份制企业、股份合作制企业，以及私营企业和联营企业迅速得到了发展。改革促进了生产的发展和农民收入水平的提高。无锡市农村居民人均纯收入 2004 年为 7 115 元，2005 年为

---

① 《高举邓小平理论伟大旗帜，把建设有中国特色社会主义事业全面推向二十一世纪——江泽民在中国共产党第十五次全国代表大会上的报告》，1997 年 9 月 12 日。

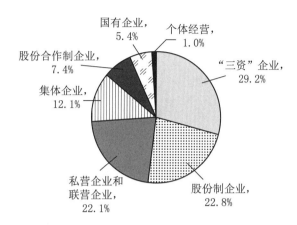

图 10.2　2005 年无锡市工业总产值所有制结构

资料来源：范从来、孙覃玥：《新苏南模式所有制结构的共同富裕效应》，《南京大学学报》2007 年第 2 期。

8 004 元，均高于全国平均水平。①由此可见，以股份制为主体的混合所有制经济在 20 世纪 90 年代的所有制改革中逐步成为公有制实现的主要形式，混合所有制的发展，也为公有制特别是国有制与市场经济的结合找到了路径与载体。

二、 突破计划与市场的制度之争

早在 1906 年，列宁就在其著作中提出，"计划经济"与"市场经济"是两种相互对立和存在替代关系的社会经济制度。在这一思想的指导下，苏联在斯大林时期建立起全国统一的排斥市场调节的计划经济体制。中

---

① 范从来、孙覃玥：《新苏南模式所有制结构的共同富裕效应》，《南京大学学报》2007 年第 2 期。

国在建立社会主义制度后不久，也参照苏联模式建立起计划经济体制。经典理论和传统观念把市场经济归为资本主义特有的经济形式，把计划经济归为社会主义的基本特征。正如资本主义不可能搞计划经济一样，社会主义与市场经济也是完全不相容的。如果社会主义国家搞市场经济，那就不是真正的社会主义，而变成资本主义了。[①]面对把"计划经济"和"市场经济"割裂开来的教条，邓小平同志曾多次指出，计划和市场都是方法，党的十三大也对计划与市场的关系作出了全新论述："把发展和改革、计划和市场、宏观管理和微观搞活结合起来，并在计划工作上走出一条新的路子。"党的十四大正式提出要建立社会主义市场经济体制，突破了只把市场经济与资本主义相联系的传统观念，表明社会主义也可以搞市场经济；同时也表明，我们所实行的市场经济是与资本主义市场经济相区别的经济体制，是要坚持社会主义方向的市场经济。[②]

（一）"十字路口"的市场与计划

20世纪80年代末90年代初，随着经济发展，经济制度和运行机制也迅速得以调整，计划和市场关系的问题再次引起人们争论。吴敬琏在《论作为资源配置方式的计划与市场》一文中指出，从当时的经济和社会情况出发进行分析，大致有三种可供选择的路子：一是在基本上维持现有经济体制和发展格局，只作某些小的修补和调整的条件下，主要靠不断调整宏观经济政策，保持经济社会的稳定和一定速度的增长。二是强化对资源的集中计划控制，主要采用行政手段整顿秩序，调整结构。三

---

① 马洪：《对我国社会主义市场经济的认识》，《中国工业经济研究》1994年第10期。

② 魏礼群：《邓小平社会主义市场经济理论的丰富内涵及重大贡献》，《国家行政学院学报》2014年第5期。

是大力推进市场取向的改革，依靠市场竞争力量和依托于统一市场的宏观调控，促进企业潜力的发挥、整个国民经济效率的提高和国家财力的增强。[1]

解决办法取向上的差别，相当大程度上是由人们对于计划与市场关系的不同认识产生的。吴敬琏指出，认为行政配置方式与市场配置方式可以平起平坐地"结合"的人们，大概会选择第一种路子。但是，理论的分析和实际经验都证明，社会的资源配置机制必须是一个有机的组织、一个控制论系统，把行政手段和市场机制板块拼合起来，只会造成大量漏洞和严重摩擦，是不可能长期维持的。[2]

其次，主张采取坚决措施改变目前状况的人们大体上都认为，"体制失灵"的原因在于：当前的体制既非集中计划经济、又非有计划的商品经济，是一种上述两种体制都不能有效发挥作用的混乱体制。可是怎么改，朝哪个方向改，却存在两种完全对立的想法。一种是"行政集权解决法"，另一种主张是采取"市场整合（一体化）解决法"。以 1989—1991 年治理市场疲软为例，吴敬琏认为，一方面，公共经济部门效率低且存在着浪费，经济增长很大程度上是依靠大量贷款支撑的；另一方面，大步推进市场取向改革的条件，似乎也并不像人们想象的那样坏。因此实践证明，以市场配置为基础的商品经济运行方式是一种适合于社会化大生产、能够保证有效率地成长的经济体制，资源的市场配置是不可逆转的历史趋势。[3]

---

[1][2][3]　吴敬琏：《论作为资源配置方式的计划与市场》，《中国社会科学》1991 年第 6 期。

（二）计划与市场都是手段

实际上，正如吴敬琏所指出的，所谓的计划与市场之争，并不是"纯粹的市场经济"和"纯粹的计划经济"之争，争论双方都主张把计划手段同市场机制结合起来，只不过各自设想的结合方式完全不同。一部分经济学家主张保持传统命令经济的基本框架，把预先编制、以命令形式下达的计划作为社会资源的基本配置方式，同时运用某些市场因素作为贯彻计划的辅助手段，甚至还可以开放一点无关紧要的经济领域，让市场力量去进行调节。另一部分经济学家则主张以市场价格机制作为社会资源的基本配置方式，同时用社会管理和行政指导来弥补市场的缺失。①

1990 年 12 月，邓小平在一次谈话中强调："社会主义也有市场经济，资本主义也有计划控制……不要以为搞点市场经济就是资本主义道路，没有那么回事。计划和市场都得要。"②社会主义市场经济，既可以发挥市场配置资源有效的重要作用，又可以发挥计划宏观调控导向的重要作用，应当把计划和市场有机地结合起来。1992 年邓小平在南方谈话时明确而系统地表达了他对计划经济和市场经济的看法，讲得更为直截了当："计划多一点还是市场多一点，不是社会主义与资本主义的本质区别。计划经济不等于社会主义，资本主义也有计划，市场经济不等于资本主义，社会主义也有市场。计划和市场都是经济手段。"③

南方谈话从根本上解除了将计划经济和市场经济看作属于社会基本制度范畴的思想约束，明确计划和市场都是手段，为坚定实行社会主义

---

① 吴敬琏：《论作为资源配置方式的计划与市场》，《中国社会科学》1991 年第 6 期。

② 《邓小平文选》第三卷，人民出版社 1993 年版，第 364 页。

③ 同上书，第 373 页。

市场经济奠定了思想根基和理论基础。1992 年 10 月，党的十四大的召开，标志着中国社会主义现代化建设和经济体制改革进入了一个崭新的阶段。正如《中共中央关于建立社会主义市场经济体制若干问题的决定》所指出的，社会主义市场经济体制是同社会主义基本制度结合在一起的，建立社会主义市场经济体制，就是要使市场在国家宏观调控下对资源配置起基础性作用。

三、 突破传统单一收入分配制度的结构束缚

作为基本经济制度的重要内容，收入分配制度与人民群众的切身利益息息相关，合理的收入分配格局有助于调动各个方面的积极性。因此，收入分配制度改革是所有制改革的外在表现形式，也是能否实现可持续发展的根本问题之一。

（一）从"平均主义"到让一部分人先富起来

改革开放以前计划经济时期的收入分配制度是一种高度集中的计划分配制度，在传统的公有制和计划经济体制下，尽管也称作按劳分配制度，但实际上是单一型的略带差别的平均分配，并没有真正贯彻按劳分配原则，造成计划经济时期中国的个人收入平均化趋势显著。长期的平均主义和"大锅饭"做法严重挫伤和削弱了广大劳动者的积极性和创造性，直接影响到国民经济的运行效率。①

---

① 　张亮：《我国收入分配制度改革的历程回顾及其经验总结》，《发展研究》2016 年第 11 期。

为了更好地激励劳动者的生产积极性和创造性，改变过于平均化的分配状况，邓小平明确指出："在经济政策上，我认为要允许一部分地区、一部分企业、一部分工人农民，由于辛勤努力成绩大而收入先多一些，生活先好起来。一部分人生活先好起来，就必然产生极大的示范力量，影响左邻右舍，带动其他地区、其他单位的人们向他们学习。这样，就会使整个国民经济不断地波浪式地向前发展，使全国各族人民都能比较快地富裕起来。"①随着市场调节机制的逐步引入，从改革开放伊始到党的十四大，传统单一收入分配制度和平均主义的束缚被打破，逐步确立起以按劳分配为主体、其他分配形式为补充的分配制度。

（二）将按劳分配与按生产要素分配结合起来

1992年，社会主义市场经济体制的改革目标确立后，这一时期收入分配制度改革的目标，相应地就主要是为了探索建立同社会主义市场经济体制相适应的收入分配制度。此时，在经济社会生活中，除了按劳分配和个体劳动所得外，企业发行债券筹集资金、按股份分红、对企业经营者的风险补偿等非劳动收入不仅存在，而且快速发展。②这客观上要求在坚持公有制为主体、多种所有制经济共同发展的基本经济制度的前提下，对分配制度做出重大调整和创新，适应快速发展的其他经济成分。

1993年11月，党的十四届三中全会专门就建立合理的个人收入分配制度进行了部署。《中共中央关于建立社会主义市场经济体制若干问题的决定》修改了1987年党的十三大"以按劳分配为主体，其他分配形式为

---

① 《邓小平文选》第二卷，人民出版社1983年版，第152页。

② 胡家勇：《改革开放40年收入分配理论的创新和发展》，《中国经济史研究》2018年第6期。

补充"的提法，第一次提出了"坚持以按劳分配为主体、多种分配方式
并存的制度"。①在公平和效率问题上，突破了 1992 年党的十四大提出的
"兼顾效率与公平"，首次提出了"效率优先，兼顾公平"的原则。对于
个人劳动报酬，《决定》提出"引入竞争机制，打破平均主义，实行多劳
多得，合理拉开差距。坚持鼓励一部分地区一部分人通过诚实劳动和合
法经营先富起来的政策，提倡先富带动和帮助后富，逐步实现共同富
裕"。同时，《决定》也提出建立适应企业、事业单位和行政机关各自特
点的工资制度与正常的工资增长机制，并要求制定最低工资标准。②另
外，《决定》还进一步提出"国家依法保护法人和居民的一切合法收入和
财产，鼓励城乡居民储蓄和投资，允许属于个人的资本等生产要素参与
收益分配"。这是在党的文件中首次提到"生产要素参与分配"问题，具
有理论创新的划时代意义。

　　1996 年 3 月召开的全国人大八届四次会议通过的《中华人民共和国
国民经济和社会发展"九五"计划和 2010 年远景目标纲要》（以下简称
《纲要》）进一步推动了收入分配制度改革，提出"规范和完善其他分配
形式，土地、资本、知识产权等生产要素，按有关规定，公平参与收益
分配。"同时，《纲要》还提出，"深化企业工资收入分配制度的改革，发
挥市场竞争机制的调节作用，建立企业自我调节、自我约束的分配机制，
形成工资收入增长与劳动者生产率、经济效益提高相适应的关系。进一
步完善适应行政机关和事业单位各自特点的工资制度，以及正常的工资

---

　　①②　张亮：《我国收入分配制度改革的历程回顾及其经验总结》，《发展研究》2016 年
第 11 期。

增长机制"。这些论述和规定对于形成工效挂钩的工资增长机制具有积极
促进作用。

1997 年 9 月党的十五大召开，确立了以公有制为主体、多种所有制
经济共同发展的基本经济制度。在收入分配问题上，首次明确提出要在
实践中把"按劳分配和按生产要素分配结合起来"的分配政策，首次使
用并明确了"按生产要素分配"的地位，并进一步提出"允许和鼓励资
本、技术等生产要素参与收益分配"，创造性地解决了生产要素在社会主
义市场经济条件下能否参与收入分配的问题。[①]

纵观这一时期的改革实践，中国收入分配制度在演变的过程中始终
坚持了按劳分配的原则，并在此基础上不断加以完善，而按劳分配实际
就是按劳动者对生产的贡献进行的分配。"把按劳分配和按生产要素分配
结合起来"的原则，实质上也是对中国按劳分配政策的进一步完善。在
坚持公有制为主体、多种所有制经济共同发展的基本经济制度的前提下，
为了适应其他经济成分快速发展的状况，收入分配方面主要实行的是坚
持按劳分配为主体、多种分配方式并存的分配制度，同时提出了"把按
劳分配和按生产要素分配结合起来"的分配政策，为生产要素在社会主
义市场经济条件下参与收入分配提供了政策支持。[②]

---

① 张亮：《我国收入分配制度改革的历程回顾及其经验总结》，《发展研究》2016 年第 11 期。

② 张亮：《改革开放 40 年中国收入分配制度改革回顾及展望》，《中国发展观察》2019 年第 1 期；张亮：《我国收入分配制度改革的历程回顾及其经验总结》，《发展研究》2016 年第 11 期。

第十一章
扩大开放的经济制度创新
（2001—2012 年）

进入 21 世纪后，发达国家虽在推动建立国际经济新体制中仍发挥主导作用，但是众多新兴经济体在国际经济格局中的话语权逐渐加强。中国加入世界贸易组织，加速中国经济嵌入全球产业链、价值链、创新链、资金链和人才链，进而带动中国经济增长和制度创新。中国经济制度开放性特征越来越强，开放倒逼改革成为制度创新的重要动能。

第一节　中国加入世界贸易组织与
国际经济规则的深度对接

一、中国"入世"的时代背景

进入新世纪后，世界经济发生显著变化，全球经济呈现稳步增长态势，伴随着经济全球化的不断深入，国际贸易、国际投资、直接金融进入一个新的发展阶段。[①]与此同时，科技革命蓬勃兴起，促进了商品、技术、信息、服务、货币、人员、资本、管理经验等生产要素的跨国界、跨区域流动，世界经济日益成为一个紧密联系的整体，呈现出新的时代特点。

（一）世界经济进入稳定增长期

发达国家的经济总量仍处于前列，新兴市场和发展中经济体在世界经济增长中开始扮演日益重要的角色。第三次科技革命的兴起使得国际贸易与国际投资规模不断扩大，金融活动不断创新，世界经济治理呈现新一轮的特点。世界正由传统的工业经济时代向知识经济时代迈进，互联网经济成为时代热潮，世界经济形势呈现出新特点。[②]各国加快制定市场开放的政策和体制，政策趋于放松，市场环境不断优化。受东南亚金融危机影响的国家得以复苏，世界经济增长有所回升。但在世纪之交出现了世界范围内的生产过剩，这意味着传统的依靠设备和物质要素投入的经济增长方式已经落后于世界经济发展的新要求，经济增长将更多地依靠科技进步。

（二）国际贸易规模迅速扩张

美苏对峙的冷战局面结束之后，世界范围的国际贸易空前发展，经济全球化趋势进一步增强。国际贸易规模扩张速度远远超过世界经济规

---

① 李琼：《进入 21 世纪的世界大趋势——经济全球化和世界多极化》，《理论视野》2000 年第 2 期。

② 国务院发展研究中心"经济形势分析"课题组：《经济增长下行压力加大 宏观经济政策应适时微调》，《经济学动态》2010 年第 5 期。

模扩张速度。各国之间利用国际分工、相互合作，显著促进国际竞争力提升。根据联合国统计署和中国海关数据，2004 年世界贸易总额相比1996 年实现了翻倍增长（见图 11.1）。

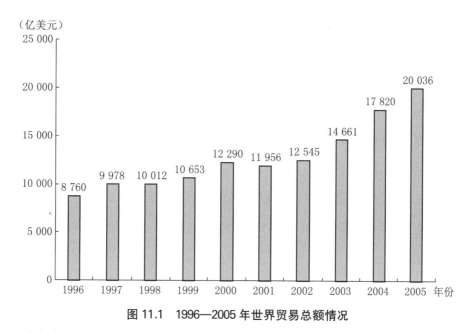

（亿美元）

图 11.1　1996—2005 年世界贸易总额情况

资料来源：联合国统计署；中国海关。

发达国家的贸易在世界贸易总额中占据主导地位，尤其是进口需求呈现加速增长态势。美国持续旺盛的国内需求使得进口贸易额呈现增长态势；日本进口需求也大幅增长，尤其是信息通信产业及设备方面。新兴市场和发展中经济体进出口量占比也呈现快速增长态势。①与此同时，产业内分工日益深化，国际贸易结构发生了显著的变化，服务贸易贡献

———————————

①　国务院发展研究中心"经济形势分析"课题组：《经济增长下行压力加大　宏观经济政策应适时微调》，《经济学动态》2010 年第 5 期。

增大，商品贸易中制成品份额不断提升。技术密集型和知识密集型产品的贸易份额大大增加，贸易领域出现了新的商业交易方式——电子商务，打破了传统时空的局限。

（三）国际投资呈现"三足鼎立"格局

进入 21 世纪后，世界金融自由化进程加快，国际资本流动性大幅提升，国际投资规模迅猛增长，投资方式日益多元，投资主体仍以发达国家为主导、发展中国家为从属。国际投资的载体主要是企业对外直接投资和企业的跨国并购。国际投资形成了美、日、欧盟"三足鼎立"格局，并从单一的垂直型转向多向水平型扩展。发展中国家纷纷致力于提高对外开放程度，改善投资与营商环境，以巨大的潜在市场持续吸引国际投资进入，发展中国家的对外直接投资（OFDI）呈现显著增长。

（四）国际金融一体化格局初步形成

自 20 世纪 70 年代，世界各国相继推进金融自由化改革，一定程度上放松了金融管制，进一步开放了金融市场。同时期的世界经济也进入了新自由主义化资本主义全球化阶段。[①]世界货币体系初步形成，欧元正式启动和运行，成为仅次于美元的一种新的世界货币。计算机技术和通信产业的发展为金融交易的便捷化和新的交易工具涌现提供了条件。国际资本市场的证券化趋势进一步加强，呈现集团化、跨国化的特点，但也使各国的金融、经济更容易暴露在不确定性环境中。完善金融监管、

---

① Bülent，Gökay，and Whitman，D. 2010，"Tectonic Shifts and Systemic Faultlines：The Global Economic Crisis"，*Socialism and Democracy*，24（2）：164—190.

防范金融风险、维护经济安全，成为 21 世纪初各国金融发展的重要议题。

（五）新一轮科技革命推动产业结构变革

20 世纪 90 年代，美国信息技术革命对世界经济产生了深远的影响，信息产业在世界经济发展中的作用越来越大，服务业的比重也大大提高。21 世纪初，新一轮科技革命中高新技术的发展在对传统产业进行改造的同时，也带动了一大批新技术产业的发展，大大提高了制造业的科技含量。第三次科学技术革命以原子能、电子计算机、空间技术和生物工程的发明和应用为标志，覆盖信息、新材料、新能源、海洋、生物、空间等领域。[①]在科技革命发展和世界新一轮产业结构调整的驱动下，发达国家掌握和控制核心技术，将一般技术的产业和落后的产业转移出去，发展中国家与发达国家产业结构的不平衡性加剧。

二、 国际经济格局深度调整

进入 21 世纪，国际经济格局出现了新的变化，发达国家在推动建立国际经济新秩序中发挥主导作用，众多新兴经济体在国际经济体系中的话语权逐渐加强。

（一）发达国家仍然占据国际经济秩序主导地位

美国通过一系列举措确定了在国际经济体系中的支配地位，逐渐形

---

① 戚超英、宋乃平：《21 世纪世界科技发展趋势及对策》，《科技进步与对策》2000 年第 4 期。

成了以美国为首的发达国家主导的国际经济新秩序。七国集团自成立开始，便在世界经济宏观治理和金融政策方面承担着重要职责，不仅在石油价格方面进行联合干预，而且积极推动建立多边贸易体制、稳定国际外汇市场等。新世纪以来，在 GDP 规模上，以七国集团为代表的发达经济体在世界占据主导地位，新兴市场和发展中国家的经济规模呈快速上升态势（见图 11.2）。

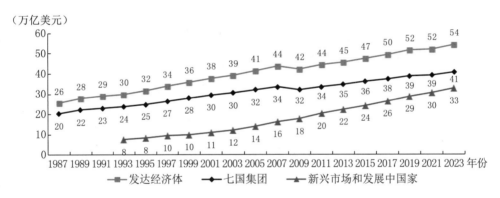

（万亿美元）

图 11.2　主要经济体 GDP 规模

注：按 2010 年不变价计算。
资料来源：世界银行全球经济监控数据库。

（二）发展中国家在世界经济格局中的地位逐步上升

经济全球化的深入发展使得国与国之间的联系更加密切，世界多极化趋势日益凸显，新兴市场、发展中经济体在世界经济格局中的地位逐步上升，在国际经济秩序变革中的话语权也不断增强，如中国与韩国、澳大利亚等周边国家建立的双边自由贸易协定，以及东盟主导建立的"区域全面经济伙伴关系"。

三、 中国经济发展的结构性变化

（一）"入世"前后中国经济增长结构的变化

1978 年改革开放到"入世"之前，中国经济增速长期保持着长期两位数水平。但与美国相比，中国经济总量仍较低，到 1996 年中国经济总量占美国的比例才突破 10%。在经济高速增长的同时，中国经济的结构不断优化。从"入世"前后来看，消费需求和投资需求结构不断优化，消费在经济增长中的驱动力不断提升，实体经济投资加速向中高端领域倾斜，这尤其体现在战略性新兴产业和高技术产业投资快速增长上。作为经济增长的"三驾马车"，消费、投资和出口结构不断调整和优化（见图 11.3），出口导

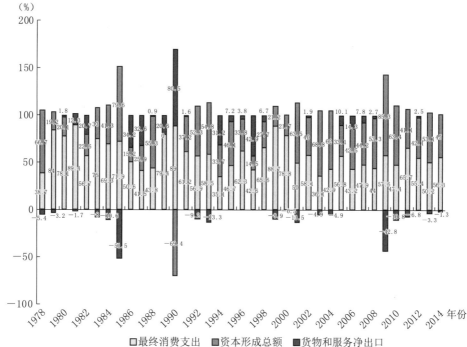

图 11.3 中国"入世"前后的消费、投资、净出口对 GDP 贡献率

资料来源：国家统计局。

向战略和工业化城市化进程的加快，使得出口和投资对经济增长的作用增强。

从经济增长源泉来看，既要关注劳动、资本等有效要素的积累，还要关注全要素生产率（TFP）的提升。前者可通过要素数量的增加或质量的改善来实现，后者则主要来源于技术进步、规模效应和资源效率的优化。全要素生产率反映一国经济增长中不能为生产要素投入所解释的部分，是衡量经济增长效率和长期技术进步的重要指标，在具体核算中表现为产出增长率超出要素投入增长率的部分。从美国大型企业联合会的整体经济数据库公布的中国全要素生产率来看（见图 11.4），20 世纪 90 年代以来，中国全要素生产率变化的整体波动幅度较大，平均增长率为 2.51％，在 1995 年、2003 年与 2007 年前后达到 7％—8％的峰值，但 2008 年美国次贷危机以后，中国全要素生产率总体呈下降趋势。

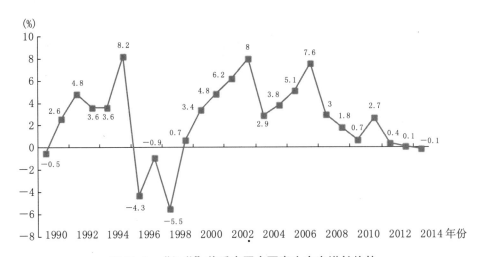

图 11.4　"入世"前后中国全要素生产率增长趋势

资料来源：美国大型企业联合会（Conference Board）整体经济数据库。

（二）"入世"前后中国产业结构的变化

"入世"前后，中国第三产业对经济增长的贡献不断增强。与 2001年相比，2012 年第一产业和第二产业增加值占 GDP 比重显著降低，第三产业增加值比重大幅提高。"入世"后，中国工业化与城市化进入快速发展阶段，推动着第三产业比重持续增长（见图 11.5）。

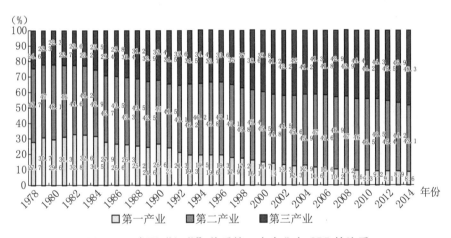

图 11.5　中国"入世"前后的三大产业占 GDP 的比重

资料来源：国家统计局。

"入世"前后，中国三大产业都保持着稳定的增长势态。第一产业对 GDP 增长的贡献率维持在相对较低水平且逐步降低，第二产业对 GDP 增长的贡献率呈周期性波动，总体呈逐步下降趋势，第三产业对 GDP 增长的贡献率上升较快，逐步取代第二产业，占据主要地位（见图 11.6）。

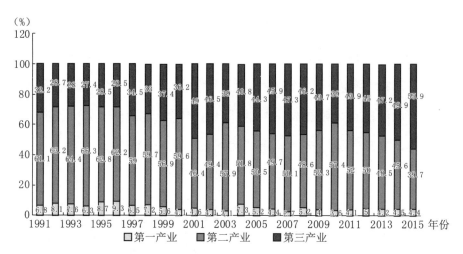

图 11.6　中国"入世"前后的三大产业对 GDP 的贡献率

资料来源：国家统计局。

第二节　以开放倒逼制度创新

2001 年 12 月 11 日，中国正式加入世界贸易组织，标志着中国进入全面开放阶段。"入世"使得中国在国际贸易事务中能够享有应有的权利，但同时也意味着必须承担相应的责任，履行承诺的义务。这既给中国的开放带来了前所未有的机遇，同时也使国内体制机制深层次改革面临挑战。

一、　开放对改革带来的机遇

（一）提高中国的国际地位

1971 年，中国恢复了在联合国的合法席位，重返国际政治舞台。然而由于各类原因，中国始终无法顺利参与到全球经济活动中，在与美国等大国的国际贸易中遭受不公平对待。中国正式成为世界贸易组织成员，在国际经济事务中逐步发挥重要的作用，不仅提升了世界贸易组织中发展中国家的话语权，而且有利于在国际经济舞台上发出"中国声音"。

（二）改善国际贸易外部环境

世界贸易组织的主要目标是推动世界贸易的自由化，尽可能实现商品和服务的自由流动，通过谈判推动自由化进程，建立公平的争端解决机制处理各国之间的矛盾和纠纷。"入世"以后中国实行全面开放，让中国拥有了与世界各国平等对话、平等贸易和平等合作的权利。世界贸易组织制定了国际贸易竞争的共同标准，为成员经济体之间的贸易往来提供了良好的竞争环境。体现世界贸易组织宗旨的基本原则包括非歧视原则、自由贸易原则和公平竞争原则。

（三）扩大对外贸易和吸引外资的规模

世界贸易组织的非歧视性原则强调对各成员经济体贸易政策上的一视同仁，和对本国（地区）产品与外国（地区）产品的一律平等。最惠国待遇注重一国（地区）对于所有成员经济体的贸易待遇都必须是同样的。国民待遇意味着一国（地区）给予所有成员经济体的公民和企业在经济上的待遇不低于给予本国（地区）公民和企业的待遇。这种待遇主要包括税收、知识产权保护、市场的开放等。"入世"以后，中国企业与产品进入各国（地区）的门槛大幅度降低，中国多维度、多领域地参与到国际市场竞争中。更多的外国投资者和企业家投资中国市场，不仅带来先进的技术、管理经验以及各类人才，而且对中国的经济体制改革带来新的压力和动力，倒逼中国经济体制深化改革。

（四）开放倒逼经济体制改革，提高资源配置效率

按照"入世"承诺，中国将逐步打破国内的地区间封锁和部分的行业垄断，从而发挥资源优势，使生产要素得到更加合理有效的配置。全面对外开放使中国各领域企业与国际接轨，直接参与到国际分工中，倒逼中国国内经济的市场化与规范化，促进各类要素市场的深化改革。外资企业的进入，以及中国依照"入世"时的承诺逐步取消原有的各种优惠政策后，部分国有企业置身国际竞争，开始寻求新的发展动力，改善企业治理结构，加强研发创新，以增强企业自身竞争能力。

（五）开放倒逼产业变革和结构优化

"入世"之前，"三来一补"是中国参与全球价值链的主要方式。全面对外开放倒逼国内加快产业升级的步伐，推动产业变革。20 世纪末，美国以信息产业为重点的产业结构变革，使其国际经济市场领先地位更为稳固。"入世"后，中国需要加快改造传统产业技术、发展高新技术产业。依照"入世"承诺，中国对知识产权保护政策进行改革与完善，有助于吸引更多高新技术企业在华注资。外资企业进入国内市场，给同产业的国内企业带来了竞争压力，为中国高新技术产业的崛起注入动力。

二、 开放对改革带来的挑战

"入世"以后，中国享受全面开放所带来的机遇同时，也要积极应对诸如行政管理体制、法律法规体系、市场体系、产业体系等领域所面临的挑战。

（一）行政管理体制的不适应

在全面对外开放中，能否有效应对复杂多变的国际经济形势，取决于行政管理体制能否适应国际经贸规则。自由贸易的原则要求政府和企业适应国际通行的经贸规则，以精简、统一和效能为原则，统筹协调行政管理体制改革，完善法治建设服务型政府，尤其要注重促进市场有效竞争，重视和发挥创新、知识、信息等先进生产要素的生产力，从单一产品竞争向产品、服务、规则等综合性竞争转变。

（二）法律法规体系的不适应

面对更加复杂的国际贸易投资环境，原有的一些法律法规存在着难以适应新的国际经贸投资规则的情形。贸易相关的法律和规则体系不健全，国际贸易活动中企业行为不够规范，难以依照标准的国际规则处理和解决贸易往来中涉及的各种管理问题及纠纷。国内经济主体对贸易往来中应当依照的法律熟悉程度不足，且缺乏有效利用有关法律维护自身利益的能力。为维护企业在国际贸易与投资活动领域的合法权益并提高其效率，需要完善相关法律制度，规范贸易投资秩序，健全监测预警体系，适时合理运用反倾销、反补贴、特别保障措施，增强应对贸易争端的能力，探索建立贸易摩擦的应对机制。

（三）市场体系的不适应

"入世"之前，国内市场存在着区域发展不平衡、市场秩序不规范、结构不合理等问题，区域间市场壁垒明显，市场交易成本较高。为落实"入世"的承诺，对接世界贸易组织法律规则体系，维护公平的国际竞争环境，"政企分开、放宽准入、引入竞争、依法监管"的市场管理体制改革开始实施，调整国内市场原有的部分政府调控手段和管理模式，打破行政性垄断，消除市场分割，基于全国统一价格机制发展要素市场等。

（四）产业体系的不适应

全面开放给中国的产业体系和产业结构转型升级带来了挑战。一方面，中国在短缺经济时期推动了工业化建设，国内工业企业数量较多，但企业规模普遍不大，技术水平较低，大多数工业行业依赖政府的补贴和保护。"入世"以后，中国在市场开放、知识产权保护等诸多方面履行"入世"承诺，给技术创新能力较弱的中国工业体系带来了严峻挑战。另一方面，"入世"还要求逐步开放服务业。"入世"前后，中国的服务业尚处于起步发展阶段，所拥有的服务业行业数量较少。产业体系改革重点在于培育提升企业在国际市场上的综合竞争力。

三、 开放倒逼改革的渠道和效应

"入世"后，中国对外贸易发展迅速，中国逐渐成为世界第一出口大国。2001 年，中国在世界出口排行中仅为第六，货物贸易出口总额为2.2 万亿元，2009 年中国以 8.2 万亿元的货物贸易出口总额，跃居世界第一大出口国。2001—2009 年，中国货物贸易出口总额年均增速达 18%，进口额年均增速超过 16%。

（一）开放倒逼经贸法律法规体系改革

"入世"后，通过一系列的立、改、废，中国的贸易法律法规逐步与"入世"承诺相一致。各项经济政策的公开度与透明度也显著提高，通过各种形式和渠道使立法制度化、规范化，政府信息公开全面推行。"入世"后的十年间，中国对外开放倒逼了中国经贸法律法规的透明化、公开化、规范化，广大公众参与相关法律立法和评估，尤其是贸易相关法律政策的制定与评估的机会与途径越来越多。

（二）开放倒逼关税大幅降低和贸易产品结构调整

"入世"后根据承诺，中国的平均关税水平逐年下降。2001年，中国平均关税水平为15.3%，到2005年1月1日，"入世"承诺中的大部分削减项执行完毕，2007年平均关税水平降至9.8%。外贸增长方式也开始发生改变。"入世"前中国的贸易政策宽松，一些领域的企业进入门槛低，环境破坏和资源浪费问题日益凸显。2005年开始，国家要求控制"高污染、高能耗、资源性"产品，对涉及"两高一资"产品的加工贸易进行了限制，形成加工贸易禁止商品目录，优化出口商品结构，引导企业向更高技术含量、更大增加值的领域和方向发展，推动加工贸易转型升级。

（三）开放倒逼服务业开放

"入世"以后，中国逐渐成为"世界工厂"，"中国制造"唱响全球。按照"入世"承诺，中国的服务业开放进程加快。在世界贸易组织的160多个服务贸易部门中，中国已获准开放100多个，远远超过发展中国家平均水平，接近发达成员水平。例如，在金融服务领域，中国给予外国相关服务提供者更高的市场准入水平。"入世"十年时的2012年，在华的外资银行总资产已达9.34万亿元，相比2002年增长了8倍多。在保险服务领域，2004年12月开始放开除法定保险以外的全部保险业务，并允许外资保险公司在中国的任何地区进行保险服务。在分销服务领域，《外商投资商业领域管理办法》于2004年4月颁布，分销服务领域的对外开放格局逐渐形成，对于投资商业企业数目、投资地区以及股权方面的诸多限制陆续被取消。在零售行业，外资大型超市在中国的市场份额到 2005 年已超 25％。

（四）开放倒逼外商投资格局的调整

从"入世"到 2007 年，中国政府先后对外商可投资的产业明细进行了三次修订。指定开放的领域不断扩大，支持投资的类别占比提升，限制或禁止投资的类别占比大幅度下降，鼓励节能环保类项目的外商投资。在外资并购领域，2003 年 4 月《外国投资者并购境内企业暂行规定》实施，外资收购日趋活跃。在税收改革上，2008 年开始，中国正式施行内资企业与外资企业所得税法"两税合一"。中国引进外资由"重数量"逐步向"重质量"转变，直接投资从"主流入"转向"流入流出并重"，从绿地投资为主转向绿地投资和并购等多种方式并存。

（五）开放倒逼国内企业知识产权保护和技术创新

中国依照《与贸易有关的知识产权协定》以及保护知识产权的国际规则与条例，对有关知识产权保护的法律法规进行了修订和完善。一方面，加强知识产权保护的普及，从 2004 年起，每年的 4 月 20 日至 26 日被设定为"保护知识产权宣传周"。另一方面，打击侵害知识产权行为，开展专项执法行动。中国海关与多国签署了关于知识产权问题行政法律执行的多边协助协议，既保护中国的知识产权在国际上获得公平公正的对待，又避免外资企业的知识产权遭到非法侵犯，倒逼国内企业注重技术创新。

（六）开放倒逼行政管理体制改革

"入世"以后，中国以建设服务政府、责任政府、法治政府为重点，积极适应国际经济与贸易规则的需要。简化行政审批流程，改革行政审

批制度，以推进清单化和标准化审批方式为重点创新服务模式，有效减
轻各类市场主体负担，营造更公平的市场竞争环境。[①]基于"政企分开、
政资分开、政事分开以及政府与市场中介组织分开"原则，厘清政府和
市场的边界，推进政府职能从"越位"到"退位"、从"错位"到"正
位"、从"缺位"到"补位"的转换。理顺中央和地方以及地方各级政府
间的事权范围，促进地方治理结构扁平化，解决职能交叉和多头管理问
题，提高决策效率，降低行政成本。

（七）全面开放倒逼国有企业改革和垄断行业改革

"入世"以后，提高国有企业的国际竞争能力成为重要课题。一方
面，优化国有企业布局结构。引导国有资本从一般生产加工行业和中小
企业层面退出，向关系国民经济命脉和国家安全的行业和部门集中。完
善国有资本进、退、流动机制，推进国有产权交易监控体系建设。加快
实施国有大型企业股份制改革，改善国企股本结构，推动投资主体多元
化。推进国有企业内部分配制度改革，健全和完善现代企业制度。分类
推进垄断行业改革，引入竞争机制，允许社会资本通过政府和社会资本
合作、特许经营管理、长期股权投资等多种模式参与。例如，在电力体
制改革上形成市场化的电价机制，构建开放统一的电力市场体系；在电
信体制改革上，放宽民营资本参与电信领域。

（八）全面开放倒逼金融体制的深化改革

全面开放要求金融体制改革深入推进。在金融机构改革上，初步建

---

① 改革的重点领域与推进机制研究课题组：《改革攻坚（上）：改革的重点领域与推进
机制研究》，中国发展出版社 2013 年版。

立起合理分工、结构优化、功能完整的现代金融体系，有序推进国有商业银行的综合改革和战略转型，培育具有市场竞争力的现代股份制银行。在金融市场改革上，提高直接融资比例，稳步发展股票、债券、期货、保险、货币、金融衍生品等市场，加强金融基础建设和基础性的制度建设，初步建立起多层次资本市场体系；推进利率市场化改革，完善人民币汇率形成机制，有序推动资本项目开放，改革外汇管理体制，强化金融功能监管能力，保障全面开放下的国家金融安全。

四、 开放倒逼制度创新的机制

（一）全面开放的制度创新机制

世界贸易组织旨在推动全球贸易自由化，三大基本原则正是以开放倒逼制度创新的源动力。一是履行非歧视原则，为保证各国在国际贸易中处于较为公平的竞争环境，一国（地区）对于所有成员方提供相同的关税标准和优惠政策。二是履行自由贸易原则，尤其是降低和消除非关税壁垒，推动金融、电信、教育、商务等服务贸易的自由化。三是履行公平竞争原则，成员方有权在货物贸易、服务贸易以及贸易相关知识产权领域获得与本国（地区）市场相当的市场准入和公平竞争环境，必须公开相关贸易法律、法规、政策、司法判决和行政裁定，履行信息透明义务。

（二）全面开放的"世界工厂"机制

"入世"后，中国参与全球分工和生产，依靠人口红利的优势，成为"世界工厂"。2000—2012 年，中国第二产业在国民生产总值中的比重稳定在 45％以上。以出口为导向的贸易政策激发了劳动密集型生产活动，出现大规模劳动力的流动，从农村到城市、从内地到沿海，工业化进程显著加快，"中国制造"成为中国的名片。随着各地区对外开放政策、户籍制度、土地流转政策等方面的改革，中国城市化进程也在加快。城市集聚程度的提升、劳动力密度的增长、城市范围的扩张，以及改革政策促使建设用地供给扩大。

（三）全面开放的贸易方式变革机制

"入世"之后，一般加工工业为主的传统工业发展模式亟待转型，优化出口结构成为中国的重要发展目标。为改变粗放型发展道路下传统工业过度依赖能源和原材料消耗、环境成本高昂的困境，实现可持续的经济增长，党的十六大提出要走"科技含量高、经济效益好、资源消耗低、环境污染少、人力资源优势得到充分发挥"的新型工业化道路。以"两化融合"为典型特征的新型工业化道路，有力支撑了中国贸易方式变革。虽然以数量增长为主的特征没有发生根本性的转变，但进一步提高了出口贸易的效益和质量。推动加工贸易的转型升级，对低层次加工贸易进行控制，鼓励加工贸易向产业链的高端攀升，鼓励自主品牌、自主研发、自主设计、自主知识产权出口，着力提升出口附加值。

（四）全面开放的技术升级机制

依托市场开放，合理利用外资和发展对外贸易，进而促进技术创新，这符合经济发展规律。以产品内分工形式为主的全球价值链，是国际贸易的新特征，也是技术升级的重要途径。[1]在"入世"后的十年间，中国

---

[1] Baldwin, R. and Lopez-Gonzalez, J., 2015, "Supply-chain Trade: A Portrait of Global Patterns and Several Testable Hypotheses", *The World Economy*, 38 (11): 1682—1721.

以市场优势吸引国际资本、产业和企业，依据"引进—模仿—吸收与自主创新"的路径，采取合资合作共同生产与创新、依托外资购买获得先进技术产权、直接购买先进技术获得产权、利用兼并收购间接获得技术所有权等多种形式，在全面开放中实现技术进步。外资企业和较高技术含量的产品进入国内市场，不仅技术溢出效应增强了本国产品的技术复杂度，而且"出口中学习"效应、"进口中学习"效应以及竞争效应一起促使本地企业改进技术和提高创新能力。

（五）全面开放的全球化网络机制

中国在全面开放中加速社会主义市场经济转型，从4个经济特区到沿海14个开放城市，再到"入世"后的沿长江经济带和内陆全面开放，中国对外开放的空间格局不断拓展延伸。进入新世纪后，随着阻碍劳动力、资本、资源等要素流动的制度性障碍逐步消除，市场化要素价格信号作用有效发挥，生产和创新要素跨区域自由流动，大幅提升了区域及行业全要素生产率。中国在对外贸易与外资流入的过程中深度融入全球化、参与全球生产网络，不仅吸纳西方发达国家的先进技术和创新要素以弥补要素结构中的短板，加速高端要素的自主培育，而且也鼓励本国企业走出国门参与跨国投资和贸易，实现中国要素在全球范围内的配置优化，促进全球自由贸易网络的稳定繁荣。

（六）全面开放的产业结构调整机制

"入世"后，中国逐渐从过去的单向开放模式转换为双向开放格局。单向开放条件下，注重吸引外资，形成了加工贸易占主体地位、贸易产品结构以劳动密集型和资源密集型产品为主的贸易格局，严重制约了中国产业结构转型。全面开放条件下，强调由低附加值向高附加值产品的转型，推动产业结构向高技术密集型产业升级。进入新世纪后，中国在吸引海外投资的同时着力扩大对外直接投资，鼓励具有竞争力和高技术含量的本国企业"走出去"，在 2015 年实现对外直接投资首次超过实际使用外资额。

（七）全面开放的现代市场体系机制

"入世"后，中国着力发展全国统一开放的商品市场和要素市场，建设消费者自主消费、企业公平竞争、要素自由流动的现代市场体系，这也是吸引国际资本、发挥全面开放优势的重要条件。一方面，夯实建设现代市场体系的基础条件和运行保障，增强制度的完备性。完善现代化产权保护制度和法治环境，实行公开透明的准入标准和退出制度。构建扩大消费的长效机制，落实消费者权益保护制度。另一方面，提高要素配置效率，深化价格形成机制的改革，积极稳妥地推进石油、天然气等资源性产品价格改革，合理调整供水、供电等公用事业的定价机制。

第三节　开放与改革双轮驱动下的中国奇迹

一、经济继续保持高速增长

（一）全面开放激发了改革和增长奇迹

改革开放后尤其是加入世界贸易组织后，中国 GDP 保持着长期高速增长。在 1979—2012 年间，中国 GDP 年均增长率高达 9.8％，是同期世界经济年均增速的 3.5 倍，持续时间和增长幅度都超过了曾经的亚洲

"四小龙"与经济起飞时期的日本，堪称人类经济历史上最为璀璨的发展奇迹之一。在战略性竞争的时代，中国不断实现经济追赶。2006 年，经济总量同美国的比例突破 20％，2008 年突破 30％，2010 年突破 40％，2012 年突破 50％。从 2010 年开始，中国的 GDP 就超过了日本，中国成为世界第二大经济体。中国的增长奇迹有两大动力——改革和开放，两者相辅相成、相互促进，开放倒逼改革。对外开放从 1979 年试点深圳、珠海、厦门、汕头 4 个经济特区开始，到 2001 年加入世界贸易组织以后，中国形成了全方位、多层次、宽领域的新格局。尤其是为适应国际经济通行规则而进行的外贸体制综合改革、外汇管理体制改革，以及利率市场化、人民币国际化的推进，激发了中国经济增长的活力。

（二）奉行出口导向的发展模式

"入世"以后，中国深度参与经济全球化进程，成为推动全球贸易自由化的重要力量。2002—2013 年间，中国奉行出口导向的发展模式，深入实施"引进来"和"走出去"战略，坚持以质量和效益为目标的外贸促进和调控体系改革。2013 年中国进出口总值首次突破 4 万亿美元，中国成为全球第一大货物贸易国，服务贸易进出口总额位居世界第三。这一时期，中国服务业利用外资占比超过了 51％，利用外资进入到"服务经济时代"，在现代服务业、高新技术产业、装备制造业和环保产业等新兴产业领域引入外资增长显著。这一时期，中国积极实施进出口平衡政策，发挥扩大进口对于弥补要素短缺、优化国际分工结构、增强国际竞争力的重要作用。

（三）迈入世界制造业大国

"入世"以后，在产业升级、技术创新、外资引入等多种因素的作用下，中国的工业化进程快速提升，制造业增加值在世界制造业中的占比不断攀升（见图 11.7）。1990 年，中国制造业增加值超过巴西，位居发展中国家和地区之首，占全球制造业总额的 2.7%，排名第八位。2004年，中国制造业在全球中的占比提高到 10% 以上，排名超过了德国升至第三位。2005 年，中国制造业在全球中的占比为 11.66%，排名超过日本，升至第二位。2010 年，中国制造业占世界制造业比重提升至19.8%，超过美国的 19.4%，居世界第一，中国成为名副其实的"制造业大国"。

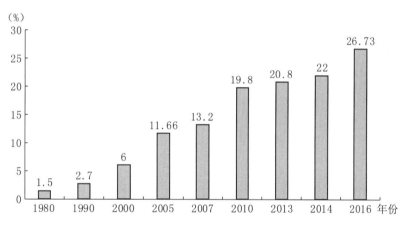

图 11.7　"入世"以后中国制造业增加值占全球比重的变化

资料来源：国家统计局。

二、产业结构持续优化升级

（一）需求结构的变化

需求结构的变化主要体现在消费、投资、净出口对国民经济拉动作用的变化上。作为经济增长的"三驾马车"即消费、投资和出口对经济增长的贡献要保持合适比例和有效协调。"入世"后，中国的经济增长结构中，出口和投资的作用增强，这得益于出口导向型增长和工业化城市化进程的加快。

2001—2010年，中国固定资产投资年均增长超过20%，投资在拉动经济增长中处于重要地位，且政府投资所占比重较大。与中等收入国家相比，中国的储蓄率高出15.3个百分点[①]，消费占GDP的份额在不断上升，但当时仍未成为拉动经济增长的主动力。"入世"后，中国城镇居民家庭恩格尔系数不断下降，处于40%—30%区间，达到相对富裕水平，农村居民家庭恩格尔系数从50%—40%区间快速下降并于2012年开始进入40%—30%的区间，从小康水平进入相对富裕水平（见图11.8），城乡

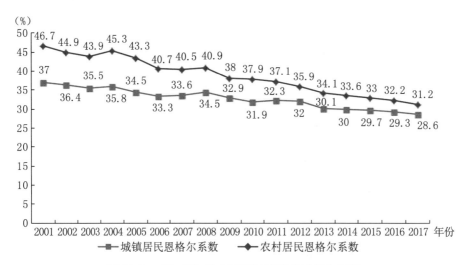

图11.8 "入世"后中国居民家庭的恩格尔系数

资料来源：国家统计局。

---

① 国务院发展研究中心"经济形势分析"课题组：《经济增长下行压力加大 宏观经济政策应适时微调》，《经济学动态》2010年第5期。

居民总体生活水平不断提高，对非生活必需品以及服务的需求逐步扩大。在外需拉动经济增长上，"入世"后中国的进出口额保持快速增长（见图 11.9），2005 年的净出口额比"入世"前增加到近 3 倍，2010 年增加到 8 倍。中国既强调出口额的增长，又注重贸易增长方式的转变。

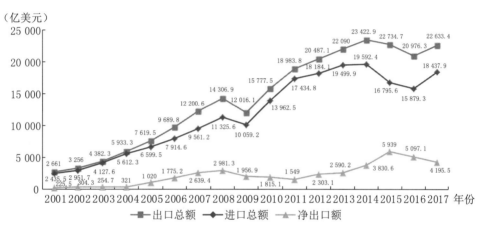

图 11.9　"入世"后中国进出口贸易情况

资料来源：国家统计局。

（二）产业结构的变化

"入世"后，中国三次产业占国内生产总值的比重发生了显著变化（见图 11.10），第三产业对经济增长贡献的主导作用在不断增强。第一产业占比平稳下降，第二产业占比呈先上升后下降趋势。2013 年，服务业增加值比重首次超过第二产业，服务业成为国民经济第一大产业。

产业结构变化还反映在三次产业就业占比的变化上。"入世"后，第一产业就业人口占比不断下降，到 2011 年首次低于其他产业。农村富余劳动力快速向第二产业和第三产业转移，二三产业就业人口占比不断上升（见图 11.11）。

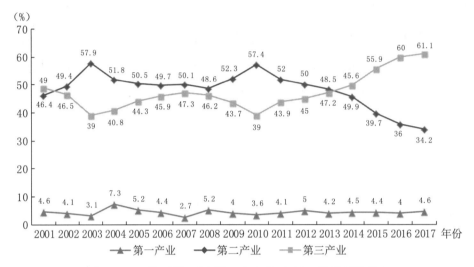

图 11.10　"入世"后中国三次产业对 GDP 增长的贡献率

资料来源：国家统计局。

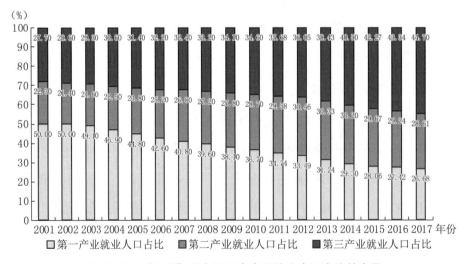

图 11.11　"入世"后中国三次产业就业人口占比的变化

资料来源：国家统计局。

　　"入世"后，能源消耗和资源浪费问题在产业结构调整中引起了关注。随着工业化和城镇化快速推进，中国在"十五"后期出现能源消耗上升和环境约束趋紧。国家"十一五"规划纲要首次将降低能源消耗强度和主要污染物排放总量设定为国民经济发展的硬性约束指标。"十一五"期间国内生产总值能耗、二氧化硫、化学需氧量排放总量分别下降 19.1％、14.29％ 和 12.45％，能源消费弹性系数从 1.04 下降到 0.59。从"十二五"开始，中国有序推进产业结构绿色转型，进一步加快对企业进行节能降耗的技术改造，强制性淘汰大批高污染、高能耗和落后工艺，显著提升资源能源利用效率。在产业结构调整中，中国的单位 GDP 能耗呈现逐年下降趋势（见图 11.12）。

　　（三）区域结构的变化

　　"入世"后，东部率先发展、西部大开发、促进中部崛起、振兴东北

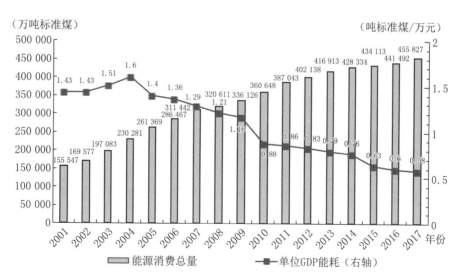

图 11.12　"入世"后中国能源消费总量和单位 GDP 能耗

资料来源：国家统计局。

老工业基地、主体功能区战略等区域战略的实施，取得了显著成效。2000—2012 年间，国家深入实施西部大开发战略，引导投资向西部地区倾斜。支持东北地区建设全国装备制造业、重要原材料、汽车产业、石油化工、能源工业、生态型绿色农产品加工等基地，深化国有企业改革。一批东北城市获批设点推进社保、就业、资源型城市转型。实施中部地区崛起战略，夯实粮食生产、能源原材料、装备制造及高技术产业基地，以及综合交通枢纽的战略性地位，承接产业转移。东部地区率先推进需求结构、产业结构、贸易结构、要素结构转型，加快现代化步伐，探索更高水平全面开放。长三角、珠三角、京津冀、海峡西岸经济圈、中部武汉经济圈、长株潭经济圈、成渝经济圈等区域经济带规划带动区域经济一体化发展，区域相对差距逐步缩小，大中小城市协调发展。城镇化率自 2001 年的 37.7% 开始以每年超过一个百分点的速度提高。

三、 对外贸易和投资结构的变革

（一）货物贸易从低附加值到高附加值的结构变革

"入世"后，中国不断推进外汇管理、对外贸易经营权、加工贸易管理、贸易商品管理等体制的制度性改革，构建对外贸易公共服务、信息共享、多双边投资合作促进机制等平台，推动着对外贸易投资结构的变革。

首先，工业制成品出口份额超过初级产品。基于自身比较优势和加工能力，以加工贸易方式进入全球专业分工的价值链，显著提升了中国工业制成品占出口总额的比重（见图 11.13）。

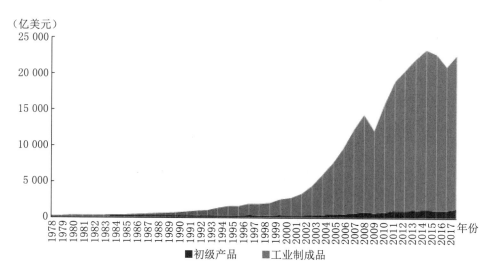

（亿美元）

■初级产品　　■工业制成品

图 11.13　"入世"后中国工业制成品与初级产品出口额变化

资料来源：《中国对外经济贸易年鉴》；《中国统计年鉴》。

其次，出口产品结构由以轻纺产品为主向以机电产品为主转型。国家"十一五"规划纲要明确提出支持机电产品、自主性高技术产品以及高附加值劳动密集型产品出口，优化出口结构。出口工业制成品中轻纺、橡胶、矿业品及其制品等占比不断下降，重化工业产品快速上升（见图 11.14）。在机电产品出口方面逐渐形成了国际竞争力，汽车、集成电路以及自动处理设备及其部件也实现了较大增幅。

最后，实现了从低端机电产品出口向高端机电和尖端技术产品出口的转型。出口产品的整体技术水平快速提升，技术含量和产品附加值较高的工程机械、数控车床、船舶、IT 设备等机电产品和装备制造产品，以及高铁、核电、卫星尖端技术产品，出口份额日益增大。

（二）服务贸易由传统服务向中高端服务的结构变革

中国服务贸易起步较晚，"入世"以后，中国服务贸易占全球份额快

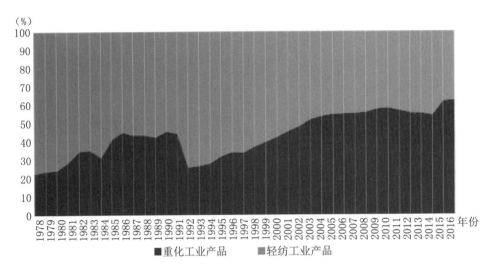

图 11.14　"入世"后中国工业制成品出口的轻重工业产品占比变化

资料来源：《中国对外经济贸易年鉴》；《中国统计年鉴》。

速增长。但以逆差为基本格局，2012 年逆差超过 5 000 亿美元，逆差的
主要来源依次是旅行、运输、保险和养老金服务、知识产权使用费。这
表明，中国居民获取国外高水平服务的需求旺盛，中国服务贸易国际竞
争力相对较弱。扩大知识产权进口，有利于促进国内技术吸收和自主创
新。与此同时，中国服务贸易出口结构日益多元化和中高端化。旅游、
运输、建筑三大传统服务业的出口增幅较大，保险、金融、计算机和信
息服务、咨询等高附加值服务业出口份额也在稳步提高。

（三）直接投资从单向引入向双向流动的结构变革

20 世纪 90 年代以来，中国始终以较快的增长速度引进外资，有效解
决了发展进程中面临的资金缺口和技术难题，促进了重点行业和关键领
域的跨越式发展，这种趋势在"入世"以后更加凸显（见图 11.15）。
2012 年实际使用外商直接投资金额达到 1 117 亿美元，较 2002 年增长了

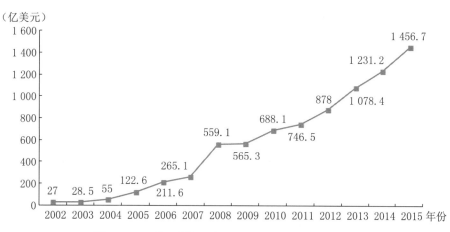

图 11.15　"入世"后中国对外直接投资流量情况

资料来源：《中国对外直接投资统计公报》。

一倍以上，2002—2012 年间累计使用外资金额达 8 859 亿美元，利用 FDI 项目超过 37 万个。在制造业作为吸引 FDI 最多行业的同时，服务业吸引外资份额也显著提高。2002—2012 年间，中国制造业吸引外资份额从 66.9％下降至 43.7％，服务业吸引外资份额从 22％上升到 48.2％。到 2012 年，中国对外直接投资流量超过百亿美元的行业包括租赁和商务服务业、采矿业、批发和零售业、金融业。

四、　技术创新和产业变革随着全面开放向纵深推进

（一）中国工业加快向技术密集型产业转型

"入世"之后的十年，中国工业结构由劳动密集型向技术密集型产业加快转型，呈现以下结构性特征：劳动密集型制造业中轻工业比重继续下降；技术密集的机电行业比重继续上升，随着机电产品在对外贸易中

的出口占比提升，电子及通信设备、电气机械及器材、仪器仪表及文化办公用机械等行业获得长足进展。2005—2015 年是中国工业迈入世界工业大国行列最为关键的十年。"十二五"期间，七大战略性新兴产业的产值以年均近 20％的速度增长，工业企业研发投入强度达到中等发达国家水平，从 2003 年的 1.23％提升至 2016 年的 2.08％。中国规模以上工业企业研发经费支出在 2015 年首次突破万亿元，在新一代高铁、云计算、新一代信息技术、人工智能以及自主研发的核能技术等高精尖领域取得一批重大技术成果，形成了若干具有国际竞争力的优势产业和骨干企业。

中国对外贸易和经济增长的"奇迹"，不仅依赖比较优势下的专业化分工，同时也依靠分工生产最有效率的产品。"入世"后，中国经历了从廉价最终产品生产国，向资本和技术密集型中间品生产地的关键转型。伴随着出口产品生产率和技术复杂度的不断攀升，中国出口在 20 世纪 90 年代早期以服装、鞋帽、其他轻工产品和燃料为主导，90 年代后期逐步转向办公机械、通信设备和工业机械产品，进入 21 世纪后则演变为自动数据处理设备和电子产品。

（二）全面开放带来显著的学习效应和创新效应

首先，从出口中学习和创新。中国货物贸易快速增长直至中国成为世界第一贸易大国的事实足以说明中国的租外溢效应显著。①与此同时，服务贸易的增长也是促进技术进步的重要渠道。中国各地区的人均 GDP 与出口占 GDP 的比重之间呈显著正相关，这意味着源于出口渠道的学习效应明

---

① 经济学家将技术外溢分为租外溢（rent-spillovers）和纯知识外溢（pure-knowledge-spillovers）。国际贸易和外商直接投资是租外溢的主要渠道，纯知识外溢的主要途径是人才流动、专利信息、逆向工程等。

显。由出口商品带来的结构优化与产业结构升级间存在较强的相关性，尤其是贴牌生产（OEM）企业通过出口获得更大收益。贴牌生产只是供应商导向的产业升级中的一种情形，另一种供应商导向的产业升级就是 FDI。

其次，从进口中学习和创新。进口贸易为一国提供了关键的中间产品和机器设备，创造了从国外学习先进技术和管理模式的途径，促进了区域间的技术流动和知识溢出。大量的理论及实证研究都证实了源于进口渠道的学习效应，以及国际技术溢出对提升全要素生产率的重要性。[1]通过进口先进的机器、设备等各类资本品，并直接用于企业生产环节而提高生产率。进口贸易的技术溢出效应有助于国内生产率的提升与技术创新。

最后，从外国直接投资中进行学习和创新。外国直接投资在产品创新、新加工技术、管理专长、高质量标准以及促进出口上具有重要作用。外部效应、市场失灵等因素使跨国公司存在着知识和技术外溢效应，并以 FDI 形式实现知识和技术的相对内部化。内生经济增长理论为 FDI 技术溢出提供了较为完整的理论框架。凯夫（Cave）等[2]将技术外溢对东道国的潜在收益区分为三类：分配效率，即通过竞争降低因垄断带来的市场扭曲，提升资源配置效率；技术效率，即通过跨国公司带来的竞争压力或示范效应，推动东道国企业的技术效率提升；技术转移，跨国公司的分支机构直接把技术或创新转移到东道国企业。

---

[1] Coe, T. D. and Helpman, E., 1995, "International R&D Spillovers", *European Economic Review*, 39 (5)：859—887.

[2] Cave, J., Gupta, K. and Locke, S., 2009, "Supply-side investments：An international analysis of the return and risk relationship in the Travel & Leisure sector", *Tourism Management*, 30 (5)：665—673.

第四篇

新时代中国特色社会主义
生产关系和经济制度的完善

第十二章
新时代中国经济制度的创新完善

    改革开放后的中国经济取得了举世瞩目的成就，实现了从"站起来"到"富起来"的伟大飞跃，同时中国经济也从高速度增长转向了高质量发展的新阶段。在这样一个新的发展阶段，制度创新的作用更加凸显。无论是规范市场竞争，还是维护公平正义，都需要一套更加完整成熟的制度。既需要用成熟定型的制度巩固改革的既有成果，更需要用成熟定型的制度把全面深化改革推向纵深。[①]特别是在当前，中国处在"两个一百年"奋斗目标的历史交汇点和中国特色社会主义继往开来的关键阶段，更需要在制度上破题发力，用强大的制度优势和治理效能为中国特色社会主义保驾护航。

    党的十八大以来，以习近平同志为核心的党中央，以供给侧结构性改革为主线推动全面深化改革，"把制度建设摆在突出位置"，"把制度创

---

① 李冉：《在历史大视野中把握党的十九届四中全会的里程碑意义》，《红旗文稿》2019年第 23 期。

新作为核心任务"，深入推进重点领域和关键环节的体制机制改革与制度创新，开辟了中国经济持续前进的制度航道和改革开放事业的新征程，推动中国特色社会主义经济制度不断走向成熟定型，将制度优势更好转化为制度效能。

第一节　中国特色社会主义进入新时代

一、把握新时代的历史方位

中国特色社会主义进入了新时代，这是中国发展新的历史方位，这对中国经济体制改革和制度创新完善也进一步提出了新的更高要求。

（一）中国特色社会主义进入新时代的主要依据

一是中国经济社会发展发生了历史性变革。在党的十八大召开之前，中国的改革开放事业已经取得了巨大成就。到 2012 年，中国经济总量跃居世界第二位，占世界的比重由 1978 年的 1.8％提高到 11.5％；人均国民收入由 1978 年的 190 美元提高到 2012 年的 5 680 美元，综合国力和国际影响力均实现了明显提升。党的十八大以来，以习近平同志为核心的党中央提出了一系列新理念、新思想、新战略，出台了一系列重大政策及举措，进一步推动党和国家各项事业取得历史性成就、发生历史性变革。①特别是在经济建设上，中国的经济实力、科技实力、综合国力均跃

---

① 秦宣：《深刻把握中国特色社会主义进入新时代的依据》，《求是》2018 年第 1 期。

上了一个新台阶,①表明中国发展站到了新的历史起点上,中国特色社会主义进入了新的发展阶段。它既不同于新中国成立初期,与改革开放初期也有着很大不同。它既与党的十八大前的改革开放一脉相承,同时也有许多新的特点。

二是社会主要矛盾发生了重大转变。党的十一届六中全会通过的《关于建国以来党的若干历史问题的决议》指出,我国社会的主要矛盾是人民日益增长的物质文化需要同落后的社会生产之间的矛盾。改革开放特别是党的十八大以来,中国社会已经发生了历史性、全局性、结构性的深刻变革。在此背景下,党的十九大指出我国社会主要矛盾已经转变为"人民日益增长的美好生活需要和不平衡不充分的发展之间的矛盾"。经过改革开放40多年的快速发展,中国生产力水平已经得到了大幅提升,人民生活水平实现明显改善,对美好生活的向往更加强烈,不仅对物质文化层面的需求更高,对民主、法治、公平、正义、安全、环境等方面的需求也不断增长。而发展质量效益不高、生态环境保护有待增强、城乡差距较大、民生领域发展滞后等发展不平衡不充分的问题,对更好地满足人民对美好生活的需要形成了明显制约。

三是世界形势发生了新的深刻变化。改革开放以来,中国已深深融入世界,同时也在不断影响世界,中国发展同外部世界的交融性、关联性、互动性不断增强。当今世界正面临百年未有之大变局,中国正面临中华民族伟大复兴的战略全局,中国发展仍处于重要战略机遇期,但面临的风险和挑战也十分严峻,外部环境更加复杂,一些国家和国际势力

---

① 参见《中国共产党第十九届中央委员会第六次全体会议公报》。

对我们的阻遏、忧惧、施压有所增大。[1]

四是中国开启全面建设社会主义现代化国家新征程。在全面建成小康社会、实现第一个百年奋斗目标后，中国开启了全面建设社会主义现代化国家的新征程。党的十九大报告指出，从 2020 年到 2035 年要基本实现社会主义现代化，再到本世纪中叶建成社会主义现代化强国。这表明，中国特色社会主义的目标、任务以及相关的战略安排，与中国特色社会主义开创初期或推进过程中的各个时期相比都发生了较为明显的变化，中国特色社会主义进入了新时代。

（二）中国特色社会主义进入新时代的内涵

中国特色社会主义进入新时代，这一重大政治判断具有极为深刻的内涵。[2]第一，新时代是让中国特色社会主义强盛起来的时代。改革开放以来，我们坚持走中国特色社会主义道路，社会生产力得到极大解放和发展，社会活力不断增强，国际地位有了明显提升，社会主义在中国展现出更为强大的生命力。如果说，我们已经走完了中国特色社会主义的前半程，那么在后半程就要努力实现治理体系、治理能力的现代化，从而使社会主义在新时代的中国展现出更强大和旺盛的生命力。

第二，新时代是使社会主义现代化国家强大起来的时代。实现第二个百年奋斗目标，将要突破不少难关。纵观世界发展史，那些已实现或完成现代化的国家和地区大多经历了近 300 年的时间，而中国则要用 100

---

[1] 栗战书：《全面把握中国特色社会主义进入新时代》，《人民日报》2017 年 11 月 9 日。

[2] 李庚香、李宜馨、胡明远、李洁：《中国特色社会主义进入新时代的重大意义和基本内涵》，《领导科学》2018 年 2 月下。

年左右的时间走完发达国家用了几百年才走过的现代化路程。全面建成社会主义现代化强国，是中国特色社会主义新时代努力奋斗的新目标。

第三，新时代是使全体人民共同富裕起来的时代。社会主义的本质是解放生产力、发展生产力，消灭剥削、消除两极分化，最终达到共同富裕。党的十九大把不断创造美好生活、逐步实现共同富裕作为发展的目标和归宿，既彰显了以人民为中心的发展思想，同时也体现了中国特色社会主义的本质要求。在新时代，要不断创新和完善合理的社会利益分配机制、激励机制，在激发和保持社会财富创造的旺盛活力的同时，还要最大限度地实现社会公平，切实实现先富带后富，真正实现共同富裕。

第四，新时代是实现中华民族伟大复兴的时代。实现中华民族伟大复兴，是中国共产党百年奋斗的主题和使命。新中国的成立为民族复兴奠定了坚实基础，改革开放为民族复兴注入了强大生机活力。党的十八大以来，经过一系列历史性变革，中国比历史上任何时期都更接近、更有信心和更有能力实现中华民族伟大复兴的宏伟目标。

第五，新时代是使中国日益走近世界舞台中央、不断为人类做出更大贡献的时代。实现中国梦需要和平的国际环境和稳定的国际秩序，在新时代，中国将围绕构建人类命运共同体，努力做世界和平的建设者、全球发展的贡献者、国际秩序的维护者，努力为世界的和平与发展、人类的繁荣与进步做出新的贡献。

二、 新时代对经济制度创新的新要求

改革开放以来，中国渐进式推动一系列经济制度改革，完成了计划

经济到市场经济的转变，实现了从"站起来"到"富起来"的飞跃。[1]党的十九大开启了从"富起来"向"强起来"、建设社会主义现代化强国的新征程。党的二十大报告进一步提出，以中国式现代化全面推进中华民族伟大复兴。进入新时代，站在新起点，为全面建设社会主义现代化经济强国，必须更加深入推进经济制度领域的改革创新，推动中国经济制度更加成熟定型，从而不断增强中国经济竞争力。

（一）新时代的经济制度创新要坚持以习近平新时代中国特色社会主义经济思想为指导

习近平新时代中国特色社会主义经济思想具有鲜明的时代性、人民性、科学性、创新性特征，作为当代中国的马克思主义政治经济学，不仅是新时代中国特色社会主义经济建设实践的理论结晶，也是指导中国经济发展实践的有力武器和经济制度改革向纵深发展的航标，为进一步推动中国经济制度改革创新提供了基本遵循。新时代的经济制度改革创新和发展实践，必须坚持习近平新时代中国特色社会主义经济思想的有力指导，引领中国经济不断迈向高质量发展新阶段。

（二）新时代的经济制度创新要坚持以建设社会主义现代化经济强国为目标

全面建成社会主义现代化强国是中国梦的下一个目标，是实现中华民族伟大复兴的阶段性表征。发展是第一要务，建设社会主义现代化经济强国是实现社会主义现代化强国建设目标的基础和保障，也是实现中华民族

----

① 张占斌、杜庆昊：《我国经济体制改革的历程、影响与新时代改革的新方位》，《行政管理改革》2018 年第 11 期。

伟大复兴和人民幸福的重要前提。新时代推动经济体制改革创新、各项经济制度不断成熟定型，必须坚持以建设社会主义现代化经济强国为目标。

（三）新时代的经济制度创新要坚持以完善中国特色社会主义市场经济体制为方向

　　党的二十大报告强调，"坚持深化改革开放。深入推进改革创新，坚定不移扩大开放，着力破解深层次体制机制障碍，不断彰显中国特色社会主义制度优势，不断增强社会主义现代化建设的动力和活力，把我国制度优势更好转化为国家治理效能"，并提出"构建高水平社会主义市场经济体制"，"完善中国特色现代企业制度，弘扬企业家精神，加快建设世界一流企业"，"深化简政放权、放管结合、优化服务改革。构建全国统一大市场，深化要素市场化改革，建设高标准市场体系"。这些重要论述为深化改革开放、构建高水平社会主义市场经济体制指明了方向，也进一步明确了加快完善社会主义市场经济体制的重点任务。进入新时代，中国社会主要矛盾发生变化，中国经济由高速增长阶段转向高质量发展的新阶段。然而，中国还面临市场体系不健全、市场发育不充分，政府和市场的关系尚未完全理顺等一系列问题，推动经济高质量发展依然存在不少体制机制上的障碍。因此，必须坚定不移持续深化市场化改革，一方面要不断在经济体制关键性、基础性重大改革上突破创新，另一方面需要在更高起点、更高层次、更高目标上推进经济体制改革及其他各方面体制改革，从而构建更加系统完备、更加成熟定型的高水平社会主义市场经济体制，[①]为加快实现经济高质量发展打下更加坚实的基础。

---

　　① 《中共中央国务院关于新时代加快完善社会主义市场经济体制的意见》，2020年5月11日。

（四）新时代的经济制度创新要坚持以供给侧结构性改革为主线

加快推进供给侧结构性改革，并将其作为中国现阶段经济工作的主线，是以习近平同志为核心的党中央在深刻分析、准确把握中国现阶段经济运行主要矛盾基础上做出的重大决策，是重大理论和实践创新。①习近平总书记指出，当前中国结构性问题最突出，矛盾的主要方面在供给侧。这就意味着，虽然目前中国仍然存在内需不足的问题，但更主要的是结构性的矛盾，而解决结构性矛盾就必须从供给侧的方面来发力和推进。进入新时代，以供给侧结构性改革为主线持续深化经济体制变革，首要任务就是提供有效的制度供给，特别是高质量的中长期制度供给，通过鼓励制度变革和制度创新，进一步提高供给体系的质量和效率，推动形成市场机制有效、微观主体有活力、宏观调控有度的经济体制。②

（五）新时代的经济制度创新要坚持以实现经济高质量发展为牵引

推动高质量发展，是适应我国社会主要矛盾变化和全面建成小康社会、全面建设社会主义现代化国家的必然要求。③推进新时代的经济制度创新，必须坚持以实现经济高质量发展为牵引，加快建立健全与高质量发展相适应的中国特色社会主义市场经济制度体系。一是要加快建立与

---

① 林兆木：《坚持以供给侧结构性改革为主线》，《人民日报》2019 年 2 月 14 日。

② 郭威：《以供给侧结构性改革为主线推动全面深化改革》，《人民画报》2018 年 3 月 6 日。

③ 人民日报评论员：《坚持推动我国经济实现高质量发展》，《人民日报》2018 年 12 月 26 日。

高质量发展相适应的现代化经济体系，不断提高全要素生产率。二是要努力建立与高质量发展相适应的宏观调控体系，按照稳中求进工作总基调完善宏观调控，推动实现更高质量、更有效率、更加公平、更可持续的发展。三是要着力建立与高质量发展相适应的政策协同体系，加快形成推动高质量发展的指标体系、政策体系、统计体系、绩效评价体系等，不断创建和完善以高质量发展为导向的制度环境。

第二节　推进供给侧结构性改革
为主线的经济制度创新

党的十八大以来，聚焦于解决经济运行中的重大结构性失衡，中国开展了一系列以供给侧结构性改革为主线的经济制度改革与创新，进一步创新和优化制度供给，逐步消除制约新旧动能接续转换的体制机制障碍，不断加快知识、技术、信息、数据等创新要素合理流动和有效集聚，促进各类生产要素的优化配置，形成推动创新发展的强大合力。

一、创新驱动发展的经济制度创新

创新是引领发展的第一动力，是建设现代化经济体系的战略支撑。新时代，中国要培育壮大新动能，推进经济高质量发展，建设现代化经济体系，必须通过科技创新带动各方面创新，形成创新发展模式，向创新要动力，靠创新激发活力。靠创新推动的发展，就是高质量发展；靠创新推动发展起来的动能，就是新动能。党的十八大提出实施创新驱动发展战略，并强调把科技创新摆在国家发展全局的核心位置，以科技创新为全面提升中国社会生产力和综合国力提供重要战略支撑。从本质上来看，创新驱动战略就是要让创新成为促进经济社会发展的主要动力，加快推动中国经济不断由主要依靠要素和投资驱动的外延式发展，向主要依靠知识积累、技术进步和劳动力素质提升的内涵式发展转变。

改革开放以来，中国在创新尤其是科技创新方面取得了显著成就，毫无争议地成为发展中国家中的创新"领先者"。但也应该看到，中国的许多产业仍然处于全球产业链和价值链的中低端部位，在一些关键核心技术领域和环节仍然受制于人，很容易遭遇被西方发达国家"卡脖子"的突出现象和问题。此外，目前国内创新体系整体效能依旧不高，与创新驱动相适应相匹配的经济社会体制机制也有待进一步完善和健全。总体上来看，目前中国经济发展仍然没有从根本上转移到依靠创新驱动发展的高质量发展轨道上来。

习近平总书记曾指出，实施创新驱动发展战略，最根本的是要增强自主创新能力，最紧迫的是要破除体制机制障碍。为此，党的十八大以来，中国全面深化科技体制机制改革，着力调整完善不适应创新驱动发展的生产关系和制度，在一些重要领域和关键环节取得实质性突破，创新驱动发展的制度更加健全。其中，激发企业创新内生动力，完善对中小微企业创新的支持方式，强化创新链和产业链有机衔接，加快科研院所分类改革，建设一批世界一流大学和一流学科，实行科技人员分类评价，建立以能力和贡献为导向的评价和激励机制等，成为创新驱动经济制度改革的重点内容。

（一）完善企业主导的产业技术创新机制

企业是创新的主体，深化科技体制改革、强化创新驱动能力的核心任务之一，就是要进一步增强企业的技术创新主体地位。改革开放之前，高等院校和科研机构是中国科技创新活动的主体。改革开放以来，科技体制改革从致力于推动科技面向经济和经济依靠科技并举，到构建以企业为中心的国家创新体系，企业从创新的后台逐步走向前台，具备了成为创新主要参与者的能力和实力，技术创新主体地位不断增强，一批企业成长为中国参与国际科技竞争的生力军。进入新时代，中国进一步建立健全技术创新的市场导向机制和政府引导机制，促使各类创新要素不断向企业集聚，从而让企业真正成为科技创新的主体。

第一，不断强化企业科技创新的主体地位。2015年中央出台《深化科技体制改革实施方案》，提出完善企业研发费用计核方法，调整目录管理方式，健全国有企业考核机制等。该方案还提出，市场导向明确的科技项目由企业牵头、政府引导、联合高等学校和科研院所实施，同时政府将更多地运用财政后补助、间接投入等方式，开展重大产业关键共性技术、装备和标准的研发攻关。实施这一改革方案，企业可以按照市场的有效需求开展科技创新，在实现市场对资源配置的决定性作用下，更加有效地享受科技创新政策的支持。

第二，加强科技创新服务体系建设。针对中小微企业创新活跃但创新能力不足的问题，中国不断规范科技型中小微企业管理的边界条件和标准，采取更具针对性的政策措施，促进中小微企业的科技创新发展。例如，完善政府采购向中小企业预留采购份额、评审优惠等措施，构建面向中小微企业的社会化、专业化、网络化技术创新服务平台，修订高新技术企业认定管理办法，鼓励中小微企业加大研发力度等。

第三，健全产学研用协同创新机制。鼓励构建以企业为主导、产学研合作的产业技术创新战略联盟，探索在战略性领域采取企业主导、院校协作、多元投资、军民融合、成果分享的新模式。另外，进一步加大改革力度，规定允许符合条件的高等学校和科研院所的科研人员带着科研项目和成果到企业开展创新工作或创办企业，允许高等学校和科研院所设立一定比例流动岗位，吸引有创新实践经验的企业家和企业科技人才兼职。改进科研人员薪酬和岗位管理制度，破除人才流动的体制机制障碍，促进科研人员在事业单位与企业间合理流动等。这些改革举措，进一步释放了高校和科研院所人才的创新活力，也为企业科技创新注入新的活力。

（二）进一步健全科技成果转化政策制度

加快将科技成果转化为现实生产力，是创新驱动发展的内在要求。本质上来说，科技成果转化的过程是科技供给与市场需求对接的过程。①建立以需求为导向的科技成果转化机制，是打通科技发展与经济发展之间通道、加强科技与经济对接的主要方式，也是供给侧结构性改革的重要着力点。

近年来，中国在科研领域的投入不断增加，已成为世界上研发支出最多的国家之一。然而，从投入产出比来看，国内科研"世界级投入"产出的科技成果供给与社会需求之间还存着较大差距，科技成果转化率

---

① 张瑞萍、历军：《建立以需求为导向的科技成果转化机制》，《光明日报》2019 年 3 月 15 日。

及产业化程度远低于世界发达国家的平均水平。据统计，全国每年的科技成果转化率仅约 10％—15％。

在市场经济条件下，商品的供给和需求之间存在着相互联系、相互制约的关系，当科技创新形成的供给与市场导向的需求不对等时，市场供需关系就会失衡。若科研机构不能主动满足企业的需求，就无法真正形成以需求为导向、以市场为主体的科技创新体系。这必然导致具有转化价值的科技成果比例不高、向现实生产力转化不畅。长此以往，创新链与产业链严重脱节，以需求为导向的科技创新模式越发难以形成。新时代以来，中国不断完善成果转化激励政策，进一步健全成果转化体制机制，构建形成中国特色促进科技成果转化制度体系，逐步破除科技成果向现实生产力转化的制度性障碍。

一是不断完善促进科技成果转化的制度体系架构。全国人大修订完成《中华人民共和国促进科技成果转化法》（以下简称《促进科技成果转化法》），国务院发布《实施〈中华人民共和国促进科技成果转化法〉若干规定》，国办印发《促进科技成果转移转化行动方案》，形成从修订法律、制定配套政策到部署具体行动的“三部曲”。同时，各部门和地方跟进出台了一批具体落实措施，形成了促进科技成果转化体系的制度架构。

二是推进科技成果使用、处置和收益管理制度改革。下放管理权力，充分赋予国家设立的研究开发机构、高等院校科技成果自主管理权限。简化管理程序，单位主管部门和财政部门对科技成果在境内的使用、处置不再审批或备案。优化评估管理，2019 年 10 月 11 日，财政部发布《关于进一步加大授权力度促进科技成果转化的通知》，提出中央级研究开发机构、高等院校将科技成果转让、许可或者作价投资，由单位自主决定是否进行资产评估。明确收益归属，科技成果转移转化所得收入全部留归单位，纳入单位预算，实行统一管理。加大授权力度、简化管理程序、明确收益管理等改革举措，为高校和科研机构进行科技成果转化的管理和模式创新探索开拓了施展空间，为系统性全链条推动科技成果转化提供了创新动力。

三是加大对科研人员转化科研成果的激励力度。根据《深化科技体制改革实施方案》，在财政资金设立的科研院所和高等学校中，将职务发明成果转让收益在重要贡献人员、所属单位之间合理分配，对用于奖励科研负责人、骨干技术人员等重要贡献人员和团队的比例，从现行不低于20％提高到不低于50％。在全国加快推行股权和分红激励政策，建立促进国有企业创新的激励制度。拓展技术股与现金股相结合的科技成果转化激励机制，允许转制院所和事业单位管理人员、科研人员以"技术股＋现金股"组合形式持有股权，与孵化企业"捆绑"形成利益共同体，从而提升科技成果转化效率和成功率。

（三）深化人才评价和激励机制改革

创新驱动的实质是人才驱动，人才驱动的根本是人力资本驱动。创新者身上承载的由其独特的天分和资质以及长期积累形成的知识、技能和经验阅历等凝结而成的"人力资本"，是驱动创新的核心要素。[1]党的十九大报告提出"加快建设人才强国"，习近平总书记强调"聚天下英才而用之"。党的十八大以来，以人才评价制度和激励机制改革为重点，不

---

[1] 瞿兆松：《建立健全科技创新激励机制》，宣讲家网，http：//www.71.cn/2018/0531/1002730.shtml。

断完善科技创新人才体制机制建设，打破束缚科技人员施展才华的条条框框，以最大限度激发人的创新创造活力。

第一，改革科技人才评价方式，建立符合创新驱动要求的人才评价制度。科技评价是科技活动的指挥棒。习近平总书记在 2018 年的两院院士大会上特别强调："要通过改革，改变片面将论文、专利、资金数量作为人才评价标准的做法，不能让繁文缛节把科学家的手脚捆死了，不能让无穷的报表和审批把科学家的精力耽误了。"党的十八大以来，国家加大科技评价制度改革，建立符合创新驱动要求的人才评价制度。《关于分类推进人才评价机制改革的指导意见》提出，实行分类评价，基础研究人才、应用研究和技术开发人才评价告别"一刀切"；《关于深化项目评审、人才评价、机构评估改革的意见》《关于规范高等学校 SCI 论文相关指标使用 树立正确评价导向的若干意见》等文件发布，人才"帽子"满天飞的现象得到遏制，唯论文、唯职称、唯学历、唯奖项的倾向被打破。比如这些文件提出，在项目申报和评审中，不把发表论文、获得专利、荣誉性头衔、承担项目、获奖等情况作为限制性条件；不把人才荣誉性称号作为承担各类国家科技计划项目、获得国家科技奖励、职称评定、岗位聘用、薪酬待遇确定的限制性条件；不将论文、外语、专利、计算机水平作为应用型人才、基层一线人才职称评审的限制性条件，等等。上述改革举措的一个主要目标就是建立适应创新驱动发展要求、符合科技创新规律、突出质量贡献绩效导向的科技评价体系，切实为科研人员和机构"松绑减负"，有助于让科研机构和科研人员创新创业潜能活力竞相迸发，让科技创新和供给能力大幅提升。

第二，建立以能力和贡献为导向的激励机制，激发科技人才创新活力。让优秀科技人才得到合理回报，获得社会认可，是激发人才活力的关键。优化科技人才评价制度是解决激励人才的长效机制，而激励科技创新人才最直接最有效的方式是提高科研人才的收入水平，构建"基本工资＋多种绩效激励"多元收入体系，并形成激励长效机制。党的十八大以来，这方面的激励举措密集出台实施，通过修订《促进科技成果转化法》、实施《促进科技成果转化法》若干规定、制定《促进科技成果转移转化行动方案》，这环环相扣的科技成果转化"三部曲"，让科研人员可以凭成果致富；《关于实行以增加知识价值为导向分配政策的若干意见》，构建了科研人员"三元"薪酬结构，让科研人员可以依法依规兼职兼薪，创新创业。推进科研事业单位实施绩效工资，完善内部分配机制，重点向关键岗位、业务骨干和做出突出贡献的人员倾斜。

第三，改革完善国家科技奖励制度，着重规范程序、提升质量。科技奖励制度是中国长期坚持的一项重要制度。提升奖励的公信力和权威性，为科研人员创造潜心研究的环境，端正学术风气是改革的重要一环。2017 年出台的《关于深化科技奖励制度改革的方案》，提出了一系列科技奖励制度改革的举措，包括实行提名制、建立定标定额的评审制度、调整奖励对象要求、明晰专家评审委员会和政府部门的职责、增强奖励活动的公开透明度、健全科技奖励诚信制度、强化奖励的荣誉性等。其中最关键的改革是推荐提名制，通过进一步简化提名程序，让科研人员从烦琐的奖励申报中解脱出来。同时，大幅减少奖励数量，三大奖①总数由不超过 400 项减少到不超过 300 项，鼓励科技人员潜心研究，提升

---

① 包括自然科学奖、技术发明奖、科技进步奖。

大奖含金量。另外，院士制度也不断得到改进完善，院士称号回归学术性、荣誉性本质，并不断完善院士退出机制，明晰何种情况"劝退"，何种情况"撤销"院士称号。

（四）改革科技管理基础制度

改革开放以来，中国不断营造有利于科技创新的制度和政策环境，初步建成了比较完备的科技创新治理体系。新时代以来，中国进一步加快政府职能转变，完善科技管理基础制度，着力推进科技治理体系和治理能力现代化。

一是建立国家科技决策咨询制度，提高科技决策科学化水平。科技决策咨询发挥着决策者"外脑"的作用，是实现决策科学化、民主化的重要途径和方式。世界主要发达国家均非常重视科技决策咨询制度建设。例如，美国于1957年正式设立总统科学顾问委员会，对美国的重大决策产生了深远影响；英国的政府首席科技顾问制度也已实行了50多年。[①]中国也在不同层面建立了多渠道、不同运行模式的科技创新决策咨询机制，如国家科技教育领导小组、国家科技体制改革和创新体系建设领导小组，以及不同类型的专家顾问委员会或科学技术委员会。[②]但与创新驱动发展的要求和决策的实际需求相比，还需要进一步完善。2015年1月，中办国办印发《关于加强中国特色新型智库建设的意见》，强调"决策咨询制度是我国社会主义民主政治建设的重要内容"，中国特色新型智库是国家治理体系和治理能力现代化的重要内容。同时，开始在全国推进国

---

① 代涛：《建设国家科技决策咨询制度，支撑创新驱动发展》，《中国科学报》2017年4月24日。

② 贾宝余：《优化科技决策咨询制度》，《学习时报》2017年4月10日。

家高端智库建设，充分发挥科技界和智库对创新决策的支撑作用。2017年，《国家科技决策咨询制度建设方案》出台，提出建设国家科技决策咨询制度，建立科技决策最高智库——国家科技决策咨询委员会。这标志着中国的科技决策咨询体系渐趋制度化、体系化。

二是推进中央财政科技计划管理改革，再造科技计划管理体系。党的十八大以来，中央财政科技计划和项目资金管理改革取得实质性突破。例如，对现有科技计划进行优化整合，按照国家自然科学基金、国家科技重大专项、国家重点研发计划、技术创新引导专项、基地和人才专项等五类科技计划重构国家科技计划布局，建立专业机构管理项目机制和统一的国家科技计划监督评估机制，实行分类管理、分类支持，基本形成了一整套新的科技计划体系。

三是改革科研项目和资金管理，建立符合科研规律的管理制度。为避免科研项目分散重复，提升项目和资金管理透明度，提高财政资金的使用效率，2014年国务院印发《关于改进加强中央财政科研项目和资金管理的若干意见》，2016财政部出台《关于进一步完善中央财政科研项目资金管理等政策的若干意见》，从"放、管、服、落"等方面提出了完善中央财政科研项目资金管理的诸多措施。主要包括：简化预算编制，下放调剂权限；进一步提高间接费用比重，核定比例可以提高到不超过直接费用扣除设备购置费的 20%、15%、13%；加大对科研人员的激励力度，项目承担单位可在间接费用比例范围内科学合理地安排绩效支出，并与科研人员在项目工作中的实际贡献挂钩；建立健全科研财务管理制度，"让专业的人做专业的事"；在检查评审上"做减法"，减轻单位和科研人员负担；等等。

四是建立创新驱动导向的宏观经济统计指标体系和政绩考核机制。创新驱动需要创新考核。高投入、高排放、低效益的粗放型增长方式之所以长期难以改变，与唯 GDP 的政绩考核不无关系。[1]如果在政绩考核中还是单纯以 GDP 增速论英雄，势必会在很大程度上抑制地方党政领导依靠科技创新推动发展方式转变的积极性，阻碍创新驱动发展战略的实施。为进一步强化创新驱动导向，新时代以来，中国不断增强对"唯 GDP 论英雄"干部考核取向的纠偏，着力完善宏观经济统计指标体系和政绩考核机制。2013 年中组部发布的《关于改进地方党政领导班子和领导干部政绩考核工作的通知》，以及 2015 年中办国办出台的《深化科技体制改革实施方案》提出，探索建立科技创新、知识产权与产业发展相结合的创新驱动发展评价指标，并纳入国民经济和社会发展规划。同时，在地方党政领导干部政绩考核中适当减少 GDP 增速的权重，把科技贡献率、每万人口发明专利拥有量、高新产业增幅等创新驱动发展成效指标纳入考核范围。

二、 城乡经济关系的制度创新

城乡经济关系是影响中国经济发展最为重要的因素之一[2]，国家现代化的过程也是城乡关系不断调整和重塑的过程[3]。改革开放以来，中

---

① 柏木钉：《创新驱动需要创新考核》，《人民日报》2013 年 4 月 19 日。

② 高帆：《中国城乡经济关系的演变逻辑：从双重管制到双重放权》，《学术月刊》2012年第 6 期。

③ 金三林、曹丹丘、林晓莉：《从城乡二元到城乡融合——新中国成立 70 年来城乡关系的演进及启示》，《经济纵横》2019 年第 8 期。

国城乡关系发展经历了改革开放促进城乡关系向好（1978—1984 年）、改革由农村转入城市导致城乡再度分离（1984—2003 年）、统筹城乡战略带动城乡关系趋好（2003—2012 年）和全面建成小康社会下的城乡全面融合发展（2012 年以来）四个不同阶段。进入新时代以来，中国明确提出"建立健全城乡融合发展体制机制和政策体系"。这一时期，城乡经济关系的制度改革与创新，重点表现在推进新型城乡户籍制度改革、巩固和完善农村基本经营制度、深化农村土地制度和集体产权制度改革等方面。

（一）启动新一轮城乡户籍制度改革

户籍制度改革是推动建立城乡融合发展的体制机制的重要内容。改革开放 40 多年来，中国户籍制度发生了深刻变化，特别是党的十八大以来，户籍制度改革进程明显加快、力度明显加大，户籍制度改革政策框架基本构建完成。[①]

一是取消"农业户口"和"非农业户口"的区分，统一登记为"居民户口"。早在本世纪初，全国部分省份从地方层面积极探索一元制户口管理模式。[②]2014 年启动的新一轮户籍制度改革，从全国层面整体性将户籍原有的"身份属性"转变为"地域区分"，从而实现了中国城乡居民身份地位的平等。全国各地都取消了"农业户口"和"非农业户口"的划分，并完成城乡属性标注，普遍建立了城乡统一的户口登记制度。

---

① 陈鹏：《新一轮户籍制度改革：进展、问题及对策》，《行政管理改革》2018 年第 10 期。

② 比如，河南省郑州市早在 2001 年就开始探索实行并在 2003 年全面放开的"户籍新政"，即宣布取消现行的"农业户口""暂住户口""非农业户口"，统称为"郑州居民户口"，随后不久被叫停。之后，浙江嘉兴、河北石家庄等地也进行了此类改革试点探索。

二是进一步调整和完善户口迁移政策，构建新型户籍管理格局。在2014年启动的这一轮户籍制度改革中，全国各地大胆探索、积极创新，结合各地的实际情况和特点，出台实施了更加积极、更加宽松的落户政策。在县级市市区、县人民政府驻地镇，只要有合法稳定住所，就可以在居住地申请登记常住人口，基本上实现了落户"零门槛"。而在中等城市，只要具有合法稳定就业和合法稳定住所，缴纳社保达到一定年限，就可以落户。此外，在北京、上海、杭州等大城市和特大城市，开始普遍建立和推行积分落户制度，落户仍具有一定门槛限制，但限制也较此前有一定程度的放松，尤其对于层次相对较高的人才，落户门槛在不断降低。

三是全面实施新型居住证制度，推进基本公共服务均等化。2016年1月《居住证暂行条例》出台施行，"居住证"全面代替"暂住证"。[1]而且，赋予居住证与本地城市户籍居民同等权利，持证者在就业、教育、卫生计生、社保、住房保障等方面享受基本权益。

四是深化户籍制度综合配套改革，推动户籍制度回归本源功能定位。全国各地对与户口性质挂钩的教育、卫生、养老、住房等领域政策进行了全面梳理或清理，使现有政策逐步与户口性质脱钩，从而逐步建立起城乡统一的社保制度和均等化的公共服务制度，为户改扫清"绑定"在户口之上的附加功能。[2]

---

[1] 各省按照国务院的要求，对未落户的常住人口实施居住证制度。相关数据显示，2016年，全国共发放居住证2 890余万张，其中北京市发放169万张，上海市发放40.6万张，广州市发放81万张，深圳市发放171.5万张。

[2] 邹伟、白阳：《一项助圆亿万人市民梦的重大改革——公安部副部长黄明就国务院〈关于进一步推进户籍制度改革的意见〉答记者问》，《农村工作通讯》2014年第15期。

（二）深化农村土地制度改革

土地制度是城乡的基础制度。土地资源作为城乡融合发展进程中重要的资源要素，土地制度作为联结城市和乡村的重要纽带，是新时代中国特色社会主义建设进程中促进城乡融合发展的重要环节。但长期以来土地管理制度存在土地权利不平等、收益分配机制不健全、土地要素利用效率较低下等问题[①]，不利于实现城乡融合发展目标，一系列土地制度需要改革。深化农村土地制度改革，是新时代深化农村改革、建立城乡要素双向流动制度的核心内容。党的十八大以来，以改革完善农村承包地制度、农村宅基地制度、集体经营性建设用地入市制度等为重点，中央对深化农村土地制度改革提出了一系列重大创新举措。

一是推进"三权分置"改革，改革完善农村承包地制度。首先，保持土地承包关系稳定并长久不变。党的十九大报告指出，保持土地承包关系稳定并长久不变，第二轮土地承包到期后再延长30年。实行"长久不变"，顺应了农民愿望，将为巩固农村基本经营制度奠定更为坚实的基础，展现持久制度活力。其次确立和完善农村承包地"三权分置"制度。新中国成立以来，农村土地制度改革经历了"三次飞跃"。第一次是新中国成立初期将土地私有制转变为社会主义公有制；第二次是改革开放后实施家庭联产承包责任制，实现所有权与承包经营权"两权分离"；第三次则是2014年以来依法有序推进的农村土地坚持集体所有权、稳定农户承包权、放活土地经营权的"三权分置"改革。2014年12月，中央全面

---

① 洪名勇：《城乡二元土地制度：逻辑起点、演进与未来改革》，《经济研究参考》2018年第38期。

深化改革领导小组第七次会议审议并出台了《关于农村土地征收、集体经营性建设用地入市、宅基地制度改革试点工作的意见》，这一文件的出台，标志着中国新一轮土地制度改革大幕的正式开启。《中共中央国务院关于建立健全城乡融合发展体制机制和政策体系的意见》进一步提出，在依法保护集体所有权和农户承包权前提下，平等保护并进一步放活土地经营权。"三权分置"改革，是继家庭联产承包责任制后农村改革的又一重大创新，是中国新型农地制度改革的根本方向。

二是试点推进农村宅基地制度改革。党的十八届三中全会提出，"保障农户宅基地用益物权，改革完善农村基地制度，选择若干试点，慎重稳妥推进农民住房财产权抵押、担保、转让，探索农民增加财产性收入渠道"。2018 年中共中央"一号文件"提出，探索宅基地所有权、资格权、使用权"三权分置"，落实宅基地集体所有权，保障宅基地农户资格权，适度放活宅基地使用权。此举意味着宅基地通过改革创新成为农民的活"资本"，有助于实现农村宅基地从资源到资本的转化，有利于为农民带来实际收益。这无疑又是一项重大的理论创新和实践创新。

三是探索建立集体经营性建设用地入市制度。自 1986 年版土地管理法至今，政策上对集体经营性建设用地的态度，经历了从鼓励到严格限制，又到逐步放开的过程。沿海的广东、浙江、江苏等地，由于早期发展乡镇企业而积累了大量的集体经营性建设用地，这些省份也较早开始了"入市"探索。其中，广东的进展较快，涌现出了"南海模式""顺德模式"。这一阶段的探索促成了 2005 年广东省出台《集体建设用地使用权流转管理办法》，该办法涵盖了集体建设用地使用权的出让、出租、转让、转租、收益分配等。党的十八届三中全会提出"允许农村集体经营性建设用地出让、租赁、入股，实行与国有土地同等入市、同权同价"，此后全国 33 个县（市、区）开始了新一轮试点，并取得积极进展。在集体经营性建设用地使用权权能、入市主体、入市途径和范围、市场交易规则和监管、价格生成机制、土地增值收益调节金、入市抵押管理等方面，制度性通道基本打通。

（三）推进城乡基本公共服务制度并轨

党的十九届四中全会强调，必须健全当前国家基本公共服务制度体系，注重加强普惠性、基础性、兜底性民生建设，保障群众基本生活。当前城乡之间的二元结构不但带来收入上的差异，同时也表现为基本公共服务发展水平的不平衡，这种不平衡体现在资源分布、服务质量等方面。习近平总书记指出，要建立健全城乡基本公共服务均等化的体制机制，推动公共服务向农村延伸、社会事业向农村覆盖，健全全民覆盖、普惠共享、城乡一体的基本公共服务体系，推进城乡基本公共服务标准统一、制度并轨。近年来，中央和地方把基本公共服务纳入城乡融合发展中，扩大社会公共服务的辐射范围，提升公共服务的质量，推动城乡基本公共服务制度逐渐并轨，推动教育、医疗卫生、就业和社会保障等方面实现城乡公共服务一体化，促进城乡居民协调发展。2014 年，《国务院关于建立统一的城乡居民基本养老保险制度的意见》出台，推进建立统一的城乡居民养老保险制度，在制度模式、筹资方式、待遇支付等方面实现城乡一体化。2016 年开始推进城乡居民医疗保险制度并轨，2018 年逐渐完成省级统筹，到 2020 年新型农村合作医疗纳入城镇居民基本医疗保险中，实现城乡医疗保障在制度、报销比例等方面的统一。在公共卫生经费保障等方面，也实现了城乡标准统一。农村居民在基本公共服务方面获得制度上的均等对待。

三、　区域协调发展的制度创新

统筹区域发展一直是中国经济发展中的一个重大问题。新中国自成立以来，对统筹区域发展进行了艰辛探索。1956 年，毛泽东同志在《论十大关系》中提出，要正确处理沿海工业和内地工业的关系，使工业布局逐步平衡。在改革开放进程中，邓小平同志提出"两个大局"的战略构想，强调沿海地区要较快地先发展起来，从而带动内地更好地发展；发展到一定时候，沿海要拿出更多力量来帮助内地发展。70 多年来，从充分利用东北、上海和其他沿海城市既有的工业基础，集中力量发展重工业，到开展"三线"建设；从实施沿海开放，到形成"西部开发、东北振兴、中部崛起、东部率先"的"四大板块"格局，中国区域经济布局逐步完善，区域协调发展不断迈出新步伐。

进入新时代，中国经济发展的空间结构发生了深刻变化，中心城市和城市群正在成为承载发展要素的主要空间载体和形式。同时，中国区域发展也出现了一些值得关注的新情况新问题，区域发展不平衡不充分问题依然比较突出，区域发展机制还不完善，难以适应新时代实施区域协调发展战略需要。党的十八大以来，中央对区域协调发展的认识不断深化，认为不平衡是普遍的，要在发展中促进相对平衡，实施区域协调发展战略上升到新时代国家重大战略之一，并提出京津冀协同发展、长江经济带发展、粤港澳大湾区建设、长三角一体化发展等新的区域发展战略，并从多方面建立完善区域协调发展新机制。

（一）推动构建全国统一开放、竞争有序的商品和要素市场

形成全国统一开放、竞争有序的商品和要素市场的关键在于打破区域市场壁垒，破除要素流动的制度障碍，真正发挥市场在生产要素和商品跨区域配置中的决定性作用。全面实施市场准入负面清单制度有利于构建开放型市场经济体制，清单之外"法无禁止即可为"，清单以外的行业、领域和不同市场主体皆可平等进入市场，有效解决了一些地方政府为保护本地企业和商品而设置的歧视性市场准入限制。2022年3月，国家发展改革委、商务部印发《市场准入负面清单（2022年版）》，进一步维护和巩固了全国一张清单的管理模式，有效缩减清单长度，从试行版的328项缩减到117项，推动市场准入门槛的不断降低，激发各类市场主体的活力，形成全国统一开放的商品市场。要素市场的改革体现在劳动力市场，由于受城乡户籍制度和公共服务保障体系不健全等影响，劳动力流动尤其是城乡之间的流动具有较大的障碍。"加快户籍制度改革，是涉及亿万农业转移人口的一项重大举措。"2014年开始建立城乡统一的户口登记制度，并在之后逐渐放开实施除超大城市以外城市的户籍准入制度，建立健全城乡教育、医疗和社会保障体系，切实保障农村转移人口合法权益，促进人力资源按照市场需求自由流转，发挥市场在要素配置中的决定性作用。

（二）推动养老保险全国统筹

推动养老保险全国统筹，将扩大国家养老保险基金调控范围，逐步解决养老金区域不平衡、部分地区收不抵支的问题。2019年中央经济工作会议和党的十九届四中全会上均提到加强推进养老保险全国统筹。养老保险全国统筹制度的改革是一个自下而上、试点实践的过程。考虑到

全国各地经济发展水平、养老保险缴纳金额和养老抚养比等具有较大差异，中央在各省积极推进养老保险省级统筹的同时，于 2018 年 7 月开始实施企业职工基本养老保险基金的中央调剂制度，中央通过征收各省份养老保险的一部分，进行适度调剂，作为实现全国养老保险统筹的一项过渡措施。截至 2020 年底，全国各省份都实现了企业职工基本养老保险基金省级统收统支，为养老保险全国统筹打好了坚实的基础。养老保险全国统筹的稳步推进，不仅缓解省际养老保险发展不均衡的支付压力，在全国范围内分散人口老龄化风险，还有助于均衡区域间企业和个人负担，实现服务产业结构转型升级，解决劳动者退休待遇差异问题，推动劳动力实现跨地流动，协调区域之间的发展水平和质量，完善社会主义市场经济，让市场在资源配置中发挥决定性作用。

（三）加快改革土地管理制度

土地管理制度是国家的基础性制度，事关国家经济社会发展，现行的土地制度是形成城乡二元土地结构，造成城乡发展不均衡的根源之一。党的十八大以来，针对农民群众关心的土地征收、集体经营性建设用地入市和宅基地建设等问题，以习近平同志为核心的党中央提出"三权分置"的改革措施并在 33 个地区针对"三块地"进行试点，形成了一批可复制、可推广的制度性成果。在总结试点经验的基础上，2019 年 8 月，十三届全国人大常委会通过《中华人民共和国土地管理法》修正案，实现了农村"三块地"改革从实验试点到制度法律的转化，改革了农村土地征收和补偿制度；破除了长期以来农村集体经营性建设用地入市的法律障碍，实现了和国有建设用地的同权同价；放活了宅基地制度改革，允许进城的农民自愿有偿退出宅基地；加强了对永久基本农田的保护。

中央政府在土地管理制度改革中实现简政放权，赋予省级人民政府更大的用地自主权，对建立统筹经济效率、区域协调的建设用地指标配置方式具有推动作用，进一步提高优势地区和重点城市的土地利用效率，推进经济高质量发展，引领带动区域协同发展。

（四）全面建立生态补偿制度

生态补偿机制以环境保护、促进人与自然和谐共处为目的，实现绿色全面协调可持续的发展理念。生态补偿的目标是寻求"绿水青山"的保护者和"金山银山"的受益者之间的利益均衡。从2000年以来，全国先后实施了退耕还林还草制度、天然林保护工程等生态政策，但往往只有生态保护的补偿，缺少提升当地发展水平的资金和援助。习近平总书记指出，只有实行最严格的制度、最严密的法制，才能为生态文明建设提供可靠保障。党的十八大以来，生态补偿框架正在不断完善健全。一是扩大补偿范围。2016年印发的《关于健全生态保护补偿机制的意见》，在总结了新安江流域生态补偿制度等试点区域的经验后，在森林、草原、湿地和耕地等重点领域和禁止开发区域、重点生态功能区等重点区域，生态保护补偿逐渐实现全覆盖。二是建立市场化多元化的补偿方式。生态受益地区除了向生态保护地区提供资金补偿外，也通过重大生态工程帮扶、技术人才援助交流等实现区域间协调，推动落后地区发展。中央政府也在推动通过水权、排污权等生态补偿权益和建立绿色发展基金等生态补偿办法，建立常态化市场化的生态补偿机制。全面建立生态补偿制度，在制度上通过中央的双向补偿机制，重新对生态利益进行分配，实现了社会经济发展和环境资源保护的协调发展，激发区域发展的内生动力，推动"金山银山"和"绿水青山"的有机统一。

（五）进一步完善财政转移支付制度

财政转移支付是国家为解决上下级政府和地区之间收支不平衡问题而采取的财政政策，对缩小区域间差异和实现高质量高水平的区域经济协调发展具有重大意义。党的十八大以来，中央进一步针对民生项目建设，加快使用转移支付推进基本公共服务均等化。2019 年，中央财政继续加大对地方转移支付力度，在推动基本公共服务均等化建设的同时，进一步加强区域公平和效率的融合，切实保障和改善民生，推动优质公共服务在更大范围内实现共享。在中央财经委员会第五次会议上，提出加大中央对重点生态功能区、农产品主产区、困难地区的有效转移支付，通过对重点生态功能区的生态补偿、农产品主产区的激励约束和困难地区的政策帮扶完善财政转移支付制度。这与以往强调支持力度有着明显的差异，更加注重财政转移支付的时效性和针对性，通过对资金支出范围、分配、使用和管理等方面的有效把控，把每一分钱都用在刀刃上，提高转移支付制度的科学性，不但促进区域协调发展，还要让人民共享发展成果。

四、 经济管理制度创新（"放管服"为核心）

自 20 世纪 70 年代起，为适应社会主义市场化改革的要求，中国开启了行政体制改革波澜壮阔的历程。党的十八大以来，"放管服"改革作为中国行政体制改革的核心和供给侧结构性改革的重要内容，是重塑政府和市场关系、刀刃向内的政府自我革命，也是新时代以来中国经济管理制度改革创新的核心和重中之重。总的来看，党的十八大以来，"放管

服"改革不断向纵深推进，推出了一系列改革创新举措，取得了突破性
进展。"放管服"改革力度之大、改革范围之广、改革程度之深，是历次
改革中所没有的。

（一）行政审批制度改革与清单制度改革并举

推进行政审批制度改革，是完善社会主义经济体制的客观需要，目
的在于解决政府管理低效和社会资源错配，从而更大程度发挥市场在资
源配置中的决定性作用，其目标在于简政放权。从 2001 年行政审批制度
改革全面启动到 2012 年，国务院已先后分六批取消或调整了共 2 497 项
行政审批项目，占总数的 69.3%。党的十八届三中全会对政府、市场和
政府职能转变的认识进一步深化，行政审批制度改革继续向纵深发展。
一方面实现简政，着力减少政府对微观事务的管理和干预，厘清政府和
市场的边界，明确不同主体各自责任；另一方面实现放权，由地方管理
更加方便和有效的事项，一律交给地方和基层管理，有效提升行政审批
事项的效率。截至 2018 年底，国务院部门行政审批事项削减 44%，非行
政许可审批彻底终结。

清单制度改革是政府转变职能，加快市场经济建设的又一种形式。
主要包括：一是权责清单，以清单形式列明政府部门行政权责，明确了
政府和市场的权责边界，推动政府政务更加公开透明，将管理进度和成
果晒到网上，由群众监督，提升政府的服务意识和水平，提升管理效率。
二是负面清单，以清单形式明确列出禁止和限制投资经营的行业和领域，
清单之外的行业、领域，市场主体均依法平等进入，推动形成开放竞争
的现代市场。通过行政审批制度改革和清单制度改革，简化和下放政府
权力，赋予市场更多主动权，推进市场监管制度化法律化，从根本上促

进政府职能转化。

（二）服务流程再造与证照分离改革结合

服务流程再造是以"手续最简单、环节最少、成本最低、效率最高"为目标，以企业和群众的需求倒逼政府职能转变。在 2018 年全国"两会"记者会上，国务院总理李克强将其形象地总结为六个"一"，即企业开办时间再减少一半、项目审批时间再砍掉一半、政务服务一网通办、企业和群众办事力争只进一扇门、最多跑一次、凡是没有法律法规规定的证明一律取消。服务流程再造提出以来，"一窗受理、一站式服务"得到普遍推行，项目审批时间有效缩减，"互联网＋"政府服务模式推动建立网上办事流程，形成了实体服务和网上办事相结合的新型服务模式，解决了基层服务中"最后一公里"的问题。

2019 年国务院政府工作报告中指出，要对所有涉企经营许可事项实行"证照分离"改革，使企业更便捷拿到营业执照并尽快正常运营。从 2015 年上海浦东新区率先开展"证照分离"试点到向全国推行改革，在直接取消审批、审批改为备案、实行告知承诺和优化准入服务四个方面，有力解决了"准入不准营"的问题。各地在改革试点中，形成了"先照后证""一网通办"等一系列可推广可复制的经验。实行"多证合一"改革后，营业执照记载的信息和事项更为丰富，真正实现市场主体"一照一码走天下"。

（三）减税降负与优化服务并重

减税降负的改革目标在于解决企业在营商中的痛点、难点和堵点，释放市场主体活力。政府出台"营改增"、中小微企业税收优惠、增值税改革、个人所得税改革等制度性改革，降低企业税费负担，将减税降费的成本用于科技研发和稳定就业，顶住国内经济增速下行压力。以政府收入的"减法"换取企业效益的"加法"和经济发展动力的"乘法"。

政府职能的转变，有助于促进政府服务方式优化，提供更加高效优质的服务，通过提升服务效率和增加公共服务供给，进一步降低制度型成本，促进市场主体"双创"活力。一方面，提升服务质量和效率，简化办理流程中的环节和材料，打造全国范围内的"一网通办"的线上服务模式，带动市场运行效率提升，让市场主体增加收入，带动就业更加稳定。另一方面，有效增加公共服务供给，面向民生服务领域，培育新的经济增长点，积极发挥社会力量，完善公共服务体系，围绕人民生活所关注的医疗、养老、教育等问题大力进行创新改革，拓宽内需潜力，进一步提升服务业水平。减税降负和优化服务并重，通过降低制度性成本，稳定企业的积极性和激发市场的内生动力，让群众有实实在在的获得感。

（四）机构改革与职能转变协同

党的十八大以来，中央在 2013 年、2018 年和 2023 年三次实施机构改革，改革的重点都与人民生活息息相关，围绕理顺职责关系和职能转变，整合资源，通过职能调整解决过去部门之间权力互相交叉、责任不明的问题。厘清政府、市场和社会之间的关系，将机构改革和政府职能转化紧密结合，同步推进，实现协同发展。一是向市场放权。党的十八届三中全会把市场在资源配置中的地位从"基础性作用"调整为"决定性作用"，机构改革和职能转变推进政府经济管理由微观向宏观、由审批向监管、由短期向中长期转变，发挥政府稳定宏观经济、强化市场监管、推动可持续发展的作用，把市场潜力激发出来。二是向社会放权。随着互联网等数字媒介的兴起，以行政管控为主的社会管理方式很难实现社会和谐稳定，同时还会产生更多的社会矛盾。党的十九届四中全会提出建立人人有责、人人尽责、人人享有的社会治理共同体。政府通过向以社会组织为主的社会力量放权，将过去政府主导一切的管理模式转变为多方参与、多方尽责的社会治理模式，最大限度激发社会活力。机构改革和职能转变协同推进政府简政放权，将权力交还给市场主体，为提升社会治理能力现代化建设开辟了新道路。

（五）加强事中事后监管

政府监管模式的改变是"放管服"改革的重要内容。坚持"放管"结合，将更多行政资源从事前审批转移到加强事中事后监管上来。将"宽进"和"严管"相结合，加快构建公开透明、科学高效的事中事后监管体系，形成公平竞争、规范有效的市场环境，提升市场主体的潜力和活力。事中事后监管模式在创新和完善监管方式上实现突破，一是深入推进"互联网＋监管"模式。充分运用大数据和云计算等现代信息技术，加强监管信息收集共享，提升监管精准化、智能化水平。二是建立信用监管制度。规范认定并设立市场主体信用"黑名单"，将企业信用和自然人信用相挂钩，建立部门间违法失信联合惩戒机制，在投融资、出入境、工程投招标、获得荣誉等方面对失信企业和个人依法予以限制或禁止。各部门协同监管，让市场主体"一处失信，处处受限"，构建信用监管制度也对推动企业诚信经营具有倒逼作用。三是落实和完善包容审慎监管制度。近年来新兴技术、新模式方兴未艾，积极推动中国实施"双创"和经济结构转型升级，在增加就业岗位的同时方便了群众生活。包容审慎监管制度一方面是对未知的新型产业采取包容态度，要给一个"观察期",另一方面对有问题的产业采取严厉监管措施,坚决严厉打击。四是全面实施"双随机、一公开"抽查监管。通过建立健全以"双随机、一公开"监管为基本手段、以重点监管为补充、以信用监管为基础的新型监管机制,实现由政府监管向社会共治的转变,进一步营造公平竞争的营商环境。政府在放权的同时加强了事中事后监管,有效激发市场主体活力,推动经济社会持续健康发展。

五、"一带一路"建设引领开放型经济制度创新

对外开放始终是中国的一项基本国策。改革开放尤其是加入世界贸易组织以来,中国抓住以商品和要素流动型开放为主要内容的经济全球化发展的历史性机遇,大力发展开放型经济,取得巨大成功。2000 年到 2023 年,全国进出口总额从 4 742 亿美元迅速增长到 5.9 万亿美元,实际利用外资总额从不足 600 亿美元增长到超过 1 600 亿美元。[1]2008 年金融危机以来,经济全球化出现了一些新趋势和新特点,中国开放型经济进入高质量发展新阶段,原有开放模式的局限性日益显现。[2]

国内外环境的深刻变化,对中国新一轮高水平开放和开放型经济制度建设提出了新的要求,亦即在继续推动商品和要素流动型开放的同时,要更加注重规则、标准、规制等制度型开放。党的十八大报告提出全面提高开放型经济水平的科学论断,党的十八届三中全会作出构建开放型

---

[1] 数据来源:Wind 数据库。

[2] 张二震、戴翔:《加快推动商品和要素流动型开放向规则等制度型开放转变》,《光明日报》2019 年 3 月 7 日。

经济新体制的部署。党的十九大报告强调，要以"一带一路"建设为重点，推动构建公正、合理、透明的国际经贸投资规则体系。党的十九届四中全会决定提出，建设更高水平开放型经济新体制，实施更大范围、更宽领域、更深层次的全面开放。党的二十大报告提出，推进高水平对外开放，稳步扩大规则、规制、管理、标准等制度型开放，加快建设贸易强国，推动共建"一带一路"高质量发展，维护多元稳定的国际经济格局和经贸关系。这些都表明，新时代中国对外开放正在从传统的商品和要素流动型开放向更加注重规则等的制度型开放升级转变。

　　"一带一路"建设是新时代中国对外开放方略的重中之重，引领中国经济逐步形成陆海内外联动、东西双向互济的全方位开放新格局，引领中国经济迈向"引进来"与"走出去"双向投资协调发展的新阶段，引领中国经济逐步形成对内体制机制改革与对外开放经济发展相互促进、联动发展的新特征。[1]近年来，中国以"一带一路"建设为重点，以"人类命运共同体"先进理念为引领，以"共商、共建、共享"基本原则为遵循，加快构建开放型经济新体制，进一步破除体制机制障碍，推动中国朝着具有"境内开放""政策协调""规则导向"等内在特性的制度型开放方向转变，[2]对外开放进入了更高层次和水平。

　　（一）推动共建"一带一路"，优化对外开放区域布局

　　2008年金融危机以后，经济全球化面临众多新问题和新挑战，其中

---

　　[1]　权衡：《对外开放四十年实践创新与新时代开放型经济新发展》，《世界经济研究》2018年第9期。

　　[2]　戴翔、张二震：《"一带一路"建设与中国制度型开放》，《国际经贸探索》2019年第10期。

最突出的问题就是全球经济增长动能不足和全球经济治理规则体系亟待调整。2013 年，习近平总书记以构建人类命运共同体为发展目标，提出了"一带一路"倡议。"一带一路"倡议的提出，是习近平总书记统筹国内外发展大局，优化中国对外开放区域布局，形成全方位对外开放格局的一次伟大实践。基于中国地理资源禀赋和历史发展情况，改革开放以来形成了东南超前西北滞后的开放格局。党的十八大特别是"一带一路"倡议提出以来，中国加大了内陆地区的开放力度，中西部地区的发展潜力不断释放，内陆地区通过设施联通、跨境合作和经济走廊建设加强了和"一带一路"沿线国家的投资贸易合作，形成了推动内陆产业集群发展的新机制，从开放的腹地区域转变成开放的前沿地区，成为推动优化开放布局的重要力量。自贸试验区布局进一步优化，在广西、云南和黑龙江设立的中国首批沿边地区的自贸试验区，通过要素的跨境流动，实现和周边国家的产业互补，建成中国和周边国家开放合作的重要平台。在山东、江苏和河北设立自贸试验区，也使中国沿海省份自贸试验区连点成线，有助于打造沿海开放新高地，发挥长三角地区、粤港澳大湾区和京津冀地区的开放门户作用，建成更具影响力和开放成果的沿海开放经济带。

（二）加快自贸试验区建设，对接全球高标准经贸规则

建设自贸试验区，是党的十八大以来全面深化改革和扩大对外开放的必然选择，是中国积极参与全球治理体系建设，拓展开放型经济发展模式，形成全方位开放新格局的重要平台。2013 年，党的十八届三中全会明确提出加快"自由贸易区建设"。从上海自贸试验区设立开始，党中央先后部署设立 21 个自由贸易试验区，形成了覆盖东西南北中的试点格

局。自贸试验区共同探索开放型经济体制建设，又通过差异化探索，对接全球高标准的国际贸易和投资规则，通过对比和互补试验，达到了更多元化、更高水平的制度创新成效，形成了一批可推广和复制的改革试点成果向全国推广。2018 年 4 月，习近平总书记提出稳步推进海南自由贸易港建设，以贸易投资自由化便利化为重点，向国际新标准、新规则靠拢，探索国际投资贸易新规则，参与全球国际分工和国际规则制定，推动中国服务业产业结构转型升级。

自贸区网络是自贸试验区的升级版，自贸区网络建设是推动经济全球化和贸易自由化的重要途径，推进中国经济发展向分工更复杂、结构更合理、价值链更高端的阶段演化。2015 年出台的《国务院关于加快实施自由贸易区战略的若干意见》中对中国自贸区网络提出了更加细致的要求："加快构建周边自由贸易区。力争与所有毗邻国家和地区建立自由贸易区，不断深化经贸关系，构建合作共赢的周边大市场。"截至 2023 年底，中国已经和 29 个国家和地区签署了 22 个自贸协定，占中国对外贸易总额的三分之一左右。中国已签署中国-东盟自贸协定等自由贸易合作协定，与新加坡、新西兰等国家或地区签署升级协定或进入协定第二阶段，并与东盟十国、日本、韩国、澳大利亚、新西兰共 15 个亚太国家正式签署《区域全面经济伙伴关系协定》（RCEP）。如今，中国自贸区合作覆盖范围已涉及亚洲、欧洲、南美洲等地，自贸区网络建设在各方面提升至新高度，形成与"一带一路"倡议交相辉映的对外经济交往格局。①

---

① 张颖：《面向全球的高标准自贸区网络构建对"一带一路"建设的意义》，光明网，2023 年 11 月 14 日。

在自贸试验区建设的过程中，在对标全球投资贸易高标准的同时，政府进一步实现简政放权，加强对自贸试验区的监管作用。一是确立了以负面清单管理为核心的投资管理制度。通过缩减负面清单管理措施数量和深化改革相应的商事登记制度，外商参与投资的积极性进一步加强。二是确立了符合高标准贸易便利化规则的贸易监管制度。自贸试验区率先探索和建立国际贸易"单一窗口"，通过整合口岸管理资源，打破信息孤岛壁垒，大幅提高企业办事和政府监管效率，为企业和政府节省成本，推动开放型贸易便利化建设。

（三）创新利用外资管理体制，营造国际化的营商环境

利用外资是中国对外开放基本国策的重要内容和开放型经济体制的重要组成部分。改革开放 40 多年来，中国不断提升自身开放水平，优化投资环境，促进投资便利化，吸引外资规模长期位居发展中国家首位。党的十八大以来，经济全球化面临诸多全新挑战，使中国利用外资工作面临新形势、出现新特点。为进一步激发国内市场活力，提振外资投资者的投资信心，营造公开透明的国际化营商环境，中国按照每年修订的方式印发《外商投资准入特别管理措施（负面清单）》，与国际相接轨，实行清单中没有的皆可入境的原则。自 2017 年以来，中国已连续五年修订外资准入负面清单。2022 年 1 月 1 日起，《外商投资准入特别管理措施（负面清单）（2021 年版）》和《自由贸易试验区外商投资准入特别管理措施（负面清单）（2021 年版）》施行，2021 年版全国和自贸试验区外资准入负面清单进一步缩减至 31 条，并在金融、汽车等产业放宽了开放条件，实现了中国进一步对外开放市场和吸引更多外资加入中国的现代化建设的目标。

在进一步扩大开放，引入外资的同时，也加快法律制度建设，构建更加稳定公平透明的营商环境。2019 年 3 月颁布的《中华人民共和国外商投资法》在总结"外资三法"的基础上，以法律规定的方式建立健全外商投资促进机制，强化对外商投资合法权益的法律保护，对外商实行准入前国民待遇加负面清单管理制度，为中国扩大吸引和利用外商投资，营造国际化的营商环境，推进开放型经济制度建设提供强有力的法制保障。

（四）积极主动扩大进口，建立长期性国际合作制度

在世界经贸体系中，进出口总是相辅相成的。主动扩张进口，不仅是遵循经济发展规律的必然选择，更是新时期中国经济发展的必然选择，避免进出口长期处于"两条腿不一样"的局面。积极扩大进口有助于推动更多国外高质量产品和服务进入中国，一方面满足人民日益增长的美好生活需要，另一方面可以促进国内市场竞争，激发市场创新活力，倒逼企业结构转型升级。

中国的发展离不开世界，发展的成果由世界各国人民共享。在当前贸易保护主义抬头和经济全球化受到挑战的背景下，中国积极主动扩大进口，让全世界分享"中国机遇"。在 2018 年博鳌亚洲论坛年会上，习近平总书记郑重宣布中国坚持扩大开放的坚定决心，提出了包括主动扩大进口在内的一系列扩大开放的重大举措。在此基础上，中国通过降低进口关税、缩减制度型成本和扩大更多领域进口，让更多的国外的优质产品进入中国，为全球合作伙伴带来更多发展机遇。从 2018 年开始举办的中国国际进口博览会是世界上第一个以进口为主题的国家级展会，是国际贸易上的一个伟大的制度创新。2023 年第六届进博会共吸引 154 个

国家、地区和国际组织，3 400 余家参展商和近 41 万名专业观众，以及 750 多个交易采购团参会，累计意向成交 784.1 亿美元，比上届增长 6.7％。历届进博会的成功举办，标志着进博会已逐步成为新时代中国的一项长期性国际合作制度，为促进贸易自由化便利化和经济全球化，推动中国开放型经济制度建设书写中国答案。

六、 进一步夯实经济高质量发展的制度基础

（一）不断完善社会主义基本经济制度

中国经济之所以取得增长奇迹，不仅仅来源于市场化、国际化、工业化，更重要的是坚持了社会主义基本经济制度，这是"中国经济奇迹"的制度根源。作为中国特色社会主义制度的重要组成部分，社会主义基本经济制度是具有长期性、稳定性和根本性的制度安排，对社会经济制度属性、经济发展具有重要影响。党的十九届四中全会对社会主义基本经济制度作出了新论断和新概括，即"公有制为主体、多种所有制经济共同发展，按劳分配为主体、多种分配方式并存，社会主义市场经济体制等社会主义基本经济制度，既体现了社会主义制度优越性，又同我国社会主义初级阶段社会生产力发展水平相适应，是党和人民的伟大创造"。党的十九届四中全会在坚持公有制为主体、多种所有制经济共同发展基础上，把"按劳分配为主体、多种分配方式并存""社会主义市场经济体制"等上升为基本经济制度，标志着中国社会主义基本经济制度更加成熟、更加定型，也充分体现了社会主义基本经济制度的不断完善。党的二十大报告指出："坚持和完善社会主义基本经济制度，毫不动摇巩

固和发展公有制经济，毫不动摇鼓励、支持、引导非公有制经济发展，充分发挥市场在资源配置中的决定性作用，更好发挥政府作用。"从过去单纯以所有制为基本经济制度到所有制、分配制度、社会主义市场经济体制三项聚合的新内涵、新规定、新概括，体现了党的经济理论的守正创新。

首先，以公有制为主体，多种所有制经济共同发展，其实是反映了生产资料的归属关系，是生产关系的基础，它决定了分配关系及其分配方式，也深刻影响经济体制及其运行机制。其次，以按劳分配为主体、多种分配方式并存反映的是社会生产方式、社会生产成果的分配方式，其受所有制关系及其生产力发展水平影响，同时对所有制关系及其实现方式的变革也有着重要作用。此外，社会主义市场经济体制反映了社会的交换方式、资源配置方式，受所有制关系、生产力发展水平及其交易制度影响，对所有制关系及其实现方式有重要的作用。以上三者是内在统一、相互联系、相互支撑、相互促进的关系，共同构成社会主义基本经济制度，是新时代对马克思主义经济制度理论的丰富与发展。

（二）进一步夯实市场经济基础性制度

习近平总书记指出："经济体制改革的核心问题仍然是处理好政府和市场关系。处理好政府和市场关系，实际上就是要处理好在资源配置中市场起决定性作用还是政府起决定性作用这个问题。"2020年5月，中共中央、国务院印发《关于新时代加快完善社会主义市场经济体制的意见》（以下简称《意见》），在坚持公有制为主体、多种所有制经济共同发展的前提基础上，首次提出市场经济的三大基础性制度，即产权制度、准入制度和公平竞争制度，并以此为核心提出了一系列有针对性的改革举措，其目的是坚决破除各方面体制机制弊端，让市场发挥配置资源的决定性作用，形成产权有效激励、要素自由流动、价格反应灵活、竞争公平有序、企业优胜劣汰的制度体系。这为有效促进中国经济高质量发展进一步构筑了社会主义市场经济有效运行的体制基础。

一是全面完善产权制度。产权制度是市场经济运行的基石，也是夯实市场经济基础性制度的首要问题。根据上述《意见》，将重点完善以管资本为主的国有资产产权管理制度，强化产权保护制度，进一步明确农村土地"三权分置"制度，进一步强化知识产权保护制度，着力构建归属清晰、权责明确、保护严格、流转顺畅的现代产权制度。

二是全面实施市场准入负面清单制度。市场准入制度是丰富市场主体类型、激发市场主体活力的基础性制度。《意见》强调，优先放开服务业准入限制。在各地自贸试验区负面管理清单模式的基础上，推行"全国一张清单"的管理模式，全面放宽各类市场准入。此外，针对全面实施市场准入负面清单制度中存在的"准入不准营"等方面的问题，《意见》还对打破国有资本对金融、交通、电信和公用事业等领域的过度垄断，加大社会服务业的市场化改革，放宽民营经济进入社会服务业的限制，进一步深化"放管服"和推动公共服务供给方式的多元化等方面的改革进行了全面部署。这些改革举措将进一步促进形成以负面清单制度建设为牵引、各项改革协调推进的格局，有助于加快推动改革红利的释放。

三是完善公平竞争制度。公平竞争是市场经济的核心，也是实现资源优化配置和企业优胜劣汰的重要保障。改革开放以来，中国建立市场经济、促进竞争，实现了从引入竞争、促进竞争到促进公平竞争的阶段转换，进一步完善和落实公平竞争审查制度，强化刚性约束，将有助于解决行政性垄断、地方保护、产业政策不当干预等突出问题。为此，《意见》提出将从完善竞争政策框架，建立健全竞争政策实施机制，强化公平竞争审查的刚性约束，修订完善公平竞争审查实施细则，建立公平竞争审查抽查、考核、公示制度，建立健全第三方审查和评估机制等多个方面，不断完善公平竞争制度。

（三）加快建设全国统一大市场

建设全国统一大市场是构建新发展格局的基础支撑和内在要求，也是中国经济实现高质量发展的现实路径和必然选择。党的十八届三中全会提出，建设统一开放、竞争有序的市场体系，是使市场在资源配置中起决定性作用的基础。党的十九大提出，清理废除妨碍统一市场和公平竞争的各种规定和做法。2021 年 12 月 17 日，习近平总书记主持召开中央全面深化改革委员会第二十三次会议时强调，构建新发展格局，迫切需要加快建设高效规范、公平竞争、充分开放的全国统一大市场，建立全国统一的市场制度规则，促进商品要素资源在更大范围内畅通流动。

党的二十大报告指出，构建全国统一大市场，深化要素市场化改革，建设高标准市场体系。2022 年 4 月 10 日，《中共中央国务院关于加快建设全国统一大市场的意见》发布，提出加快建设高效规范、公平竞争、充分开放的全国统一大市场，明确了当前及未来一段时间内推进全国统一大市场建设的目标和举措，在立破并举中加快建设统一大市场。在"立新"方面，明确强化市场基础制度规则统一，推进市场设施高标准联通，打造统一的要素和资源市场，推进商品和服务市场高水平统一，推进市场监管公平统一，从而加快市场基础制度规则、市场设施、要素和资源市场、商品和服务市场以及市场监管等领域立规则、补短板。在"破旧"方面，明确进一步规范不当市场竞争和市场干预行为，如着力强化反垄断，依法查处不正当竞争行为，破除地方保护和区域壁垒，清理废除妨碍依法平等准入和退出的规定和做法，持续清理招标采购领域违反统一市场建设的规定和做法，全面破除阻碍经济循环的关键堵点。

（四）逐步完善绿色发展制度安排

绿色发展是五大新发展理念之一，实现绿色低碳发展不仅已成为国际社会的广泛共识，也是中国推进生态文明建设、实现共同富裕的内在要求。立足新发展阶段，完整、准确、全面贯彻新发展理念，构建新发展格局，中国必须坚定走生态优先、绿色低碳的高质量发展道路。2021年，国务院印发《关于加快建立健全绿色低碳循环发展经济体系》的指导意见，提出到2025年，初步形成绿色低碳循环发展的生产体系、流通体系、消费体系。这是中国加强绿色低碳高质量发展的顶层设计与制度安排，将为推动中国经济社会全面绿色低碳转型提供重要制度保障。具体而言，将从以下几个方面推进绿色低碳高质量发展的制度改革和完善：

一是完善现有生态环境保护法律体系，面向绿色转型与双碳目标，制定更具针对性的绿色低碳经济法案。二是强调以绿色低碳环保产业为重点，加快农业绿色低碳发展，推进工业绿色低碳升级，提高服务业绿色低碳发展水平，构建绿色低碳供应链，带动一二三产业绿色低碳升级。三是采用现代信息技术和管理方式改造传统流通模式，规划建设绿色低碳仓储，统筹绿色低碳配送，降低"空载率"。四是加大政府绿色低碳采购力度，逐步将绿色低碳采购制度扩展至国有企业及全社会。

（五）不断深化收入分配制度改革

收入分配制度是一个国家经济社会体制中具有根本性和基础性的一项制度安排。新中国成立 70 多年来，收入分配制度历经多次变迁。改革开放前，中国参照苏联模式建立了与计划经济体制相适应、具有平均主义特征的收入分配制度。改革开放后，经过艰辛探索，形成了按劳分配为主体、多种分配方式并存的社会主义基本分配制度。党的十八大以前，随着社会主义市场经济体制的日趋完善，按劳分配与按生产要素分配相结合的分配政策也逐步完善，明确了生产要素参与分配的原则，更加重视收入分配差距问题，逐步强调公平问题。

党的十八大以后，收入分配制度改革注重在提高居民收入的同时，将重视公平放在更加突出的位置，着力让人民共享发展成果。党的十八大指出"实现发展成果由人民共享，必须深化收入分配制度改革"，提出了"两个同步""两个提高"的目标："努力实现居民收入增长和经济发展同步、劳动报酬增长和劳动生产率提高同步，提高居民收入在国民收入分配中的比重，提高劳动报酬在初次分配中的比重。"在效率与公平的关系方面，较之以前又将公平放在了更加重要的位置，要求"初次分配和再分配都要兼顾效率和公平，再分配更加注重公平"。党的十八届三中全会明确提出"健全资本、知识、技术、管理等由要素市场决定的报酬机制"，并进一步要求"清理规范隐性收入，取缔非法收入，增加低收入者收入，扩大中等收入者比重，努力缩小城乡、区域、行业收入分配差距，逐步形成橄榄型分配格局"。党的十八届五中全会通过的《中共中央关于制定国民经济和社会发展第十三个五年规划的建议》提出了共享发展的理念，并要求"坚持共享发展，着力增进人民福祉"，专门就"缩小收入差距"做出了战略部署。

党的十九大进一步明确提出坚持按劳分配原则，完善按要素分配的体制机制，促进收入分配更合理、更有序，并要求履行好政府再分配调节职能，加快推进基本公共服务均等化，缩小收入分配差距。这些都为未来收入分配领域的改革指明了方向。党的二十大报告强调"扎实推进共同富裕"，并对我国的分配制度做了全面说明，深化了以完善分配制度促进共同富裕政策的认识。党的二十大报告指出："坚持按劳分配为主体、多种分配方式并存，构建初次分配、再分配、第三次分配协调配套的制度体系。"这一重要部署，对于正确处理效率与公平的关系，在发展的基础上不断增进人民福祉，逐步缩小收入差距，扎扎实实朝共同富裕的目标迈进具有非常重要的意义。按劳分配为主体、多种分配方式并存的分配制度，是社会主义基本经济制度的重要组成部分，既体现了社会主义制度优越性，又同我国社会主义初级阶段社会生产力发展水平相适应。初次分配制度、再分配制度、第三次分配制度，在促进共同富裕中具有不同的功能，相互协调配套共同发挥作用。

第三节　新时代经济制度创新取得的重要成就

进入新时代以来，中国以供给侧结构性改革为主线，以经济体制改革为重点，深入推进经济领域各项制度改革、完善与创新，推出了千余项体制机制改革创新举措，在许多重要领域和关键环节开展了一系列制度变革与创新，破除了许多长期存在的经济体制机制弊端和痼疾，中国特色社会主义经济制度不断完善，推动中国经济社会发展取得历史性成就、发生历史性变革。

一、 全面建成小康社会

作为"两个一百年"奋斗目标中的第一个目标，2020 年全面建成小康社会是中华民族伟大复兴征程上的一座重要里程碑。党的十八大以来，中国坚持以新发展理念破解制约全面建成小康社会的重点和难点问题，加快推动土地制度、社会保障体系、城乡融合发展等一系列制度改革与创新，坚决打好防范化解重大风险、精准脱贫、污染防治三大攻坚战，坚定实施科教兴国、人才强国、创新驱动、乡村振兴、区域协调发展、可持续发展等重大战略，完成全面建成小康社会目标。

新时代以来，中国经济稳定保持中高速增长，国内生产总值从 2012 年的 54 万亿元增长到 2023 年的 126 万亿元，稳居世界第二，对世界经济增长贡献率超过 30％。人均国内生产总值突破 1 万美元大关，与高收入国家差距进一步缩小。人民生活不断改善，一大批惠民举措落地实施，群众获得感显著增强。9 000 多万贫困人口稳定脱贫，贫困发生率从 10.2％下降到 0.6％。到 2020 年，中国现行标准下农村贫困人口全部实现脱贫，贫困县全部摘帽，区域性整体贫困得到解决，贫困人口和贫困地区同全国一道进入全面小康社会。城镇化率年均提高 1.2 个百分点，超过 1 亿农业转移人口成为城镇居民。城乡居民收入增速超过经济增速，居民人均可支配收入水平突破 3 万元；城乡居民收入差距进一步缩小，2022 年城乡居民人均可支配收入比值为 2.45。生态环境质量明显改善，

全面节约资源有效推进，能源资源消耗强度大幅下降，2019 年全国万元
国内生产总值能耗比上年下降 2.6％，万元国内生产总值二氧化碳排放下
降4.1％，万元国内生产总值用水量下降 6.1％。2012 年以来，全国清洁
能源消费的比重由 14.5％上升到 2021 年的 25.5％，煤炭消费比重由
68.5％降到了 56.0％，同时实现了单位 GDP 能耗下降 26.8％，单位 GDP
二氧化碳排放下降超 35％，中国成为全球能耗强度降低最快的国家之一。
覆盖城乡居民的社会保障体系基本建立，人民健康和医疗卫生水平大幅
提高，2022 年末全国参加城镇职工基本养老保险人数为 50 349 万人，参
加城乡居民基本养老保险人数达 54 952 万人，参加基本医疗保险人数达
134 570 万人，中国织就了世界上最大的社会保障网。

二、 发展质量不断提升

党的十八大以来，中央将制度建设摆在更加突出的位置，经济制度
在实践中不断系统化、科学化、完备化，为推动经济高质量发展提供了
制度保障和支撑。在新中国成立 70 多年和改革开放 40 多年发展基础上，
特别是在新时代取得历史性成就、发生历史性变革的基础上，中国经济
沿着高质量发展的轨道，不断取得新的成就。[①]

创新成为发展的第一动力。根据世界知识产权组织公布的报告，
中国创新能力从 2012 年的第 35 位跃升到 2023 年的第 12 位，中国拥有
的全球百强科技创新集群数量首次跃居世界第一。中国科技创新实力、

---

① 任保平：《以新发展理念引领我国经济高质量发展》，《红旗文稿》2019 年第 19 期。

能力、活力稳步提升的同时，对经济社会发展的贡献也愈发显现。科技创新的支撑引领作用显著增强，成为引领高质量发展、提升国家核心竞争力的重要源泉。2023 年，中国科技进步贡献率已超 60%。平台经济、分享经济、协同经济等新模式广泛渗透，线上线下融合、跨境电商、智慧家庭、智能交通等新业态方兴未艾。快速崛起的新动能，正在重塑经济增长的动力格局，推动中国经济发展方式由外延扩张向内涵发展转变。①

协调成为发展的内生特点。党的十八大以来，以供给侧结构性改革为主线，加快推进经济结构战略性调整和经济转型升级，产业结构、需求结构、城乡结构、区域结构、所有制结构和收入分配结构逐步改善，经济发展的协调性和可持续性不断增强，为推动高质量发展、建设现代化经济体系奠定了良好基础，协调发展已经成为中国高质量发展的内生特点。

绿色成为发展的普遍形态。进入新时代，绿色发展理念日益深入人心，"双碳"成为国家战略，建设美丽中国行动不断升级提速，环保门槛越来越高，绿色循环低碳发展、人与自然和谐共生的新格局正在形成，进一步增强了经济发展的可持续性。

开放成为发展的必由之路。党的十八大以来，中国对外开放战略开始由积极融入全球化向引领全球化转变，对外开放的深度和广度进一步拓展，"走出去"步伐明显加快。从贸易大国到投资大国，从"引进来"到"引进来"和"走出去"并重，中国开放型经济不断转型升级，拓展

---

① 盛来运：《我国高质量发展确立新趋势》，《求是》2018 年第 15 期。

了国民经济发展的空间，促进了经济结构的深层次调整。

共享成为发展的根本目的。党的十八大以来，以习近平同志为核心的党中央提出以人民为中心的发展思想，共享发展成为中国高质量发展的根本目的。中国居民收入水平大幅提高，居民消费水平和消费结构明显得到改善。同时，消费环境不断优化，公共设施覆盖率提高，社会服务更加全面。从城乡居民吃穿住用的品质，到能够享受的医疗教育服务水平，都发生了重大变化，生活质量不断提升。

三、 经济结构转型升级

党的十八大以来，在坚持稳中求进工作总基调的同时，以推进供给侧结构性改革为主线，加快推动经济结构战略性调整和经济转型升级，国民经济呈现结构改善、动力增强和质量提升的崭新面貌，产业结构不断优化，需求结构持续改善，发展的协调性和可持续性不断增强。

一是产业结构由工业主导向二三产业共同带动转变，工业和服务业不断迈向中高端。2023 年，第三产业增加值占 GDP 的比重为 54.6%（见图 12.1），高于第二产业 16.3 个百分点，对 GDP 增长的贡献率为 60.2%。高端制造、智能制造等战略性新兴产业快速发展，推动中国制造不断向全球产业链中高端迈进。2023 年，装备制造业增加值比上年增长 6.8%，占规模以上工业增加值比重为 33.6%；高技术制造业增加值增长 2.7%，占规模以上工业增加值比重为 15.7%。新能源汽车产量 944.3 万辆，比上年增长 30.3%；太阳能电池（光伏电池）产量 5.4 亿千瓦，增长 54.0%。

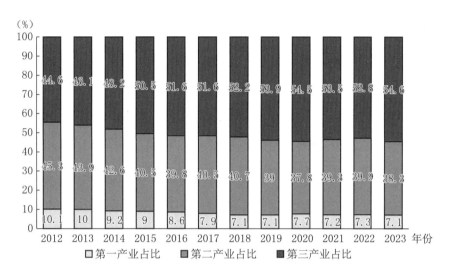

图 12.1　2012—2023 年三次产业增加值占国内生产总值比重

资料来源：国家统计局。

二是需求结构由主要依靠投资、出口拉动向依靠消费、投资、出口协同拉动转变，内需拉动作用显著增强，消费成为压舱石。在扩大内需战略推动下，居民消费潜力有序释放，消费作为经济增长主动力作用进一步巩固。2023 年，最终消费支出拉动中国经济增长 4.3 个百分点，比上年提高 3.1 个百分点，对经济增长的贡献率是 82.5％，提高 43.1 个百分点，消费的基础性作用更加显著。这意味着，推动中国经济发展的动力实现了由外向内的转变，内生动力更加稳健。

三是城乡结构进一步优化。党的十八大以来，以人为本的新型城镇化稳步推进，城镇化质量明显提高，城乡结构进一步优化。2012—2023年，户籍人口城镇化率由 35.33％提高到 48.30％，常住人口城镇化率由 52.57％提高到 66.16％。以城市群为主体的城镇发展格局初步形成，成为推动经济发展的重要引擎，长三角、珠三角等部分城市群已经具备强大的国际经济影响力，为推动高质量发展提供了重要的空间载体。

四、 区域发展协调性增强

党的十八大以来，国家深入开展"一带一路"建设，实施京津冀协同发展、长江经济带发展、粤港澳大湾区建设、长三角一体化发展、黄河流域生态保护和高质量发展等重大战略，推动区域协调发展取得一系列历史性成就，有效拓展了中国经济发展优势空间和回旋余地。

一是重大战略实施取得关键进展。京津冀发展的协同性明显增强，长三角向更高质量区域一体化发展不断迈进，粤港澳深度合作全面推进，海南全面深化改革开放政策措施落地生效，重大战略效应进一步显现，成为引领全国高质量发展的重要动力源。[①]

二是区域发展相对差距逐步缩小。新时代以来，中国中西部地区经济普遍保持了较快发展，与东部地区的相对发展差距逐步缩小。随着西部大开发战略的深入实施以及"一带一路"建设的深入推进，中国西部地区在基础设施、生态环境和民生保障等方面取得重大进展。在东北振兴战略引领下，东北地区国企改革、结构优化有力推进。中部地区先进制造业、新型城镇化建设、现代农业发展进展顺利。东部率先发展的质量和效益则继续走在全国前列。

三是国家战略性功能平台示范效应持续显现。以国家级新区、自贸

---

① 董雪兵、李霁霞、史晋川：《塑造区域协调发展新格局》，《人民日报》2019 年 10 月 18 日。

试验区等为代表的国家重大区域性战略功能平台逐步成为区域经济发展的新引擎和新示范。仅国家级新区就占到全国经济总量的约5％、投资总量的5.5％、实际利用外资的10％，绝大多数新区经济增速在各省市保持领先。[①]全国各地的自贸试验区立足自身优势和特色，以国家战略地方先行先试牵引地方高质量发展，不断推进各项制度改革和创新，在引领带动区域经济发展的同时，为全国改革创新发展提供可复制可推广的制度创新新经验。

五、创新型国家建设成果丰硕

党的十八大以来，中央全面深化科技体制改革和制度创新，创新发展活力不断增强，创新型国家建设取得了较为丰硕的成果。

一是科技创新格局发生历史性转变。中国科技发展水平从以"跟踪"为主步入"跟踪"和"并跑""领跑"并存的历史新阶段，这是近代以来未曾有过的重大改变。创新能力从量的积累向质的飞跃转变、从点的突破向系统能力提升转变，为塑造更多发挥先发优势的引领型发展积蓄强大动能。创新主体从科研人员的小众向大众创新创业转变，科技创新与"双创"融合共进。与此同时，中国在全球科技创新格局中的位势也逐步从被动跟随向积极融入、主动布局全球创新网络转变，成为具有重要国际影响力的科技大国。[②]

---

① 郭兰峰：《新中国成立以来促进区域协调发展的成效与经验》，《中国经济导报》2019年7月17日。

② 《党的十八大以来科技创新成就综述》，新华社，2017年10月6日。

二是主要创新指标进入世界前列。中国已成为全球第二大研发投入国和第二大知识产出国。2023 年，中国研发经费支出达 3.3 万亿元，超 2012 年 3 倍以上，研发强度达到 2.64%（见图 12.2），超过欧盟国家平均水平。2022 年中国的专利申请数和授权数分别为 536.6 万件和 432.4 万件（见图 12.3），分别是 2012 年的 2.8 倍和 3.8 倍。

三是重大科技创新成果不断涌现。中国在量子通信、光量子计算机、高温超导、中微子振荡、干细胞、合成生物学、结构生物学、纳米催化、极地研究等领域取得一大批重大原创成果，并首次荣获诺贝尔生理学或医学奖、国际量子通信奖等国际权威奖项。在载人航天和探月工程、采用自主研发芯片的超算系统"神威·太湖之光"、国产首架大飞机 C919、"蛟龙"号载人深潜器、自主研发的核能技术、天然气水合物勘查开发，

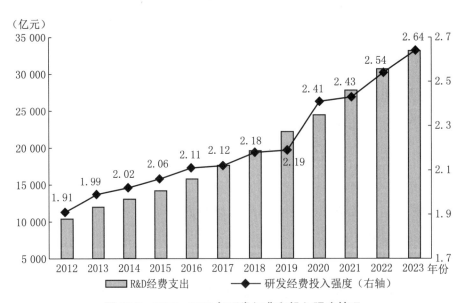

图 12.2 2012—2023 年研发经费和投入强度情况

资料来源：国家统计局。

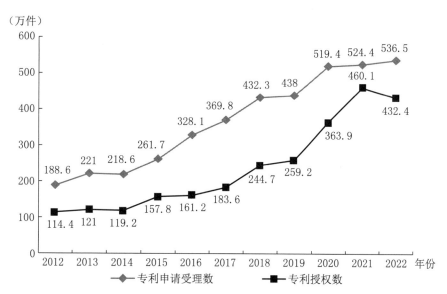

图 12.3 2012—2022 年专利申请受理数和授权数

资料来源：国家统计局。

以及新一代高铁、云计算、人工智能等战略高技术领域取得的成就举世瞩目。

六、 开放型经济发展水平进一步提高

步入新时代，中国以"一带一路"建设为统领，以制度型开放为方向，加快建立开放型经济新体制，着力完善法治化、国际化、便利化营商环境，以系统性的制度开放促进对外开放水平不断提升。

一是开放型经济水平和层次不断提升。党的十八大以来，中国对外开放的手段、领域、方式不断拓展和深化：从依靠税收等大规模优惠政策进行招商引资，实现大部分制造业开放发展，进而确立中国世界加工

厂的地位，到逐步推动营造公平竞争、公平开放的发展氛围和环境；从运用中国低成本优势竞争逐步参与国际分工，到逐渐融入全球价值链分工体系，在产业链、价值链与创新链上的分工地位不断提升；从加入世界贸易组织、逐步降低甚至取消关税等举措，到逐步推动投资贸易便利化、加快"放管服"等改革，中国对外开放逐步从政策开放手段转向制度创新，走向公平竞争，大国开放型经济的水平、层次不断得到提升，开放程度与领域不断走向深入，一个高层次、宽领域、全方位的开放型经济体系和网络正在逐步形成。[1]

二是营商环境持续改善。近年来，中国营商环境全球排名大幅提升，市场主体获得感明显增强。世界银行数据显示[2]，中国在营商环境排名中从 2013 年的第 96 位提升到 2019 年的第 31 位，是全球营商环境改善最显著的十个经济体之一。营商环境优化激发创新创业热情和市场主体活力。市场监管总局数据显示，截至 2023 年，全国登记在册市场主体达 1.59 亿户，是 2012 年 5 500 万户的近三倍。随着营商环境的不断改善，中国对外商投资的吸引力不断增强。2023 年外商直接投资在华新设立企业 53 766 家，比上年增长 39.7%。2020 年中国吸引外资（含金融类投资）首次突破 1 万亿元人民币，2021 年、2022 年连续平稳增长。2023 年吸引外资仍保持了万亿规模，处于历史第三高水平。

三是"走出去"配置全球资源能力增强。党的十八大以来，中国对外投资合作不断实现新突破。根据商务部《2022 年度中国对外直接投资

---

① 权衡：《对外开放四十年实践创新与新时代开放型经济新发展》，《世界经济研究》2018 年第 9 期。

② 2021 年世界银行宣布停止发布全球营商环境排名报告。

统计公报》，2022 年，中国对外直接投资流量达 1 631.2 亿美元，为全球第二，连续 11 年位列全球前三，连续七年占全球份额超过一成。2022 年末，中国对外直接投资存量达 2.75 万亿美元，连续六年排名全球前三。2.9 万家中国境内投资企业在国（境）外设立对外直接投资企业共计 4.7 万家，分布在全球 190 个国家（地区），对外直接投资累计净额达到 2.75 万亿美元，雇佣员工超过 410 万人。目前，中国已成为全球 130 多个国家和地区的主要贸易伙伴，并成为全球第一大货物贸易国、第二大商品消费国、第一大工业国、第一大外汇储备国、第二大对外投资国。

四是全球经济治理话语权提升。"中国理念"渐成世界共识，"构建人类命运共同体"频频被写入联合国决议，从世界互联网大会到"一带一路"国际合作高峰论坛，再到世界政党高层对话会，命运共同体理念得到国际社会普遍认同和赞赏。"中国行动"联动世界发展，"一带一路"建设深度推进，推动沿线国家和地区实现发展战略对接、优势互补，带动了各国经济发展。中国国际进口博览会让各国分享中国的发展机遇，为全球经济强劲可持续平衡增长做出更大贡献。"中国红利"惠及世界人民，中国经济在迈向高质量发展过程中不断释放积极力量，为世界经济增长提供了健康动力。①

---

① 杨飞：《达沃斯论坛见证中国"全球经济治理话语权"再升级》，2018 年 1 月 24 日，http：//news.ifeng.com/a/20180124/55429075＿0.shtml。

参考文献

习近平:《高举中国特色社会主义伟大旗帜 为全面建设社会主义现代化国家而团结奋斗——在中国共产党第二十次全国代表大会上的报告》(2022 年 10 月 16 日),人民出版社 2022 年版。

习近平:《决胜全面建成小康社会 夺取新时代中国特色社会主义伟大胜利——在中国共产党第十九次全国代表大会上的报告》(2017 年 10 月 18 日),人民出版社 2017 年版。

《习近平谈治国理政》第二卷,外文出版社 2017 年版。

《邓小平文选》第二卷,人民出版社 1983/1994 年版。

《邓小平文选》第三卷,人民出版社 1993/2001 年版。

《毛泽东文集》第六卷,人民出版社 1999 年版。

《毛泽东文集》第七卷,人民出版社 1999 年版。

《毛泽东文集》第五卷,人民出版社 1996 年版。

《毛泽东选集》第三卷,人民出版社 1991 年版。

《毛泽东选集》第四卷,人民出版社 1991 年版。

《毛泽东选集》第一卷,人民出版社 1991 年版。

《马克思恩格斯选集》第三卷,人民出版社 1995 年版。

《周恩来选集》上卷,人民出版社 1980 年版。

《周恩来选集》下卷,人民出版社 1980 年版。

《刘少奇选集》上卷,人民出版社 1981 年版。

《张闻天文集》第四卷，中共党史出版社 1995 年版。

《陈云文选》第二卷，人民出版社 1995 年版。

《陈云文选》第三卷，人民出版社 1995 年版。

《胡乔木传》编写组编：《邓小平的二十四次谈话》，人民出版社 2004 年版。

《胡乔木回忆毛泽东》，人民出版社 2003 年版。

《江泽民文选》第一卷，人民出版社 2006 年版。

《〈关于若干历史问题的决议〉〈关于建国以来党的若干历史问题的决议〉》，中
　　共党史出版社 2010 年版。

《1958—1965 中华人民共和国经济档案资料选编·综合卷》，中国财政经济出版
　　社 2011 年版。

《当代中国财政》编辑部编：《中国社会主义财政史参考资料（1949—1985）》，
　　中国财政经济出版社 1990 年版。

《当代中国的经济体制改革》编辑委员会编：《当代中国的经济体制改革》，当代
　　中国出版社、香港祖国出版社 2009 年版。

《赫鲁晓夫言论》第五集，世界知识出版社 1965 年版。

《抗日战争时期解放区概况》，人民出版社 1953 年版。

《三中全会以来重要文献选编》下，人民出版社 1982 年版。

《上海租界志》编纂委员会编：《上海租界志》，上海社会科学院出版社 2001
　　年版。

《中共中央文献选集（1949.10—1955.5）》，人民出版社 2013 年版。

《中华人民共和国史（2002—2009）》，人民出版社 2010 年版。

安格斯·麦迪森：《世界经济千年统计》，北京大学出版社 2009 年版。

安格斯·麦迪森：《中国经济的长期表现——公元 960—2030 年（修订版）》，上
　　海人民出版社 2016 年版。

鞍山市史志办公室编，《鞍钢宪法的产生及其影响》，中央党史出版社 2001
　　年版。

巴里·诺顿：《中国经济：适应与增长》，上海人民出版社 2019 年版。

巴里·诺顿：《中国经济：转型与增长》，上海人民出版社 2010 年版。

柏木钉：《创新驱动需要创新考核》，《人民日报》2013 年 4 月 19 日。

薄一波：《若干重大决策与事件的回顾（下卷）》，人民出版社 1997 年版。

薄一波：《若干重大决策与事件的回顾》（上），中共党史出版社 2008 年版。

薄一波：《若干重大决策与事件的回顾》（下），中共中央党校出版社 1993 年版。

本书编写组：《中华人民共和国简史》，人民出版社 2021 年版。

陈东林：《三线建设：备战时期的西部开发》，中共中央党校出版社 2003 年版。

陈东林：《研究"文革"时期国民经济的几点思考》，《中国经济史研究》1997 年第 4 期。

陈吉元等主编：《中国农村社会经济变迁（1949—1989）》，山西经济出版社 1993 年版。

陈鹏：《新一轮户籍制度改革：进展、问题及对策》，《行政管理改革》2018 年第 10 期。

陈文敬：《中国对外开放三十年回顾与展望（一）》，《国际贸易》2008 年第 2 期。

陈炎兵、何五星：《邓小平南方谈话与中国的发展》，载《中国为何如此成功》，中信出版社 2008 年版。

陈真等编：《中国近代工业史资料》第 4 辑，生活、读书、新知三联书店 1961 年版。

成汉昌：《中国土地制度与土地改革（20 世纪前半期)》，中国档案出版社 1994 年版。

程民选、龙游宇、李晓红：《中国国有企业制度变迁：特点及经验总结》，《南开经济研究》2005 年第 6 期。

崔奇：《我所亲历的中苏大论战》，人民出版社 2009 年版。

崔友平：《中国经济体制改革：历程、特点及全面深化——纪念改革开放 40 周年》，《经济与管理评论》2018 年第 6 期。

代涛：《建设国家科技决策咨询制度，支撑创新驱动发展》，《中国科学报》2017 年 4 月 24 日。

戴翔、张二震：《"一带一路"建设与中国制度型开放》，《国际经贸探索》2019 年第 10 期。

德·希·珀金斯：《中国农业的发展（1368—1968 年)》，上海译文出版社 1984

年版。

董雪兵、李霁霞、史晋川：《塑造区域协调发展新格局》，《人民日报》2019年10月18日。

杜润生：《中国的土地改革》，当代中国出版社1996年版。

杜恂诚：《民族资本主义与旧中国政府（1840—1937）》，上海人民出版社2014年版。

杜恂诚：《试论近代中国社会阶层排序》，《学术月刊》2004年第4期。

恩格斯：《反杜林论》，人民出版社2015年版。

范从来、孙覃玥：《新苏南模式所有制结构的共同富裕效应》，《南京大学学报》2007年第2期。

费正清、费维恺编：《剑桥中华民国史》下卷，中国社会科学院出版社1994年版。

冯治、禹仁朋，《邓小平农村改革的逻辑起点、结构安排和价值意蕴》，《邓小平研究》2019年第2期。

改革的重点领域与推进机制研究课题组：《改革攻坚（上）：改革的重点领域与推进机制研究》，中国发展出版社2013年版。

甘藏春：《重温〈土地管理法〉的全面修订》，《中国法律（中英文版）》2011年第6期。

高帆：《中国城乡经济关系的演变逻辑：从双重管制到双重放权》，《学术月刊》2012年第6期。

顾龙生编著：《毛泽东经济年谱》，中共中央党校出版社1993年版。

顾龙生主编：《中国共产党经济思想史（1921—2011）》（下），山西经济出版社2014年版。

郭兰峰：《新中国成立以来促进区域协调发展的成效与经验》，《中国经济导报》2019年7月17日。

郭威：《以供给侧结构性改革为主线推动全面深化改革》，《人民画报》2018年3月6日。

国家发改委：《改革开放三十年：从历史走向未来》，人民出版社2008年版。

国家计委经济研究所所有制课题组：《我国所有制结构变化与国民经济管理》，

《宏观经济研究》1993 年第 3 期。

国务院发展研究中心"经济形势分析"课题组：《经济增长下行压力加大宏观经济政策应适时微调》，《经济学动态》2010 年第 5 期。

何东：《中国共产党土地改革史》，中国国际广版出版社 1993 年版。

黑龙江省地方志编纂委员会编：《黑龙江省志·煤炭志》，黑龙江人民出版社 1993 年版。

洪名勇：《城乡二元土地制度：逻辑起点、演进与未来改革》，《经济研究参考》2018 年第 38 期。

洪银兴、杨德才等：《新中国经济史论》，经济科学出版社 2019 年版。

胡家勇：《改革开放 40 年收入分配理论的创新和发展》，《中国经济史研究》2018 年第 6 期。

胡明：《改革开放以来我国乡镇企业的发展历程及启示——以 1978—1992 年江苏乡镇企业发展为例》，《党的文献》2008 年第 4 期。

胡乔木：《中国为什么犯 20 年的"左"倾错误》，《中共党史研究》1992 年第 10 期。

黄海洲、周诚君：《新形势下对外开放的战略布局》，《第一财经日报》2013 年 5 月 22 日。

黄赜琳：《改革开放三十年中国经济周期与宏观调控》，《财经研究》2008 年第 11 期。

贾宝余：《优化科技决策咨询制度》，《学习时报》2017 年 4 月 10 日。

姜长青：《探索与创新：改革开放前新中国若干问题研究》，天津古籍出版社 2016 年版。

金三林、曹丹丘、林晓莉：《从城乡二元到城乡融合——新中国成立 70 年来城乡关系的演进及启示》，《经济纵横》2019 年第 8 期。

科斯、王宁：《变革中国：市场经济的中国之路》，中信出版社 2013 年版。

孔寒冰：《走出苏联：中苏关系及其对中国发展的影响》，新华出版社 2011 年版。

孔永松：《中国共产党土地政策演变史》，江西人民出版社 1987 年版。

李成瑞：《十年内乱期间我国经济情况分析——兼论这一期间统计数字的可靠

性》，《经济研究》1984 年第 1 期。

李春发：《重温那些可圈可点的改革开放"第一"故事》，《党史文汇》2018 年第 7 期。

李琮：《进入 21 世纪的世界大趋势——经济全球化和世界多极化》，《理论视野》2000 年第 2 期。

李庚香、李宜馨、胡明远、李洁：《中国特色社会主义进入新时代的重大意义和基本内涵》，《领导科学》2018 年 2 月下。

李贵连：《1902：中国法的转型》，广西师范大学出版社 2018 年版。

李静萍：《二十世纪六七十年代大寨劳动分配方法述略》，《中共党史研究》2009 年第 1 期。

李凌：《资本要素解放与市场型增长》，载权衡等，《劳动-资本关系变迁：中国经济增长的逻辑》，上海远东出版社 2015 年版。

李萍、杨慧玲等：《新中国经济制度变迁》，西南财经大学出版社 2019 年版。

李萍等：《新中国经济制度变迁》，西南财经大学出版社 2019 年版。

李冉：《在历史大视野中把握党的十九届四中全会的里程碑意义》，《红旗文稿》2019 年第 23 期。

李媛：《试述〈九评〉与中苏论战》，《理论学刊》2008 年第 4 期。

栗战书：《全面把握中国特色社会主义进入新时代》，《人民日报》2017 年 11 月 9 日。

林超超：《20 世纪 60 年代中国工业托拉斯的兴起及其体制困境》，《中国经济史研究》2015 年第 1 期。

林超超：《效率、动员与经济增长：计划体制下的上海工业》，上海人民出版社 2013 年版。

林毅夫、蔡昉、李周：《中国的奇迹：发展战略与经济改革》，上海三联书店、上海人民出版社 1994 年版。

林兆木：《坚持以供给侧结构性改革为主线》，《人民日报》2019 年 2 月 14 日。

刘国光主编：《中国十个五年计划研究报告》，人民出版社 2006 年版。

刘来平：《我国物价"双轨制"的制度演变启示》，《中国物价》2011 年第 10 期。

刘少奇：《论新中国经济建设》，中央文献出版社 1993 年版。

刘社建：《劳动力要素解放与激励型增长》，载权衡等：《劳动—资本关系变迁：中国经济增长的逻辑》，上海远东出版社 2015 年版。

刘小玄：《中国工业企业的所有制结构对效率差异的影响》，《经济研究》2000 年第 2 期。

刘子奎：《肯尼迪、约翰逊时期的美国对华政策》，社会科学文献出版社 2011 年版。

柳红：《当代中国经济学家学术评传：吴敬琏》，陕西师范大学出版社 2002 年版。

陆远、王志萍：《传统与现代之间：乡镇企业兴衰与中国农村社会变迁——以苏州吴江区七都镇为例》，《浙江学刊》2019 年第 1 期。

马洪、孙尚清主编：《经济社会管理知识全书》第二卷，经济管理出版社 1988 年版。

马洪：《对我国社会主义市场经济的认识》，《中国工业经济研究》1994 年第 10 期。

马克法夸尔、费正清：《剑桥中华人民共和国史——革命中的中国的兴起（1949—1965）》，中国社会科学出版社 1990 年版。

马泉山：《新中国工业经济史（1966—1978）》，经济管理出版社 1998 年版。

马晓河：《中国农村 50 年：农业集体化道路与制度变迁》，《当代中国史研究》1999 年第 5—6 期。

毛泽东：《读苏联〈政治经济学教科书〉的谈话》（1959 年 12 月至 1960 年 2 月），《党的文献》1992 年第 4 期。

农业部农村经济研究中心当代农业史研究室编：《中国土地改革研究》，中国农业出版社 2000 年版。

庞松、孙学敏：《与时俱进的中国——从南方谈话到中共十六大》，中央党史出版社 2003 年版。

逢先知、金冲及编：《毛泽东传（1949—1976）》（上），中央文献出版社 2003 年版。

逢先知、金冲及编：《毛泽东传（1949—1976）》（下），中央文献出版社 2003

年版。

彭德怀：《巩固敌后抗日根据地》，《解放》1939 年 10 月第 87 期。

戚超英、宋乃平：《21 世纪世界科技发展趋势及对策》，《科技进步与对策》
2000 年第 4 期。

钱穆讲述：《中国经济史》，叶龙整理，北京联合出版公司 2013 年版。

秦宣：《深刻把握中国特色社会主义进入新时代的依据》，《求是》2018 年第
1 期。

权衡：《对外开放四十年实践创新与新时代开放型经济新发展》，《世界经济研
究》2018 年第 9 期。

权衡等：《中国收入分配改革 40 年：经验、理论与展望》，上海交通大学出版社
2018 年版。

人民日报评论员：《坚持推动我国经济实现高质量发展》，《人民日报》2018 年
12 月 26 日。

任保平：《以新发展理念引领我国经济高质量发展》，《红旗文稿》2019 年第
19 期。

任兴洲：《中国市场体系 30 年：历程、经验与发展》，《中国发展观察》2008 年
第 12 期。

上海特别市社会局编：《上海特别市工资和工作时间（民国十八年）》，商务印书
馆 1936 年版。

邵循正：《整理说明》，载北京大学历史系近代史教研室：《盛宣怀未刊信稿》，
上海人民出版社 2019 年版。

盛来运：《我国高质量发展确立新趋势》，《求是》2018 年第 15 期。

宋群：《改革 20 年来我国计划管理体制的两次大变革》，《宏观经济研究》1999
年第 1 期。

苏星：《新中国经济史》（修订本），中共中央党校出版社 2007 年版。

孙怀仁主编：《上海社会主义经济建设发展简史（1949—1985）》，上海人民出版
社 1990 年版。

孙冶方：《社会主义经济的若干理论问题》，人民出版社 1979 年版。

汤象龙：《民国以前的赔款是如何偿付的？》，《中国近代经济史研究集刊》1935

年第 3 卷第 2 期。

汪海波:《必须坚持政治挂帅和物质鼓励相结合的原则》,《学术研究》1978 年第 4 期。

汪海波:《中国现代产业经济史 (1949—2004)》,山西经济出版社 2006 年版。

汪敬虞:《十九世纪西方资本主义对中国的经济侵略》,人民出版社 1983 年版。

汪敬虞编:《中国近代工业史资料》第二辑下册,科学出版社 1957 年版。

王博主编:《中华人民共和国经济发展全史》第 7 卷,中央经济文献出版社 2006 年版。

王水:《二十世纪初中国商业资本的发展》,《近代史研究》1987 年第 3 期。

魏礼群:《邓小平社会主义市场经济理论的丰富内涵及重大贡献》,《国家行政学院学报》2014 年第 5 期。

吴承明:《旧中国工业资本的估计和分析》,载吴承明:《中国资本主义与国内市场》,中国社会科学出版社 1985 年版。

吴敬琏:《当代中国经济改革教程》,上海远东出版社 2010 年版。

吴敬琏:《论作为资源配置方式的计划与市场》,《中国社会科学》1991 年第 6 期。

武力:《1949 年以后毛泽东对中央与地方经济关系的探索》,"毛泽东与中国社会主义建设规律的探索:第六届国史学术年会"论文,2006 年 9 月。

武力:《当代中国经济发展和制度变革研究》,当代中国出版社 2019 年版。

武力编:《中华人民共和国经济档案资料选编:金融卷 (1949—1952)》,中国物资出版社 1996 年版。

武力主编:《中华人民共和国经济简史》,中国社会科学出版社 2008 年版。

武力主编:《中华人民共和国经济史 (1949—1999)》(上),中国经济出版社 1999 年版。

武力主编:《中华人民共和国经济史》(上卷),中国时代经济出版社 2010 年版。

席宣、金春明:《"文化大革命"简史》,中共党史出版社 1996 年版。

萧功秦:《中国的大转型:从发展政治学看中国变革》,新星出版社 2008 年版。

萧国亮、隋福民:《中华人民共和国经济史 (1949—2010)》,北京大学出版社 2011 年版。

许涤新：《论"穷过渡"》，《经济研究》1979 年第 4 期。

薛暮桥：《中国社会主义经济问题研究》，人民出版社 1979 年版。

严中平：《中国棉纺织史稿》，商务印书馆 2011 年版。

严中平主编：《中国近代经济史统计资料选辑》，科学出版社 1955 年版。

燕枫等：《必须限制资产阶级法权》，浙江人民出版社 1975 年版。

杨天石：《师其意不用其法——孙中山与马克思主义二题》，《广东社会科学》
　　2011 年第 5 期。

杨雪峰：《中国货币政策演变与货币调控理论创新》，载肖林、权衡等：《中国经
　　济学大纲——中国特色社会主义政治经济学分析》，格致出版社 2018 年版。

杨勋等：《乡村三十年》（下），农村读物出版社 1989 年版。

张道根：《中国收入分配制度变迁》，江苏人民出版社 1999 年版。

张二震、戴翔：《加快推动商品和要素流动型开放向规则等制度型开放转变》，
　　《光明日报》2019 年 3 月 7 日。

张嘉璈：《通胀螺旋——中国货币经济全面崩溃的十年：1939—1949》，中信出
　　版社 2018 年版。

张晋藩等主编：《中华人民共和国国史大辞典》，黑龙江人民出版社 1992 年版。

张静主编：《六盘水市志发展计划志》，贵州人民出版社 2009 年版。

张君劢：《史泰林治下之苏俄》，再生杂志社 1933 年版。

张亮：《改革开放 40 年中国收入分配制度改革回顾及展望》，《中国发展观察》
　　2019 年第 1 期。

张亮：《我国收入分配制度改革的历程回顾及其经验总结》，《发展研究》2016
　　年第 11 期。

张瑞萍、历军：《建立以需求为导向的科技成果转化机制》，《光明日报》2019
　　年 3 月 15 日。

张晓山、李周：《新中国 60 年的发展与变迁》，人民出版社 2009 年版。

张耀华：《苏联计划经济之理论与实际》，《申报月刊》1933 年第 2 卷第 7 号。

张永泉等：《中国土地改革史》，武汉大学出版社 1985 年版。

张占斌、杜庆昊：《我国经济体制改革的历程、影响与新时代改革的新方位》，
　　《行政管理改革》2018 年第 11 期。

张忠民：《近代上海工人阶层的工资与生活——以 20 世纪 30 年代调查为中心的分析》，《中国经济史研究》2011 年第 2 期。

张忠民主编：《近代上海城市发展与城市综合竞争力》，上海社会科学院出版社 2005 年版。

张仲礼：《中国绅士的收入》，上海社会科学院出版社 2001 年版。

章开沅主编：《中国经济史》，高等教育出版社 2002 年版。

赵德馨：《中华人民共和国经济史（1967—1984）》，河南人民出版社 1989 年版。

赵伟洪、张旭：《中国制度型开放的时代背景、历史逻辑与实践基础》，《经济学家》2022 年第 4 期。

赵卫华：《地位与消费：当代中国社会各阶层消费状况研究》，社会科学文献出版社 2007 年版。

郑以灵：《论毛泽东的乡村理想》，《厦门大学学报（哲学社会科学版）》1999 年第 2 期。

郑友揆：《中国的对外贸易和工业发展（1840—1948 年）》，上海社会科学院出版社 1984 年版。

中共中央党校党史教研部编：《中国共产党重大历史问题评价》，内蒙古人民出版社 2001 年版。

中共中央文献研究室编：《建国以来毛泽东文稿》（第六册），中央文献出版社 1992 年版。

中共中央文献研究室编：《建国以来毛泽东文稿》（第八册），中央文献出版社 1993 年版。

中共中央文献研究室编：《毛泽东年谱（1949—1976）》（第二卷），中央文献出版社 2013 年版。

中共中央文献研究室编：《毛泽东年谱（1949—1976）》（第四卷），中央文献出版社 2013 年版。

中共中央文献研究室编：《毛泽东年谱：1893—1949》（中卷），中央文献出版社 1993 年版。

中共中央文献研究室编：《毛泽东著作专题摘编》（上），中央文献出版社 2003 年版。

中共中央文献研究室编：《邓小平年谱（1975—1997）》（下），中央文献出版社2004年版。

中共中央文献研究室编：《建国以来重要文献选编》（第四册），中央文献出版社1993年版。

中共中央文献研究室编：《建国以来重要文献选编》（第七册），中央文献出版社2011年版。

中共中央文献研究室编：《建国以来重要文献选编》（第八册），中央文献出版社2011年版。

中共中央文献研究室编：《建国以来重要文献选编》（第九册），中央文献出版社2011年版。

中共中央文献研究室编：《建国以来重要文献选编》（第十册），中央文献出版社2011年版。

中共中央文献研究室编：《建国以来重要文献选编》（第十一册），中央文献出版社2011年版。

中共中央文献研究室编：《建国以来重要文献选编》（第十二册），中央文献出版社2011年版。

中共中央文献研究室编：《建国以来重要文献选编》（第十三册），中央文献出版社2011年版。

中共中央文献研究室编：《建国以来重要文献选编》（第十四册），中央文献出版社2011年版。

中共中央文献研究室编：《建国以来重要文献选编》（第十五册），中央文献出版社2011年版。

中共中央文献研究室编：《建国以来重要文献选编》（第十六册），中央文献出版社2011年版。

中共中央文献研究室编：《建国以来重要文献选编》（第十八册），中央文献出版社2011年版。

中共中央文献研究室编：《建国以来重要文献选编》（第十九册），中央文献出版社2011年版。

中共中央文献研究室编：《建国以来重要文献选编》（第二十册），中央文献出版社 2011 年版。

中共中央文献研究室编:《三中全会以来重要文献选编》(下),中央文献出版社
　　2011 年版。

中共中央文献研究室、中央档案馆编:《建党以来重要文献选编(一九二一——一
　　九四九)》(第二十四册),中央文献出版社 2011 年版。

中国社会科学院、中央档案馆编:《中华人民共和国经济档案资料选编:综合卷
　　(1949—1952)》,中国城市经济社会出版社 1990 年版。

中华全国手工业合作总社等编:《中国手工业合作化和城镇集体工业的发展》第
　　二卷,中共党史出版社 1994 年版。

中华人民共和国国家农业委员会办公厅编:《农业集体化重要文件汇编》(下),
　　中共中央党校出版社 1981 年版。

中华人民共和国国史学会编:《毛泽东读社会主义政治经济学批注和谈话》
　　(上),清样本,1998 年印。

中央档案馆、中共中央文献研究室编:《中共中央文件选集》(第四十一册),人
　　民出版社 2013 年版。

朱建华等编:《东北解放区财政经济史稿》,黑龙江人民出版社 1987 年版。

朱君奇:《从计划经济的"兴、变、衰"看中国经济体制变迁》,曲阜师范大学
　　硕士学位论文,2014 年。

邹东涛、欧阳日辉等:《新中国经济发展 60 年》,人民出版社 2009 年版。

邹伟、白阳:《一项助圆亿万人市民梦的重大改革——公安部副部长黄明就国务
　　院〈关于进一步推进户籍制度改革的意见〉答记者问》,《农村工作通讯》
　　2014 年第 15 期。

Baldwin, R. and Lopez-Gonzalez, J., 2015, "Supply-chain Trade: A Portrait
　　of Global Patterns and Several Testable Hypotheses", *The World Econo-
　　my*, 38 (11): 1682—1721.

Buck, John Lossing, 1937, *Land Utilization in China*, the Commercial
　　Press.

Bülent, Gökay, and Whitman, D. 2010, "Tectonic Shifts and Systemic Fault-
　　lines: The Global Economic Crisis", *Socialism and Democracy*, 24 (2):

164—190.

Cave，J.，Gupta，K. and Locke，S.，2009，"Supply-side investments：An international analysis of the return and risk relationship in the Travel & Leisure sector"，*Tourism Management*，30（5）：665—673.

Coe，T. D. and Helpman，E.，1995，"International R&D Spillovers"，*European Economic Review*，39（5）：859—887.

后 记

　　习近平总书记在 2016 年的哲学社会科学座谈会上强调，要加快构建中国特色哲学社会科学，按照立足中国、借鉴国外，挖掘历史、把握当代，关怀人类、面向未来的思路，着力构建中国特色哲学社会科学，在指导思想、学科体系、学术体系、话语体系等方面充分体现中国特色、中国风格、中国气派。随后全国掀起了哲学社会科学研究热潮，上海学界在中共上海市委宣传部的指导下快速跟进，持续加强哲学社会科学的理论研究。在政治经济学领域，上海作为改革开放排头兵、创新发展先行者，有基础有条件在中国特色社会主义政治经济学研究上凸显特色、加快创新、有所突破。

　　2019 年 8 月，上海市哲学社会科学规划办公室立项了我们这两个关于中国特色社会主义政治经济学的重大项目。一个是"中国特色社会主义经济发展史"（编号：2019WDX001），另一个是"中国特色社会主义经济思想史"（编号：2019WDX002）。两个课题组共有来自上海财经大学、华东师范大学、上海交通大学、上海市委党校以及上海社会科学院的 20 余位作者参与。课题研究历时四年有余，组织了课题开题会及近 10 次内部研讨，从研究思路到提纲、从重点到难点，进行了全面深入分析，然后分组撰写初稿并反复修改，最终形成两本著作。未来，我们将继续组织开展本系列研究的第三卷即"新时代与中国特色社会主义政治经济学研究"。

本书是"中国特色社会主义经济发展史"的课题成果，各章作者如下：

第一章至第四章：张道根；

第五章：徐琳；

第六章：乔兆红；

第七章：方书生；

第八章：张申；

第九章：韩汉君、李桂花；

第十章：李凌；

第十一章：殷德生、杨连星；

第十二章：盛垒、张子彧。

本书得以出版，离不开各方的支持。我们感谢上海市哲学社会科学规划办的资助，感谢上海社会科学院的配套资金支持，感谢所有参与者的真诚合作，感谢格致出版社副总编辑忻雁翔女士的辛苦工作，感谢上海社会科学院薛安伟副研究员的统稿。同样期待各位读者对本书提出宝贵意见，书中如有遗漏和不足之处还请批评指正！

张道根　权衡

2024 年 9 月

于上海社会科学院

图书在版编目(CIP)数据

新中国经济制度演进研究 / 张道根，权衡主编.

上海 ：格致出版社 ：上海人民出版社，2025. -- ISBN
978-7-5432-3603-5

Ⅰ. F120.2

中国国家版本馆 CIP 数据核字第 20242TS972 号

责任编辑　忻雁翔

装帧设计　人马艺术设计·储平

新中国经济制度演进研究

张道根　权　衡 主编

出　　版　格致出版社
　　　　　上海人人出版社
　　　　　(201101　上海市闵行区号景路 159 弄 C 座)
发　　行　上海人民出版社发行中心
印　　刷　浙江临安曙光印务有限公司
开　　本　787×1092　1/16
印　　张　31.5
插　　页　3
字　　数　355,000
版　　次　2025 年 4 月第 1 版
印　　次　2025 年 4 月第 1 次印刷
ISBN 978 - 7 - 5432 - 3603 - 5/F · 1597
定　　价　139.00 元